# 사기, 신화 그리고 불가사의
고고학에서 본 과학과 사이비 과학

# 사기, 신화 그리고 불가사의
## 고고학에서 본 과학과 사이비 과학

케니스 페이더(Kenneth L. Feder) 지음
박 성 우 옮김

서경문화사

## 저자서문

인류 과거와 관련된 사기, 신화, 불가사의한 사건들은 유물에 대한 과학적인 조사에 심각한 도전을 하고 있다. 일반 대중들이 인류 과거에 대해서 많은 관심을 갖고 있는 것은 명백한 사실이다. 그러나 인류가 진화해 오는 동안 이집트 피라미드는 레이저 광선을 이용해 건설했다거나, 혹은 폴리네시아 사람들이 외계인의 도움으로 광범위한 지역에 걸쳐있는 많은 섬에 이주해 살수 있었다는 주장들은 모두 허황된 낭설에 불과하다.

이러한 허황된 이야기들은 나름대로 흥미롭기는 하지만 문제는 이것이 우리의 과학적 사고에 영향을 미칠 수도 있다는 점이다. 사기, 신화 그리고 불가사의한 이야기들은 단순히 흥미거리로서 남아있는 것이 아니라 허황된 논리로서 우리가 과학적 방법을 통해 알고 있는 고고학적 증거들과 인류의 과거 역사를 우롱하고 있는 것이다.

1986년 내가 이 원고를 처음 책으로 출판하기 위해 여러 출판사에 의뢰하기 시작했을 때 최소한 인류문명에 대한 사기와 조작의 사례들을 연구하는 것이 학생들에게 고고학을 가르칠 때 유용할 것이라는 기대감으로 시작하였다. 나는 동료 고고학자들이 이 책을 좋은 교재로서 사용할 수 있으며 많은 학생들이 흥미롭게 읽을 수 있을 것이라는 확신이 있었다.

그러나 이러한 생각은 나만의 착각이었다. 내가 이 원고를 책으로 출판하기 위해 여러 출판사에 편지를 보냈을 때 수없이 거절을 당했으며 16번째 거절 편지를 받은 것을 마지막으로 더 이상 횟수를 기억하는 것을 포기하였다.

그들의 답장은 따분할 정도로 똑같았는데, 나의 '평범하지 않은 주제'에 대하여 흥미를 보이기는 하였지만 이러한 주제를 다루기를 꺼려하였다. 결국 거절의 편지는 계속되었는데 강단에서 가르치는 고고학이나 고대사의 교재로서는 상업성이 없다는 것이 그들의 이유였다. 대부분의 고고학 강의에서는 소개해야 할 많은 이론과 내용들을 한 학기 동안에 다루기도 힘든 만큼 새로운 내용을 채택할 여력이 없다는 것이었다. 세계문화사 강의에서는 다루어야 할 인류 문화유산이 너무 방대하며, 정규 고고학 기초과목이나 선사시대 과목에서는 학생들이 전통적인 고고학 이론과 연구방법론을 잘못 이해할 수 있다고 우려를 표명하였다. 즉 고고학에 얽힌 사기, 신화, 불가사의와 같은 주제들은 흥미 있는 논쟁거리를 제공해 줄 수는 있어도 학교의 정규과목 주제로 다루기는 어렵다는 것이었다.

내 원고는 한 출판사의 인류학 담당 편집자가 관심을 보였고 나는 마침내 누군가가 내 원고의 가치를 알아본 것이라고 생각하였다. 그러나 이 출판사에 원고를 넘겨 준지 6개월이 지나도록 연락이 없어 확인해본 결과 어이없게도 담당자가 내 원고를 호텔방에서 잃어버렸다는 것이었다.

우여곡절 끝에 나의 다른 책을 출판해 주었던 메이필드(Mayfield) 출판사의 쟌 비티(Jan Beatty)에게 내 원고를 검토해 줄 것을 부탁하였으나 큰 기대는 하지 않았었다. 그러나 내 예상과는 달리 쟌은 자세한 조사를 통해 내 원고와 비슷한 내용의 책이 출판된 적이 없으며 인류학 책으로서 잠재적인 가치를 인정하였다. 이 책이 5판까지 출간될 수 있었던 것은 오직 쟌의 탁월한 통찰력 덕분이며 그녀의 도움에 항상 감사할 따름이다.

## 역자서문

케니스 페이더(Kenneth Feder)는 커네티컷 주립대학(Central Connecticut State University) 인류학부 교수로서 영미권에서는 잘 알려진 고고학자이다. 페이더의 '사기, 신화 그리고 불가사의' 라는 이 책은 역자가 미국에서 박사과정 중 지도교수의 TA로서 강의를 할 때 사용했던 교재들 중 하나이다.
내가 처음 이 책을 접했을 때 학문적 오류와 위조에 대한 페이더의 날카로운 비판과 흥미 진진한 내용에 금방 매료되었다. 페이더는 독자들에게 과학적 방법론에 대해서 다음과 같은 문제점들을 지적하고 있다.

첫째, 학문적 연구란 훈련된 과학자들도 검증과정을 거치면서 오류를 범할 수 있으며
둘째, 학문적 증거들은 대중적인 인기, 돈, 혹은 왜곡된 신념을 이루기 위해서 조작될 수 있으며
셋째, 학계의 저명한 학자나 공신력 있는 언론들도 학문적인 조작과 오류에 직.간접적인 역할을 하는 측면이 있으며
넷째, 대중들이란 이렇게 조작되고 왜곡된 이야기를 얼마나 쉽게 믿고 스스로가 속는지를 유명했던 조작 사건들과 과학적 오류들을 예로 들면서 날카로운 풍자와 해설을 보여주고 있다.

이 책을 읽는 즐거움이란 주제 하나하나의 내용이 실로 흥미롭고 대중에게 잘 알려지지 않은 사건들을 상세히 보여준다는데 있다. 그러나 이 책이 독자들

박 성 우

에게 주는 궁극적인 의미는 한마디로 '과학적 관찰과 논리적 사고' 란 무엇인가를 우리에게 일깨워 준다는 것이다. 이 책을 번역하는데 있어 고고학이나 인류학 전공자들뿐만 아니라 일반 대중들 누구라도 쉽게 이해할 수 있도록 노력하였으나 여러가지 부족한 점에 대해서는 독자들에게 죄송할 따름이다. 미흡하나마 이 책이 독자 여러분들에게 색다른 즐거움을 줄 수 있는 책이 되었으면 하는 소망이다.

끝으로 오랜세월 내가 공부에 전념할 수 있도록 곁을 지켜주신 부모님과 가족에게 감사의 마음을 전하며, 이 책이 나오기까지 조언해 주시고 도와주신 여러분들께도 감사의 말씀을 드리고자 한다.

사기 · 신화 그리고 불가사의

# CONTENTS

◆ 저자서문

◆ 역자서문

011 | 제1장 과학과 사이비과학

033 | 제2장 인식론;
　　　내가 아는 것을 안다는 것이란 무엇인가?

075 | 제3장 밝혀진 고고학적 음모들

103 | 제4장 필트다운(Piltdown) 위조사건

143 | 제5장 누가 신대륙을 발견하였는가?

221 | 제6장 마운드(Mound) 건설자들의 신화

261 | 제7장 잃어버린 대륙 아틀란티스(Atlantis)

305 | 제8장 선사시대의 E.T. : 고대의 우주 비행사

341 | 제9장 신비의 이집트

377 | 제10장 고고학과 신비주의

401 | 제11장 보수종교와 현대과학

443 | 제12장 과거에 대한 진짜 미스터리

◆ 참고문헌 | 473

◆ 찾아보기 | 505

FRAUDS, MYTHS, AND MYSTERIES -5E-
Copyright ⓒ (······as in Proprietor's edition)
All rightes reserved.

Korean translation copyright ⓒ 2008 by Seo Kyung Publishing
Korean translation rights arranged with McGraw-hill Companies, Inc.,
through EYA(Eric Yang Agency).

이 책의 한국어 판 저작권은 EYA(에릭양 에이전시)를 통한 McGraw-hill Companies, Inc.사와의 독점계약으로 한국어 판권을 '서경문화사'가(이) 소유합니다. 저작권법에 의하여 한국 내에서 보호를 받는 저작물이므로 무단전재와 복제를 금합니다.

# 제1장 과학과 사이비과학

많은 사람들은 과학으로서는 설명할 수 없는 신비로운 현상에 대해서 호기심이나 관심을 갖고 있다; 초감각적 지각, 별점, 심령치료, 외계인납치, 손금, 환생, 피라미드의 신비한 힘, 고대우주비행사, 크롭 서클(crop circle), 풍수지리. 만일 이러한 초자연적 현상들이 모두 사실이라면 이 세상은 아마도 과학적인 가설과 법칙들로서는 설명할 수 없는 아주 기괴하고도 이상한 곳일 것이다.

고양이는 초감각적인 영(靈)적 능력이 있으며 어린아이들은 마음의 힘으로 숟가락을 구부릴 수 있다. 다른 은하계에서 찾아온 외계인들이 지구 위를 끊임없이 비행하면서 사람들을 납치하여 기이하게 생긴 기계장치로 의학적 실험을 한다. 이 외계인들은 의학적 실험뿐 아니라 밀밭에 거대한 크기의, 기이하면서도 무척이나 아름다운 모양의 흔적을 남기기도 한다.

한 벌의 특별히 고안된 카드를 섞고 나누는 방법을 통해 사람들의 마음을 읽고 그들의 미래를 예측할 수 있으며, 16세기 프랑스의 한 의사는 시공을 뛰어넘어 미국의 9.11 테러를 소름 끼치도록 정확하게 예측하였다. 사람들은 피라미드 모양의 침실에서 잘 때 최상의 건강 상태를 유지할 수 있으며, 자수정 목걸이를 함으로써 인체 내의 기(氣)를 더 강하게 할 수 있다.

이뿐만이 아니라 어떤 사람들은 나뭇가지를 꺾어 만든 도구로 땅속에 숨겨진 수맥이나, 보물, 심지어는 고고학적 유물들을 찾기도 한다.

\* MoonPies; 1917년 미국에서 생산된 초코파이와 유사한 과자.
Slim Jims; 육포나 소시지와 비슷한 먹거리

엘비스 프레슬리(Elvis Presley)가 아직 살아있어 백화점에서 물건을 사기도 하고 슬림짐스(SlimJims)와 문파이(MoonPies)를 사기 위해 깊은 밤에 편의점을 몰래 드나든다.*

이처럼 세상에서 벌어지는 신비로운 일들은 무수히 많다. 현재를 살아가는 사람들이 사실은 전생에 다른 삶을 살았으며 그들이 전생에 위대한 왕이었거나 예술가였음을 기억하기도 한다(특별한 삶의 경험일수록 기억에 더욱 강하게 각인된다고 한다). 버뮤다 삼각지대(Bermuda Triangle)에서는 수많은 배와 비행기들이 사람들과 함께 과학으로는 설명할 수 없는 기이한 현상 속에서 사라져 왔다.

이러한 특별한 세상에서는 외계인에 의해 납치될 가능성에 대비하여 자신을 지킬 수 있는 특별한 보험을 하나 들어두는 것도 좋을 것이다. 나 자신은 플로리다의 한 보험회사로부터 월 19.95$를 불입하는 천만달러 계약의 보험에 가입하고 있으며, 내가 외계인으로부터 납치되었다는 증거가 확실한 경우 내 상속인은 최고 2천만불 까지 보상을 받기로 약정되어 있다.

결국 이 특별한 세상은 인류의 선사시대부터 초자연적인 사건들과 거대한 지각변동에 의해서, 그리고 외계인들이 끊임 없이 지구의 역사에 관여 함으로써 전개되었던 것으로 이해할 수 있을 것이다.

여러분들 또한 과학적 사실과 허구 사이의 경계를 흐리게 하는 X-file 과 같은 TV 인기 프로그램의 열광적인 팬일 수도 있을 것이며, 인터넷의 운세상담을 통하여 당신의 미래를 예측 하려 할지도 모른다. 이 책을 읽는 여러분들은 이러한 놀라운 주장들에 대해 열린 마음을 갖는 것이 중요하다고 생각할 것이다.

### 불가사의한 현상에 대한 믿음

만일 여러분들이 신비주의적인 주장들에 대해 긍정적인 입장이라면 여러분들이 결코 특별한 사람이 아님을 곧 알게 될 것이다. 얼마 전 TV의 한 연예오락 프로그램에서 이러한 주장들에 대한 찬반여부를 묻는 설문조사를 실시한 바 있다. 설문에 응답한 사람들 중 25% 이상은 꿈이 미래를 정확하게 예시해 준다고 믿으며, 12%의 응답자가 점성술을 신뢰할 수 있다고 대답하였다. 이들 중 22%는 영적인 능력으로 미래를 예측하는 것이 가능하다고 믿으며, 3%의 응답자는 포츈쿠키(fortune cookie)속의 쪽지가 실제로 미래를 정확하게 암시한다고 대답하였다. 1996년 미국 내 일반 대중들을 상대로한 겔럽 조사에 의하면 45%의 사람들은 UFO가 외계인들이 타고 온 비행선이며, 지속적으로 지구를 방문하고 있다고 믿는 것으로 나타났다.

다른 여론조사기관인 얀클로비취 파트너(Yankelovich Partners)가 1997년 실시한 여론조사도 유사한 결론을 제공하고 있다. 이 설문에 응답한 1000명중 37%의 사람들은 점성술을 믿으며, 45%의 사람들은 영적 치료의 효과가 사실이고, 25%의 응답자들은 영혼의 환생을 믿는 것으로 나타났다(Nisbet 1999). 보다 최근에 해리스 폴(Harris Poll)이란 기관은 2000명이 넘는 미국인을 상대로 설문조사를 실시했는데, 그 결과 31%의 사람들이 점

그림 1.1_ 타블로이드 신문에 실린 기사 제목들
* 인류는 돼지로부터 진화해 왔다!
* 영장류가 인간의 아기를 낳다!
* 벨지움이 유성에 의해 파괴되다!
* 외계인의 두개골이 발견되다!
* 미스터리서클이 고도의 지능을 가진 개미들에 의해 만들어졌음이 밝혀지다!
* 부시 대통령이 아틀란티스를 침공할 비밀계획을 세웠다!
* 3천년전 여사제의 시신이 리비아의 비밀 연구실에서 되살아 나다!

제1장 과학과 사이비과학 13

성술을 믿으며, 51%의 응답자들이 유령이나 귀신의 존재를 믿는다고 대답하였다(Taylor 2003).

이러한 결과를 두고 '정보와 오락'으로서 TV를 시청하는 사람들이 순진하거나 혹은 여론조사에 응하는 대부분의 미국사람들이 잘 속아넘어가는 부류의 사람들이기 때문이라고 볼 수도 있다. 젊고 똑똑하며 고등교육을 받은 대학생이나 전문지식인들은 이러한 보통사람들을 대상으로 한 조사 결과와는 다른 수치를 보여 줄 것으로 기대할 수도 있겠다. 그러나 내가 개인적으로 여러 대학으로부터 조사한 결과를 보면 실망스럽게도 소위 지식인이라는 사람들 역시 인류 과거사의 황당한 주장들에 대해 과학적 근거 없이 믿음을 지니고 있음을 알 수 있다 (Feder 1984, 1987, 1995b, 1918, 2004).

예를 들어 1983년에 대학생들을 대상으로 한 조사에서 27%의 학생들이 멀리 떨어진 우주의 혹성으로부터 외계인들이 지구를 방문하고 있으며, 고대 이집트 피라미드를 건설할 수 있는 기술을 인류의 조상들에게 전수한 것이라고 믿는다고 대답하였다(도표 1.2a; 9장 참조). 이러한 믿음은 1994년 조사결과 32%로 증가하면서 최고점을 기록하였고 1998년에는 15%로 하향곡선을 긋다가 2000년에는 21%로 다시 증가하였고 다행히도 2003년에는 6%로 급감하였다(도표 1.2a).

잃어버린 문명 아틀란티스 대륙의 존재와 그 위치에 대한 믿음은 그리스 철학자 플라톤의 문학적 창작물로서 뿐만 아니라 역사적 실체로서 지난 20년 동안 사람들의 인식 속에서 확고부동한 위치를 자리매김 하고 있다. 아틀란티스에 대한 믿음이 1983, 1994, 1998 년에는 29%, 2000년에는 43%로 급성장 하다가 2003년 현재에도 33%로 여전히 높은 비율을 유지하고 있다(도표 1.2b).

이집트 파라오인 투탄카멘 무덤에 얽힌 고고학자들의 의문의 죽음이 파라오의 저주 때문이라는 믿음도 마찬가지로 지난 20년 동안 부침을 거듭하고 있다(도표 1.2c; 9장 참조). 1983년 조사에서 12%의 학생

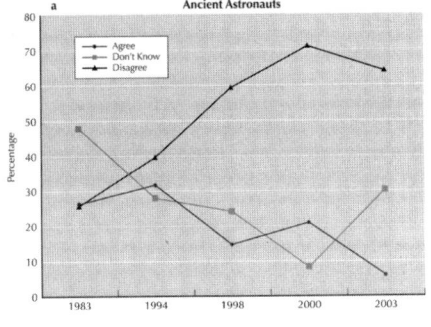
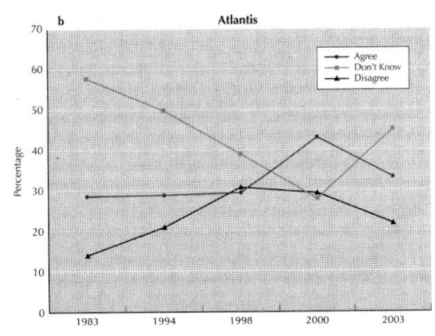
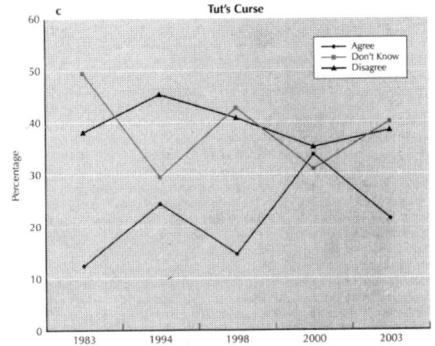

그림 1.2_ 다음 도표는 대학생들을 상대로 1983, 1994, 1998, 2000, 2004년에 실시한 설문 조사 결과이다.
도표 a. 고도의 지능을 가진 외계인이 선사시대 지구를 방문한 사실이 있다
도표 b. 사라진 대륙 아틀란티스는 존재했었다.
도표 c. 고대 이집트 파라오인 투탄카멘의 저주는 실재한다.

들이 파라오의 저주가 사실이라고 믿는다고 대답하였다. 이 수치는 1994년 두 배인 24%로 증가하였다가 1998년 15%로 감소하였고 그리고는 다시 2000년에는 34%로 급증했다가 2003년에는 22%의 수치를 나타냄으로써 상대적으로 높은 비율을 유지하고 있다.

한편, 지난 수년 동안 이러한 신비주의적인 주제들이나 다른 고고학적 논의들에 대해서 많은 학생들이 모른다거나 관심이 없다는 대답을 하였는데 이러한 사실들이 신비주의에서 탈피하는 고무적인 징조라고 주장하는 사람들도 있을지 모른다. 반대로 학생들이 그러한 주장들에 대해 긍정이건 부정이건 제대로 알지 못한다는 사실을 인정하는 태도가 아니냐고 반문 할 수도 있을 것이다. 그러나 수전 리처드슨 (Susan Richardson 1999: 36)이 지적하였듯이 교조적 도그마에 빠져있

는 고고학이 이러한 신비주의적인 주장들에 대해서 적당히 부정하는 것 이상의 해답을 제공하지 못함으로 인해 대중들이 만족할만한 대답과는 괴리가 있음을 인정하지 않을 수 없다.

이러한 조사 결과는 아마도 미국의 학생들이 다른 외국 학생들과 비교해볼 때 유별나게 순진하여 잘 속거나, 혹은 그릇된 정보를 제공받았을 수도 있다. 그렇다면 외국의 학생들은 인류 과거사에 얽힌 이러한 질문들에 접한다면 어떠한 반응을 보일까?

1996년 호주의 뉴 사우스 웨일즈(New South Wales)주에 있는 찰스 스튜어트 대학(Charles Stuart University)의 더크 스펜먼(Dirk Spennemann)이 학생 142명을 대상으로 설문조사를 하였는데 미국학생들을 대상으로 했던 조사와 아주 유사한 결과를 보여주었다(Spennemann 1996). 보다 최근에 수전 리처드슨(Susan Richardson 1999)이 그녀의 고고학 석사학위 논문 자료를 위해 영국의 사우스햄프튼(Southampton) 대학에서 유사한 설문조사를 실시하였다. 그녀는 내가 사용하였던 질문들을 인용해 조사하였는데 미국 학생들보다는 덜 회의적인 결과를 확인하였다.

예를 들어 영국 학생들 중 10%의 응답자들이 고대 우주비행사에 대해 긍정적으로 대답했고, 사라진 대륙 아틀란티스에 대해서는 16%의 학생들이, 투탄카멘왕의 저주에 대해서는 10% 학생들이 믿는다고 대답하였다. 이러한 수치를 볼 때 영국학생들이 미국학생들에 비해 더 정확한 지식이나 정보를 접해왔는지는 확인할 수 없다. 다만 소수의 영국학생들은 그러한 신비주의적 주장들을 부정한다기보다는 현재까지 드러난 증거를 감안할 때 쉽게 결론지을 수 없다는 입장이라고 보는 것이 타당할 것이다. 그러나 다시 생각해보면 설문조사에서 논의되어 왔던 신비주의적인 믿음이나 주장들이 왜 쉽게 무시될 수 없었는가 하는 점에 의문을 품을 수 있을 것이다(Richardson 1999:37).

우리는 '과학'이란 것을 단순히 논리적인 사고를 적용함으로써 주변의 세상을 이해하는 과정이며 우리들 대부분은 우리 스스로가 과학적 사고를 하고 있다고 생각하기 쉽다. 그렇다면 과학은 정말 완벽한 것인가? 과학자들은 모든 것을 다 알 수 있는가? 과학자들은 항상 옳은가? 이러한 질문들을 던져 본다면 물론 답은 '그렇지 않다'라는 것이다. 오히려 과학은 과거에 있던 것들을 윤색하여 결국은 진실로 만들어 버릴 수도 있는 것이다.

대부분의 과학자들이 수많은 흥미 있는 가설들을 오만하게도 이유 없이 무시하는 것일 수도 있으며, 혹은 과학자들의 닫힌 마음이 신비주의적인 주장들을 받아들이기 보다는 무시하는 것 이상으로 거부하는지도 모른다. UFO와 초감각적 지각, 점성술, 환생, 손금, 예언, 수맥 찾기와 풍수지리, 고대의 우주비행사, 심령치료 등은 잡지와 텔레비전, 그리고 영화의 단골 주제로 다루어지고 있으며 이를 지켜보는 사람들은 이 모든 것들이 거짓일 수는 없으며 거기에는 뭔가가 있을 수 있다는 암시를 받게 되는 것이다.

나 자신도 외계에서 날라온 비행접시 이야기와 영적 능력에 대한 책들을 아주 즐겨 읽는다. 나는 점성술에 사용하는 위지(Ouija)와 추(Pendulum)를 갖고 있으며, 사람들의 필체를 분석하고 초감각적 지각을 시험해 보곤 한다. 이러한 흥미로운 것들 중에는 무언가 보이지 않는 진실(혹은 진리)이 반듯이 숨어 있을 것이라고 느낀다. 그러나 항상 내 마음을 괴롭혔던 것은 내가 경험한 초감각적 지각에 대한 실험이 예측대로 맞아 떨어진 적이 없으며 나의 위지(Ouija)판 또한 제대로 작동해본 적이 없다는 것이다. 나는 작은 천체 망원경을 하나 갖고 있는데, 많은 시간을 밤하늘을 쳐다보지만 비행기, 헬리콥터, 새, 인공위성, 별, 유성 등을 제외하곤 그 어느 것 하나 본적이 없다. 다른 사람들처럼 이러한 많은 가능성들에 대해 나 자신 또한 매혹되어 왔고 이것들이 사실임을 입증하기 위하여 나름대로 조사를 해 봤으나 결국에는 과학의 논리에 의해 포기하곤 하였다.

나는 1960년대 후반 1달러에 4권의 책을 준다는 선전에 혹해서 신비주의 책들을 구매하는 클럽에 회원 가입을 한 적이 있다. 나는 이 클럽에서 '과학적 초능력의 완성; (The Complete, Illustrated Book of the Psychic Sciences)', '요가, 젊음 그리고 환생 (Yoga, Youth and Reincarnation)' '흑마술(The Black Arts)' '마법사들의 여명(The Morning of the Magicians)' 이란 제목의 책 네 권을 얻었다. 처음 세 권의 책들은 매우 흥미로운 내용들로 가득 했는데 당시로서는 아주 논리적이고 설득력있게 느껴졌다. 실제 유령출몰에 대한 증거들과 예언적인 꿈들, 점성술의 정확성과 과거 전생의 기억들에 대한 사람들의 아주 생생한 증언들이 실려있었고, 요가에 대한 책을 통해서는 실제로 건강에 아주 유익한 동작들을 배울 수도 있었다.

그러나 내가 이 경이로운 세계에 대해서 눈을 뜰 수가 있었던 것은 바로 네번째 책 덕분이었다. 루이스 파웰과 쟈크 베리어(Louis Pauwels and Jacques Bergier 1960)가 터무니 없는 주장들을 모아놓은 이 책이 무엇이든 쉽게 믿는 나의 성격으로부터 탈피하게 하는데 결정적인 역할을 하였다. 나 자신은 아주 불합리하고 엉뚱한 생각들에 대해서 열린 마음을 갖고 있지만 불행하게도 그들이 제시하는 증거라는 것들은 과학적 이성주의의 입장에서 볼 때 아주 빈약하기 그지없다.

'마법사들의 여명(The Morning of the Magicians)'

'마법사들의 여명' 이란 책은 과학자들이 일반 대중들에게는 숨겨온 아주 놀라운 주장을 담고 있는데 환생, 공중부양, 유령의 존재에 대한 과학적 증거들을 제시하고 있다. 내가 이 책을 처음 읽었을 때 그러한 충격적인 주장들로부터 받는 느낌이란 아주 흥분되고 환상적인 것이었다. 다른 유사한 책을 읽을 때도 이러한 주장들은 항상 동일한 지적 유희를 나에게 제공하였다. 그러나 세번, 네번 그 횟수를 거듭하다

보면 이러한 책들의 내용이 결국은 다 같은 논리 속에서 이야기 하고 있음을 알 수 있었다.

나는 점차 마술적 주문, 정신감응, 연금술과 같은 저자들의 주장에 대해서 경이로웠던 감성들이 줄어들게 되었고, 놀라움에 대한 지적 저항이 축적된 결과인지는 모르겠으나 이러한 주장들 하나하나에 대해 흥미를 잃게 되면서 오히려 지루함마저 느끼기 시작하였다.

나는 이 책의 내용을 자세히 살펴보다가 문득 신비주의가 선사고고학과 밀접한 관련이 있다는 아주 놀라운 발견을 하게 되었다. 즉 어떠한 신비주의 책이건 그 내용 속에는 고고학이 개입되어 있는 것이 나를 놀라게 하였다. 사실 나는 고고학과 신비주의가 어떠한 형태로든 연결될 수 있다는 것을 생각 해본적 조차 없었기 때문에 그 가능성에 매혹되어 즉시 그 부분을 읽기 시작 하였다. 그러나 나는 곧 그 내용들에 대해 섬뜩함을 느낄 수 밖에 없었는데 이집트 피라미드, 이스터섬의 석상들과 페루의 고대문명, 기타 고고학 유적지나 유물들, 문명들이 엉터리 정보와 왜곡된 사실들을 잘못 해석한 허황된 이야기들로 치장되어 있었기 때문이다.

예를 들어 어떤 문명은 이미 오래 전부터 지구로부터 태양까지의 거리나 파이의 정확한 수학적 값을 알고 있었다거나, 이집트 피라미드는 알려진 것보다 훨씬 전에 만들어졌다는 것인데 그러한 주장들 대부분은 정확하지 못한 계산이나 그릇된 정보, 혹은 그러한 것들을 믿고 싶어하는 마음이 빚어낸 결과이다.

고대문명에 대한 저자의 왜곡된 시각은 다음 내용을 인용하여 살펴볼 수 있다.

"…우리의 문명은 원시시대부터 소유해왔던 그들의 기술들, 즉 원거리 통신을 가능하게 하고, 공중을 날아다니며, 물질적 에너지로부터 자유롭고, 중력을 무력화 시키는 그러한 기계의 힘으로부터 아주 오랜 기간 투쟁을 통해 얻은 결과인 것이다…" (Pauwels and Bergier 1960:109).

파우웰과 베링거에 따르면 오늘날 우리가 사용하는 비행기술, 핵 에너지장치, 전자기기통신들은 선사시대 사람들이 이미 알고 사용했던 지식과 기술을 재발견 한 것에 불과 하다는 것이다. 즉, 오늘날 우리들이 기계장치들로서 이러한 것들을 이용했던 것처럼 선사시대 인들은 그들의 마음을 통해 그러한 것들을 사용 할 수 있었다는 주장이다. 파우웰과 베링거와 같은 부류의 사람들은 뻔뻔스럽게도 그들 스스로는 회의적인 접근 방법을 배제하고 열린 시각에서 아주 솔직하고 객관적인 입장에서 연구한 결과라고 주장한다.

"…원자력 기술은 아주 오래 전부터 우리가 신석기 시대라 부르던 바로 그 시대에 다른 외계문명의 방문자들로부터 얻게 된 것이라는 결론 이외에는 납득할만한 다른 가설을 찾을 수가 없다…중략…(p105)"

그러나 아주 단순한 한가지 사실은 이러한 주장들이 끊임없이 오류를 범해 왔다는 점인데 아마도 고고학자가 아닌 일반 대중들은 미처 알아채지 못했을 수도 있다. 예를 들어 그들은 멕시코 테오티후아칸의 유적인 태양의 피라미드를 톨텍인들이 건설했다고 주장한다. 그러나 테오티후아칸은 톨텍이 융성하기 700년 전에 존재했던 문명이다. 이것은 마치 부동산 재벌인 도날드 트럼프 (Donald Trump)가 미국 백악관을 지었다고 주장하는 것처럼 허황된 주장이다.

또한 이들은 남미지역에서 일단의 고고학자들이 고대문명의 수수께끼라 할 수 있는, 남미대륙에 전혀 알려지지 않았던 낙타의 조각상을 발견하였다고 아주 놀라워 하였다(p.114). 그러나 낙타는 남미가 원산지이며 네가지 서로 다른 혈통으로 갈라진 낙타의 아종들이 지금도 존재한다.* 파우웰과 베링거는 공룡들이 이미 6천만년

* 남미지역 낙타는 llama, alpaca, vicuna, and guanaco 의 4종이 있다.

전에 멸종되었다는 사실을 과학이 증명하고 있어도 남미에 공룡을 묘사한 선사시대 조각상이 존재한다고 주장한다(11장 참조). 이들은 또한 중미지역 마야문명이 그리스 문명보다 훨씬 오래되었다고 주장하기도 한다(p.115). 그러나 고대 그리스는 최소한 2500년 이상 되었으며 마야문명은 그보다 천년 이후인 1500년 전에 존재했던 문명이다.

이와 같은 고고학적 사실만큼은 나의 입장에서는 '마법사들의 여명'에서 논의되었던 모든 주장들을 대충 지나칠 수가 없었다. 이 책에서 주장하는 기묘한 논리들은 물리, 화학, 생물, 심리학, 역사학들과도 관계가 있지만 나에게는 그러한 분야들의 이론을 판단할만한 근원적인 지식이 없다는 것 또한 분명히 인식할 수 있었다.

그것은 실로 내게는 귀중한 경험이었는데 이 책의 저자들은 내가 자신 있게 이해할 수 있는 고고학 분야에서 의외로 많은 과학적인 방법과 학문적 연구 방식을 제시하고 있었다(2장 참조). 그러나 이 주장들을 보다 심도 있게 들여다보면 그들이 주장하고 있는 모든 현상들에 대해서 논리적 근거를 무시하거나 소홀히 하고 있음을 명확히 볼 수 있다. 나는 곧 파우웰과 베링거와 같은 극단적인 주장을 하는 신비주의자들에게 반론을 제기하는 각 분야의 과학자들이 쓴 책들을 읽기 시작하였다.

우선 '마법사들의 여명'이란 책의 선사시대 부분을 읽은 다음에 제기될 수 있는 논쟁과 반론들에 대해서 집중적인 조사를 하였다. 외계의 생명체와 UFO에 대해서는 우주공학자들이, 점성술과 정신감응(텔레퍼시), 투시능력에 대해서는 심리학자들이, 영구적으로 작동하는 기계나, 연금술에 대해서는 화학자들이 그 증거를 조사하였다. 그러한 신비주의적 주장들이 회의론자들에 의해 논리적으로 모순되거나 증명될 수 없음이 입증될 때, 특히 약간 아는 정도가 아닌 전문가들에 의해서 이러한 모순들이 폭로될 때 이것들은 내게 또 다른 흥미거리를 주었다.

결론적으로 나를 매혹시켰던 신비주의자들의 모든 흥미로운 주장들의 실체를 살펴 보면 그 내용을 증명 할 수 없거나, 아주 의심스러운 것들이며 최악의 경우는 완전히 상식 밖의 이야기들로 가득 차 있었다.

## 사이비 과학과 고고학

나는 이러한 검증 작업을 시작한 이래로 신비주의적인 주장들이 놀라울 정도로 잘 윤색되어 있음을 알게 되었는데 어떤 때에는 아주 실소를 금치 못하기도 하고, 때로는 우울해지기도 한다. 내가 '마법사들의 여명'을 읽기 시작했을 때 나는 어떻게 고고학적 신비주의가 대중들의 인기를 끌면서 사람들을 속이는지 어렴풋이 깨닫기 시작했다. 고고학이란 학문이 대중적 관심을 자아낸다는 것은 아무도 부정하지 못할 것이다. 일반 대중들은 이집트 피라미드, 선사시대의 동굴벽화, 인류의 진화, 스톤헨지(Stonehenge), 그리고 마야와 같은 주제에 대해 매혹 되곤 한다.

고고학이란 학문은 사람들이 강의를 듣기도 하고, 박물관에 가기도 하며, 발굴현장을 견학하기도 하고, 책을 사서 보기도 함으로써 존속될 수 있는 학문이다. 그러나 슬프게도 몇몇 사람들은 이 매혹적인 분야에서 이룬 발견들에 대해 증명될 수 없는 주장들을 늘어 놓음으로써 대중들의 관심을 끌려고 한다. 이러한 시도는 '마법사들의 여명'이 처음이 아니며 마지막 또한 아닐 것이다. 신비주의적인 주장들은 출판물이나, 인쇄매체를 통해서, 혹은 말로서 전해지기도 하고, 영상화 되기도 함으로써 고고학적 발견들을 왜곡시켜 기형적인 형태로 만들어 놓는다.

전문적인 고고학자들은 대부분의 시간을 그들이 발견한 유물에 대해 글을 쓰거나, 의견을 교환하기 위한 대화에 사용한다. 그러나 일반 대중들은 많은 돈을 벌기 위해서나 혹은 자신들의 주장을 증명할 목적으로 쓰여진 슈퍼마켓의 잡지로부터 배운다.

고고학은 아이러니하게도 대중들에게 매력적인 학문이라는 바로 그 인기 때문에 왜곡되는 고통을 받는 것이다. 고고학이 남용된 아주 흥미롭고 재미있는 예들은 우리 주변에서 얼마든지 찾아볼 수 있다. 출판업자, 영화사, 잡지사, 타블로이드 신문 등은 고대우주비행사, 신비주의적 고고학, 설인, 아틸란티스 이론 등을 끊임없이 만들어 내면서 우리의 관심을 충족 시켜주고 있다.

그러나 중요한 것은 바로 '왜' 이러한 현상이 나타나는가 하는 것인데 이 책에서 언급할 내용들을 기준으로 보면 대략 6가지 정도로 설명이 가능하다.

1. 부정할 수 없는 첫번째 이유는 바로 '돈' 때문이다. 고고학에 대한 대중적 관심은 기이한 유물을 보거나 잡지들을 읽는데 많은 사람들이 기꺼이 돈을 지불 할만큼 크다. 관객들의 흥미에 부응하는 '대중성'이란 이점을 살리기 위해 많은 허풍꾼들은 책, 순회강연, 티셔츠, 기념 컵, 장식품들을 끊임없이 만들어 팔고 있는 것이며 막대한 액수의 돈이 인류 고대문명에 대한 사람들의 호기심을 자극하고 충족시키는데 소비되는 것이다(3장 참조).
2. 두번째 이유는 유명해 지는 것에 대한 욕심이다. 전문적인 고고학자들도 알지 못하는 가장 오래된 유적을 찾는다거나, 자신만의 이론이 옳다는 것을 입증하려는 욕망이 고고학 자료에 대한 약간의 과장이나 조작을 넘어선 무모한 행동을 하게끔 하는 것이다.
3. 고고학이 민족주의라는 보다 넓은 의미의 명예를 위해 극단적이거나 터무니없는 주장을 지지하는 수단으로 사용 되기도 한다. 어떤 민족주 혹은 인종 차별주의적 열망에 대한 증거를 찾기

위해 고고학을 이용하는 것은 흔한 경우이다. 소위 '우리'가 여기서 처음이라거나, '우리'가 '다른' 집단보다 먼저 문명화 되었다거나 하는 것을 증명해 보이고 싶은 욕망이 고고학적 사실들을 무책임하게 왜곡 하는 역할을 한다.

나찌(Nazi)주의자들은 이러한 추악한 행동에 대한 아주 좋은 예를 보여주고 있다. 나찌(Nazi)고고학자들은 1930~40년대 사이에 독일 영토 밖에서 발견, 수집한 많은 고고학적 유물들을 '고대독일'의 유물로 규정하였다. 이 명백하다고 규정된 '독일식' 유물의 출현은 다른 영토에 대한 초기 독일인들의 소유권을 주장하는 증거로 인식하였으며, 그 지역에 살고 있는 다른 민족을 학살하거나 축출하는데 자신들의 행위를 합리화시키는 근거로서 이용하였다. 베티나 아놀드(Bettina Arnold 1992)의 논문은 이러한 무서운 목적으로 고고학이 인종주의와 민족말살주의의 수단으로서 사용된 예를 잘 보여주고 있다.

4. 불행하게도 '종교' 또한 고고학을 왜곡하는데 아주 비중 있는 역할을 수행하고 있다. 대다수의 많은 종교들이 오랜 세월을 거슬러 그들의 기원과 뿌리에 대한 주장을 펼치고 있다. 그들 중 일부는 고고학적 증거의 발견을 통해 자신들의 교리를 증명하려고 시도하면서 학문적 진실을 심각하게 왜곡하고 있다. 16세기 신교개혁(Protestant Reformation)의 지도자인 마틴 루터(Martin Luther)가 말하기를 "…선의를 위하여 좋은 거짓말을 하는 것이 누구를 해친다는 말인가?…기독교회를 위해 유용한 거짓말이나 필요한 거짓말을 하는 것은 신의 뜻을 거역하는 것이 아니며 이는 신도 용납할 것이다…"라고 주장하였다(Arthur 1996:88). 루터의 주장대로 고고학적 증거를 조작하는 것 또한 대중들에게 기독교를 전파하기 위한 아주 유용한 거짓말이 될 수도 있을 것이다.

5. 보다 낭만적인 과거에 대한 사람들의 욕망도 이러한 현상을 부추기는 역할을 하고 있다. 잃어버린 대륙이나, 고대의 우주비행사 이야기와 같은 신비주의적 고고학이 전통적인 고고학 발견보다 더 흥미를 끄는 것이 사실이다. 과거에 대한 낭만적인 탐험이 최소한 대중들의 열망에 부응하는 것은 사실이고 그러한 주장들을 의심 없이 기꺼이 믿으려 한다. 즉, 대중들은 아주 기본적인 논리적 사고를 한다면 쉽게 오류를 알 수 있는 허황된 주장에 심취한다는 것이다.
6. 마지막으로, 아주 극단적이고 증명되지 않은, 기괴하고 터무니없는 인류 과거에 대한 주장들을 아무런 비판 없이 지지하는 대중들의 정신적 우유부단함 또한 한 원인일 것이다. 즉, 그러한 터무니없는 주장들을 믿는 것은 아마도 불안정한 정서상태에서 기인하는 것인지도 모른다.

### 나는 왜 이 책을 쓰게 되었는가?

이 책을 쓰는 나의 목적은 단순하다. 나는 인류의 문화유산에 대한 열정적인 호기심을 갖고 있는 많은 사람들과 작은 것 하나라도 서로 나누는 것을 좋아하기 때문이다. 우리 과거에 대한 그릇된 지식을 발견하였을 때 우리가 우리 자신의 과거에 대해서 정확하게 안다는 것이 얼마나 어려운 일인지를 설명하기 위해서이다.

간단히 말하자면 이 책을 쓰는 나의 목적은 인류 과거에 대한 근거 없는 주장들에 대해 전문적인 고고학적 해석을 제공하는 것 뿐만 아니라 그러한 극단적인 주장들을 통해 우리 과거에 대해 무엇을 배울 수 있는가를 설명하기 위해서이다. 내가 서두에서 언급했던 UFO나 초감각적 지각 등에 대한 비 고고학적 주제에 대해서는 해당분야의 학자들과 논의해왔으나 이 책에서는 주요 내용으로 다루지는 않을 것이다. 대

※ 모든 인류문명이 하나의 위대한 문명으로부터 그들의 지식을 빌려다 사용 함으로써 현재 인류문명이 발전해 왔다는 이론

신 고대우주비행사, 신비주의적 고고학, 극단적 전파주의* 그밖에 이들과 유사한 관점의 주장들에 대해 이야기해 나가고자 한다. 초자연적 현상 혹은 그러한 극단적인 주장들에 대해 과학의 관점에서 회의적인 평가를 해온 쎕티컬 인콰이어(Skeptical Inquirer) 와 쎕틱(Skeptic) 이라는 두 종류의 훌륭한 잡지들이 있다. 덧붙여 비고고학적 주제들에 대해서는 도서목록을 추가로 게재함으로 대신 하고자 한다(표 1.1).

이 책의 목차에 대해서 간략히 설명하자면 2장에서는 과학적 연구 방법론에 대해 살펴 볼 것이며, 또한 선사고고학 분야에서 유명한 위조 사건에 대해 살펴보자 한다. 3장에서는 카디프의 거인(Cardiff Giant), 4장에서는 필트다운 인골(Piltdown Man) 위조사건에 대해서 이야기 할 것이다. 5장에서는 미국 원주민의 기원에 대한 여러 가지 이설들에 대해, 그리고 원주민 이후에 어떤 사람들에 의해서 신대륙이 발견되었는가에 대해서 논의할 것이다.

6장에서는 북미대륙의 소위 마운드빌더(Moundbuilder)에 관련된 역사적 논쟁에 대해서 설명할 것이다. 7장에서는 잃어버린 대륙 아틀란티스와 같은 증명되지 않은 선사고고학적 기록들에 대해서, 8장에서는 고대 우주비행사에 대한 이야기를, 9장에서는 신비함으로 늘 요동치는 고대 이집트 문명과 관련된 주제에 대해서 이야기 할 것이다. 10장에서는 초능력을 이용한 고고학의 유효성에 대해서, 11장에서는 특정 종교에서 주장하는 그들의 교리와 관련된 고고학적 증거들에 관해서 논의할 것이다. 마지막으로 12장에서는 현재 논의되고 있는 진짜 고고학적 수수께끼에 대해서 이야기 하고자 한다. 이러한 내용들을 통해 과학으로서의 고고학이 어떻게 이러한 주장들을 검증하는지를 보여줄 것이다.

고고학적 기록뿐 아니라 개인의 불운한 재난에 대해 잘못 이용되고 평가된 역사들에 대해서도 주목할 필요가 있는 것이다. 예를 들어

표 1.1 비고고학적 주제와 관련된 도서목록

| Topic | Author | Book Title | Year | Publisher |
|---|---|---|---|---|
| Astrology | Roger B. Culver and Philip A. Ianna | Astrology: True or False? | 1988 | Prometheus Books |
| | J. V. Stewart | Astrology: What's Really in the Stars | 1997 | Prometheus Books |
| Astronomy | Philip Plait | Bad Astronomy | 2002 | John Wiley |
| Bermuda Triangle | Larry Kusche | The Bermuda Triangle Mystery Solved | 1995 | Prometheus Books |
| Bigfoot | Daniel Taylor-Ide | Something Hidden Behind the Range: A Himalayan Quest | 1995 | Mercury House |
| | Greg Long | The Making of Bigfoot: The Inside Story | 2004 | Prometheus Books |
| | David J. Daegling | Bigfoot Exposed: An Anthropologist Examines America's Enduring Legend | 2004 | AltaMira Press |
| Crystal Power | Lawrence Jerome | Crystal Power: The Ultimate Placebo Effect | 1989 | Prometheus Books |
| ESP | Joe Nickell | Psychic Sleuths | 1994 | Prometheus Books |
| | James Randi | The Magic of Uri Geller | 1975 | Ballantine Books |
| | C. E. M. Hansel | The Search for Psychic Power | 1989 | Prometheus Books |
| | Richard Wiseman | Deception and Self-Deception: Investigating Psychics | 1997 | Prometheus Books |
| | Georges Charpak and Henri Broch | Debunked: ESP, Telekenesis and Other Pseudoscience | 2004 | Johns Hopkins |
| Faith Healing and Miracles | James Randi | The Faith Healers | 1989 | Prometheus Books |
| | Joe Nickell | Looking for a Miracle | 1993 | Prometheus Books |
| General | Gordon Stein (editor) | The Encyclopedia of the Paranormal | 1996 | Prometheus Books |
| | Simon Hoggart and Mike Hutchinson | Bizarre Beliefs | 1995 | Richard Cohen Books |

(continued)

표 1.1 비고고학적 주제와 관련된 도서목록(계속)

| Topic | Author | Book Title | Year | Publisher |
|---|---|---|---|---|
| General | Christopher Toumey | *Conjuring Science* | 1996 | Rutgers University Press |
| | Michael Shermer | *How We Believe* | 2000 | W. H. Freeman and Co. |
| | Robert Todd | *The Skeptic's Dictionary* | 2003 | John Wiley |
| | Wendy Kaminer | *Sleeping with Extra-Terrestrials* | 1999 | Pantheon |
| Holocaust Denial | Michael Sheremer and Alex Grobman | *Denying History: Who Says the Holocaust Never Happened and Why Do They Say It?* | 2000 | University of California Press |
| Loch Ness Monster | Steuart Campbell | *The Loch Ness Monster: The Evidence* | 1991 | Aberdeen University Press |
| | Ronald Binns | *The Loch Ness Mystery Solved* | 1984 | Prometheus Books |
| Medical Quackery | James Harvey Young | *American Health Quackery* | 1992 | Princeton University Press |
| Satanic Cults | Mike Hertenstein and Jon Trott | *Selling Satan: The Tragic History of Mike Warnke* | 1993 | Cornerstone Press |
| | Robert Hicks | *In Pursuit of Satan: The Police and the Occult* | 1991 | Prometheus Books |
| UFOs | Joel Achenbach | *Captured by Aliens* | 1999 | Simon and Schuster |
| | Philip J. Klass | *UFO Abductions: A Dangerous Game* | 1989 | Prometheus Books |
| | Kal K. Korff | *The Roswell UFO Crash* | 1997 | Prometheus Books |
| | Curtis Peebles | *Watch the Skies: A Chronicle of the Flying Saucer Myth* | 1994 | Smithsonian Institution Press |
| Urban Legends | Jan Harold Brunvand | *The Truth Never Stands in the Way of a Good Story* | 2000 | University of Illinois Press |

스위스의 작가 에릭 본 데니컨(Erich von Daniken)의 현재 주장들을 8장에서 살펴보고, 현대판 카디프 거인이 얼마나 많은지를 3장에서 살펴보며 200년 가까이 신뢰받지 못한 '과학적' 창조론자의 주장들에 대해 11장에서 논의해보겠다.

이러한 주장들에 대한 논리적인 이해는 접어둔 채 대중이란 고고학에 대해서 처음부터 속기 쉬운 존재이며, 인류 과거에 대한 우리들의 호기심이 그러한 편견과 오류들을 더 크게 할 수 있다는 인식하에서 이 책을 쓰고자 한다.

# 자주 받는 질문들

### 1. 사이비 과학 혹은 비과학적 주장들을 믿는 것은 무엇이 문제인가?

일련의 입증되지 않은 주장들에 대한 믿음이 주는 영향은 그리 크지 않다는 주장에 동의할 수밖에 없을 것이다. 예를 들어 당신은 새로운 제품의 체중감량기계를 구입할지도 모르고, 어느 제품이 주장하듯 '수리남(Surinam)'에서 야생고릴라를 연구하면서 발견하였다는 자연에서 채취한 만병통치약을 구입할지도 모른다. 이 회사의 선전물에는 이 제품을 섭취하면 고릴라들 조차도 섬뜩하리만큼 마르게 된다고 주장한다.

그러나, 정말로 재미있는 사실은 '수리남'은 남아메리카에 있는 국가로 뚱뚱하건 마르건 고릴라가 서식하지 않는 지역이다. 고릴라는 아프리카에서만 서식할 뿐 남미대륙에는 존재하지 않는다는 것이다. 만일 당신이 이 제품을 구입하였다면 정말로 멍청한 사람임에 틀림없다. 하지만 제품만 확실하면 되지 그런 것이 무엇이 문제란 말인가? 그러나 심각한 병증에 대해서는 적절한 의학적 조치를 취하지 않는 경우 아주 심각한 해악을 끼칠 수도 있다. 즉 입증되지 않은 치료법은 결과적으로 명을 재촉하는 행위가 될 수 있기 때문이다.

아주 극단적인 경우에는 능력 있는 종교 지도자들이 그들의 순진한 추종자들을 세뇌시키는데 짐 존스의 인민사원(Reverend Jim Jones of the People's Temple) 사건과 같이 지도자의 초능력적 힘을 믿는다거나, 애플화이트의 천국의 문(Marshall Applewhite of Heaven's Gate)이라는 종교 집단들처럼 그들의 죽음이 외계의 생명체나 문명과 연결되어 있다고 주장한다. 이러한 비상식적인 믿음은 종종 바보스러울 뿐만 아니라 가끔은 비극으로 끝나기도 한다.

## 2. 과학이 종국에는 미신과 사이비 과학을 밀어낼 것인가?

결코 그렇게 되지는 않을 것이다. 우리 인류는 주변세계에 대한 아주 거대한 용량의 이해력을 갖고 있다. 그러나 그 이해력이란 것은 항상 무거운 짐을 동반하기 마련이다. 마음을 편안하게 해주는 우화들은 실제 삶의 문제를 해결해 주지는 못하지만 우리에게 위안을 줄 수 있는 것처럼 소위 과학자들도 우리의 삶을 힘들게 하는 아주 공포스럽고 두렵게 만드는 것들과 직면하면서 살아간다.

스테판 손하임(Stephen Sondheim)의 연극 '숲으로'(Into the Woods)에서 등장하는 후드(Little Red Riding Hood)의 노래가사처럼 "…많이 아는 것은 좋은 것이지만 항상 그런 것만은 아니라는…." 혹은, 작가 조엘 아첸바하 (Joel Achenbach)의 대표작인 '외계인의 납치'란 책에서 언급한 것처럼 과학에 있어서 악몽이란 당신이 알기를 원하지 않아도 알게 되는 그 어떤 것들 일수도 있다. 과학이란 단지 무엇이 적용되고 적용될 수 없는가를 구별할 수 있을 뿐 궁극적으로는 과학이 발견한 것들을 받아들이거나 무시하는 것은 우리들 개인의 선택에 달린 문제이기 때문이다.

## 제2장 인식론;
## 내가 아는 것을 안다는 것이란 무엇인가?

　　에피스터몰로지(epistemology)의 사전적 의미를 살펴보면 '지식에 대한 연구'이다. 즉 당신이 알고 있는 어떤 사실이 옳고 그른지를 당신 자신은 어떻게 확신할 수 있는가? 내가 알고 있는 것이 진실, 혹은 사실이라고 나 스스로는 어떻게 확신할 수 있는가? 진실과 환상, 혹은 의미 있는 것과 의미 없는 것, 고고학적 지식과 다른 분야의 지식을 어떻게 구별 할 수 있는가? 모든 사람이 알고 있는 무언가에 대해 우리가 진실인지의 여부를 어떻게 알 수 있단 말인가?

　　예를 들어 나는 티벳(Tibet) 지방에 산이 있다는 사실을 알고 있는데 그 산은 서구인들이 에베레스트(Everest)라고 부르며 티벳어로는 '우주의 여신(Chomolungma)' 이라 부른다는 사실을 알고 있다. 나는 또한 에베레스트가 지구상에서 가장 높은 산이라는 사실을 알고 있으며(사실 바다 속에는 에베레스트 보다 약간 높은 산이 존재하긴 하지만), 나는 그 산의 높이가 8,848m라는 것도 알고 있다. 그러나 나 자신은 에베레스트봉의 높이를 직접 측량해 본 적이 없으며 티벳에는 한번도 가본적이 없다. 이것 뿐만 아니라 에베레스트와 비교할만한 지구상의 다른 많은 산들도 직접 측량해 본 적이 없다. 그러나 나는 에베레스트가 지구상에서 가장 높은 산이라는 확신을 가지고 있다. 그렇다면 나

그림 2.1_미국 커네티컷주 북서쪽에 위치한 베어마운틴 정상에 세워져 있는 비석. '커네티컷주에서 가장 높은 곳' 이라고 새겨져 있으나 사실이 아닌 것으로 밝혀졌다.

는 이 사실을 어떻게 알 수 있는 것일까?

미국 커네티컷(Connecticut)주 북서쪽 구석에 위치한 베어마운틴(Bear Mountain)의 정상부에는 낡은 기념비 하나가 서있다. 이 기념비는 19세기 말에 제작된 것으로 '커네티컷주에서 가장 높은 곳에 위치한 땅' 이란 명문이 새겨져 있다. 이 기념비는 제작될 당시 705m 높이의 가장 우뚝 솟은 상서로운 봉우리를 기념하고 주민들에게 이곳이 커네티컷주에서 가장 높은 곳임을 알리기 위해 만든 것이다.

그러나 한가지 문제가 발생하였는데, 최근에 보다 정확하고 정교한 장비로 측정해본 결과 베어마운틴이 커네티컷주에서 가장 높은 산이 아님이 확인되었다. 메사추세추(Massachusetts)주의 정상에 위치한 프리셀마운틴(Frissell Mountain)의 경사면이 커네티컷주와의 경계에 맞닿아 있는데 이 지점이 725m 높이로 베어마운틴 보다 20m 더 높은 것으로 확인된 것이다.

1800년대 말부터 1900년대 초에 살았던 사람들은 베어마운틴이 커네티컷주에서 가장 높은 산으로 믿었고 더 높은 산이 있다는 것을 몰랐다. 즉, 그들이 비록 기념비에다가 그렇게 새겨 넣었다 하더라도 그것은 사실이 아니었던 것이다.

내가 지금 신문을 읽고 있거나, 라디오를 듣거나, 혹은 텔레비전에서 에베레스트 산보다 1000m 더 높은 산이 발견되었다고 주장하는 소리를 들었다고 가정해 보자. 사실 몇 년 전에 실제로 에베레스트봉에 인접한 한 봉우리가 약간 더 높다는 사실이 인공위성을 통해 확인되었다고 발표되었으나 이 보도가 오류였음이 곧 밝혀졌다. 그러나 에베레스트 산의 높이 그 자체는 어떨까? 독자 여러분은 내가 에베레스트봉의 높이가 8,848m임을 확신한다고 말한 것을 기억하고 있을 것이다. 여러분들도 1999년 이전에 발간된 지리학 혹은 지형학에 관련된 모든 책이나 백과사전에서 이와 같은 수치를 확인 할 수 있을 것이다. 8,848m란 수치는 지구상 모든 사람들이 공유하는 지식이었으나 그것이 약간 틀렸다는 것이 확인되었다.

이 수치는 1954년에 당시로서는 최고의 기술을 동원하여 측정된 수치였다. 산의 고도를 측정하는 기술은 그 동안 비약적인 발전을 거듭하였는데 내셔널 지오그래피(National Geographic Society)사의 후원으로 한 등반대가 이 '세계의 지붕'에 올라가 1999년 3월 새롭게 그 높이를 측정하였다. GPS(Global Positioning System)로 관련정보를 수집, 측정 해 본 결과 에베레스트 봉은 기존에 알려진 것 보다 정확히 2m 더 높은 8,850m로 측정되었다. 측량팀은 그 동안의 지질운동과 압력으로 인해 에베레스트산이 해마다 조금씩 솟아오른 것으로 추정하였다 (Roach 1999).

과학의 특징적인 성격 중 하나는 우리가 특정한 사실에 대해 어떻게 알게 되었는가란 방법론 자체에 대해서 오류를 수정하고 이론을 정립하는 것이라고 말할 수 있다. 과학자들은 이러한 사실들에 대해 항상 인식하고 있으면서 동시에 다른 사람들이 무엇을 생각하는가에 대해서 끊임없이 검증한다. 그리고 과학자들은 우리들이 알고 있는 지식과는 정반대의 결과를 이끌어 낼 수 있는 새로운 정보를 수집, 정리하고 정밀하게 조사한다.

여러분들과 나는 아마도 에베레스트로 돌아가서 산을 다시 측량하여 그러한 사실들을 확인 하려 하지는 않을 것이다. 그렇다면 도대체 어떠한 기준을 통해 측량 결과들이 진실, 혹은 정확하다고 판단할 수 있는가? 이러한 모든 의문점들이 우리들로 하여금 다시 인식론적 논쟁으로 돌아가게끔 한다. 즉, 우리가 옳다고 생각하는 것들이 정말로 그런지 어떻게 알 수 있단 말인가?

정보의 수집:
눈에 보이는 결과가 항상 믿을 수 있는 진실은 아니다.

사람들은 일반적으로 두 가지 방법을 통해 필요한 정보를 얻는다. 첫째는 개인의 직접적인 경험을 통하거나, 둘째는 친구, 선생, 부모, 책, T.V., 인터넷등 간접적인 방법을 통해서 정보를 얻는다. 일반적으로 사람들은 그들 자신이 직접 보고 경험한 일차적 정보가 진실을 파악하는 최선의 방법이라고 믿는 경향이 있다. 그러나 불행하게도 이것은 아주 그릇된 가정에 불과하다. 왜냐하면 대부분의 사람들은 형편없는 관찰자이기 때문인데, 사람들이 목격하고 주장하는 것들은 상상력의 한 잔영일 뿐인 경우가 대부분으로 아주 당황스러운 경우가 자주 있다.

예를 들어, 기원 후 1세기 철학자인 플리니(Pliny)나 17세기 작가 탑셀(Topsell)의 작품에서 보이는 자연에 대한 묘사들을 보면, 용들의 습관, 유니콘, 인어, 그리핀 등에 대한 읽을 거리들은 정말 환상적이다(Byrne 1979). 대중들은 이러한 상상의 동물들을 직접 보았다고 주장하며 아주 자세히 묘사하기도 하고 심지어는 그림을 직접 그리기도 하는데 많은 사람들이 이러한 책들을 읽으면서 사실로 믿기도 하는 것이다(그림 2.2).

전문적으로 훈련 받은 관찰자가 아니더라도 살아있는 동물들에 관심을 갖는 데는 모두 열심이다. 네덜란드 노테르담 동물원에서 1978년 12월에 붉은 판다곰(red panda, lesser panda)이 동물원을 탈출한적이 있다. 붉은 판다는 지구상에서 아주 희귀한 동물로 중국, 티벳, 네팔, 버마 지역에서만 서식한다. 판다는 아주 독특한 외모를 갖고 있어서 다른 동물과 혼동될 가능성이 거의 없는 동물이다. 동물원측은 판다곰이

그림 2.2_ 17세기 신화속의 동물인 맨티코라(Mantichora)
이 짐승은 야생마 정도의 크기로 사람들은 실재하는 동물로 믿었는데 꼬리에는 바늘이 달려있고 사람고기를 좋아한다고 믿었다.

실종되었음을 언론에 알리고 주변 마을에서 판다가 되돌아 올 수 있도록 신고를 해 주기를 바란다고 호소하였다.

그러나 불행하게도 판다 이야기가 신문에 실린 지 얼마 안되어 탈출한 판다가 동물원 근처에 위치한 철길 가에서 죽은 채로 발견되었다고 발표하였다. 그러나 이 기사가 나간 이후에도 그 판다가 목격되었다는 제보전화가 네덜란드 전역으로부터 백여건이 넘게 동물원측에 신고되었으며 그러한 신고는 이후로도 며칠간 계속되었다 (Van Kampen 1979).

### 정보의 수집: 다른 것에 의존하는 것

이차적인 정보의 문제점들을 조사해보면 우리는 보다 복잡한 문제에 직면한다. 우리가 그 어떠한 것을 직접 관찰하거나 목격할 수 없는 입장에 있을 때 우리는 다른 사람의 해석, 보고서, 관찰을 믿게 된다.

에베레스트의 경우와 마찬가지로 다른 사람에 의해 쓰여진 보고서를 해석할 때 여러분들 스스로가 한번쯤은 자신에게 질문해 보지 않으면 안될 것들이 있다. 즉, 관찰자들은 어떻게 일차적인 정보들을 알게 되었는가? 신의 계시에 의해서, 직관에 의해서, 혹은 과학적 방법에 의해서? 이 정보를 제공하는 그들의 동기는 무엇인가? 종교, 철학, 애국심 기타 이러한 의식들과 밀접한 관련이 있는가? 그들이 얻은 정보의 진원지는 어디인가? 무엇이 주제인가? 그들은 주어진 주제에 대해 얼마나 전문적인 지식을 가지고 있는가? 등의 질문이 필요하다.

대부분의 사람들은 세상에 관련된 지식과 현재 벌어지고 있는 것들에 대한 이해를 텔레비전이나 책, 혹은 언론매체를 통해 얻지만 모든 신문들이 다 정확하고 믿을만한 정보를 제공하는 것이 아니다. 정확한 보도로 좋은 평판을 받고 있는 미국의 뉴욕 타임즈(New York Times)는 그들의 1면 제호에 "모든 기사는 정확하게 발행한다" 란 표어를 기제하고 있다. 그러나 뉴욕타임즈의 직원들은 독자들이 때로는 뉴욕 타임즈를 인콰이어(Enquirer), 스타(Star), 이그재미너(Examiner), 위클리 월드 뉴스(Weekly World News), 선(Sun)지등 타블로이드 잡지와 같은 수준으로 취급 할 때가 있음을 알지 못한다.

한번은 위클리 월드 뉴스(Weekly World News)의 편집장에게 자신의 신문에 실린 신비주의적인 이야기에 대한 신뢰도를 물었을 때 그가 대답하기를 "…신뢰도라구요? 우리는 그저 대중들을 즐겁게 해주고 조금이라도 더 기분 좋게 만들어 주려는 것 뿐이지요…."라고 하였다(Johnson 1994:27). 이는 언론매체들이 신비주의적인 내용의 기사들에 대해 신뢰도를 확인하거나 유지하려 하지 않는다는 문제를 단적으로 보여주는 예라 할 수 있다.

선(Sun)이라는 잡지는 매회마다 환상적이고 기괴한, 초자연적인 현상에 대한 재미있는 이야기들을 찾아 독자들에게 제공하고 있는데 대부분의 독자들은 그 즐거움에 매달릴 수 밖에 없다. 바꾸어 말하자면

'독자들의 즐거움을 위해 그릇된 정보에 매달릴 수 밖에 없다' 라는 것이다. 다른 관점에서 보면 이러한 내용들은 그리 심각한 것이 아니고 대부분은 우리가 믿는 사실들이 아니기 때문에 회의적인 생각은 접어두고 즐기라는 것이다. 그저 이상하고 불합리한 이야기들이지만 우리를 즐겁게 해주는데 그 가치를 부여해 달라는 말이다.

사실 대부분의 사람들은 이러한 입장을 따른다. 엘리자베스 버드(Elizabeth Bird 1992)가 타블로이드 잡지에 대한 인류학적 조사를 하였는데 타블로이드 잡지를 읽는 대부분의 사람들은 유명인사들에 대한 가십(gossip) 난과(이것은 가끔 사실로 판명되기도 하지만) 일반 언론들이 다루지 않는 흥미 있는 이야기들을 읽으면서 이러한 종류의 기사들을 더 자주 접하기 위해 타블로이드 신문을 정기적으로 구독 하는 것으로 나타났다.

물론 대부분의 사람들은 흥미와 유머 이상으로 이러한 이야기들을 받아들이지는 않는다. 그러나 심각한 문제는 타블로이드를 읽는 정기 구독자들 중 상당수가 그 내용을 사실로 믿으며, 그들이 믿는 것들을 지키기 위해서 꾸준히 애독한다는 것이다.*

*타블로이드 잡지에서 인기 있는 인류학적 주제들은 그림 1.1 참조.

작가인 피터슨(Mark Allen Peterson 1991)은 인류학과 저널리즘을 공부한 석학으로 타블로이드 잡지에서 보이는 인류학 주제들을 네 개의 분야로 정리한 바 있다.

1. 외계인과 유인원: 이 주제들은 대부분 고립되어 생활하는 사람들이나 설인(Big Foot) 혹은 외계의 지적 생명체에 대한 주제이다.

2. 기이한 야만인: 이 주제는 기이한 고대종족이나 미개한 사람들에 대한 것으로 특히 이들의 결혼과 성적 행위에 대해 아주 자세

히 묘사하고 있다.

3. 괴짜 인류학자들: 이 주제는 유별나고 괴짜인 인류학자들에 대한 흥미거리 이야기로 인류학자들이란 일반인들이 상상하지 못하는 것들을 연구하기 위해 끔찍한 장소들을 여행 하는 사람으로 묘사된다.

4. 기이한 주제에 대한 연구: 이 주제들은 앞서 언급한 3가지 주제들과 큰 차이는 없으나 특별히 강조하는 것 한가지는 세금에 대한 강도 높은 비판이다. 즉 인류학자들의 이상하고 경박한 연구를 지원하는 것은 한마디로 국민들의 세금 낭비라는 것이다.

타블로이드 잡지의 이야기들은 대부분이 말도 안 되는 이야기처럼 들리지만 소수의 작가나 독자들은 그 내용들을 사실로 믿고 있다. 그리고 이러한 현상은 우리에게 보다 근원적인 질문을 던진다. 즉, 의학, 종교, 고고학 혹은 그밖에 어떠한 주제가 되었건 우리가 믿는 것들을 우리 스스로는 어떻게 확신할 수 있는가? 란 문제이다. 이 질문은 우리가 인식론으로 다시 회귀할 수밖에 없는 것으로서 '우리가 안다고 믿는 것들에 대해서 우리는 어떻게 확신하는가? 우리가 무엇을, 누구를 믿어야 할지 어떻게 알 수 있는가? 라는 질문을 던지고 있는 것이다.

### 과학이란 법칙에 의해 작용하는 것

지식을 얻는 방법이란 우리가 의지하고 신뢰 할만한 것이어야 한다. 우리는 아마도 우주에 존재하는 것들에 대해서 완벽한 진실을 끝내 알아낼 수 없을 지도 모른다. 그러나 우리는 화학, 생물학, 심리학, 사회학, 물리학, 역사학 등을 통해서 우리가 몸담고 살아가는 이 세상에 대해 상당히 많은 것들을 이해할 수 있을 것이다. 이러한 학문들은 우리에게 세상에 대해서 자신감을 가질 수 있는 지식을 제공한다. 그러므로 지식이란 신뢰할 수 있고 진실 되어야 하며 사실적이어야 하는 것으로서 우리는 이것을 '과학'이라고 부른다. 보다 큰 의미에서 과학이란 '우리가 무엇인가를 생각하는 것에 대해서 그 가능성을 극대화 시켜주는 일련의 기술'이라고 이야기 할 수 있을 것이다.

그러나 과학이 모든 것에 대한 해답을 갖고 있지는 않으며 항상 옳은 것이라고 주장할 수도 없다. 한편으로는 세상에 대한 지식과 이해의 정도가 축적되면서 과학이 종종 앞서 언급한 에베레스트의 봉우리 높이에 대한 이야기와 같은 오류를 범하기도 한다. 다만 과학이라는 틀 안에서 우리가 주장할 수 있는 한가지는, 만일 우리가 순수한 열정으로 끊임없이 그리고 열심히 지식을 추구하면서 근본적인 기술과 원칙들을 활용할 때 결국에는 과학적 사실들이 수면 위에 그 모습을 드러낼 것이며, 우리 스스로가 발견한 세상의 본질에 대해 보다 많은 진실들을 확인할 수 있을 것이라는 점이다.

그렇다면 과연 과학이란 정확히 무엇이란 말인가? 헐리우드(Hollywood) 영화는 종종 틀에 박힌 과학자의 이미지를 만들어 내고는 하는데 아주 전형적인 여자 과학자의 이미지로는 책벌레에 내성적이고 두꺼운 안경을 끼고 있으며 긴 파마머리를 한 모습으로 묘사된다. 그러나 거의 대부분은 백인 남자가 과학자의 역할을 담당하는데 우락부락한 눈매와 더벅머리를 한 괴짜가 비밀스런 연구실에서 화학적 혼합물들을 늘어놓고 뭔가에 열심히 몰두 하는, 아주 천재적이지만 자기중심적인 성격으로 묘사된다. 이 젊은 과학도는 놀라운 발견을 통해 얻은 힘을 잘못 사용하는 반 사회적인 천재로서 부주의하게 문제를 일으켜 세상에 충격을 주기도 한다. 이 묘사를 듣는다면 여러분들은 아마도 아주 고전적인 프랑켄슈타인(Frankenstein) 박사가 금방 떠오를 것이다(그림 2.3).

많은 헐리우드 영화의 묘사와 달리 과학자들은 평범한 사람으로서

그림 2.3_ 영화 젊은 프랑켄쉬타인에서 진 와일러가 묘사한 우스꽝스러운 모습의 전형적인 미치광이 과학자의 모습. 이러한 묘사가 실제 과학자들이 어떻게 연구를 수행하는지에 대한 그릇된 이미지를 심어주고 있다.

이 세상과 우주가 어떻게 작용하는지 그 실체에 도달해 보고자 시도하는 사람들이다. 비록 과학적 발견의 적용이 느리고, 절망적이며 소비적인 일이라 해도 우리 과학자들의 기본적인 전제는 의외로 간단하다. 우리가 생물학자이건, 물리학자이건 혹은 고고학자이건 우리 모두는 네 가지의 근본적인 원칙 아래서 학술적 조사를 한다. 이 원칙들은 아주 직설적이면서 동시에 비판적인 방법론이다.

1. 이 세상에는 그 실체를 알 수 있는 우주가 분명히 존재한다.
2. 이 우주는 혹성, 행성, 동물, 바위, 사람과 그들의 문화와 역사등 모든 것을 총 망라하는 그 어떤 이해할 수 있는 규칙 혹은 법칙에 의해 움직인다.
3. 이 법칙은 바뀌는 것이 아니며 당신이 어디에 있건 어느 시대에

살건 동일하게 작용한다.
4. 이 법칙들은 사람들의 조심스러운 관찰, 실험, 연구를 통해 인식될 수 있고, 학습될 수 있으며, 이해될 수 있는 것이다.

자 그렇다면 이제 이 가설들을 한번 살펴 보기로 하자.

## 우리가 인식할 수 있는 실체로서의 우주

과학의 관점에서 볼 때 이 세상에는 우리가 연구할 수 있는 우주란 것이 실재한다. 이 우주에는 이루 헤아릴 수 없는 많은 별들로 꽉 차있으며 우리가 살고 있는 지구에는 동물과 인간의 역사가 존재한다.

그러나 최근에 이러한 과학의 근본 토대를 부정하는 사람들이 있는데 '해체주의'라고 부르는 일단의 철학자들이다. 해체주의자들의 시각에서는 모든 과학과 역사는 단지 인간들의 인위적인 조합이며 그 어떠한 객관적인 실체나 진실이 부정된다. 어떤 해체주의자들은 "역사란 오직 역사가의 마음속에만 존재한다"라고 주장하기도 하는데 과거에 존재했던 사실들은 결코 알 수 없는 실체라는 것이다(Shermer and Grobman 2000: 26). 과학자인 커트 갈프리드(Kurt Gottfried)와 케네스 윌슨(Kenneth Wilson 1997:545)이 이야기 한 것처럼 해체주의자들의 주장은 "과학적 지식이란 단지 애매모호한 실체라는 것을 붙들고 있는 공동체 안에서의 믿음 체계"인 것이다.

해체주의자들은 우리가 알고 있다고 생각하는 순수한 주제와 문화적 배경들에 대한 일반적인 믿음들을 하나하나 해체하려고 시도한다. 해체주의자들은 이 세상에는 과학적 관찰과 설명으로서 이해할 수 있는 진정한 실체란 존재하지 않는다고 주장한다. 다만 우주에 대한 문화적 구성이 있을 뿐이며 각각의 사회마다 그 우주의 실체를 다르게 이해할 뿐만 아니라 심지어는 같은 문화 내에서도 남자와 여자가 보는 시각에 따라 실체가 다르다고 주장한다. 즉, 각 개인마다 우주와 사물을 다르게 인식하기 때문에 이 세상에는 하나의 실체만이 존재하는 것이 아니라 아주 많은 실체들이 존재한다는 것이다.

해체주의자들은 과학이란 아주 순수한 서구적인 생각으로 기계적이며 반 자연적인 형태의 불평등에 기초한 자본주의적이고 애국적인 것으로 이해한다. 즉 해체주의자들에 따르면 이 세상에 대한 객관적인 관찰이나 과학적 접근 방법을 통한 이해는 불가능한 것이며 우리가 보고 설명하는 것들은 현재 우리에 의해서 결정되는 것일 뿐이다. 예를 들어 대표적인 해체주의자인 그로스와 레비트에 의하면 과학이란 단지 서구적 '신화'에 불과한 것이며 객관화, 혹은 진실이라는 것은 그 자체가 비과학적인 신화 이상도 이하도 아니라는 것이다(Paul R. Gross and Norman Levitt 1994: Higher Superstition: the Academic Left and Its Quarrel with Science).

그러나 데오도르 쉭(Theodore Schick)과 루이스 반(Lewis Vaughn 1999)이 지적한 대로 만일 이 세상에 객관적 진실이 없다면 역으로 해체주의자 자신들이 주장하는 그 명제 또한 성립 될 수 없다. 해체주의자들의 주장처럼 우리가 이 세상에 대해 알 수 있는 것이 아무것도 없다면 우리는 정말 아무것도 모를 수 있다. 그러나 인간과 우주에 대한 이러한 해체주의적 접근방법은 유용한 것이 못된다. 과학은 단순히 신화나 구전 설화와 같은 것이 아니며 엄격한 시험과 재검증을 통해 그 결과에 따라 적합하지 않은 것은 제외하거나 폐기하는 객관적 과정을 토대로 하기 때문이다.

과학이란 원리가 어떻게 작용하는가에 대한 비 과학적인 설명과는 분명 다른 것이다. 달리는 기차 안에 서 있을 때 두 개의 사물이 하나의 장소를 동시에 점유할 수 없다는 물리적 법칙은 해체주의자와 같은 주관적 시각으로는 결코 이해할 수도, 설명할 수도 없는 객관적 사실이다.

우주는 이해할 수 있는 법칙에 따라 움직인다.

본질적으로 이 명제의 의미는 우주를 움직이게 하는 근본적인 법칙이 있다는 뜻이다. 별들은 물리적인 법칙에 따라 열과 빛을 방출한다. 빛보다 빠른 존재는 아직 규명된 바 없고 우주의 모든 물질간에는 서로를 끌어 당기는 만유인력의 법칙이 존재한다. 마찬가지로 인류 문명 사회가 비록 아주 복잡한 구조로 구성되고 제 각각 움직이는 듯 하지만 그 안에는 일정한 규범이나 규칙이 존재한다는 믿음에 기초한 명제이다.

즉, 인류문화의 흐름과 발전에서도 보편적인 해석과 설명을 도출해 낼 수 있다는 것이다. 예를 들어 이집트, 중동, 인도, 파키스탄, 메소포타미아, 멕시코, 페루와 같은 고도로 발달했던 고대 문명들은 단순히 제멋대로 발전해 온 것이 아니며 이들 문명의 발전 이면에는 서로 유사한 형태와 속성을 확인할 수 있다(Haas 1982; Lamberg-Karlovsky and Sabloff 1995).

물론, 모든 자연현상이 동일하지 않은 것처럼 이들 문명이 동일한 과정을 거쳐서 발전해 왔다는 것이 아니다. 오히려 서로 다른 물리적, 문화적 환경의 차이가 있기 때문에 이 세상에는 서로 다른 다양한 문명들이 존재할 수 있었던 것이다. 그러나, 이러한 다양함 속에서도 공통된 요소가 확인되는데 문명은 농업경제의 발전과 사회조직화, 계층화 등이 반드시 존재했음을 알 수 있다. 문명은 또한 어느 일정한 수준의 인구 증가와 특정지역의 인구밀도가 높아지면서 도시의 발전을 가져왔다.

예를 들어 우리가 발견한 기념비적인 피라미드나 거대사원들은 원거리 무역의 증거이며 수학, 천문학 등의 발전과 그 지식을 기록하고 보존하는 능력의 향상과 관련이 있다. 하나의 문화는 발전이라는 측면에서 볼 때 독특하고 독립적인 요소들로만 구성되지는 않는다. 왜냐하면 문화적 진보란 것은 무질서하게 규칙 없이 이루어지는 것이 아니기 때문이다. 즉 문명의 발전이란 것은 일정한 규칙을 따라 움직이는 것이며, 과학에 있어서도 믿음이란 우리가 별들의 움직임을 관찰하고 생명체에 대해 이해할 수 있는 규칙이나 법칙을 믿는다는 것이다.

### 불변의 법칙이란 무엇인가?

과학적 법칙이란 일반적인 조건 아래서는 변하지 않는다는 것이 가장 핵심적인 전제이다. 하나의 법칙이란 지구상 어디에서건, 혹은 과거, 현재, 미래 그 어느 시점에서건 동일하게 작용해야 한다. 예를 들어 내가 오늘 피사의 사탑에 올라가서 질량이 다른 두 개의 공을 떨어뜨렸을 때 공들은 같은 속도로 떨어져 땅에 동시에 닿는다. 이러한 사실은 갈릴레오(Galileo)가 17세기에 같은 실험을 했을 때와 동일한 결과를 보여준다. 내가 이 실험을 수없이 반복한다 해도 결과는 항상 같을 것이다. 왜냐하면 만유인력이라는 우주의 법칙은 시간이 지나도 변하지 않기 때문이다. 여러분들이 어디에 있건 장소와는 무관하게 이 법칙은 적용된다. 지구 위의 어느 곳에서든 동일한 시험을 했을 때 여러분들은 같은 결과를 얻게 될 것이다.

이 실험은 심지어 아폴로 15호가 달에 착륙했을 때 미국 우주비행사들에 의해서도 시행되었다. 망치와 깃털을 같은 높이에서 떨어뜨렸을 때 이것들은 동시에 지표에 닿았다. 이 실험이 지구 안에서는 성립되지 않는 이유는 깃털은 공기의 저항을 받는 반면 망치는 그렇지 않기 때문이다. 그러나 달에서는 대기가 없기 때문에 깃털과 망치가 동시에 떨어질 수 있는 것이다.

우리는 실험 결과가 시간과 장소에 따라 다를 것이라고 믿을 필요는 없다. 만일 과학에 있어서 이런 법칙이 시간의 흐름에 영향을 받지 않는다는 가정이 틀렸다면 소위 역사학과 선사고고학은 존재하지 못했을 것이다. 예를 들어 지리학자들은 오늘날 볼 수 있는 다양한 대륙의 모양들이 어떻게 형성되었는가에 관심을 갖는다. 그들은 시간을 거슬러 올라가 그랜드캐년(Grand Canyon)이 어떻게 형성되었는지를 직접 볼 수 없음을 잘 알고 있다. 그럼에도 불구하고 그랜드캐년을 만들어온 지질학적 법칙은 오랜 시간 동안 변하지 않았다. 왜냐하면 이러한 원리들은 현재에도 과거에도 그랬듯이 동일하게 작용하고 있기 때문이다. 지질의 역사를 공부하는 사람들은 현재 존재하는 지질학적 구조를 공부할 수 있고 그것을 통해 과거의 지질운동에 대해 알 수 있다. 즉 현재 작동하고 있는 지질학적 원리와 그들이 관심을 갖고 있는 과거의 지질운동이 동일한 법칙에 의해 움직인다는 것을 알고 있다는 뜻이다.

19세기 지질학자 챨스 라이엘(Charles Lyell)에 의하면 우리가 관찰하는 '현재'는 우리가 모르는 과거를 이해할 수 있는 '단서'이다. 우주를 지속적으로 움직이게 하는 법칙, 혹은 원리가 존재하는 것은 사실이며 이것은 과거에도 현재에도 동일하게 작용하고 있다. 이것이 바로 왜 과학이 현재에 대해서만 국한되지 않고 과거를 추론하고 일기예보와 같이 미래를 예측할 수 있는가를 설명해 준다. 우리는 지속적인 현상이 벌어지는 지금 현재를 관찰할 수 있는 것은 과거에 존재했던 법칙들이 미래에도 동일하게 작용할 것이기 때문이다.

이것이 과학과 신학이 종종 의견충돌을 일으키고 공존할 수 없게 만드는 이유 이기도 하다. 여러분들도 기억하듯이 과학이란 우리가 검증할 수 있는 영속적인 법칙에 의존한다. 반면에 많은 종교들은 창조주가 만든 법칙에 의해 이 세상이 움직이며 일반적으로 이러한 법칙은 신의 의지에 따라 언제든지 바뀔 수 있다고 믿는다. 만일 신이 사과를 나무 위에서 땅 위를 향해 수직으로 떨어드리고 싶지 않다면, 즉, 만유인력의 법칙을 뛰어넘어 그 사과를 회전시키고 싶다면 그렇게 할 수 있다는 것이다.

보다 구체적인 예를 들자면 과학자들은 한 덩이의 나무가 불에 의해 빛과 열로 바뀔 수 있음을 알고 있으며 이 과정은 물리적 법칙에 의해 움직인다. 그러나 신학자들은 이러한 보편적인 이론에는 동의를 하지만, 만일 신이 불을 일으키고 싶다면 마치 구약에 나오는 모세가 목격한 '불타는 숲'과 같이 질량 소모나 원형의 변화 없이 불을 일으킬 수 있다는 것이다. 그러나 대부분의 과학자들은 이러한 주장을 받아들이지 않는다. '법칙은 법칙이다' 라는 말이 있다. 즉, 법칙이란 우리가 비록 그렇게 되기를 바란다 하더라도 바뀌지 않는 것이 법칙이다.

### 법칙이란 이해될 수 있는 것이다.

이것은 아마도 과학에 있어서 가장 중요한 원칙일 것이다. 이 우주는 최소한 이론적으로는 이해될 수 있으나 그 법칙이 난해할지도 모르며 아주 간단한 현상이라도 그것을 이해하는데 아주 오랜 시간을 소모해야 할 수도 있다. 어떠한 현상을 이해하려는 시도들은 우리로 하여금 보다 많은 정보를 수집하고 실험하면서 그것들을 또 다시 재평가하고 확인한 뒤 가장 정확한 설명들을 이끌어 내게끔 한다. 즉, 태양계의 별들은 어떻게 태초에 형성되었으며 왜 특정한 동물들은 멸종이 된 반면에 다른 종들은 번성할 수 있었고, 어떻게 고대인들은 환경적 변화에 효과적으로 대처할 수 있었는가? 그들이 외부인들과 접촉하였을 때 행동의 변화는 무엇이며, 필요한 경우에 어떻게 새로운 기술을 습득할 수 있었는가 하는 것들이다.

초기에 우리는 아주 소수의 정보만으로 제한된 사실만을 알 수 있었지만 새로운 정보의 계속적인 수집과 재검증 작업을 거치면서 불합리한 설명들을 제거해 나갈 수 있었다. 우리는 이러한 방법을 통해서 아주 조금씩 이 세상에 대한 우리의 지식과 이해의 폭을 넓혀왔다. 이와 같이 아주 조심스러운 관찰은 물론 객관적인 연구와 실험을 통해서 우리는 주변 사물에 대해 보다 잘 알 수 있게 되었다.

그렇다면 우리의 가설은 아주 간단할 수 있다. 우리 자신들 마음속에서 독립적으로 존재하는 실체를 인정할 수 있고 우리는 이 실체의 세계가 변함없는 일련의 법칙 혹은 규칙에 의해 작용한다는 것을 받아들일 수 있다. 우리는 또한 이러한 법칙들을 인식하고 이해할 수 있음을 주장할 수 있고, 최소한 이 우주의 법칙들과 그 결과물들을 일정한 형태로서 인식할 수 있다. 그래도 남는 의문점 한 가지는 그렇다면 우리는 과학을 어떻게 추구해 나갈 것인가? 즉, 우리의 관심분야가 혹성, 행성, 원자, 혹은 인간의 선사시대이건 우리는 어떻게 우주의 본질적인 원리를 탐구해 나가야 하는 것인가 하는 점이다.

## 과학적 원리란 무엇인가?

우리는 우선 논리적 혹은 이성적 생각의 규칙이 무엇인지를 알아야 한다. 과학자들은, 고고학이건 혹은 다른 학문분야이건, 일반적으로 연역법과 귀납법으로 알려진 논리의 과정을 통해 연구를 수행한다. 우선 귀납법은 사전적으로 "개별적이고 구체적인 대상을 통해 일반적인 원리를 밝히는 것"이라 정의한 반면에 연역법은 "일반적인 사실을 통해 개개의 요소를 이해하는 것"이라고 정의하고 있다. 과학을 훌륭하게 수행하는데 필수적인 요소는 행성, 분자, 바위, 혹은 고고학 유물이건 간에 관찰 대상에 대한 객관성과 편견 없는 관찰이다. 그리고 이러한 구체적인 관찰에 기초하여 사물이 어떻게 작용하는가를 알기 위해서 우리는 가설이라고 부르는 설명을 유추해낸다.

예를 들어, 우리는 지구, 화성, 금성, 수성등에 대해 연구를 할 수 있으며 태양계 안에서 이러한 별들이 어떻게 형성되었는지 일반적인 법칙을 추론해 낼 수 있다. 혹은 여러 가지 다양한 종류의 분자구조를 연구함으로서 이러한 분자들이 서로 어떠한 화학적 반응을 일으키는지에 대한 일반적인 설명을 끌어낼 수도 있다. 또한 우리는 암석들의 서로 다른 구조에 대해 연구 함으로서 지구 형성의 기원에 대한 일반적인 결론을 도출할 수도 있다. 다만 우리가 주목해야 할 것은 혹성의 형성 과정이나 바위의 형성, 원자의 반응, 선사시대의 진화들을 직접 지켜볼 수가 없다는데 있다. 대신에 우리는 관찰된 결과나 정보와 관련된 원칙들에 대해 우리가 무엇을 관찰해 왔는가를 논리적으로 검증하여 추론해 낼 수 있다.

과학에 있어서 귀납법적 연구과정이 필수적인 과정이지만 충분한 역할을 하는 것은 아니다. 우리는 귀납적 가설을 세웠을 때 시험을 통해 그 한계를 극복할 필요가 있다. 만일 우리의 귀납적 가설이 유효하다면 그리고 그 가설들이 행성, 분자, 혹은 고대사회에 대한 것이건 상관없이 우주의 정확한 법칙을 나타낼 수 있다면 이 가설들에 대한 엄격한 과학적 시험을 요구한다.

가설에 대한 제안과 관찰은 과학적 조사의 첫걸음이며 우리는 항상 관찰과 가설의 한계를 극복하여야 한다. 즉, 우리는 '만약 그렇다면…' 이란 명제를 유지할 필요가 있다. 그래서 '만약…' 이란 가설이 사실일 때 '그렇다면' 이란 설명은 '사실' 에 대한 연역적 검증의 답과 일치해야 한다.

고고학과 같은 학문 분야에서는 우리의 답이 항상 정확하고 선명한 것이 아니다. 한가지 분명한 사실은 과학자들이 항상 연구실 밖에 나가서 자료들을 수집하는 것은 아니라는 것이다. 학문적 결론에 대한 오류란 것은 사실여부에 대한 가설을 설명하고 검증하는 과정에서 고쳐질 수 있다. 이러한 논리적 과정의 한 예로서 흡연이 건강에 미치는 효과를 생각해 볼 수 있다. 어떻게 과학자들은 흡연이 여러분들의 건강에 나쁘다는 것을 확신할 수 있는가? 어떤 사람이 한 모금의 담배를 피운다 해도 즉시 발병하여 죽는 경우는 거의 없다. 그러나 그 결론은 연역법과 귀납법적 방법을 동시에 적용해 봄으로써 알 수 있다.

과학자들은 흡연자들이 특정한 질병에 대해서 비 흡연자들에 비해 잘 노출된다는 점에 지난 300년간 주목해왔다. 17세기경 의사들은 파이프 담배를 피우는 사람들이 입과 입술에 종양이 더 빨리 자란다는 점에 주목했다. 우리는 이러한 관찰로부터 흡연이 건강에 좋지 않다는 것을 귀납적으로 추론해 볼 수 있다. 그러나 이러한 가설은 반듯이 '만일 그렇다면…' 이란 검증을 통해 확인을 해 볼 필요가 있다. 만일 '흡연이 건강에 해롭다' 라는 가설이 옳다면 연역적 예측의 결과가 그러한 사실과 부합하여야 한다. 우리가 검증해 봐야 할 구체적인 연역적 전제는 다음과 같다.

1. 흡연자는 비 흡연자보다 폐암에 걸릴 빈도수가 높다.
2. 흡연자는 폐기종에 걸릴 확률이 훨씬 높다.
3. 흡연자는 몸이 아플 빈도수가 높다.
4. 흡연자는 기관지 질환에 감염될 가능성이 높다.
5. 흡연자는 폐활량이 감소한다.
6. 흡연자는 보다 수명이 짧을 확률이 높다.

우리는 흡연이 건강에 해롭다는 귀납적 가정을 고수하고 있으며 그것은 너무나 명백해 보인다. 그러나 보다 중요한 것은 과학자들이 탐정과 같이 행동하면서 사람들의 생명을 살리기 위해 그 의문점들을 풀어야 한다는 것이다.

### 19세기 유럽의 산욕열 연구

19세기 유럽에서는 여성이 아이를 분만하기에 가장 위험한 장소가 바로 병원이었다. 소위 해산병동에서 사망비율이 공포스러울 정도로 높았던 것은 '산욕열'로 알려진 증세 때문이다. 젊고 건강한 여성들이 평범한 임신으로 병원에 도착해서 정상적인 진통을 거쳐 역시 건강한 아이를 낳는다. 그러나 출산 후 몇 시간이 지나면 산모는 맥박수가 갑자기 상승하면서 고열과 복부 팽창, 통증, 오물의 방출, 일시적 정신착란 증세를 보이다가 결국은 사망에 이른다.

기이한 것은 산욕열로 인한 죽음이 병원에서는 급증한 반면 집에서 출산한 산모의 경우에는 산욕열이 나타나지 않았다는 점이다. 실제로 이 증상에 대해서 주목할만한 보고서를 낸 셔윈 누랜드(Sherwin Nuland 2003:97)에 의하면 19세기 유럽에서 한 여성이 아이를 출산할 때 병원을 가는 도중에 길거리나 골목길에서 출산하는 것이 병원에서 출산하는 것 보다 훨씬 더 안전하다는 통계자료를 낸 바가 있다.

이와 관련하여 정밀하게 조사된 한 통계자료를 보면 영국의 경우 1831~1843년 사이 집에서 출산한 산모들 10,000명중 10명이 사망한 반면 병원에서 출산한 산모들의 경우 이보다 60배가 높은 10,000명중 600명의 산모들이 사망하였다. 프랑스의 경우에도 유사한 통계자료가 있는데 1833~1842년 사이 파리에서 병원출산의 경우 10,000명중 880명의 산모가 사망한 것으로 보고되었다(Nuland 2003:41). 이 수치를 10,000명당 한명의 산모만이 출산 중 사망하는 현재 미국의 경우와 비교해 본다면 얼마나 높은 수치인가를 알 수 있다(Chang et al. 2003).

19세기 오스트리아(Austria)의 비엔나 종합병원(Vienna General Hospital) 에서는 해마다 6천에서 7천명 사이의 산모들이 출산을 위해 서로 다른 두개의 병동에 비슷한 숫자로 나뉘어져 진료를 받았다. 이들 중 2병동의 경우 연평균 60명의 산모가 사망함으로써 사망 비율이 2%인 반면, 1병동의 경우 2병동보다 그 비율이 10배정도 높은 600~800명 정도가 사망함으로써 27%의 산모 사망률을 나타냈다 (Nuland 2003:97).

의사들은 말 할 것도 없이 이러한 통계 결과에 경악하였으나 그 뚜렷한 원인을 찾아내지 못하고 있었다. 결국, 19세기 유럽에서는 병원에서 사망한 환자들을 부검하는 것이 의사들의 정규업무가 될 정도로 심각한 문제로 대두되었다. 많은 의사들이 산욕열로 사망한 산모의 시신을 주의 깊게 조사하였는데 아주 급격한 감염에 의해 냄새가 역겨운 흰색 액체가 체내에 가득 차면서 신체가 손상된 것을 발견하였다. 많은 의사들이 이러한 증상의 원인에 대해서 여러 가지 가설들을 제안하였다.

이러한 가설에는 산모들이 임신 중에 꽉 끼는 속옷(petticoats)을 착용 함으로써 출산시 양수를 제대로 몸 밖으로 배출할 수 없다는 가설에서부터 혹은, 병원내의 오염된 공기가 밀폐된 산모들의 방안에 스며들어 병증을 일으키는 원인이 되었다고 설명하기도 하였다. 뿐만 아니라 주변일대의 전자기장의 변화 혹은 대기의 급격한 변화가 원인이라는 가설도 있었다. 일부 산모들의 경우 단순히 수유기관이 막히는 증세 때문이거나 모유가 체내에서 급작스럽게 변질되는 현상 때문이라고 설명하였다. 즉 부검 당시에 나타난 시큼한 냄새의 흰색 감염물질이 모유와 관련 있다고 추정한 것이다.

반면에, 산파의 도움으로 집에서 출산한 산모들의 경우 매우 낮은 비율의 산욕열 사망이 보고되었음에 주목하였는데 여자로서의 정숙함이 그 원인으로서 설명 되기도 하였다. 즉 산욕열을 보인 산모들은 남성의사와 의과학생들에 의해 진찰 받을 때 부끄러움과 당혹감이 산욕열의 원인이라고 결론 내렸다. 여기서 한걸음 더 나아가 산욕열은 정신과적인 원인으로 생기는 것이며 많은 산모들이 병원에서 산욕열에 걸릴 가능성에 대한 공포심이 주된 원인이라는 주장도 있었다.

다시 비엔나(Vienna) 종합병원으로 돌아가 보자. 이 병원의 조산과에 근무하는 젬멜와이스(Ignaz Semmelweis)라는 헝가리출신의 젊은 의사가 있었는데 마침 그가 추진하던 연구과제가 무산되자 여가 시간을 이용해 산욕열에 대한 의문점을 해결하고자 조사에 착수하였다. 그는 우선 왜 같은 병원내의 두 개의 병동이 서로 다른 산모 사망률을 보이는지에 주목하고 기존의 다양한 가설들을 하나씩 검증해 나가기 시작하였다.

젬멀와이스는 두 병동에서 일어나는 서로 다른 통계적 결과들을 비교한 다음 적합하지 않은 가설들을 하나씩 제거해 나가기 시작했다. 예를 들어 한 의사는 벽이 청결하지 못한 상태로 유지된 것이 산욕열의 주된 원인이라고 주장했는데 두 병동이 모두 벽이 수리되지 못한 상태로 유지되어 왔으나 산욕열에 의한 사망률은 판이하게 달랐으므로 이 가설은 설득력이 없었다. 이 외에도 대기 관련설, 지구자장설, 더러운 벽에 의한 감염설등은 명백히 객관적인 사실과는 거리가 먼 내용들이었다.

젬멀와이스와 그의 동료들은 두 병동 사이의 중요한 차이점들을 하나씩 조사하여 사망률의 차이점에 대한 몇몇 가능성 있는 설명들을 찾아낼 수 있었다.

이들이 제안한 가설들을 살펴보면…

첫째, 1병동은 2병동보다 더 많은 사람들이 입원해 있었다. 만일 병동내 환자의 밀도가 원인이라면 더 많은 숫자의 환자가 입실해 있는 1병동이 2병동 보다 더 높은 산모 사망률을 보일 것이다.

둘째, 2병동의 산모들은 출산시 산파의 도움을 직접 받아 출산한 반면, 1병동의 산모들은 의사와 의대학생들의 참관아래 출산을 한다. 출산시 산모의 잘못된 분만 자세가 높은 치사율의 원인일 수 있다.

셋째, 심리적 요소를 고려할 때 성직자들이 임종직전의 환자들에게 의식을 행하기 위해 1병동을 통과해 다른 병동으로 이동한다. 이러한 장면이 출산직후 지쳐있는 산모들을 긴장시켜 산모 사망의 한 원인이 될 수 있다.

넷째, 잘 훈련된 산파들의 도움을 받는 2병동에 있는 산모들과는 달리 1병동에 있는 산모들은 부인과에서 훈련중인 의대학생들의 도움을 받는다. 이 훈련 기간 중에 있는 학생들이 환자에 대한 부수적인 주사나 자극을 주는 것이 1병동의 높은 산모 사망률과 관련이 있을 수 있다.

이러한 귀납적 가설들은 모두 타당성이 있는 것들로 여기서 제시된 논점들은 1병동과 2병동 사이의 진정한 차이점을 설명해 줄 수 있다. 대부분의 과학자들이 그러하듯 젬멀와이스는 주어진 조건 속에서 해답을 찾기 위한 최고의 상상력과 창의력에 의존하였는데 이는 과학에 있어서 관찰만큼이나 중요한 것이다. 그러나 창의력과 상상력만으로는 죽어가는 산모들을 도울 수는 없었다. 젬멀와이스는 가능한 설명 이상의 것을 도출해 내지 않으면 안되었고 그는 각각의 가설을 엄격히 검증해 봄으로서 불필요한 논리들을 제거해 나갔다.

1. 만일 첫번째 가설이 옳다면 1병동의 산모 숫자를 줄일 경우에는 사망률이 떨어져야 한다. 하지만 결론은 입원 환자의 수를 줄인 이후에도 사망률은 변하지 않았다. 따라서 첫번째 가설은 폐기되었으며 과학적 검증에 실패했으므로 이것은 올바른 결론이 아닌 것이다.
2. 젬멀와이스는 두번째 가설을 검증하기 위하여 1병동 산모들이 출산할 때의 자세를 2병동의 산모들과 같이하였다. 이 경우에도 사망률에는 변화가 없었기 때문에 이 가설 또한 틀린 것으로 판명되었다.
3. 세번째 가설은 성직자들의 출입문제로 이들 성직자들이 다른 길로 다니도록 시정하였다. 그러나 여전히 1병동의 산욕열 사망률이 2병동보다 5배정도 높은 수치를 나타냈다.
4. 네번째 가설을 검증하기 위하여 의과대학 학생들이 산모를 진찰하는 과정을 통제하고 진찰 기술을 훈련시킬 필요가 있었다. 우선 산모들을 진찰하는 학생들의 숫자를 엄격히 제한하였고 특히

산부인과 공부를 하는 외국인 학생들을 환자를 검진하는 실습에서 제외 시켰으며 오스트리아 학생들만 지속적으로 실습에 참가하도록 하였다. 하지만 통계자료의 결과를 봤을 때 실습에 참가하는 학생들의 숫자를 줄였음에도 불구하고 1병동에서 10~11%에 이르는 높은 사망률에는 큰 변화가 없었다.

한편, 과학계에서 종종 일어나는 일이지만 젬멜와이스 또한 행운아라고 할 수 있었다. 평소에 안면이 있던 동료의사 한 명이 갑자기 사망 했는데 이 사건이 젬멜와이스로 하여금 산모들의 산욕열 사망 현상을 설명할 단서를 제공하였다.

사망한 젬멜와이스의 동료 의사는 출산하고는 상관 없는 남자 의사였는데 산모들의 산욕열과 아주 유사한 증세로 사망하였다. 보다 중요한 사실은 사망한 의사가 죽기 얼마 전에 산욕열로 사망한 산모들의 시신을 부검하던 중 실수로 자신의 칼에 베이는 사고를 당한 사실이 있다는 것이다. 그 당시인 1840년 대에는 바이러스나 박테리아가 세상에 알려지기 전이었다. 수술 도구들은 소독하지도 않은 상태에서 사용하였고 의사들은 손을 깨끗이 씻지도 않았으며 수술이나 부검을 할 때에 수술 장갑을 착용하지도 않았다.

젬멜와이스는 죽은 시신에 뭔가 나쁜 것이 있고 이것이 동료의사의 몸에 난 상처를 통해 침입함으로써 문제를 일으켰다는 것을 추측할 수 있었다. 이 물질을 젬멜와이스는 '시체부산물 (cadaveric material)'이라고 명명하였다. 그는 의사들과 학생들이 손을 청결히 하지 않고 산모들의 출산을 도운 경우에 이것이 바로 산모들을 죽음에 이르게 한 원인이 되었을 것이라고 추론하였다. 젬멜와이스는 이 가능성에 영감을 얻어 최종적인 가설을 완성할 수 있었다. 즉, 1병동에서 근무하는 의사와 학생들이 바로 의문점의 근원이었다. 1병동에서 근무하는 학생들은 훈련의 한 과정으로서 정기적으로 부검 교육에 참여하고 있었는데 이 날이 곧 산모들의 출산을 돕는 날이기도 하였다. 게다가 의사들도 종종 시체를 부검하고는 곧바로 출산실로 가서 산모들의 출산을 도왔다.

이러한 비극적인 아이러니가 젬멀와이스로 하여금 새로운 가설을 입증하기 어렵게 만들었다. 산욕열의 문제를 풀기 위해서는 희생자들의 부검을 담당하던 의사들의 협조가 가장 중요한 요소였는데 이들이 산모들에게 질병을 옮기는가의 여부를 확인해야만 하였다. 이 가설을 검증하기 위하여 젬멀와이스는 1병동에서 새로운 규칙을 설정하였는데 모든 의사와 학생들은 진료에 앞서 반드시 손을 소독하게 하였다. 그 결과 1병동에서 산모들의 사망률이 2병동과 비슷한 1~2%로 급감하였고 문제의 근원을 규명함으로써 병의 확산을 방지할 수 있었다.

### 과학과 사이비 과학의 근본적인 차이점들

과학자는 물리학, 화학, 생물학 혹은 고고학이건 전공과는 상관없이 객관적인 관찰과 분석을 통해 필요한 설명을 찾아낸다. 과학자는 창조력과 상상력을 동원해 '신비한 현상'들을 설명하는 가설들을 만들어 낸다. 과학자들은 이어서 엄격한 방법의 실험과 연역적 조사과정을 통해 주어진 가설의 타당성 여부를 검증한다. 만일 가설을 입증하는 논리가 옳지 않은 경우 그 가설은 반듯이 폐기되어야 하며 다시 논의의 대상이 되어야 한다. 만일 가설에 대한 논리가 참인 경우 우리는 그 가설을 뒷받침 하는 증거들을 보완해 나갈 수 있다.

예를 들어, 하나의 가설이 성립하기 위해서는 여러분들이 그 가설을 지지하던 안 하던 가설자체가 검증될 수 있는 내용이어야 과학이라고 할 수 있다. 산욕열과 관련하여 '전자기장설'이나 '대기 불안정설' 등의 가설을 여러분들도 기억할 것이다. 여러분들 같으면 이러한 가설을 어떻게 검증할 것인가? '제 1병동에서 대기의 불안정으로 산모들이 더 죽어나간다' 라는 가설로부터 연역적인 검증을 해나갈 때 어떠한 것이 필요한 논리인가? 그러나 이러한 가설들 자체는 검증될 수 없다는 점에서 비과학적이라고 말할 수 있다.

독자 여러분들도 기억하겠지만 과학적 방법론에서 우리가 반드시 지켜야 할 사항들이 있다. 우리가 관찰한 것에 대한 가능성 있는 일반적 가설을 세우고 만일 이 가설이 시험을 통해 옳다고 판명되었을 때 다시 그 사실에 대한 연역적 추론 또한 참이어야 한다.

마이클 셔머(Michael Shermer 1997:10)가 지적한 대로 물론 과학이란 것이 반듯이 엄격한 과정을 거치는 것은 아니다. 그 어떤 과학자도 이 모든 과정을 빠짐없이 거치지는 않는다. 그 과정이란 것은 관찰하고 결과를 예측하며 증거들을 검증하는 끊임없는 상호작용에 의해서 이루어지는 것이다. 가설에 대한 검증은 필수적인 것으로서 만일 가설에 대한 구체적인 논리가 없다면 그 가설의 유효성이나 실용성을 시험해 볼 수도 없다. 만일 그렇게 하지 않는다면 여러분들은 '과학'을 한다고 할 수 없다.

예를 들어, 여러분들 중 어느 한 사람이 카드를 한 장 뽑아 들었을 때 그 숫자가 무엇인지를 '알아 맞출 수 있다'라고 주장한다면, 그 다음 단계에는 이 사람이 '초능력'과 관련이 있는가 하는 가설을 세울 수가 있다. 하지만 그 가설을 입증하기 위하여 여러분들이 이 사람의 '초능력'을 시험하자마자 그의 힘은 사라지는데 초자연적 현상을 연구하는 사람들은 이것을 '수줍음의 효과'라고 부른다. 즉, 대중들 앞에서의 긴장감이 초능력을 발휘할 수 없게 한다는 논리인데 이러한 주장들은 그 자체를 검증할 수 없기 때문에 과학이라고 할 수 없다. 또 다른 요점은 검증할 수 있는가 없는가의 여부를 넘어서 주어진 문제에 접근하는 방법 자체가 과학적인가를 검증해 보아야 한다.

젬멀와이스는 1병동과 2병동 사이의 사망률 차이점을 설명하기 위하여 네개의 가설을 제안하였는데 이렇게 서로 '대응'하는 가설들을 '복수 가설의 적용 (multiple working hypotheses)'이라 부른다. 여러분들도 주지하다시피 젬멜와이스도 불합리한 설명들을 하나씩 제거해 나가는 과정을 거치지는 않았다. 그도 처음 3개의 가설을 검증한 뒤 마지막 가설이 유효한 것이라고 확인한 것이 아니다. 다만 그가 주장하듯이 네 번째 가설이 그가 판단할 수 있는 근거들 중 유일하게 남은 가능성 있는 것이었다.

예를 들어, 하늘에서 한줄기 빛이 목격되었다고 가정해보자. 이 현상에 대한 사람들의 반응은 천차만별일 것이다. 어떤 사람들은 그것이 유성이라고 추측하였고 일부 사람들은 군사용 로켓으로 추측하였으나 모두 사실이 아닌 것으로 판명되었다. 다른 사람들은 그것이 타이어 회사의 선전용 비행선이라고 주장하였으나 그곳에서는 비행선이 운영된 적이 없음이 밝혀졌다. 어떤 사람들은 그것이 외계인들이 타고 온 비행물체라고 주장하였는데 그렇다면 이 네 가지 가설들 중 사람들은 마지막 UFO 가설이 옳다고 주장할 수도 있다. 왜냐하면 앞의 모든 가설들이 참이 아닌 것으로 판명되었고 마지막 가설만이 진위가 판명되지 않았기 때문이다.

그러나 이러한 논리는 터무니 없는 것이라고 말할 수 있다. 왜냐하면 여기에는 가능성 있는 아주 많은 설명들이 있는 것이다. 모든 가능성 있는 설명들을 하나하나 제거해 나갔을 때 우리는 예외적인 것 하나를 생각해 볼 수 있다. 비록 이 마지막 가설이 검증해 보기 힘든 것이라 하더라도 과학자들로 하여금 마지막 논리를 지탱하도록 허락하지는 않는 것이다.

### 논리를 검증하는 규칙

마지막으로 가설을 만들고 검증하는데 필요한 규칙들이 있는데 이들 중 오컴의 법칙(Occam's razor)이라는 것이 있다. 어떠한 문제를 풀려고 시도할 때 혹은 어떠한 현상을 설명하려고 할 때 '존재하는 사실들은 불필요하게 중복되지 않는다'는 생각이다. 즉 관찰한 것들을 최소한의 가설로서 이해할 수 있는 설명이어야 하며 불필요하게 내용이 중복되는 가설은 제외하는 것이 최상의 방법이라는 것이다.

예를 하나 들자면, 한번은 내가 고고학 수업을 위해 시작 10분전쯤 강의실에 도착했는데 바로 전 시간 학생들이 얼마나 소란을 떨면서 수업을 했는가를 알 수 있었다. 내가 그 강의실에 들어서자마자 강의실 천장 여기저기에 기하학적인 모양의 종이들이 주렁주렁 매달려있는 것이 내 주의를 끌었다. 강의를 담당했던 친절하고 멋있는, 내가 좋아하는 이 교수에게 도대체 어떤 수업을 했길래 이렇게 요란한 것들이 천장에 달려있는지를 물어보았다. 그녀는 웃으면서 '염력(psychokinesis)', 즉 정신의 힘만으로 물건을 움직일 수 있는가를 시험해 보기 위해 만들어 놓은 것이라고 내게 설명하였다. 이때 내가 놀란 표정을 짓자 그 동료 교수가 말하기를 "…이것이 어떻게 작동하는 건지 보시렵니까?…" 그 교수는 내 대답을 듣기도 전에 천장에 달려있는 물체를 뚫어지게 응시하다가 곧 눈을 감고 정신을 집중하기 시작하였다. 그녀가 눈을 뜨고 다시 위를 쳐다봤을 때 천장에 달린 물체들이 앞뒤로 움직이고 있었고 "자 보세요!!"라고 그 교수가 의기 양양하게 말했다.

독자 여러분들이 이 실험 결과에 대해 너무 흥분하기 전에 나는 이 현상이 열려있는 창문을 통해 들어보는 바람 때문이라고 주장하고 싶다. 내 동료 교수 앞에 있는 그 물체들은 그녀의 초능력에 의해 움직인 것일 수도 있으나 천장에 매달려 있던 물건들이 움직일 때 교실 책상 위에 있던 다른 종이들도 동시에 움직였다는 사실에 주목하였다.

내가 이러한 점을 이유로 그 물체들이 단순히 바람에 의해서 움직였을 가능성을 지적하였다. 그랬더니 그 동료교수는 내 어깨를 두드리며 "케니 당신은 너무 회의적이군요"라고 말하는 것이었다. 사실 내가 회의적인 면이 있는 것이 사실이지만 이것은 오컴의 법칙과도 관련이

그림 2.4_ 1827년 영국 서섹스 지방의 틸게이트 포리스트(Tilgate Forest)에서 화석채취장면을 묘사한 석판화. 거대한 바위에서 공룡의 뼈를 발굴하고 있다.

있는 것이다. 정말로 이 물체들은 내 동료 교수의 특별한 초능력에 의해 움직인 것일까? 아마 그럴 수도 있을 것이다. 하지만 동시에 그것은 열려있는 창문 틈으로 들어온 바람에 의해 움직인 것일 수도 있는 것이다. '염력' 인가 혹은 '바람' 인가에 대한 설명은 현실세계에 대한 우리의 이해를 뛰어넘는 것이다.

그렇다면 어떠한 설명이 논리적 비약을 최소화 할 수 있는 것인가? 혹은 우주의 역동 원리를 생각해 볼 때 어떤 것이 아직은 지지할 수 없는 가설인가? 오컴의 법칙이란 도박사들이 돈을 걸 때 확실한 것이나 혹은 최소한 좀더 가능성이 있어 보이는 것에 대한 자신의 확신이 일치할 때 승부를 결정짓는 것과 같다. 이 경우에 나는 '바람' 쪽에 돈을 걸겠다.

제2장 인식론; 내가 아는 것을 안다는 것이란 무엇인가?

다른 예를 하나 들자면 18~19세기 동안 북미대륙과 유럽에서는 엄청나게 큰 화석 뼈들이 발견되었다(그림 2.4). 당시 제안된 가설들 중 하나는 이것이 현재는 존재하지 않는 멸종된 동물의 뼈라고 생각하였다. 이 가설에 따르면 뼈란 것은 단순히 그 자체만으로 존재하는 것이 아니라 어떠한 동물의 몸 안에서 골격구조를 이루는 역할을 한다. 그러므로 여러분들이 발견한 뼈는 분명히 그 어떤 동물이나 생명체의 것임이 분명한 것이다.

그러나 이 뼈들에 대해 또 다른 가설이 새롭게 제시되었는데 그 거대한 뼈들은 악마가 사람들로 하여금 거대한 동물들이 존재했었다고 믿게끔 속이기 위해 묻어둔 것이라는 주장이었다(Howard 1975). 이 가설은 오컴이 우리에게 경고했던 '중복된 실체' 이다. 이 설명은 우주에 대한 첫번째 가설 보다 더 많은 가설들을 요구하는 것이다. 즉 이 세상에는 '악마'가 존재하고 그 악마는 인간들의 세상에 관심을 갖고 있다. 악마는 우리들을 속이기를 원하고 그 악마는 존재하지도 않았던 동물들의 뼈를 만들 수 있는 능력이 있다. 악마는 또한 그 뼈들을 아주 단단한 바위 안쪽이나 깊은 땅속에 숨길 수 있는 능력이 있다.

이러한 주장은 증명될 수 없고 검증될 수 없는 많은 요인들을 담고 있다. 이럴 때 오컴의 법칙은 보다 간단한 가설을 따르는 것이다. 이 거대한 뼈들은 지금은 존재하지 않는 동물들의 뼈 즉 공룡들의 것이라는 설명이 더 가능성 있다는 것이다. 물론 여기서 이 대답에 대한 보다 많은 질문들과 설명들이 제시될 수도 있다.

## 예술로서의 과학

여러분들은 과학이 틀에 박힌 연구 체계라는 선입견을 가질 필요는 없다. 오히려 과학은 어느 일면에서는 예술적이라 할 수 있다. 왜냐하면 과학은 단순히 실험에 대한 결과만을 관찰하는 것이 아니기 때문이다. 오히려 과학은 첫째 조건으로서 '신비'를 인식하기 위한 뛰어난 창의성을 요구한다.

가상적인 상황을 하나 들어 설명해 보자. 만유인력을 발견한 아이작 뉴튼이 그가 보았던 나무에서 떨어진 사과가 한 개가 아니라 여러 개였다면 천재적이고 창의적이었던 뉴튼도 정신 없이 자신의 머리를 때리는 사과들에 놀라 만유인력이라는 획기적인 생각을 떠올리지도 못했을 것이다.

왜 그 사과는 공중에 떠서 회전하지 않고 수직으로 떨어졌는가? 사과는 공중위로 날아가 사라져 버리거나 다른 방향으로 떨어지지 않고 언제나 위에서 밑으로, 수직으로 떨어진다. 이 운동은 어디에서나 항상 똑같이 작용한다. 그 사과가 뉴튼의 머리 위에 떨어지는 순간 이 간단한 관찰이 우주의 근원적인 법칙을 이해하는 위대한 상상력을 불러왔던 것이다.

### 가설은 어떻게 성립되는가?

가설은 단순히 기계적인 과정을 거쳐 성립되는 것은 아니다. 가설은 지속적인 관찰과 번득이는 통찰력에 의해 성립된다. 내가 학생들과 커네티컷주의 루미스(Loomis II) 라는 2천년 전 고고학 유적지를 발굴하면서 넓은 지역에서 많은 종류의 석제 도구들을 발견하였다. 이 도구들의 원석은 발굴 현장에서 가까운 곳으로부터 가져 온 것도 있지만 어떤 것들은 수백km 떨어진 꽤 먼 거리에서 가져온 것들도 있다. 이러한 토종 석재가 아닌 멀리서 온 외래 석재들은 대부분 고급재질의 돌들로 도구 제작이 용이하고 더 날카로운 날을 만들 수 있다.

이 유적지가 발굴되었을 때 나는 도구들의 크기가 일정한 규칙성을 보이고 있는 것에 주목하였다. 도구들이 그 지역에서 구할 수 있는 다소 질이 떨어지는 원석으로 만든 것은 일반적으로 크기가 크고 석영(quartz)이나 현무암(basalt) 계통의 돌로 만든 것들이다. 한편, 유적지 인근 주변에서는 도구를 제작할 때 부산물로 만들어지는 박편조각들이 발견되지 않았다. 반대로 아주 먼 거리에서 가져온 플린트(flint)나 제스퍼(jasper) 와 같은 상질의 원석으로 만들어진 돌 도구들은 상대적으로 그 크기가 작았다. 이들 석기들과 함께 발견된 박편조각들은 두 손가락으로 집어 올리기도 어려울 만큼 작은 것들이 대부분이고 더 이상 가공하여 긁개, 자르개 등의 도구로 사용할 수 없는 크기의 작은 조각들만이 버려졌다.

나는 이 사실에 대해서 발굴이 다 끝날 때 까지 심각하게 생각하고 있지 않다가 이후 유물을 복원하는 과정에서 주목하게 되었다. 우리는 수업시간에 몇몇 종류의 다른 원석들을 분석하였는데 발굴현장에서와 마찬가지로 그 지역에서 쉽게 구할 수 있는 원석들은 아직도 가공하여 사용할 수 있는 크기의 조각들이었으며 흑요석과 플린트와 같은 상질의 원석들은 아주 작은 조각으로 발견되었다. 플린트는 발굴현장에서 120km 정도 떨어져있는 뉴욕(New York)주로부터 온 것이며 흑요석은 와이오밍(Wyoming)주로부터 온 것이다.

이러한 현상은 갑자기 2000년이라는 세월을 지나 우리들 앞에서 아주 선명하게 그 모습을 드러내 보이고 있는데 기능적으로 우수하고 구하기가 힘든 원석은 값비싼 귀중한 재료로서 최대한 효율적으로 사용되었으며 쉽게 구할 수 있는 원석들에 비해 보다 경제적으로 사용하기 위해 까다로운 작업을 하였던 것이다. 나는 이 현상을 하나의 가설로 세워 발굴현장에서 수집한 정보를 바탕으로 검증해 보기로 했다.

즉, 나의 가설이란 루미스(Loomis II) 유적지에서 발견된 상질의 원석들은 지역에서 발견되는 돌들 보다 더 효율적인 방법으로 사용되었을 것이라는 내용이다(Feder 1981). 조사 결과 이 가설은 옳은 것이었는데 이 가설 자체는 내가 심각하게 생각해 본 적도 없고 거실에서 낮잠을 즐기다가 떠오른 것이었다. 어떠한 현상이 왜 그렇게 작용하는가에 대해서 하나의 가설을 세우려 한다면 고도의 숙련된 기술과 상상력을 필요로 하는 것이다.

여러분들이 앞서 보았던 비엔나 병원의 제 1병동의 경우 그 문에다 '만원 병동' 이나 '의과학생들이 해부 후에 손도 씻지 않고 환자를 보는 병동' 이라고 써 붙이지는 않는다. 즉, 가설이란 것은 상상력을 필요로 하는데 첫째, 각 병동 사이의 차이점을 인식할 수 있어야 하고 둘째, 그러한 차이점들을 유발시키는 문제의 근원을 논리적으로 설명할 수 있어야 한다.

만일 한 과학자가 의문점의 원인이 되는 여러 가설들의 다른 점들을 모두 검증한다면 그 어느 것 하나도 제대로 해결하지 못 할 것이다. 바로 이럴 때 오컴의 법칙을 적용할 수 있다. 우리는 가능성 있는 설명에 우리의 지적인 힘을 집중할 필요가 있으며 모든 검증 과정을 거치면서 경우에 맞지 않는 불필요한 것들을 제거해 나갈 수 있다.

탐정소설에 나오는 셜록홈즈(Sherlock Holmes)의 유명한 말을 인용해 보자. "…추리라는 예술에 있어서 가장 중요한 것은 무수히 많은 '사실' 들 가운데 우발적으로 일어난 것들을 찾아내는 것이다. 그렇지 않는다면 여러분들의 힘과 집중력은 곧 흩어져 버릴 것이다…." (Doyle 1891~1902:275).

젬멀와이스는 처음 네개의 가설에 주목함으로써 다섯번째 가능성 있는 가설을 제시할 수 있었다. 많은 훌륭한 과학자들과 마찬가지로 그는 소위 직관을 잘 사용하여 잠재적으로 중요한 것들을 구별해 낼 수 있었고 인구 과잉, 출산 자세, 심리적 충격 등 젬멀와이스에게는 아주 그럴듯한 설명을 제외함으로써 정확한 가설을 도출해 낼 수 있었다.

가설의 검증

마지막으로 창의력과 기술로서 가설을 검증하는 방법을 생각해 보도록 하자. 우리는 스스로의 사고력으로 '만일…그렇다면…' 이란 명제의 한 부분인 '그렇다면…' 을 만들어 낼 수 있다. 만일 우리의 가설이 지지를 받으려면 우리는 그러한 것들이 참이라는 증거를 제시할 수 있어야 한다. 이것은 마치 일종의 예술과도 같은 것이다. 어느 누구라도 잃어버린 대륙 아틀란티스의 존재를 주장한다면 그러한 것은 종종 창의적인 마음을 필요로 하지만 고고학에서는 반드시 그것이 존재한다는 가설의 유효성을 입증해야만 한다.

젬멀와이스는 그의 가설을 검증하고 산욕열에 대한 제 1병동의 환경을 다르게 함으로써 의문점을 풀 수 있었다. 즉, 각각의 가설에 대한 검증은 필수적인 것으로 의학자, 물리학자, 화학자들이 연구실에서 실험을 행하고 관찰하여 합리적인 결과를 명백하게 도출하는 것이다. 그렇다면 지리학, 역사학 혹은 선사고고학은 어떠한가? 이러한 과거를 다루는 분야의 연구자들은 어떠한 사건에 대해 그들이 설명하고 묘사하려 할 때 과거로 시간을 거슬러 올라갈 수는 없다. 그렇다면 고고학자들은 과거에 어떠한 사건이 일어났는지를 어떠한 방법을 통해 알 수 있는가?

역사학자인 마이클 셔머(Michael Shermer)와 알렉스 그로브먼(Alex Grobman)은 '증거의 수렴(convergence of evidence)'을 통해 가능하다고 주장한다. 예를 들어 그들의 저서인 '역사의 부정; 누가 홀로코스트를 거짓이라 주장하는가?(Denying History: Who Says the Holocaust Never Happened and Why do They Say it?)'란 책은 독일이 1930~40년대 유대인 말살 정책을 편 사실을 부정하는 일단의 사람들을 반박하기 위하여 쓴 것이다.

결론적으로 말하자면 현재의 우리는 과거의 시점으로 돌아가 사건을 직접 볼 수가 없다. 그렇다면 과거에 어떠한 일이 정말로 일어났는지의 여부를 우리는 어떻게 알 수 있단 말인가? 셔머와 그로브먼은 다양한 증거들의 수집을 통해 이를 입증하는 것이 가능하다고 주장한다. 예를 들어 독일인들이 그들의 계획을 논의할 때 사용했던 편지, 연설문, 기사, 계획서와 같은 문서들과, 수용소에서 벌어졌던 끔찍한 사건들에 대한 생존자들의 증언, 이 기간 동안 6백만명의 유대인이 사라졌다는 인구 통계상의 증거를 제시할 수가 있다. 즉, 우리는 1940년대로 시간을 거슬러 여행을 할 수는 없지만 이러한 다양한 증거의 수렴을 통해 홀로코스트는 실제로 일어난 역사적 사실이라는 결론을 내릴 수 있다는 것이다. 다른 말로 우리는 역사시대이건 선사시대이건 시간을 거슬러 과거에 일어났던 사건들을 알아낼 수가 있는 것이다.

과학적 가설을 검증하는데 있어서 실험에 기반을 두고 있는지의 여부와 상관없이 논리적 차이는 없다. 주어진 실험의 결과가 어떠할 것인지를 예측하기 보다는 귀납적 가설이 타당한지의 여부를 우선 확인하여야 하며, 만일 주어진 가설이 정확하다면 어떠한 결과를 도출할 수 있는가를 예측할 수 있어야 한다. 예를 들어 우리는 고대 마야에 대한 분석을 통해 장거리 무역이 문명의 발전을 이해하는데 중요한 역할을 한다는 가설을 세울 수 있다. 만일 이 가설이 옳다라는 것을 연역적으로 추론해 보자면, 즉 이것이 문명진화의 일반적인 법칙이라면, 우리는 지구상에 발달된 문명이 있는 곳이라면 어느 곳이나 무역을 통해 교환된 상당량의 유물들을 발견 할 수 있어야 한다.

더 나아가 연역적으로 추론해 보자면 교역을 통한 물건들이 왕의 무덤과 같이 사회적인 가치나 중요성을 나타내는 장소에서 더 많이 발견되어야만 한다. 그렇다면 우리의 예측에 대한 유효성을 결정할 수 있고 보다 많은 조사를 통해 우리의 가설을 간접적이나마 확인할 수 있다. 우리는 다른 고대문명에 속해있는 발굴 현장에서도 마야유적지에서 나타나는 주요한 무역의 흔적들과 같은 현상을 볼 수 있어야 한다.

가설의 검증은 고도의 사고력을 필요로 하기 때문에 우리는 종종 실수를 한다. 우리가 가설을 세웠을 때 우리는 연역적으로 함축된 의미를 찾기 위해 가설을 검증해야만 한다. 우리는 이러한 과정 중에 어느 시점에서건 오류를 범할 수 있다. 구성된 가설이 틀릴 수도 있고 함축된 의미 자체가 틀릴 수도 있으며 우리가 그것을 검증하는 방법이 잘못

될 수도 있다.

과학자들은 완벽하지 못하며 편견을 가질수도 있고 선입견이 이러한 검증과정을 방해할 수도 있을 것이다. 새로운 가설이란 항상 있으며 대체할 수 있는 설명들이 있고 함축된 의미의 검증을 위한 보다 연역적인 접근이 필요하다. 그 어느 것도 완전히 끝나거나, 확실하거나, 종교적 진실의 수준으로 끌어올려지거나 혹은 규정되지는 않는다.

### 인류 진취성으로서의 과학

과학이란 불완전한 인간에 의해 행해지는 인간 욕심의 표현이다. 과학자들은 그들이 살던 문화와 시대로부터 자유로울 수 없다. 과학자들은 그들 사회 속에서 다른 구성원들과 함께 많은 편견과 차별을 공유하고 있다. 과학자들은 대학에서 그들의 스승으로부터 배움으로써 그들 스승의 관점을 물려받는다. 이것은 종종 그 시대의 과학적 성향에 대응하기 어렵고, 축적된 지식에 대한 의문점들을 도출하거나 새로운 시각과 접근방법을 제시하는데 방해가 되기도 한다.

밤하늘의 유성을 예를 들어 생각해보자. 오늘날 우리는 하늘을 가로질러 사라지는 유성이 먼 외계로부터 날라 온, 그리고 가끔은 지표에 떨어지는 아주 큰 자연물임을 알고 있다. 여러분들은 아마도 2년에 한 번쯤은 유성이 비오듯이 떨어지는 장관을 볼 수도 있을 것이다. 8월과 11월에 페르세우스자리에서 일어나는 유성우 현상을 퍼시드(Perseid), 사자자리에서 일어나는 유성군을 리어니드(Leonid)라고 한다. 여러분들이 운이 좋다면 아마도 경이로운 자연의 불꽃놀이인 유성우 혹은 폭발하는 유성을 볼 기회가 있을지도 모른다.

그러나 불과 2백년 전만 하더라도 단단한 돌이나 금속성 물질이 우주로부터 정기적으로 지구 대기권에 떨어지거나 종종 지표면에 떨어진다는 설명은 대부분의 학자들에 의해 부정되었다. 1704년 아이작 뉴튼(Isaac Newton)조차 유성들이 우주로부터 날라왔다는 것을 믿지 않았기 때문에 그러한 이론들을 단호하게 부정하였다.

그럼에도 불구하고 소수의 과학자들은 아이작 뉴튼과 같은 과학계 거물들의 의견에 맞서왔으며 일단의 용감한 연구자들은 그들의 명예를 잃을지도 모를 위험을 감수하면서 유성을 외계에서 온 물질이라고 주장하였다. 그들의 연구는 당시에는 심한 비판에 직면했었으나 과학의 '자정능력'은 그들의 연구를 받아들이는 토대가 되었다. 가설이란 끊임없이 정련되고 새로운 자료를 통해 보완된다. 논쟁의 높은 질적 수준과 잘 정리된 증거들이 뒷받침 될 때 과학의 모든 조건이 갖추어진 것이라 할 수 있다.

많은 사람들이 1974년 이탈리아 시에나(Siena)에서 3천개가 넘을 것으로 추정되는 유성우가 떨어지는 것을 목격하였다(Cowen 1995). 그러나 당시에도 유성과는 상관없는 설명들이 제시되었다. 우연의 일치로 베수비우스(Vesuvius) 화산이 유성우가 떨어지기 불과 18시간 전에 폭발하였고 이 화산폭발이 이탈리아 하늘에 나타난 불꽃의 원인으로 설명되었다. 그들이 시에나 산에서 일어났던 현상을 최소한 외계인으로부터 기인한 것이라는 '신화'의 수준을 극복했다고 평가하기도 하지만 완전히 성공적인 것은 아니었다.

18세기후반부터 19세기 초반까지의 유성에 대한 조사들을 보면 유성이란 물체가 하늘로부터 떨어진, 비록 잔존물이 지구상에서 확인된 적은 없지만 철과 니켈의 합금형태인 화학적 구성물이란 것을 알고 있었다. 이미 19세기 초반에 유성은 외계에서 날라온 돌이나 금속 덩어리가 지구 대기권에 들어올 때 밝은 불꽃을 내는 것이라는 사실을 확신하고 있었다.

철학자인 토마스 쿤(Thomas Kuhn 1970)은 과학적 지식의 증거라는 것은 하나의 일직선상에 나타나는 선명한 선이 아니라 단순히 지식 위에 지식을 더해 나가는 과정이라고 설명한 바 있다. 쿤은 과학이란 대부분의 연구자들이 상대적인 정체성을 유지하면서 같은 학문적 틀 속에서 연구를 하는 것이라고 설명한다. 새로운 생각이나 시각은 젬멀와이스나 아인쉬타인 같이 현존하는 학문적 틀에 도전했을 때 처음에는 받아들여지지 않는 경우가 대부분이다. 과학자들은 위대한 지식의 도약이 만들어 놓은 이론적 틀에 대한 검증을 시작함으로써 새로운 생각에 대한 충격을 극복 하는 것이다. 바로 이러한 점이 우리가 왜 과학에 있어서 가설을 제안하고, 검증하고, 잠정적으로 받아들이긴 하지만 결국에 그 가설을 증명할 수 없는 한 이유이기도 하다. 가설이 실험을 통한 부가적인 검증의 안전장치 아래에 있는 한 새로운 정보나 최고의 설명이라고 인정받는 것들로부터 반박 당하지 않을 수 있는 것이다. 한편, 어떤 가설이 그럴듯하고 엄격한 초기검증을 통과하였다 하더라도 나중에 부적합하거나 유효성이 없다는 것이 드러나게 되는 것이다.

생물학적 진화에 대한 가설을 보면 이러한 예가 아주 잘 나타나는데 새로운 정보가 연역적으로 입증되지 않았다 하더라도 그 유효성이 일정기간 유지되는 속성이 있다. 우리는 일반적으로 아주 잘 정리된 가설들을 '이론'이라고 부른다. 그러나 실체에 대한 어떠한 측면이 얼마나 잘 설명될 수 있는가의 여부와는 상관없이 우리는 항상 보다 나은 설명과 새로운 검증 방법을 생각하고 시도하는 것이 과학의 본질이라 할 수 있을 것이다.

우리는 우주가 작동하는 원리에 대한 설명과 지식에 관심이 있고, 이 설명들이 타당성이 있는 한 우리는 그것을 유지하여야 한다. 그러나 새로운 자료가 확보되거나 검증이 불완전하여 잘못 간주되어 왔다는 것이 확인되는 순간 그 유효성은 사라지며 가설을 폐기하고 새로운 것을 찾아야 한다. 당시 젬멀와이스의 설명이 틀렸다면 그의 가설을 적용하여 많은 생명을 구할 수 없었을 것이다. 오늘날 우리는 '시체부산물'이 본질적으로 나쁜 것이 아니라는 것을 알고 있다. 즉 박테리아가 시체의 내부에서 증식하여 의사의 손에 옮겨갈 수 있고, 그것이 산모들을

〈표 2.1〉 과학적 방법론을 설명한 도서목록

| Author | Book Title | Year | Publisher |
| --- | --- | --- | --- |
| Stephen Carey | A Beginner's Guide to Scientific Method | 1998 | Wadsworth |
| Thomas Gilovich | How We Know What Isn't So | 1991 | Free Press |
| Howard Kahane | Logic and Contemporary Rhetoric: The Use of Reason in Everyday Life | 1998 | Wadsworth |
| Robert Park | Voodoo Science: The Road from Foolishness to Fraud | 2000 | Oxford University Press |
| Daisie Radner and Michael Radner | Science and Unreason | 1982 | Wadsworth |
| Milton Rothman | The Science Gap: Dispelling Myths and Understanding the Reality of Science | 1992 | Prometheus Books |
| Carl Sagan | The Demon-Haunted World | 1996 | Random House |
| Michael Shermer | Why People Believe Weird Things | 1997 | W. H. Freeman |
| Theodore Schick and Lewis Vaughn | Thinking About Weird Things: Critical Thinking for a New Age | 1999 | Mayfield |
| Lewis Wolpert | The Unnatural Nature of Science | 1993 | Harvard University Press |
| Charles Wynn and Arthur Wiggins | Quantum Leaps in the Wrong Direction | 2001 | Joseph Henry Press |

감염시켜 죽음에 이르게 한다는 것을 알고 있다. 그러나 젬멀와이스가 연구했던 당시에는 그러한 박테리아의 존재가 알려지기 전이었다. 과학은 언제나 이러한 과정을 통해 성장하고 확장되며 진보하는것이다 (표 2.1참조).

## 과학과 고고학

인류 과거에 대한 연구는 하나의 과학이며 모든 과학이 갖고 있는 동일한, 일반적인 논리적 검증에 의존한다. 불행하게도 고고학의 대중적 인기를 이용하여 고고학 연구 결과들이 어떤 특정한 이념이나 주장들을 증명하려는 수단으로서 이용되기도 한다. 이러한 시도가 너무 자주 일어나는 경우 이는 고고학의 과학적 성격을 퇴색시킨다.

고고학은 항상 '가짜'와 '조작'이라는 행위와 밀접하게 얽혀있다. 인류 과거에 대한 신화는 항상 창조되고 대중화 되었다. 고고학자들이 그들의 일을 어떻게 수행하는지에 대한 많은 오해와 인간역사에 대한 우리의 발견은 너무나 자주 호도된다. 1장에서 언급한 바와 같이 이 책의 첫번째 목적은 고고학에 대한 그릇된 인식을 지적하고 고고학 자료에 대한 비과학적 적용과 해석에 대한 올바른 인식을 설명하고자 하는 것이다. 이후에 여러분들이 읽게 될 각 장에서는 인류 과거와 관련하여 신화, 사기, 신비주의에 대한 과학적 적용이 무엇인지에 대해 설명해 나가려고 한다.

 ──────── 자주 받는 질문들

### 1. 과학은 우리들의 모든 의문점에 대답해 줄 수 있는가?

그렇지는 않다. 과학이 모든 것을 약속해 주지는 못한다. 과학은 하나의 과정이며 인류의 문화를 포함한 이 물질세계에 대한 의문들에 접근하는 방법일 뿐 형이상학적인 세계를 설명하기 위한 것이 아니다. 의미를 찾는 것은 귀중한 일이며 우리 모두 그것을 갈구한다. 왜 우리는 우주 속에서 여기에 존재하는가? 우리가 존재하는 의미는 무엇인가? 과학은 우리에게 세계관과 철학의 틀을 제공할 수 있는가? 우리는 어떻게 서로에게 행동해야 하는가? 우리는 어떻게 우리가 살고 있는 이 지구를 이해하여야 하는가? 과학이 세계관과 철학의 틀을 제공하건 아니건 이 철학적 질문에 대한 대답은 과학만을 통해서는 이해될 수는 없는 것이다.

### 2. 과학적 진실이 시대에 따라 달라질 수 있는가?

어떤 면에서 이것은 사실이다. 그러나 세상에 대한 우리의 이해는 단순히 순환적이지는 않다. 우리는 오늘 지식의 성을 쌓았다가 내일 그것을 해체한다. 지식은 각 세대마다 과학자들에 의해 축적되고 정련되며 그 다음 세대에 의해 다시 재구성 된다. 우리는 오늘날 태양계와 원자의 구조에 대해, 지구의 역사와 질병의 원인에 대해, 그리고 우리 인류의 진화에 대해 일년 전, 십년 전 보다는 그리고 한 세기 전보다는 많이 알고 있다.

# 제3장 밝혀진 고고학적 음모들

시니찌 후지무라(Shinichi Fujimura)가 정신병원으로 쫓겨나기 전까지 비록 그가 학위를 갖고 있지 않고 전문적인 훈련을 받은 사람은 아니었지만 국제적으로 잘 알려진 존경 받는 고고학자였다. 언론에서는 그를 '신의 손'이라고 부추기면서 기존에 일본에서 발굴되었던 다른 유물들 보다 열배 이상 오래된 유물들을 정기적으로 발견하는 능력을 격찬하였다. 그가 개인적으로 발굴한 유물들 역시 그의 조국인 일본의 국립박물관의 화려한 전시실 안에 진열되어 많은 사람들의 주목을 받았다. 뿐만 아니라 후지무라의 동료들은 일본의 역사 교과서를 새롭게 쓸 수 있도록 한 그의 업적을 찬양하면서 그의 연구 결과들을 반영하였다. 그러나 이번에는 후지무라가 조작한 사실들이 폭로되면서 그들의 역사교과서를 다시 쓰지 않을 수 없게 되었다.

후지무라는 본디 아마추어 역사가로서 학문적 훈련을 제대로 받은 적이 없는 사람이다. 일본의 선사시대는 중국과 한국에 비해 상대적으로 일천하여 동북아시아 선사시대인 60만년보다 훨씬 떨어지는 단지 35,000년에 불과하다. 그러나 1981년 초 전 세계의 많은 순진한 고고학자들이 후지무라가 일본의 선사시대를 인접한 아시아 대륙의 구석기시대와 일치하도록 만드는데 일조를 하였다. 이 사건은 과거 역사에 대한 일본의 국가적 자부심 속에서 후지무라를 일본에서 가장 유명한 학자로 만들었고 그에게는 '신의 손'이라는 호칭이 붙게 되었다.

대중들은 후지무라를 '신의 손'이라 부를만 하였지만 결국 후지무

그림 3.1_ 일본의 저명한 고고학자인 시니찌 후지무라는 고대 구석기 유물을 발견하는데 있어서 믿기지 않는 행운으로 신의 손 이라는 별명을 얻었다.
그러나 그가 아시아 대륙에서 가져온 구석기를 발굴현장에다가 파묻는 장면이 마이니찌 신문기자가 설치해놓은 몰래 카메라에 잡힘으로써 그의 사기 행각이 세상에 드러나게 되었다.

라는 고고학적 증거를 조작하는데 있어서 가장 기본이라 할 수 있는 원칙들조차 배우지 못한 풋내기 위조 전문가였다. 만일 여러분들이 어떤 고고학적 연구 결과를 조작하고 싶다면 우선은 너무 운이 좋아서는 안 된다는 점이다. 이러한 획기적인 발견은 질투, 반감 혹은 과학적 회의론자들에 의해서 논쟁이 가열될 수 밖에 없다. 후지무라의 경우도 아주 특별한 고대 유적지들만을 찾아내는 그의 불가사의한 능력에 대해서 소수의 고고학자들은 그에게 행운 그 이상의 무언가가 있을 것이라고 의심하였다.

2000년 10월 22일 드디어 후지무라의 운도 다하기 시작하였다. 일본의 한 주요 일간지인 마이니찌(Mainichi)신문의 기자들이 후지무라의 발굴현장에 비디오 카메라를 몰래 숨겨 촬영을 하였다(Holden 2000; Normille 2001a, 2001b). 다행스럽게도 이를 눈치채지 못한 후지무라가 또 다른 중요한 고대 유적지에서 다양한 종류의 석기들을

570,000년 전 화산재들과 함께 발견했다고 발표하기 바로 전날 카메라에 그의 모습이 포착되었다. 후지무라가 언론에 발표하기 전날 외부 어디에선가 가져온 것이 분명한 유물들을 자신의 발굴현장에 조심스럽게 파묻는 장면이 비데오 카메라에 선명하게 녹화된 것을 마이니찌 신문은 11월 5일 발표하였다(그림 3.1).

이 사건은 한마디로 충격적인 폭로 그 자체였다. 이 구석기 유적이 위조된 것임이 밝혀진지 한 시간도 채 되기 전에 감정적으로 황폐해진 후지무라는 회한이 가득 찬 표정으로 기자회견에서 사건의 전말을 자백하였다. 후지무라는 그의 행동이 자신을 포함한 동료들과 국민들에게 고대 일본문화에 대한 자부심을 충족시켜주기 위해서, 그리고 이를 위한 고고학적 증거를 열망하는 감당할 수 없는 압력의 결과라고 설명하였다.

그는 두 곳의 고고학 현장에 가짜 유물을 숨긴 것 이외에는 결코 단 한번도 연구 결과를 조작한 적이 없다고 진술하였다. 단지 불행하게도 몰래 카메라에 잡힌 행위는 두 번의 조작 중 한번이라는 것이다. 일본 고고학계의 후지무라 지지자들은 그들 자신이 의도하지는 않았지만 후지무라의 발굴 결과에 충분한 의문점을 제기하지 않고, 회의적이고 객관적인 비판도 없었으며, 보다 조심스럽게 그의 연구를 지켜보지 않음으로써 이 위조사건에 관련된 것에 대해 아연질색 하였다. 동시에 후지무라의 동료들은 자신들이 전문가로서의 평판에 흠집이 난 것도 사실이지만 일본 고대사에 대한 치명적인 손실은 보다 심각했던 것이다(Lepper 2001).

후지무라가 거짓말을 하기 시작했을 때 정말 어느 시점에선가는 그만두려 했을까? 후지무라가 발굴했던 다른 현장들은 조작된 사실이 없는가? 후지무라의 동료 고고학자들이 그의 다른 연구 결과들을 정당화 시켜주는 것은 아닌가? 일본 내에서 35,000년 이전으로 알려진 발굴 성과들을 과연 믿을 수가 있는가? 후지무라의 발굴 결과로 일본의 선사시대가 사실보다 훨씬 더 오래된 것으로 재 기술 되었던 교과서들은 어떻게 할 것인가?

그러나 후지무라의 연구 결과에 대한 추가 조사가 곧 이루어 졌고 매우 실망스럽게도 후지무라가 주장했던 2개의 발굴 현장 외에서도 조작된 증거들이 발견되었다. 마이니찌 신문에 따르면 처음 발각된 두 곳의 현장 외에도 2001년 10월까지 중국이나 한국에서 잘 알려진 유적지보다 오래된 일본내의 지층에 조작된 유물을 몰래 묻는 방법으로 모두 42개의 현장에서 장기간에 걸친 조직적인 조작이 이루어져 왔음을 폭로하였다. 결국 일본 고고학계는 깊은 슬픔과 함께 조작된 사실들을 바로잡기 위하여 교과서를 다시 쓰는 작업을 해야만 했다. 부와 명성 그리고 주변 동료들의 존경을 한 몸에 받던 후지무라는 주변국들과 대등한 역사적 깊이를 국가에 봉헌 하고자 했던 열망 때문인지는 모르지만 여러 가지 방법으로 대중들을 속이고는 결국 불명예스러운 종말을 맞게 되었다.

후지무라는 돈을 위해서 그러한 조작행위를 했던 것은 아니었다. 돈을 목적으로 한 고고학적 위조 사건들을 살펴보면 다른 형태의 위선적인 행위를 보여주고 있다. 1869년 뉴욕주에서 있었던 조지 헐(George Hull)과 스터브 뉴웰(Stub Newell)의 조작행위는 고고학적 흥미나 열정, 혹은 사회적 명성이나 국가를 위한다는 명분과는 거리가 먼 것으로서 그들의 목적은 오직 한가지 '돈'을 위한 행위였다.

### 뉴욕의 골리앗 카디프(Cardiff) 거인 사건

조지 헐(George Hull)과 스터브 뉴웰(Stub Newell)의 유물조작은 아주 성공적이었다. 19세기 유럽과 미국의 많은 사람들은 그들이 신봉하는 기독교 성경책에서 언급한 키가 3m가 넘는 거인종족의 존재를 믿고 있었다. 구약 창세기에 "…옛날 지구상에 거인들이 살았는데…"라는 구절이 있다(창세기 6:4). 구약을 자세히 조사해보면 바산(Bashan)이라고 불린 시리아의 오그(Og) 왕국을 포함해서 거인에 대한 18번의 언급이 있다. "거인들의 계곡"이나 "살아남은 거인들" 과 같은 구절들을 볼 때 구약시대에는 이미 거인들이 거의 멸종해 극 소수만이 남았던 것으로 묘사되고 있다.

성경에 등장하는 보다 구체적인 묘사로는 사무엘(Samuel)기에 있는 다윗과 골리앗에 대한 기사이다. 여기서 골리앗의 거대한 몸집에 대해 자세히 묘사하고 있는데 "…팔레스타인에서 온 최고의 역사(力士)는 고타(Gotha)지방의 골리앗으로 키는 6 큐빗(cubit) 1 스펜(spen) 이며 청동투구를 쓰고 갑옷으로 무장을 하였는데 그 갑옷의 무게는 5000 쉐클(shekel) 이고 그의 창날은 600개의 철제 쉐클과 같다…"고 되어 있다 (사무엘기 17:47).

현재로서는 큐빗, 스펜, 혹은 쉐클 이라는 단위를 정확히 알 수는 없다. 다만 기록을 통해 추정해 볼 때 한 큐빗(cubit)은 가운데 손가락 끝에서 팔꿈치까지의 길이를 뜻하는데 당시 인접한 문화권 마다 시기적인 차이에 따라 그 정확한 길이에는 여러 가지 주장이 있다. 대략 그 범위를 추정해보면 큐빗은 43~53cm 사이로 성경이 쓰였을 당시에는 45cm가 가장 근접한 크기로 추정하고 있다. 스펜(spen)은 손바닥을 펼쳤을 때 엄지손가락과 새끼손가락 사이의 거리를 의미하는데 1/2 큐빗 혹은 대략 23cm 정도의 크기이다. 쉐클(shekel)은 고대 희랍의 무게 단위로서 대략 12g 정도의 무게를 나타낸다. 만일 우리가 이 단위들을 현재 사용하는 단위로 환산해 본다면 구약에서 묘사된 골리앗의 키는 3m 이고 입고 있는 갑옷의 무게는 68kg 이며 그의 창은 창 날 무게만 9kg 에 이른다.

우리가 상기해야 할 것은 19세기만 해도 기독교근본주의자들 뿐만 아니라 대부분의 서구 기독교 문화권에서는 성경에 쓰여진 내용들을 모두 사실로서 받아들이고 있었다는 것이다. 즉 이러한 성경의 내용들에 대해 그 진위여부를 시험에 볼 수 있는 것 조차 허용되지 않았다는 것이다.

당시 유럽인들은 성경을 전설, 신화, 혹은 우화적인 이야기로 보지 않았고 대신에 신에 의해 계시된 역사적 사실로서 받아들이고 있었다. 즉 많은 사람들은 의심 없이 아담과 이브는 실제로 존재했던 첫번째 인간이며, 히브리의 예언자 요나(Jonah)는 3,000년 전에 존재했었고 골리앗이라는 3m 크기의 거인이 실제로 존재 했다고 믿어왔다. 비록 오늘날에는 3m 크기의 거인의 존재를 매우 회의적으로 생각하지만 20세기 이전에 신을 경배하던 유럽과 미국인들은 그러한 거인의 존재를 대부분 믿었음에 틀림없다. 따라서 이 시기에는 거인 종족, 노아의 방주등 성경기록에 대한 증거의 발견이 그다지 신기하거나 충격적인 일로 여겨지지 않았다.

당시 뉴욕(New York)주에서는 한 철도회사 건물 공사현장에서 다섯개의 거대한 인간의 유골이 발견되었다는 소문이 있었고(Silverberg 1989), 1700년대 초 예루살렘의 마녀사냥에 영감을 주었던 커튼 매더(Cotton Mather)란 사람이 주장하기를 노아의 방주에서 묻혀있던 '저주받은 거인'의 거대한 뼈를 메사추세츠주의 한 관리가 자신에게 보냈다고 주장하였다(Howard 1975). 당시에는 구약에 분명히 거인종족에 대해 이야기를 하고 있고 이것은 의심의 여지가 없는 사실로 간주 되었다. 따라서 성경의 이러한 이야기를 뒷받침 할만한 유물이나 그 어떠한 것이라도 의심의 여지없이 받아들여졌다.

### 거인의 출현

1869년 10월 16일 토요일, 미국 뉴욕주의 시라큐스(Syracuse) 남쪽에 위치한 카디프(Cardiff)란 곳에서 스터브 뉴웰(Stub Newell)이란 이

그림 3.2_ 1869년에 찍은 카디프 거인 사진. 가짜 거인이 처음 발견된 스터 브뉴웰 농장. 오른쪽에는 신분이 확인되지 않은 사람이 서있고 호기심 많은 구경꾼들이 놀라운 발견을 지켜보고 있다.

름의 한 시골 농부가 인부들을 고용해 농장 창고 뒤편에 우물을 파는 공사를 하였다. 우물을 파던 인부들은 3m 깊이에서 아주 단단하고 큰 물체 하나를 발견하였는데 뉴웰은 이 발견 때문에 호기심 많은 사람들로부터 '당황스럽고 귀찮은' 일에 직면하게 된다.

이 사건은 시라큐스의 한 지방 일간지에도 실렸는데 뉴웰은 이것을 보러 몰려드는 사람들이 너무 귀찮은 나머지 땅속에 다시 묻어 모든 사실을 조용히 무마하려 한다고 보도하였다(Syracuse Daily Journal; 1869년 10월 20일 수요일).

그러나 뉴웰은 신문 보도와는 달리 인부들을 시켜 발굴을 확장해 나가고 있었으며 발굴 작업이 끝났을 때 사람들은 이 놀랄만한 물건을 경이로운 표정으로 바라보고 있었다. 그들은 발 아래 구덩이에서 돌로 변해버린 것 같은 거대한 크기의 인간 모습을 한 물체를 확인할 수 있

그림 3.3_ 아리조나주의 화석화된 나무들로 놀라울 만큼 그 원형이 잘 보존되어있다.
카디프 거인의 진위 여부가 논란이 되었을 때 이론적인 모델이 되었던 화석이다. 만일 나무가 화석이 된다면 노아의 홍수 이전에 존재했던 거인들도 화석이 되어 남을 수 있다는 이론적 근거로 제시되었다.

었다. 그 물체는 3m의 키에 53cm의 발과 1m 넓이의 어깨를 가진 사람의 형상이었다 (그림 3.2).

 그것은 아리조나 동부 국립화석공원(Petrified Forest National Park)에 있는 화석화된 나무처럼 보였다 (그림 3.3). 아리조나에는 2백만년 전에 형성된 늪지들이 풍부한 미네랄과 함께 침전물들로 가득 차 있는데 여기에 나무들이 자연매립 되면서 특정한 실리카(Silica)의 영향을 받는다. 이 실리카(Silica)가 여과되는 과정에서 나무속에 침투하여 각각의 나무 세포안은 물론 세포 사이사이를 채우게 되고 나무가 부식되는 과정에서 실리카 성분으로 대체 되면서 암석화 되는 것이다. 어떤 경우에는 실리카가 아주 신기할 정도로 나무의 나이테는 물론 세포의 모양까지 정밀하게 복제해 내기도 한다.

 만일 이것이 나무의 세포에서 일어날 수 있다면 사람의 몸 세포에서도 똑 같은 현상이 일어 날수가 있다는 주장이 제기 되었다. 따라서 카디프(Cardiff) 거인의 발견은 전설상의 거인이 화석화 되어 발견된 것이라는 주장이 제기되기 시작하였다.

이 거인의 잠재적 가치가 인부들과 호기심 많은 이웃사람들 사이에서 재빨리 화제가 되었다. 한 동네 사람은 뉴웰에게 거인의 1/4 을 잘라 50$에 팔라고 제의 하기도 하였고, 거인을 모두 들어내는데 필요한 비용을 대는 대신 50%의 소유권을 제안하는 사람도 있었다. 시라큐스의 한 일간지에 따르면 (The Lafayette Wonder, 1869년10월 20일) 몇몇 농부들은 그 거인의 잠재적 가치를 확신하여 자신들의 농장과 거인화석을 맞바꾸기를 제안하기도 하였다. 같은 신문기사에서도 거인 화석은 경매에 붙여지기만 하면 1만달러에도 팔릴 것이라고 주장하였다.

그러나 뉴웰은 아주 고집스러운 시골 농부의 순진함 때문인지 이러한 최상의 제안들을 모두 거절하였다. 이 흥미로운 사건 내용들은 불과 인구 수백의 작은 마을에 빠르게 퍼져나갔고, 신문 기사가 실린 오후와 그 다음 날에는 온 마을 사람들이 뉴웰의 창고 뒤에서 발견된 거인 화석에 대해 경악하였다.

시라큐스 일간지의 기사에 따르면 '남자들은 하던 일손을 놓고 여자들은 아이들을 들쳐 업고 그 거인을 보기 위하여 모두들 허겁지겁 달려갔다' 라고 적고 있다 (The Lafayette Wonder 1869). 뉴웰은 그의 소유지에서 발견한 아주 특별한 물건이 어떠한 시장가치가 있는지를 파악한 뒤 새로운 전시 사업을 시작하였다. 뉴웰이 거인에 대한 전시허가를 얻은지 불과 이틀이 채 지나지 않아서 화석이 되어 조용히 누워있는 거인 위로 텐트가 세워졌다. 그는 거인을 관람하려는 사람들로부터 25센트를 받기 시작하였고 사람들의 관심이 집중되자 이 관람료는 곧 두 배인 50 센트로 인상되었다(그림 3.4).

뉴욕주 뿐만 아니라 미국 북동부 여러 지역에서 관람객이 몰려와 하루 3-5백여명이 뉴웰의 농장에서 북새통을 이루었다. 거인 발견 이후

그림 3.4_ 스터브뉴웰 농장에서 거인화석이 발견된 다음날 바로 천막이 세워지고 구경꾼들에게 50센트의 입장료를 받기 시작하였다.

처음 몇 주 동안 수 천명의 사람들이 몰려들었고, 카디프의 화석화된 '골리앗' (실제로 카디프의 골리앗이라는 선전문구를 사용하였다)을 잠깐 들여다 보는데 아낌없이 50센트를 지불하기 위하여 상당히 긴 시간을 기다리지 않으면 안되었다. 뉴웰의 가족은 농사를 전폐하였지만 시라큐스 인근에서 뉴웰의 농장으로 찾아오는 사람들은 늘어만 갔다. 뉴웰의 농장에는 경외로운 거인뿐 아니라 식당과 음료수 판매대등이 생겨났고 농장 자체가 고수익을 내는 관광 명소로 탈바꿈 하였다(그림 3.5).

뉴웰의 친척중 한 사람인 조지 헐(George Hull)은 이타카 신문(Ithaca Daily Journal; The Cardiff Giant, January 4, 1898)과의 인터뷰에서 증언하기를 거인 발견 후 3주가 채 지나지 않아서 입장료만 7000$를 벌어들였는데 이 액수는 현재 액면가로 봐도 결코 적은 액수가 아닌 것이다. 물론 이득을 본 사람은 뉴웰만이 아니었다. 단지 두개 밖에 없던

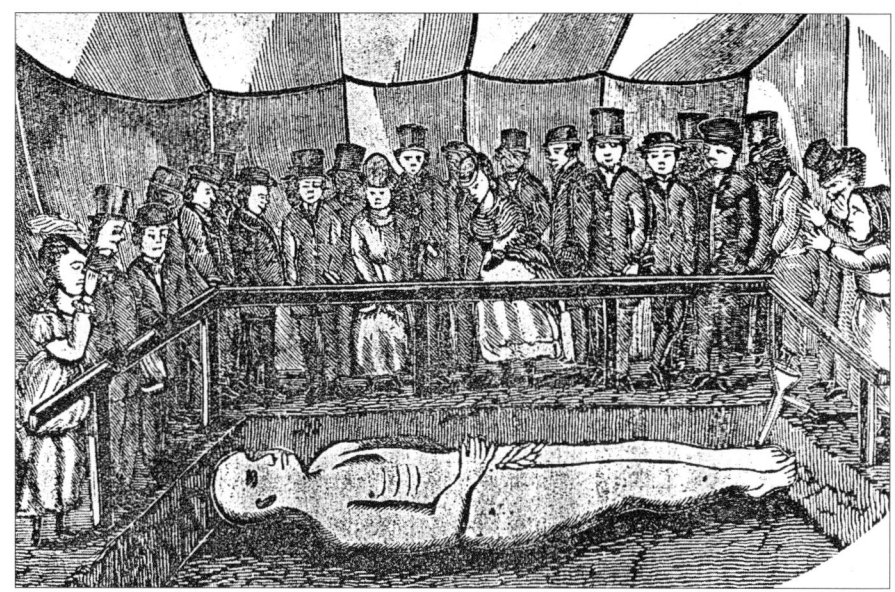

그림 3.5_ 1869년 발간된 카디프 거인 선전 팜플렛. 뉴웰의 농장 텐트 안에서 사람들이 거인의 화석을 구경하는 모습인데 의도적으로 무화과나무 잎을 국부에 붙여놓은 것이 흥미롭다.

읍내의 작은 호텔들은 밀려드는 사람들로 만원을 이루었고, 카디프 마을은 거인을 보기 위해 주체할 수 없이 밀려드는 관광객들을 수용하기에는 너무나 작은 동네였다. 이 많은 사람들은 먹을 것과 쉴 곳이 필요했고 따라서 시라큐스 인근에 새로운 직업들이 생겨났다.

아주 짧은 시간에 카디프 거인은 도시 인근의 경제를 활성화시키는 핵심적 요인이 되었다. 거인을 보려는 순례자들은 읍내로 몰려들어 거인에게 돈을 헌납할 뿐만 아니라 자신들의 여행에 필요한 돈을 아낌없이 소비하였다. 이 거인이 시라큐스 인근에 가져다 준 경제적 가치는 결코 적은 것이 아니었으며 시라큐스의 사업가들은 경제적 투자의 성공을 확신하는 가운데 뉴웰이 거절할 수 없는 사업 제안을 하였다.

처음 거인을 발견하였을 당시 몇몇 사람들의 제안이 모두 거절당하였는데 약삭빠른 사람들은 뉴웰에게 3,700$을 지불하고 이익의 3/4를 분배할 것을 제안하기도 하였다. 인류학자인 존 코일(John Coyle)의 계산에 따르면 그 돈은 현재가치로 50만달러(5억원)정도에 해당한다. 거인에 대한 공동소유권을 매입하려는 시라큐스 인근의 사업가들은 거인이 만들어 낼 수 있는 막대한 부가가치가 지역경제를 지속적으로 끌어 올릴 수 있을 것이라 확신하였다.

그들의 판단은 거의 정확하였다. 10월 23일부터 11월 5일까지 사이에 시라큐스의 투자자들은 뉴웰 농장의 거인을 전시하는 사업에 투자하여 12,000$의 이익을 낼 수 있었다 (Franco 1969:431). 독자들의 계산을 돕기 위해 다시 설명하자면 50 센트의 입장료를 기준으로 그 짧은 기간에 32,000명의 관람객이 카디프 거인을 구경하기 위해 돈을 지불했다는 것이다.

소위 '거인 열풍'은 수그러들 조짐을 보이지 않았고 보다 많은 돈이 굴러들어올 것이라는 확신이 장사꾼들의 머리 속에 가득했다. 시라큐스의 사업가들은 그 거인을 아예 보다 많은 사람들이 쉽게 볼 수 있는 시라큐스 광장으로 옮기기로 결정하였다. 이 거인 화석은 아주 화려한 기념식과 함께 지방신문에 대서특필 되면서 땅에서 완전히 파 내어 마침내 시라큐스 광장에 옮겨져 전시되었다. 거인에 대한 열광자들 중에는 서커스단의 소유주인 바넘(P. T. Barnum)이 있었는데 뉴웰로부터 그 거인을 사들이려 하였으나 실패하였다. 이타카 신문에 따르면 바넘은 공동 소유주들로부터 거인을 단지 석달간 빌리는 대가로 60,000$(현 시가 750,000$)을 제시하였으나 거절당하였다. 그러나 바넘은 거인을 자신의 서커스에 전시할 계획을 포기하지 않았고 한가지 독특한 해결책을 생각해 냈는데 이에 대해서는 잠시 후에 다시 설명하겠다.

### 종말의 시작

뉴웰의 거인 사업은 모든 것이 순조롭게 잘 진행되는 듯 하였다.

신문들은 거인에 대한 사진과 기사를 연일 실어댔고 지방 철도국은 이 지역을 지나가는 승객들이 재빨리 거인을 구경하고 열차로 돌아올 수 있도록 시라큐스 역에서 10분간의 특별 정차를 허락하였다. 사람들은 기적적으로 남아있는 노아의 홍수 당시 화석화된 거인을 보기 위하여 끊임없이 시라큐스로 몰려들었다.

그러나 모든 것이 다 순조로운 것은 아니었다. 그 거인이 가짜라는 소문이 처음에는 천천히, 그리고 조용히 시작되었으나 마침내 급속도로 대중들에게 퍼져나가기 시작했다. 이 지방의 한 주민인 대니엘 루스(Daniel Luce)란 사람은 시라큐스 스탠다드(Syracuse Standard; The Stone Giant, November 1, 1869) 잡지와의 인터뷰에서 자세한 내용을 소개한 바 있다. 그의 증언에 따르면 일년 전에 대단히 큰 마차 한대가 아주 무겁고 큰 무엇인가를 싣고 카디프로 향했던 것을 기억한다고 증언하였고 사람들은 그 대형 마차가 거인상을 옮긴 것이라고 수군대었다. 또 다른 증인들은 이타카 신문에 한번 보도 되었던 것처럼 뉴웰이 평소 미국을 상대로 큰 장난질을 통해 돈을 벌 수 있다고 자랑 삼아 이야기 한 적이 있다고 증언하였다.

이러한 사실들보다 더 중요한 것은 지질학, 고생물학 같은 여러 분야의 과학자들과 예술가들이 카디프의 거인을 자세히 조사한 결과 모두 한결같이 카디프의 거인이 최악의 위조품임을 주장한 점이다. 펜실바니아 대학의 지질학 교수인 보이튼(J. E. Boynton)은 거인을 주의 깊게 살펴본 후 "…이것이 화석 인간이라는 것은 말도 안되는 소리다…. 분자화학, 지질학, 자연과학자들이 석상을 조사해 본 결과 그것이 화석화 된 거인이란 증거는 그 어디에서도 찾아볼 수 없다…"라고 주장하였다(The Lafayette Wonder 1869).

처음에는 보이튼 자신도 카디프 거인이 실제로 그 어떤 골동품으로서 1520~1760년 사이에 활동했던 예수회(Jesuits)단체에 의해서 만들어진 역사적 유물이 아닐까 생각했었다. 그러나 보이튼은 거인이 묻혀

있던 토층 속에서 출토된 풀과 식물들을 보고 이것이 최근에 파묻은 것임을 간파하였다. 거인에 대한 보다 심도 있는 조사를 통해 보이튼은 하퍼(Harper's Weekly; The Cardiff Giant, December 4 1869)란 주간지와의 인터뷰에서 그 거인이 석회암(gypsum)종류의 부드러운 돌을 조각한 것이라고 주장하였다.

보이튼은 신문과의 인터뷰에서 돌의 부드러운 질감과 표면이 자연상태에서 마모된 것을 감안해 보면 그 거인을 땅속에 파묻은 뒤 다시 꺼내기까지 불과 3년이 채 지나지 않았을 것이라고 주장하였다. 보이튼은 한발 더 나아가서 석회암의 풍화, 침식 비율을 보다 정밀하게 계산해 낸 뒤 이를 바탕으로 이 거인이 조각 된지 1년 조금 넘었을 것(대략 370일)이라고 주장하였는데 그의 계산은 결과적으로 아주 정확한 것이었음이 나중에 입증되었다.

예일대학의 저명한 고생물 학자인 마쉬(Othniel C. Marsh)는 아마도 당대에 가장 저명한 과학적 회의론자였을 것이다. 마쉬가 거인을 자세히 조사한 후 '매우 놀랄만 하다' 란 표현을 했다고 거인의 소유자들이 그의 말을 인용하였으나 마쉬는 이를 정정하여 말하기를 '…이 거인은 정말 놀랄만한 가짜' 라고 말했다는 것이다. 보이튼과 마찬가지로 마쉬 또한 정확하게 그 거인이 석고로 만들어진 것이며 석고는 뉴웰의 농장주변에 물기가 많은 땅에서는 오랜 세월 존재할 수 없는 성분이라고 설명 하였다. 석회암은 퇴적암의 일종으로 암석 내부에 나이테와 비슷한 층을 보이기도 하지만 화석화된 나무와는 아주 다르다는 것이다.

한편 마쉬의 조사 이전에도 저명한 조각가인 팔머(Eratus Dow Palmer)는 거인상을 살펴본 후 거인의 표면에서 조각가들의 연장이 사용되었음을 확인하였고 마쉬 또한 거인상에 도구를 사용하였을 것이라고 추정한바 있다. 마쉬와 같은 존경 받는 과학자들의 회의적인 반응은 큰 영향력을 발휘하여 뉴욕주의 한 지방지인 뉴욕 헤럴드(New

York Herald)도 초기에는 거인을 대서 특필하더니 그 태도를 바꾸었다. 마쉬와 같은 저명한 과학자들의 조사가 없었다면 일반 사람들로서는 성경에서 언급한 노아 이전의 거인이 실제로 존재 하였음을 증명하는 이 거인상에 대한 진위 여부를 쉽게 판단할 수 없었을 것이다.

### 헐(Hull)의 자백

잠시 나타났다 빠르게 사라지는 혜성과 같이 화려하게 상승하던 카디프 거인의 명성과 신비함은 급격하게 퇴락하기 시작하였다. 1869년 12월 헐은 미국 대중에게 저질렀던 조작에 대해 자백함으로써 거인의 가치를 높여주었던 비밀스런 모습은 종말을 고하였다. 조지 헐은 뉴욕주 빙햄턴(Binghamton)에서 시가 공장을 하는 사람으로 아이러니하게도 그 자신은 무신론자임을 자처하는 사람이었다. 그가 사망하기 얼마 전 이타카 신문과의 인터뷰에서 털어놓은 그 위조 사건의 전말은 이러하다.

1866년 헐은 아이오와(Iowa)주에 살고 있는 그의 여동생 집을 방문했을 때 이 지역을 여행하던 한 감리교 목사와 종교적인 논쟁에 휘말리게 된다. 그 논쟁은 당연히 성경의 신비한 이야기들에 관한 것들 이었고 그 중 일부가 바로 성경에서 언급했던 거인 종족에 관한 것이었다. 헐은 그 목사에게 구약에 쓰여진 이야기들은 단지 신화에 불과한 순진한 사람들이나 믿는 그저 과장된 것이라 주장하였고 목사는 물론 성경 속의 이야기들은 모두 사실이라는 주장을 굽히지 않았다. 헐(Hull)은 그날 밤 잠자리에 들면서 왜 사람들이 성경 속에 나오는 거인의 이야기를 맹목적으로 믿는지 의구심을 갖게 되었고 바로 그때 화석화된 가짜 거인을 만들 생각을 갖게 되었다 (The Cardiff Giant 1898).

1868년 6월 중서부 지방을 다시 방문한 헐은 아이오와의 포트 다찌 (Fort Dodge)라는 마을에 1에이커의 땅을 매입한 뒤 5톤 정도의 무게가 나가는 석회암을 채석하였다. 그리고는 그 석회암을 시카고로 옮긴 뒤 비밀을 지키기로 서약한 무명의 조각가들을 고용하여 그 거인상을 조각하였다. 일을 시작한지 몇 달 뒤에 거인상은 거의 완성 되었으나 헐이 보기에는 만족스럽지 못했다. 처음에 헐이 의도했던 것은 그 거인상에 자신의 얼굴을 새겨 넣으려고 했던 것이었고 조각가들은 머리털과 수염의 모양도 헐의 것과 똑 같이 만들려고 시도하였다.

그 조각가들을 비난할 일은 아니었지만 결과적으로 이 비밀스럽고 낯선 헐이란 사람은 그들에게 알몸으로 드러누워 있는 거대한 조각상을 만들어 내라는 평범하지 않은 주문을 했던 것이다. 헐의 계획이 가짜 거인의 창조주인 자신의 모습과 닮게 만들려고 했었다면 그 결과는 분명히 만족할 만한 것이었다. 만일 거인을 조사했던 사람들이 거인의 얼굴과 뉴웰의 사촌인 헐의 얼굴이 놀랄 만큼 닮았다는 것을 좀 더 일찍 알았더라면 이 사기극은 보다 쉽게 끝날 수도 있었을 것이다.

헐은 완성된 조각상에서 머리털과 수염 부분을 제거 하고는 각목으로 거인상의 표면을 두드린 다음 다시 나무로 된 뜨개질 바늘을 가져다가 거인상에 대고 망치로 때려서 박아 넣음으로써 오래된 것과 같은 흔적을 조작하였다.(여러분들은 헐 자신이 방금 큰 돈을 들여 만든 예술적인 조각 작품을 미친 사람처럼 각목으로 때리는 모습을 상상해 보길 바란다). 헐은 이러한 작업을 즐기듯 조각상 표면에 작은 구멍들을 내어 피부를 입힐 수 있었다. 이것도 충분하지 않아 헐은 초산 용액을 사용하여 다시 조각상의 표면을 닦아 냄으로써 그 석상이 보다 오래된 골동품의 모습을 띠도록 만들었다.

이 모든 과정을 거친 뒤에 거인은 이제 헐을 전혀 닮지 않게 되었지만 헐은 마침내 당대 최고의 고고학적 위조품을 완성할 수 있었던 것이다. 헐은 거인을 나무상자에 넣어 기차를 이용하여 뉴욕으로 옮긴 뒤 1868년 11월 마차에 실어 그의 사촌인 뉴웰의 농장으로 옮겼고, 뉴웰의 도움으로 창고 뒤편에 몰래 파묻을 수 있었다. 거인이 발견된 후 운반된 경로를 다른 사람들이 추적할 수 없도록 땅속에 묻은 다음 일년을 기다렸는데 이것은 나중에 지질학자인 보이튼이 주장했던 기간과 일치한다. 그리고는 일년 뒤에 계획에 따라서 헐은 뉴웰을 시켜 인부를 고용하여 거인이 묻혀 있는 자리에 우물을 판다는 명분으로 공사를 하였던 것이다. 그 뒤에 벌어진 소동은 독자 여러분이 앞서 본 바와 같다.

거인의 다른 소유주들인 시라큐스의 사업가들은 거인의 출현으로 큰 이득을 본 반면, 거인의 발견이 성경 속의 이야기들이 사실임을 증명하는 것이라고 설교했던 기독교의 성직자들은 헐의 자백으로 그들의 권위에 큰 손상을 입게 되었다. 물론 사람들은 그 거인이 석회암으로 만든지 불과 1년된 조각상임을 알았다면 이를 보기 위해 그들의 돈을 쓰지는 않았을 것이다. 즉, 그 조각상이 대중의 관심을 끌고 사업적 성공할 수 있었던 것은 종교적인 뒷받침이 있었기 때문에 가능하였고 이것은 결국 기독교 지도자들의 신뢰성에 큰 손상을 주었다.

거인의 공동 소유자들은 처음부터 헐의 자백을 묵살하였고 믿으려 하지 않았다. 그들은 헐이 카디프의 거인이 시라큐스에서 큰 성공을 가져다 준 것을 시기하여 주변사람들의 부추김으로 꾸며낸 이야기라고 주장하였다. 그러나 헐의 자백은 너무도 합리적이고 자세하여 무시할 수 없었고 시카고의 조각가들이 헐의 자백이 사실임을 증언하자 카디프의 거인은 마침내 종말을 고하였다.

### 거인의 최후

카디프(Cardiff) 거인의 종말 또한 순탄하지는 않았다. 서커스단의 주인인 바넘(Barnum)은 카디프 거인을 매입하려던 계획이 좌절되자 그는 그 거인상과 똑 같은 모조품을 하나 만들었다. 바넘은 자신이 만든 모조품에 '진짜 카디프 거인'이란 문구를 써 붙이고는 거인의 주인인 뉴웰이 자신에게 팔았다고 주장하면서 순회전시를 하였다. 바넘은 카디프 거인의 모조품, 즉 가짜의 가짜를 만들어 전시하면서 사람들로부터 돈을 받아냈던 것이다.

이러한 사실들이 폭로되자 말할 나위도 없이 법적인 소송이 줄을 이었다. 헐(Hull)의 자백으로 동업자들의 수입은 급감하였고 이 거인상이 거리에 전시되면서 성행했던 관련 사업들이 다시 회복되기를 기대하였으나 완전히 무너진 그 모든 것들을 돌려 놓지는 못했다(그림 3.6). 한가지 아이러니한 우연의 일치는 헐의 가짜 거인상과 바넘의 '가짜의 가짜' 석상이 뉴욕 시에서 동시에 전시 되었는데 헐의 거인상 보다 오히려 바넘의 가짜 거인상에 더 많은 사람이 몰리는 상황이 벌어졌다는 점이다.

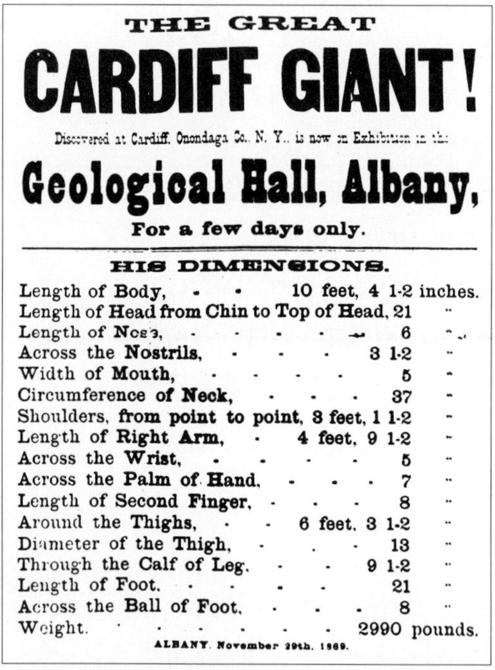

THE GREAT

CARDIFF GIANT!

Discovered at Cardiff, Onondaga Co., N. Y., is now on Exhibition in the

Geological Hall, Albany,

For a few days only.

HIS DIMENSIONS.

| | | |
|---|---|---|
| Length of Body, | 10 feet, 4 1-2 | inches. |
| Length of Head from Chin to Top of Head, | 21 | " |
| Length of Nose, | 6 | " |
| Across the Nostrils, | 3 1-2 | " |
| Width of Mouth, | 5 | " |
| Circumference of Neck, | 37 | " |
| Shoulders, from point to point, | 3 feet, 1 1-2 | " |
| Length of Right Arm, | 4 feet, 9 1-2 | " |
| Across the Wrist, | 5 | " |
| Across the Palm of Hand, | 7 | " |
| Length of Second Finger, | 8 | " |
| Around the Thighs, | 6 feet, 3 1-2 | " |
| Diameter of the Thigh, | 13 | " |
| Through the Calf of Leg, | 9 1-2 | " |
| Length of Foot, | 21 | " |
| Across the Ball of Foot, | 8 | " |
| Weight, | 2990 | pounds. |

ALBANY, November 29th, 1869.

그림 3.6_ 거인 화석의 진위여부에 대한 논쟁이 점차 가열되자 거인의 공동 소유자들이 순회공연을 기획한다. 이 선전 포스터는 1869년 11월 29일 뉴욕주의 알바니 에서 거인화석이 전시된다는 내용이다.

마크 트웨인(Mark Twain)은 이 모든 소동을 지켜보면서 이를 바탕으로 짧고 재미있는 이야기를 하나 썼는데 이것이 바로 '유령 이야기(A Ghost Story)' 이다. 유령이야기는 어떤 사람이 뉴욕 시내의 한 호텔방에서 불쌍하게 고통 받는 거인의 유령에 의해 공포에 시달리는데 결국 그 유령은 카디프 거인의 영혼으로 밝혀진다는 그런 내용이다. 이 거인의 영혼은 저주를 받아 그의 육체가 다 소멸 할 때 까지 지상을 떠돌게 되었고 결국 마지막에 가서는 안식을 찾게 된다. 그의 화석화된 육신은 비참하게도 길거리 광장에 버려지듯 전시되어 있고, 광장 건너편 호텔에 출몰하여 복도를 밤마다 걸어 다니는데 어느 날 운이 좋게도 그 불행하게 상처받은 거인의 영혼은 비통함에서 벗어나게 된다. 어느 한 호텔 투숙자가 그 영혼에게 일러주기를 "…너의 쓸모 없는 화석 몸통은 그저 아무런 이득이 없이 말썽만 일으킬 뿐이고 너의 불쌍한 영혼만을 사람들 앞으로 불러내고 있다…" 여기서 거인의 불쌍한 유령은 바로 바넘의 가짜 석상의 출현을 의미한다.

이후 카디프 거인은 10여년 동안 창고에 방치 되어 있다가 슬프게도 서서히 사람들로부터 잊혀져 갔다. 그러나 카디프 거인이 완전히 잊혀진 것은 아니어서 그 거인이 처음 태어났던 아이오와주와 명성을 얻었던 뉴욕주의 행사나 축제에 가끔 그 모습을 드러내곤 했다. 아이오와주 디 모인(Des Moines)시의 신문 발행인인 가드너 카울(Gardner Cowles)은 카디프 거인상을 중서부 지역을 여행하던 중에 보게 되었다. 그는 미국 고고학계에서 가장 큰 사기 사건의 주인공이었던 이 석상이 지금의 상태보다는 더 낳은 대접을 받아야 한다고 주장하였다. 카울은 그 거인상을 매입하여 디 모인으로 옮겨왔고 미국에서 가장 특별한 논쟁거리를 만들었던 이 거인은 카울의 집 지하실에서 마침내 휴식을 취할 수 있었다.

그러나 카디프 거인은 지방의 호기심 많은 사람들로부터 다시 명성을 얻게 되었다. 우연히 카울의 아들과 친분이 있어 카울의 집을 자주 방문하던 은퇴한 대학 학장인 제임스 폭스(James Fox)도 카디프 거인상에 대해 관심을 갖고 있었다. 카디프 거인을 소개하는 글과 사진이 1939년 8월자 내셔널 지오그래픽(National Geographic)의 아이오와(Iowa) 특집호에 실리게 되며 세간의 주목을 다시 받게 되었다.

이후 뉴욕주의 한 역사학회에서 1947년 그 거인상을 카울로부터 기증받아 다시 뉴욕으로 가져왔다. 수많은 사람들을 바보로 만들었던 이 위대한 위조품인 카디프 거인상은 마침내 뉴욕주 쿠퍼스타운(Cooperstown)의 농업박물관(Farmer's Museum)에 안치되어 전시되었다.

## 그들은 왜 위조품을 만드는가?

카디프 거인 위조사건을 저지른 동기는 무엇이었을까? 물론 그것은 '돈' 때문이었다. 조지 헐(George Hull)과 스터브 뉴웰(Stub Newell)의 경우 그들의 주업인 시가 농장이나 농산물 판매로는 도저히 만져볼 수 없는 엄청난 돈을 그 거인을 전시하면서 벌어들였다. 시라큐스의 사업가들은 거인을 공동 소유함으로써 계속 부자가 될 수 있었고 뉴욕 근교의 조그만 마을은 지도 위에 이름을 올릴 수가 있었다.

거인이 진짜라는 믿음에 대한 대중의 열광 뒤에는 종교적 요인이 있음을 간과해서는 안된다. 1869년 언론매체들이 '골리앗'의 발견이라고 표현한 것은 그들이 단순히 유추한 것이 아니라 대중들이 아주 진지하게 카디프 거인의 발견과 성경책에 등장하는 고타(Gotha)의 골리앗을 연관 지어 생각하였음을 보여준다. 한발 더 나아가 비록 많은 고고학자들이 그 거인을 단순한 조각상 혹은 위조품이라고 선언 하였음에도 불구하고 왜 많은 사람들이 그 거인의 존재를 사실로 받아들이려 했는지에 대해서도 생각해 봐야 한다. 즉, 그 거인이 성경 속 이야기를 증명할 수 있는지의 사실여부를 떠나서 그러한 낭만적인 발견 자체가 사람들이 힘들게 번 돈을 그 석회조각상을 보는데 아낌없이 소비하게 한 역할을 한 것이다.

여러분들은 카디프 거인이 주는 이러한 교훈을 이 책을 통해 계속 살펴보게 될 것이다. 잘 훈련된 관찰자나 과학자들은 이 거인을 보았을 때 실현 불가능한, 어설프고 우스꽝스럽게 만든 가짜에 불과하다고 선언하였다. 그러나 애석하게도 객관적이고 논리적인, 이성적이고 과학적인 결론들은 대중들에게 큰 영향을 주지 못하였다. 이러한 사실들은 분별력 있는 사람들의 마음에 충격을 주었지만 거인의 존재에 대한 믿음을 버리게 하지는 못하였다. 거인에 대한 믿음은 종교적이건 아니건 그 존재 자체를 믿고 싶어하는 열망에서 기인한다는 것이다. 심지어 오늘 날에도 많은 창조론자들은 성경의 단어 하나하나가 한치의 오류도 없는 사실이라고 주장하고 있다. 수세기 전과 마찬가지로 성경책 속의 아담과 이브, 노아의 홍수, 혹은 거인의 존재에 관한 이야기들을 역사적 사실로 믿는 것은 현재의 창조론자들도 마찬가지이다. 성경 속 거인에 대한 믿음은 대홍수 이전의 '거인들의 발자취'를 발견했다고 주장하는 수많은 다른 사례들을 발생하게 하였다.

어떤 사람들은 한발 더 나아가 3.5m 크기의 고대 인골이 1856년 이탈리아에서 발견되었다고 주장하기도 하였으나(Baugh 1987) 발자국을 과학적으로 조사해 본 결과 사람의 것이 아닌 것으로 판명되었다. 이러한 내용을 주장하는 사람들의 마음속에서는 명백히 존재하는 증거일 수 있겠으나 그들의 주장을 증명할 수 있는 단 한 개의 뼈도 아직까지 발견된 바가 없다.

1869년 거인을 보기 위해 50센트를 지불했던 어리석은 사람들처럼 여러분들은 나를 비웃을 수도 있을 것이다. 왜냐하면 나 자신도 쿠퍼스타운의 농업 박물관에서 돈을 지불하고 그 거인을 구경한 적이 있으니 말이다. 사람들로부터 혹사 당한 이 불쌍한 거인상은 그곳에서 다시 단장된 후 전시됨으로써 마침내 안식처를 찾았다. 내가 그 거인의 얼굴을 보았을 때 카디프 거인은 마지막 안식의 미소를 짓고 있는 것처럼 보였다(그림3.7).

## 위조사건을 보는 현재의 시각

카디프 거인과 같은 어설픈 위작들은 19세기의 과학자들도 속일 수 없었으나 이러한 속임수는 오늘날 까지도 끊임없이 시도되어 왔다. 예를 들자면 커네티컷(Connecticut)주의 고고학자인 닉 벨란토니(Nick Bellantoni)와 그의 동료들은 커네티컷주 볼룬타운(Voluntown)에 있는 퍼차우 국립공원(Pachaug State Forest) 현장에서 3,000년 이상 된 유물

그림 3.7_ 거인은 마침내 쿠퍼스타운의 농업박물관에서 영원한 안식처를 찾을 수 있었다.

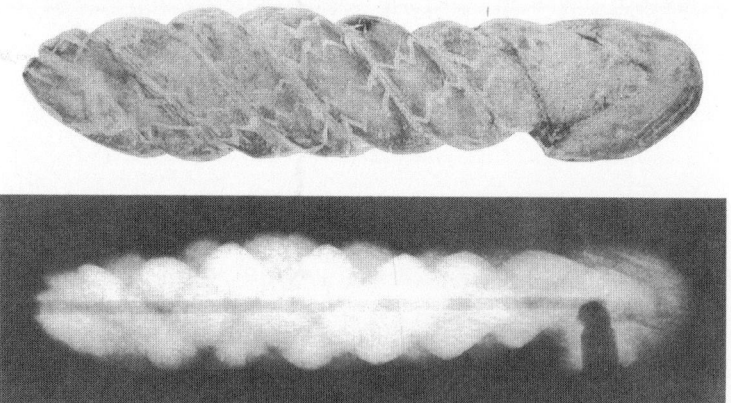

그림 3.8_ 퍼차우 국립공원에서 발견된 가짜 유물들. 위의 사진은 가짜 담배파이프, 아래사진은 이것을 X-ray 사진 촬영을 한 것이다. 이 파이프 안쪽에 드릴로 구멍을 길게 뚫어놓은 것을 확인할 수 있다. 이 구멍은 분명히 금속제 드릴로 현대적인 기계를 사용하여 뚫은 것이며 커네티컷주의 원주민들이 사용했던 기술이 아니다.

들을 발견하였는데 이것들은 놀랍게도 신대륙에서는 한번도 발견된 적이 없는 것들이었다(Bellantoni 2002). 솔직히 말해 이 유물들을 발굴한 닉(Nick) 자신은 물론 그가 소집한 학술회의에 참석한 다른 고고학자들도 모두 당황스럽기는 마찬가지였다(Stowe 2001).

돌로 만든 20개의 유물에는 새, 뱀, 고래등이 조각되어 있었는데 이러한 유물들은 신대륙 원주민이건 혹은 유럽 이민자이건 그 어떤 유적지에서도 발견된 예가 없는 아주 특이한 것들이었다 (그림 3.8). 닉은 1997년 이 지방의 한 사냥꾼으로부터 발굴 현장에 대한 제보를 받았다. 1997년 닉의 발굴은 순조롭게 진행되어 석제 화살촉, 질그릇, 진흙으로 만든 담뱃대, 동제구슬, 석제 장신구 등의 유물을 발견하였다.

그러나 2000년 그 현장으로 다시 돌아온 닉과 그의 동료들은 당혹스러운 사건에 휘말리게 된다. 닉과 그의 동료들은 1997년에 발굴했던 같은 구역 안에서 처음 보는 형태의 석제 조각품 20여개를 발견하게 된다. 닉은 아주 세심하고 조심스러운 성격의 경험 많은 고고학자이다. 이 유물들은 모두 누가 보더라도 1997년 유물들을 발굴한 바로 그 지층에 묻혀 있던 것이다. 그러나 닉은 조심스럽게 흙을 조사하여 이 기이한 유물들이 누군가 아주 최근에 의도적으로 묻었음을 확신하였.

이 지역의 흙은 일반적으로 아주 단단하고 밀도가 높은 반면 이 유물들이 발견된 부분의 흙은 아주 부드럽고 밀도가 조밀하지 않았다. 즉, 아주 최근에 한번 파냈다가 다시 묻은 흙이었던 것이다. 커네티컷 주 산림지역의 흙에는 일반적으로 나무 뿌리가 많이 섞여있다. 흙이란 것은 현재이건 혹은 천년 전이건 한번 파냈을 경우 나무 뿌리들이 쉽게 뚫고 들어간다. 일년 정도 지난 다음에는 흙으로 채워진 구덩이 내부에 나무뿌리가 자라면서 뚫고 나와 구멍들을 만들게 된다. 일정한 기간이 지난 뒤에는 일부 잘려 나간 뿌리들은 죽게 되고 어떤 것은 다시 자라서 몇년 후에는 새로운 뿌리들이 자라나 채워진 구덩이의 흙을 다시 관통하게 되는 것이다.

그러나 퍼차우 숲에서는 유물들이 발견된 인근에서 채워진 흙들 사이로 뿌리들이 아주 조금, 혹은 아예 자라지 않았다. 즉 어떠한 새로운 뿌리도 흙으로 채워진 구덩이에서 자라난 것이 없었다. 사실 닉(Nick)이 발굴한 구덩이에서는 잘려나간 뿌리들도 아직 싱싱한 상태였고 심지어는 원형 그대로 아주 잘 남아 있는 참나무 잎들이 흙에 섞인 채로 발견되었다. 이러한 현상은 후지무라가 가짜 구석기를 묻었을 때 그리고 카티프 거인을 발견했을 때도 싱싱하게 잘 남아있는 풀들이 거인상 밑에서 발견된 것과 마찬가지이다.

즉, 닉이 그 현장을 발굴하기 수년 전에 땅을 파고 유물들을 묻을 수 있는 방법이 없다는 것이다. 현미경을 통한 정밀조사에서 이 석제 유물들을 조각하는데 금속제 도구를 사용하여 이음새를 한 흔적들을 발견하였고 결국 퍼차우 숲의 유물들은 아주 최근에 만들어진 고고학적 위조품들로 밝혀졌다. 한가지 분명하지 않은 것은 퍼차우 숲에서 발견된 위조품들을 만든 사람들의 정체와 왜 이런 짓을 하였는지 그 동기가 분명하지 않다는 것이다. 이러한 의문점들이 풀릴 수 있는지의 여부는 알 수 없으나 이보다도 더 중요한 것은 다행스럽게도 최소한 우리는 역사책을 다시 쓸 필요가 없다는 것이다.

퍼차우 국립공원의 유물들은 고대 인디언이나 뉴잉글랜드의 유럽 이민자의 것도 아니었음이 밝혀졌다. 그러나 현대판 위조꾼의 의미 없는 장난들 때문에 고고학자들의 귀중한 시간을 낭비하는 결과를 초래하였다.

계속해서 다음 장에서도 아주 유명한 고고학. 역사학의 위조사건에 대해서 이야기 하겠다. 필트다운(Piltdown Man) 위조사건(4장), 빈랜드의 지도(Vinland Map)(5장), 뉴와의 성스러운 돌들(Newark Holy Stones)(6장), 펄룩시 (Paluxey Holy Stones)강변 거인의 흔적들과 토리도의 수의(Shroud of Turin)(11장)등 이들은 인류의 과거사를 왜곡함으로서 대중들을 우롱하고 있다. 이러한 사기들은 모두 고고학자들의 섬세한 분석방법들을 통해 가짜임이 폭로된 것이라는 공통적인 속성을 가지고 있다.

 ──────── 자주 받는 질문들

1. 카티프 거인은 가짜임이 밝혀졌으나 일반적으로 사람이 화석으로 변할수 있는가?

그것은 거의 불가능하다. 나무의 세포는 특정한 조건 안에서는 충분히 복원력이 강하여 미네랄이 세포 안으로 침투하는 동안 세포들이 오랜 기간 보존될 수 있다. 사람의 뼈를 포함한 대부분 동물의 뼈들도 같은 원리에 의해서 화석화 될 수 있으나 피부나 근육과 같이 너무 부드러운 세포조직은 화석이 될 수 없다.

2. 인간의 육체가 그렇게 오랫동안 보존되는 것이 가능한가?

드물지만 알맞은 조건 하에서 인간이나 동물의 육체가 수 천년 간 보존되는 것은 가능한 일이다. 1991년에 발견된 소위 아이스 맨(Ice Man)은 오스트리아와 이탈리아 국경지대 빙하 속에서 발견된 한 남자의 시신인데 놀라울 정도로 완벽한 보존 상태로서 5,300년 동안 유지되어 있었다. 덴마크에서 발견된 소위 '늪지사람들(Bog People)' 도 3천년 넘게 자연적인 토탄 늪의 적절한 습도와 화학적 환경 안에서 잘 보존되어 묻혀 있었다.

아주 건조한 기후조건 (아주 덥거나 혹은 아주 춥거나)아래서도 자연상태의 미이라는 천년 이상 잘 보존 될 수가 있다. 남 아메리카 안데스(Andes) 고원지대나 그린랜드(Greenland)에서 이러한 고대인의 미이라가 보존되어 발견된 예들이 있다. 미국 플로리다(Florida) 윈도우버(Windover)의 한 발굴 현장에서는 물속에 잠긴 상태에서 인간 두뇌의 세포조직이 7천년 이상 보존되어 발견된 예가 있다. 인간이나 동물의 육체가 오랜 세월 보존될 수 있는 가장 중요한 요인은 유기체의 세포 조직이 자연 속에서 순환되지 않도록 하는 것이다. 즉 박테리아가 유기체의 죽은 사체를 부식시킬 수 없는 아주 춥거나, 수분이 많거나 혹은 건조한 환경에서 가능하다. 박테리아를 유기체로부터 멀리 할 수 있다면 수 천년간 보존이 가능한 것이다.

### 3. 바넘의 가짜 카디프 거인은 어떻게 되었는가?

바넘의 가짜 복제품은 미시건주 파밍턴 힐(Farmington Hills)에 있는 마빈 박물관(Marvin's Marvelous Mechanical Museum)에 보관되어 있다. 이 가짜 카디프 거인을 다시 복제한, 즉 카디프 거인의 가짜의 가짜 복제품 하나가 위스콘신(Wisconsin)주 바라부(Baraboo)에 있는 서커스 박물관(Circus World Museum)에 전시되고 있다.

# 제4장 필트다운(Piltdown) 위조사건

오늘날 영국의 자연사박물관(British Museum of Natural History) 홈페이지를 방문 한다면 필트다운(Piltdown Man) 위조사건에 대한 자세한 기록을 볼 수 있다. 필트다운 사건은 고생물학 역사상 최악의 위조사건으로 당시 이 박물관의 근무자들도 의도하지는 않았지만 이 사건에 연루되었던 것이다. 따라서, 자연사박물관측은 필트다운 위조사건에 관련된 자료를 개방하는데 항상 협조적이지는 않다.

나는 1996년 여름에 자연사박물관을 방문한 적이 있었는데 그 이유는 필트다운 사건에 등장했던 가짜 화석이 바로 자연사박물관 소유이기 때문에 학계에서 가장 유명한 이 유물을 전시하지 않을까 하는 기대감 때문이었다. 그러나 박물관 전시실 어디에서도 이 가짜 화석을 볼 수가 없기에 나는 안내원에게 어디서 필트다운 인골을 볼 수 있는가를 물었다. 그러자 그 직원이 "…아! 그 유물은 전시하지 않습니다"라고 대답하고는 다소 겸손한 목소리로 내게 "…그것들은 모두 쓰레기 같은 것들이지요"라고 말하였다. 나는 곧 그 직원에게 인사를 건네고는 자리를 떠났는데 필트다운 화석들은 아마도 박물관 창고 어딘가에 보관되어 있을 것이다.

이 사건은 한 조각의 유물이 세계의 많은 유능한 과학자들로 하여금 인류 진화에 대한 이해를 아주 엉뚱한 방향으로 이끌어 갈 수 있음을 보여준다. 이 필트다운 위조사건에 대한 세부적인 내용은 이미 여러 사람에 의해 보고된 바가 있다.* 후지무라의 구석기 조작 사건처럼 심

\* 1972년 로날드 밀너(Ronald Millar)의 필트다운 맨(The Piltdown Men), 1955년 와이너(J. S. Weiner)의 필트다운 위조사건(The Piltdown Forgery), 1986년 블린더맨(Charles Blinderman)의 필트다운 조사보고(The Piltdown Inquest), 1990년 프랭크 스펜서(Frank Spencer)의 필트다운의 과학적 위조(Piltdown: A Scientific Forgery), 1996년 존 왈쉬(John E. Walsh)의 필트다운:세기의 위조사건과 폭로(Unraveling Piltdown: The Science Fraud of the Century and Its Solution)등이 있다.

지어는 훈련이 잘 되어있는 과학자들도 경우에 따라서는 쉽게 속을 수 있다는 사실을 필트다운 사건을 통해 다시 한번 확인할 수 있었다. 우선 이와 같은 필트다운 위조 사건을 이해하기 위해서는 그 이전에 이와 관련된 어떠한 이론적 배경이 전개되었는지를 살펴볼 필요가 있다.

## 인류 진화의 전개

우선 시간을 거슬러 19세기 말 20세기 초 유럽으로 돌아가보자. 진화의 개념이란 오늘날 우리가 볼 수 있는 모든 동물과 식물들의 현재모습은 까마득한 조상으로부터 진화해 왔다는 것인데 이는 오랜 세월 과학자들에 의해 논의 되어왔다(Greene 1959).

1859년 챨스 다윈의 '종의 기원(The Origin of Species)'이 출판되기 전부터 이미 진화에 대한 설득력 있는 방대한 증거자료들이 제시되고 연구되어 왔다. 이러한 증거를 바탕으로 다윈은 진화론에 대해 아주 세심하고 주의 깊게 연구를 해 왔으며 그 토대가 되는 '자연의 선택(Natural Selection)'이라는 개념의 실체를 규명하기 위하여 30년이 넘는 세월을 전 세계를 돌아다니며 증거들을 수집하였다. 다윈의 이론적 논리는 아주 정교하여 많은 과학자들이 그의 이론을 인정하고 받아들이게 되었다. 다윈은 그의 일반적 진화론을 바탕으로 인류의 진화 이론을 정립하였는데 이것이 바로 1871년 출간된 '인류의 혈통(The Descent of Man)'이란 책이다. 이 책 또한 대단히 성공적인 역작으로서 많은 사람들로 하여금 인류의 진화라는 개념을 받아들이게 하였다.

한편, 다윈이 활동하던 같은 시기에 인간의 생물학적 기원에 대해 이론적으로 뒷받침 해줄 만한, 즉 인류가 아주 다른 모습으로부터 오랜 세월 진화해 왔다는 결정적인 증거들이 유럽과 아시아에서 발견되었다. 1856년 독일 니엔더 계곡(Neander Valley)의 철도 공사 현장에서 아주 특이하게 생긴 뼈들이 발견되었다. 그것들은 머리뼈 윗부분과 얼굴 앞부분, 턱뼈의 일부분이었는데 그 모양은 분명히 원숭이의 뼈는 아니었고 현대인의 뼈 또한 아니었다. 크기는 현대인의 뼈 보다 크지 않았고 머리뼈 윗부분은 훨씬 더 편평하였다. 뼈 자체는 훨씬 두껍고 무거웠으며 특히 눈두덩 위의 도드라진 뼈는 현대인의 것과는 비교할 수 없을 정도로 높고 투박하였다. 또한 같은 시기에 이 뼈들과 비슷하게 생긴, 그러나 훨씬 더 완형에 가까운 다른 뼈들이 벨기에와 스페인에서도 발견되었다. 편평하고 두꺼운 눈두덩 뼈와 경사가 심한 앞 머리뼈, 돌출된 얼굴등의 형태는 현대인의 얼굴과는 판이하게 달랐으나 두개골 아래 부분의 모습은 현대인의 것과 아주 닮아 있었다.

이 화석들에 대해서 어떻게 이름을 붙여야 할지 처음에는 많은 혼란이 있었는데 어떤 과학자들은 이 뼈들이 단순히 병리학적으로 기형인 사람들의 뼈라고 주장하기도 하였다. 그 예로, 당시 국제적으로 명성이 높던 해부학자인 루돌프 피르호(Rudolf Virchow)는 눈두덩 위의 튀어나온 뼈들이 앞이마에 '엄청나게 큰 충격'이 가해지면서 생긴 것이라고 설명하기도 하였다 (Kennedy 1975).

그러나 과학자들은 결국 이 피조물이 오늘날 네안데르탈인이라고 부르는 고대 인류임을 깨닫게 되었다. 다윈의 진화이론이 점차 힘을 얻어감에 따라서 인간의 모습과 유사한 원시적 형태의 화석들도 계속 발견되었고 인류기원에 대한 사람들의 생각 역시 급격하게 변화되었다.

사실 진화론이 처음 세상에 알려졌을 때는 인간이 단지 몇 세대 만에 그러한 원시적인 형태가 급격하게 바뀔 수 있으며 그런 낮고 저급한 단계에서 점차 진화해 왔다는 개념에 대해 대부분의 사람들은 혐오감을 갖고 있었다(Greene 1959). 그러나 20세기에 들어서면서 많은 사람들이 거부감 없이 진화론을 받아들이게 되었고 오히려 많은 국가들이 자신들의 영토 내에서 가장 오래된 초기 인류의 인골을 발견하는 것을 민족적 자부심과 결부시켜 생각하게 되었다.

독일의 경우 네안데르탈 인골을 가장 오래된 독일인의 직접 조상이라고 주장하였다. 또한, 프랑스의 경우 그들 영토 내에서 발견된 크로마뇽(Cro-Magnon)유골을 현대인의 모습을 한 가장 오래된 프랑스의 조상이라고 주장하였다. 이는 크로마뇽 유골의 경우 네안데르탈 화석보다 오래된 것이 아니었기 때문에 '현대인류' 중 가장 오래된 화석임을 주장한 것이다. 즉, 그 형태가 현대인류와 거의 같은 모습이었기 때문에 크로마뇽인을 조상으로 하는 프랑스인들이 현대 인류 중 가장 오래된 역사를 가진 민족이라 주장하는 것이다.

이러한 인골 화석들은 벨기에와 스페인에서도 발견되었는데 그들 또한 발견된 화석들을 각각 민족의 기원과 연관 지어 설명하였다. 심지어는 당시 유럽에서 가장 작은 국가였던 네덜란드도 발견된 인골 화석들을 가지고 같은 주장을 하였다. 1891년 네덜란드 사람인 유진 듀보아(Eugene Dubois)는 자바에서 아주 오래된 인골 화석을 발견하였는데 당시 자바는 네덜란드 식민지로 현재 인도네시아에 속해있다.

그러나 유럽국가들 중 가장 위대했던 오직 한 국가만이 자신들의 기원에 대해 제대로 설명할 수가 없었는데 그것이 바로 영국이었다. 간단히 말해서 1900년 대 초까지도 인류의 진화선상에서 그 어떤 주목을 받을만한 화석도 영국 내에서는 발견되지 않았다. 이것을 두고 프랑스 고생물 학자들은 영국을 '잡종들의 집합'이라 불렀다. 즉 영국 안에서는 그 어떠한 인류진화도 이루어 지지 않았으며 결국 영국인들은 멀리 어디에선가 여기저기에서 이주해 온 '잡종들의 집합'이라고 간주되었다.

### 두개골 중심 이론

영국인들이 그들 자신만이 진화의 뿌리가 없다고 느낄 무렵, 다른

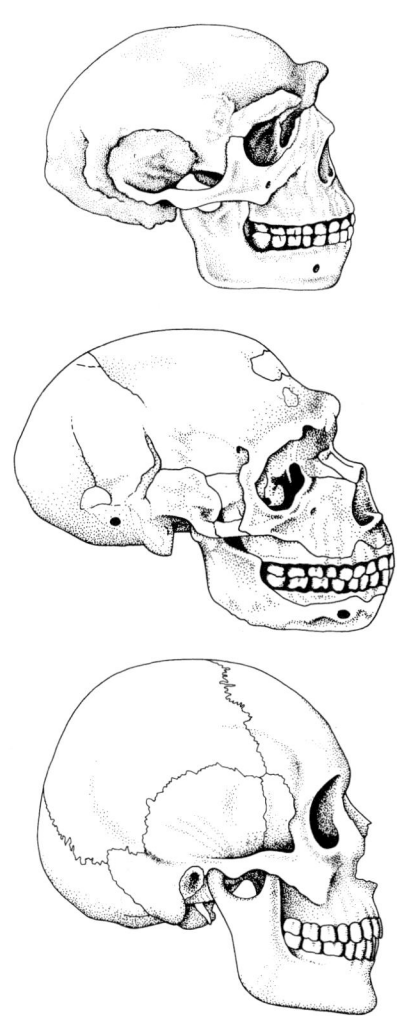

그림 4.1_ 두개골 크기의 차이를 보여주는 그림으로 위로부터 호모이렉터스(북경원인, 500,000년전), 가운데(네안데르탈인, 100,000년전), 아래(현생인류). 현생인류의 두개골을 호모이렉터스와 네안데르탈인과 비교해 볼 때 초기 인류의 눈두덩이 뼈가 크고 거칠뿐만 아니라 얼굴이 앞으로 훨씬 더 튀어나와 있으며 현생인류의 두개골이 이들 보다 둥글고 부드러운 것을 볼 수 있다.

많은 유럽인들은 20세기 초만해도 화석과 진화에 대한 이론에 상당한 거부감을 갖고 있었다. 비록 대부분의 유럽인들이 자국 내에서 고대 인류화석이 발견된 것에 대해서는 자랑스럽게 생각하고 있었으나 그 화석의 생김새가 자신들과는 너무도 달랐고, 이러한 화석의 출현이 인류의 진화선상에서 무엇을 의미하는지에 대해서는 명확한 해석을 얻지 못하였던 것이다.

자바인골은 원숭이와 아주 비슷하게 닮았고 큰 눈두덩뼈와 900cc 정도의 작은 두개골은 평균 1450cc인 현대인의 용량과 비교해 볼 때 아주 작은 특징을 갖고 있었다. 네안데르탈인의 화석을 살펴보면 경사가 심한 앞이마에 두껍고 둔탁한 눈두덩뼈를 갖고 있으면서 아주 못생기고 투박한 모습이다. 이러한 두개골 화석들은 분명 원숭이의 것도 완전한 현대인의 모습도 아니었다. 그러나 자바인골의 넓적다리뼈는 현대인의 것과 아주 닮은 모습이었다. 이를 통해 비록 네안데르탈인의 두개골이 아주 원시적인 특징들을 보여주고 있다고는 하지만 다른 화석들을 살펴 볼 때 영장류와는 달리 직립보행을 했음을 알 수 있다.

이러한 증거들은 고대 인류의 조상들이 현대인과는 아주 다르게 끝이 뾰족한 원시적인 형태의 머리 모양을 갖고 있었으며 지적 능력 또한 원시적이었음을 암시하고 있다. 이것은 인류의 육체가 변화함에 따라 두뇌의 크기와 기능뿐 아니라 인간의 지능도 함께 진화해 왔음을 의미하는 증거로 받아들여졌다. 이러한 진화론적 설명은 많은 사람들이 기대하고 희망했던 것과는 정 반대의 해석이었다(Feder 1990).

당시 학자들의 시각에서는 인간의 지적 능력이 다른 동물들과는 뚜렷하게 구별되는 가장 중요한 특징으로 생각되었다. 즉 우리가 서로 의사소통을 하거나 무엇인가를 창조해 내는 것은 바로 우리의 사고능력 때문이며 이것이 우리의 사촌인 다른 동물들로부터 아주 다르게 진화해 온 근본 원인이었다. 이러한 능력은 아주 오랜 세월 동안 진화해 온 결과임을 알 수 있는데 인간의 두뇌와 지적 능력이 우선적으로 진화해 왔다는 것이다. 결론적으로 진화에 대한 화석 증거들을 볼 때 두개골의 크기가 우선 커지면서 신체 다른 부위가 뒤따라 현대인의 모습으로 변화해 왔다고 믿었다.

이러한 시각은 해부학자인 그래프톤 스미스(Grafton Ellist Smith)의 저술을 통해 잘 드러난다. 스미스는 인류진화의 증거를 가장 잘 보여주는 것이 바로 두개골이며 아주 잘 설정된 방향으로 지속적이고 동일한 형태로 진화해가고 있다고 주장하였다(Blinderman 1886:36).

영국 자연사박물관(British Museum of Natural History)의 고생물학자이자 어류학자인 아더 우드워드(Arthur Smith Woodward)는 인간의 두뇌를 "…가장 복잡한 기능을 가진 존재이며 신체에 앞서서 사물을 정리하고 일반적인 성격을 파악하는 기관…"이라고 규정하였다(Dawson and Woodward 1913).

이러한 시각은 많은 진화론자들로 하여금 원숭이의 몸과 현대인의 두개골을 짝으로 하는 화석증거를 찾는데 집중하게끔 하였다. 즉 두개골 중심적인 시각에서 진화의 연결고리를 찾고자 한 것이다. 그러나 그동안 발견된 화석들은 모두 정 반대의 성격을 나타내고 있었다. 자바인과 네안데르탈인 모두 윗부분이 튀어나온 두개골의 생김새가 영장류에 가까웠고 현대인과는 많이 달랐다. 오히려 머리를 제외한 골격의 다른 부분은 현대인의 모습과 아주 흡사하였기 때문에 많은 사람들은 이러한 외형적인 모습을 쉽게 받아들이지 못하였던 것이다.

### 서섹스(Sussex) 지방의 놀라운 발견

이와 같이 인류진화의 연결고리를 찾고자 하는 열망이 커져갈 때 영국 남부 서섹스(Sussex) 지방의 필트다운(Piltdown)이라는 곳에서 특이한 화석들이 발견되었다. 이 화석들은 처음 발견되었을 때는 아무런 문제 없이 권위 있는 영국의 과학잡지인 네이쳐(Nature: December 5,1912) 지에 발표되었다. 그 기사를 인용해보면 다음과 같다.

"…인간의 두개골과 턱뼈가 찰스 도슨(Charles Dawson)에 의해 발견되었는데 초기 홍적세(Pleistocene)에 속하는 것으로 추정된다. 화석들은 서섹스지방 루이스(Lewes)시 북쪽 우즈(Ouse)강 둔덕 자갈퇴적층 안에서 발견되었는데 흥미로운 것은 이 화석들이 정확한 지질연대를 가진 지층에서 나왔다는 것이다 (p.438)…"

2주 후 내이쳐(Nature)지에는 이 중요한 발견에 대한 보다 상세한 기사가 다시 실렸다(Paleolithic Man: 1912.12.19).

"…이 화석인간의 두개골과 턱뼈는 도슨과 지질학자인 우드워드(Arthur Smith Woodward)에 의해 발견되었는데 이 화석들은 지금까지 영국에서 발견된 것들 중 가장 중요한 것이다. 이 화석들은 의심할 여지없이 그 지질학적 연대나 형태학적 특징들을 볼 때 아주 오래된 것임에 틀림없다… (p.438)."

후에 알려진 바에 의하면, 이 사건은 1912년 2월 영국 자연사박물관의 우드워드 박사가 서섹스 지방의 변호사이자 아마추어 고고학자인 도슨으로부터 한장의 편지를 받는데서 시작되었다. 우드워드는 이전에도 도슨과 함께 일을 한 경험이 있어서 도슨이 박식하고 날카로운 관찰력을 갖춘 사람이며 자연사에 관심이 많은 것을 알고 있었다. 도슨은 우드워드에게 편지를 통해 아주 놀랄만한 고대 인골의 화석 몇 조각을 갖고 있다고 알려왔다.

첫번째 인골 조각들은 1908년 영국 서섹스주 필트다운 지역의 바콤 매너(Barcombe Manor)란 마을 근처에서 한 노동자에 의해 발견되었다. 뒤이어 1911년 네개의 두개골 조각들이 같은 장소에서 동물들의 뼈, 이빨등과 함께 발견되었다. 우드워드에게 보낸 편지는 이 새로운 발견에 대해 얼마나 흥분하고 있는지를 잘 보여주는데 이에 따르면 1년전 독일에서 발견된 하이델베르그(Heidelberg) 인골보다 훨씬 더 중요한 화석일 수가 있다는 점을 강조하고 있었다.

우드워드는 악천후 때문에 바로 필트다운을 방문할 수 없었고 도슨은 현장에서 발굴 작업을 계속 지휘하였다. 도슨은 현장에서 하마와 코끼리의 이빨 화석을 발견하였는데 1912년 5월 그 화석들을 박물관에 있는 우드워드에게로 직접 가져왔다. 우드워드가 보기에는 이 화석들이 바로 인류의 초기 조상들이 갖고 있어야 할 모든 특징들을 충분히 보여주고 있었다. 두개골은 오래된 세월 때문에 암갈색을 띄고 있었고 그 생김새는 현대인과 많이 닮아 있었다. 두개골 뼈의 두께와 모양은 초기 형태의 인골과 아주

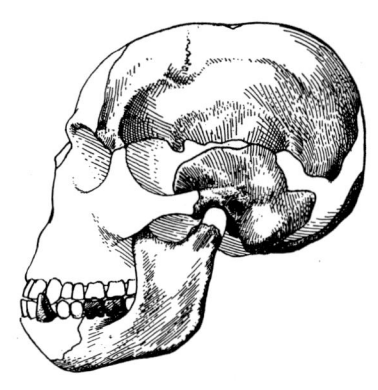

닮아있었고 이 인골이 멸종된 동물들의 뼈와 함께 출토 되었다는 것은 아주 오랜 세월 전부터 영국에서 사람들이 살았다는 것을 증명해 주는데 충분했다. 결국 이 발굴은 영국에서 가장 오래된 인골이 발견되었다는 점에서 언론의 집중 조명을 받게 된다(그림 4.2).

**그림 4.2_** 필트다운 화석 복원도. 빗금 친 부분이 현장에서 발견되었던 실제부위로 복원된 모습을 살펴보면 두개골 부위는 인류의 모습을, 아래턱 부위는 영장류의 특징을 보이고 있다. 그림 4-1의 그림들과 비교해보면 소위 인간의 머리와 영장류의 턱을 가진 모습으로 필트다운 화석은 결국 호모이렉터스, 네안데르탈인, 현생인류 중 그 누구와도 다른 모습이다.

　이 화석들은 영국의 고생물 학자들을 극도로 흥분시키기에 충분했다. 1912년 6월2일 우드워드는 도슨 그리고 고생물학자인 테야르 드 샤르댕(Pierre Teihard de Chardin)과 함께 필트다운에 도착하였다. 샤르댕은 1909년 도슨이 화석을 발견한 이후 친구가 된 예수회의 성직자이자 고생물학자이다. 이 세명이 인부들과 함께 발굴을 한 결과 도슨은 또 다른 화석 조각들을 찾아냈고 이어서 샤르댕도 코끼리 이빨을 수습하였다. 우드워드는 그들의 성공적인 발굴 결과에 감명받아 필트다운에 머물면서 도슨과 함께 발굴작업에 계속 참가하게 된다(그림 4.3).

　작업은 힘들었지만 발굴은 천천히 계속되었고 비교적 크고 형태가 온전한 4개의 두개골 뼈와 함께 동물뼈, 석기, 사슴뿔이 출토되었다. 화석의 연대는 영국 내에서 발견된 인골 화석들 중 가장 오래된 것일 뿐

그림 4.3_ 필트다운에서 고생물학적인 발굴작업을 하고 있는 모습. 왼쪽부터 로버트 켄워드, 찰스 도슨, 인부인 베너스 하그리브, 치퍼라는 이름의 오리 그리고 아더 우드워드 이다.

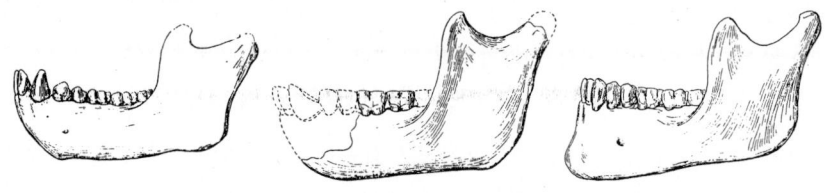

그림 4.4_ 아래턱뼈를 비교한 그림으로 왼쪽은 어린 침팬지, 오른쪽은 현생인류, 가운데는 필트다운 화석이다. 필트다운 화석이 침팬지의 것과 닮은 것을 알 수 있으며 돌출된 턱은 영장류 중 인간만의 특징이다.

만 아니라 대략 50만년 정도 된 것으로 이 필트다운 화석은 현존하는 인류의 조상들 중 가장 오래된 유골로서 세계의 주목을 받게 되었다.

보다 재미있는 것은 도슨과 우드워드가 그 해 여름이 끝날 무렵 돌아왔을 때, 비록 턱뼈와 두개골이 인접하는 부분인 과상돌기(condyle) 뼈가 남아있지는 않지만 복원이 가능할 정도로 비교적 잘 남아있는 아래턱뼈를 새롭게 확보한 점이다. 새로 발견한 뼈는 현대인의 턱뼈와는 아주 다른 모습이었다. 턱뼈의 돌출된 부분은 현대인에 비해 지나치게 넓고 두꺼웠으며 침팬지와 같은 유인원의 것과 아주 흡사하였다(그림 4.4). 그럼에도 불구하고 중요한 것은 턱뼈와 함께 발견된 두 개의 어금니는 현대인의 것과 아주 닮았고 유인원의 것보다 작은 송곳니는 자유롭게 좌우로 움직이며 음식물을 씹을 수 있는 구조를 갖고 있었다는 점이다. 어금니가 좌우로 움직이면서 음식물을 씹을 수 있는 것은 원숭이나 영장류에게는 불가능한 인간만의 특징이며 따라서 인간 어금니의 마모 상태와 운동 방향은 다른 영장류들과는 확연하게 구별되는 특징을 보인다. 필트다운에서 발견된 어금니는 인류의 것과 마찬가지로 아래턱에 위치해 있으나 다른 특징들은 완전히 침팬지와 같은 유인원에 가까웠다. 그 두개골과 턱은 서로 가까운 위치에서 발견되었는데 지질학적으로 아주 오래된 지층에 속한 층위에서 발견되어 이 두 화석이 같은 시기의 것임에는 이론의 여지가 없었다. 그러나 의문점은 과연 이 화석들의 주인이 어떠한 피조물이었는가 하는 점이다. 이들의 생김새를 살펴보면 자바나 네안데르탈 인골과는 다르게 눈두덩 뼈가 크지 않고 얼굴은 네안데르탈인처럼 튀어나오지 않았으며 현대인과 마찬가지로 편평하였다. 두개골 옆모습도 현대인과 가깝게 둥근 모습이었으며 자바나 네안데르탈인과는 아주 다른 모습이었다(그림 4.1, 4.2).

우드워드에 따르면 두개골의 크기로 볼 때 두뇌의 용량은 1070cc 정도이며 자바원인보다 조금 크다. 이는 현대인을 기준으로 볼 때 머리의 크기가 비교적 작은 사람과 같은 범위에 속한다고 볼 수 있다. 한편 해부학자인 키이스(Keith 1913)에 따르면 두개골 용량은 실제로 훨씬 더 클 수 있으며 1500cc 정도로서 현대인의 두뇌 용량과 동일하다고 주장하였다. 그러나 턱뼈를 볼 때 위에서 언급한 바와 같이 유인원의 것에 더 가까웠고 단지 두 개의 어금니만이 현대인의 특징을 보이기 때문에 우드워드는 필트다운 화석을 크고 송곳니가 튀어나온 영장류와 비숫한 모습으로 복원하였다.

도슨과 우드워드 및 다른 과학자들은 필트다운 화석에 대해서 최초 발견자인 도슨의 이름을 따라 에오안트로퍼스 도스니(Eoanthropus Dawsoni), 즉 '도슨의 새벽인간(Dawn Man)'이란 이름으로 명명하였고 전 세계에서 지금까지 발견된 화석들 중 가장 중요한 것으로 인정하였다.

필트다운 화석의 발견과 관련하여 언론의 관심도 뜨거웠다. 뉴욕타임즈(New York Times)는 1912년 12월19일자 신문에서 "고대인골 그 잃어버린 고리"란 제목의 머리기사를 실었고 사흘 뒤 타임(Times)지에는 "다윈의 이론 마침내 입증되다"라는 제목의 기사가 실리는등 오직 찬양 일색의 기사들이 언론을 장식하였다.

이러한 기사들이 암시하는 바와 같이 필트다운 화석은 명백하게 현대인의 조상으로서 원시적인 턱과 두개골, 아주 오래된 나이등 고생물 학자들이 찾고 있던 증거들을 모두 갖추고 있었다. 즉 인류의 조상이 갖추어야 할 큰 두뇌와 현대인과 같은 모양의 두개골 그리고 이와 부수적으로 갖추어야 할 많은 원시적인 특징들을 갖추고 있었는데 해부학자인 스미스(G.E. Smith)는 이 특징들을 다음과 같이 요약하였다.

> "…두뇌는 현재 인류와 같은 범위에서 간주되어야 하며 턱과 얼굴을 볼 때 인류와 영장류 모두의 조상으로서 투박한 모습이 아직 남아있다. 즉 이 인골의 일반적인 외모는 구조적인 면에서 봤을 때 머리가 매우 큰 영장류와 같이 보인다. 필트다운 화석의 중요성은 사람과 유인원의 바로 중간형태를 갖고 있다는 점에 있다…" (Smith 1927:105-106).

만일 필트다운 화석이 진화선상에서 인간과 영장류 사이의 "잃어버린 고리(Missing Link)"라고 가정한다면 자바인과 네안데르탈인들은 인류의 진화와는 관련이 없게 되는 것이다. 왜냐하면 필트다운과 자바인은 그 연대측정결과 거의 동일한 시대에 생존했기 때문이다. 즉 자바

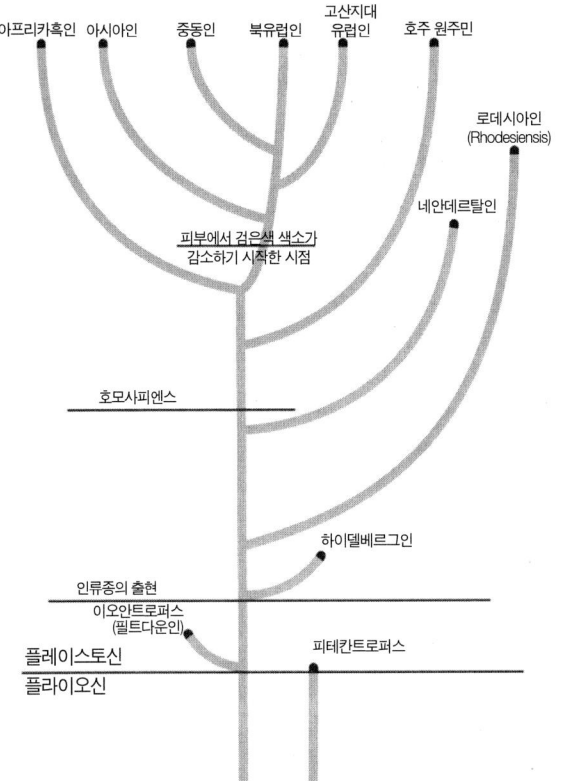

그림 4.5_ 필트다운 화석을 지지하던 학자들은 한때 이것이 피테칸트로푸스(호모이렉터스)는 물론 네안데르탈인보다도 현생인류에 훨씬 가까우며 인류진화의 중심 줄기로서 짧은 기간 진화의 다리역할을 하였다고 주장하였다. 이들이 만들어놓은 진화의 전개도를 살펴보면 인종적인 편견을 볼 수 있는데 아프리카 흑인, 호주 원주민, 아시아인들은 보다 일찍 인류의 진화선상에서 갈라져 나온 종으로 묘사하고 있다.

인이 필트다운인 보다 조금 더 오래된 원시적인 인간의 다른 곁가지로서 결국에는 멸종한 종이라는 결론에 이르게 된다. 또한 네안데르탈인은 필트다운인보다 훨씬 나중에 나타났지만 원시적인 특징들은 훨씬 더 많이 갖고 있는 진화선상에서 오히려 퇴행하는 인골이 되는 것이었다(그림 4.5).

고생물학적 기준에서도 필트다운 화석은 그것이 암시하는 내용들을 볼때 실로 학자들을 숨막히게 할 정도로 흥분시키는 것이었다.* 필트다운 화석이 영국 최초의 조상을 대표하는 인골로서 세상의 주목

*많은 고생물 학자들중 특히 영국의 학자들은 서섹스 지방의 발견에 대해 매혹되었다. 인기 있는 대중잡지인 런던 삽화뉴스(The Illustrated London News)에 필트다운 화석을 예술가적 관점에서 그린 "최초의 영국인"이란 표제로 출판되기도 하였다(그림 4.6).

제4장 필트다운(Piltdown) 위조사건 115

을 받게 되자 다른 화석들이 전 세계 여기저기서 발견되었으며 그것들이 인류 진화의 선상에서 별개의 갈래인지 혹은 퇴행한 형태인지에 관한 논쟁이 끊임없이 발생하였고 이로 인하여 인류 진화의 전개에 대해 많은 부분을 새롭게 쓰지 않으면 안되게 되었다.

1913년 3월 도슨과 우드워드는 필트다운 화석이 인류 진화선상에서 어떠한 의미를 갖는지와 이것의 세부적인 특징들에 대한 첫번째 보고서를 제출하였다. 그들의 주장에 따르면 필트다운 화석은 인간적 특성과 유인원의 특성을 모두 가진 당시 학자들이 기대했던 것과 같은 아주 정확한 특징들을 갖고 있었던 것이다.

필트다운에서는 계속적인 화석의 발견이 이루어져 1913년 필트다운 턱뼈에 속한 것이 틀림없어 보이는 완전한 송곳니가 샤르댕에 의해 발견되었다. 이 송곳니는 이전에 우드워드가 필트다운 인골과 함께 발견하였던 것과 같은 형태의 것으로서 영국 자연사박물관에서 복원되었는데 유인원의 것과 같은 모양으로 예상했던 대로의 마모상태를 보이고 있었다. 예일대학 교수인 맥커디(George MacCordy)는 "만일 비교 해부학자가 필트다운 인골의 송곳니들을 본다면 하나의 턱에서 나온 것으로 판단할 것이다" 라고 언급한 바가 있다(1914:159).

1914년 필트다운 현장에서 유물들이 다시 발견되었는데 이 놀라운 유물들에 대해 즉시 크리킷 배트(criket bat)라는 이름 붙여졌다 (그림 4.7). 그것은 뼈로 조각한 편평한 크리킷 방망이 모양으로 생겼다. 즉 필트다운 인골은 영국 최초의 잃어버린 고리 뿐 아니라 영국의 국기인 크리킷까지도 즐기던 바로 고대 영국인이라고 주장할 수 있게 되었다. 바로 이러한 한 벌의 크리킷 유물들 때문에 필트다운은 더더욱 특별한 장소가 되었다.

필트다운에서 도슨의 발견은 다른 학자들에게도 진화론에 대한 학술적 증거를 확보하기 위한 강렬한 영감을 제공하였고, 특히 필트다운 화석과 비슷한 시기의 다른 화석들과의 형태학적 비교연구에 몰두하

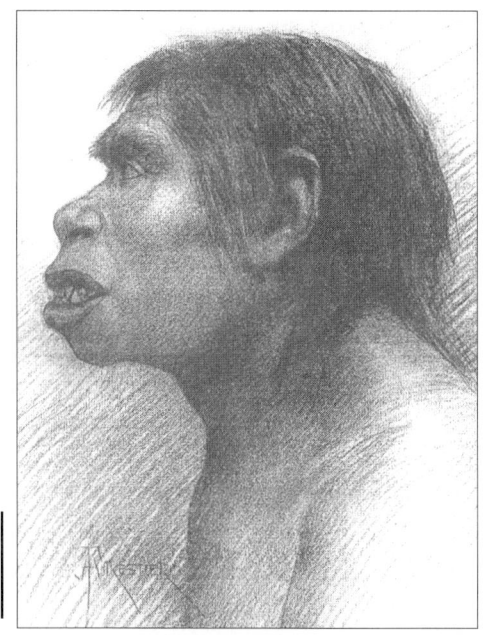

그림 4.6_ 런던 뉴스라는 1913년 1월 11일자 신문에 실린 필트다운 복원도. 얼굴 아래 부분과 턱이 앞으로 튀어나온 영장류와 같은 모습이다.

그림 4.7_ 필트다운 현장에서 발견된 것으로 뼈에 조각을 한 유물인데 오늘날 과학자들은 이것을 가짜로 판단하고 있다. 명백히 영국의 크리킷 배트 모양으로 조각한 것이 150만년 전 지층에서 발견되었다는 것은 악의적인 장난이었을 것이다.

였으나 한동안 아무도 설득력 있는 증거들을 찾아내지는 못하였다.

1915년 1월 도슨은 필트다운으로 부터 3km정도 떨어져 있는 니더 홀 팜(Netherhall Farm) 이란 지역에서 또 한번의 기적적인 행운으로 인간 두개골 화석을 발견한다. 이 두개골은 필트다운 II로 명명하였으며 두개골의 둥근 옆모습과 두꺼운 뼈는 첫번째 발견된 것과 거의 동일한 모습이었다. 비록 턱뼈가 발견되지는 않았지만 이 현장에서 출토된 어금니는 마모된 상태와 모습이 첫번째 것과 비슷했다. 도슨이 1916년 지병으로 사망하게 되자 우드워드는 두번째 발견에 대한 발표를 다음해까지 보류해 두었다. 두번째 발견된 화석들이 알려지면서 첫번째 필트다운 화석의 발견에 회의적이었던 사람들도 지지하는 입장으로 돌아섰다.

미국 자연사박물관(American Museum of Natural History) 관장이었던 오스본(Henry Osborn)은 "…만일 선사시대 인류가 프로비덴스(Providence)지방을 돌아다녔다면 바로 이 화석들의 발견이 그 사실을 확실하게 보여주고 있는 것이다…"라고 주장하였다. 왜냐하면 도슨에 의해서 두번째로 발견된 세조각의 필트다운 화석들은 그 원형과 비교해 보았을 때 아주 잘 들어맞고 있음을 확인할 수 있기 때문이다 (1921:581).

### 필트다운 수수께끼

그러나 필트다운 화석들의 중요한 쟁점들에 대해서 모든 사람들이 같은 의견을 가지고 있었던 것은 아니었다. 필트다운 화석의 두개골 상부는 현대인과 닮아 있었고 턱뼈는 반대로 유인원의 것에 더 가까웠다. 이 때문에 몇몇 과학자들은 필트다운 화석은 단순히 서로 다른 종류의 화석이 함께 발견되어 혼동을 일으킨 것으로 보았다. 즉 회의론자들은 인간의 두개골 뼈와 영장류의 턱뼈가 우연의 일치로 함께 묻힌 것이라고 주장하였다.

스미스소니언 재단(Smithsonian Institution)의 게릿 밀러(Gerrit Miller Jr.)는 첫번째 발견된 필트다운(Piltdown I) 화석들을 면밀히 조

사한 뒤 그 턱뼈는 분명히 영장류의 것이라는 결론을 내렸고 그의 의견에 대해 미국과 유럽의 많은 학자들이 동의하였다(그림 4.4). 영국 런던의 킹스 칼리지(University of London King's Collage) 해부학 교수인 데이비드 워터슨(David Waterson:1918)도 이 턱뼈는 침팬지의 것이라고 주장하였고 당시 저명한 독일의 과학자 프랜즈 와이든리치(Franz Weidenreich) 또한 첫번째 화석(Piltdown I)에 대해 "…인간의 두개골과 오랑우탄의 턱뼈와 이빨을 인위적으로 짜 맞춘 것이다…"라고 주장하였다(1943:273). 어떤 학자는 필트다운 화석이 인간의 두개골과 유인원의 턱뼈가 함께 붙어있는 한마디로 "실현 불가능한 괴물"(Spencer 1990:113) 이라고 주장 하면서 그 어떠한 다른 가능성도 상상하기가 힘들다고 표현하였다.

해부학자인 스미스(Smith)의 표현을 빌리자면 "…이 화석들은 지금까지 알려지지 않았던 유인원과 비슷하게 생긴 아주 원시적인 인간과, 마찬가지로 사람과 아주 비슷하게 생긴 유인원이 오래 전에 죽은 뒤 같은 장소에 묻혀 그 중 하나는 그의 두개골을 다른 하나는 턱뼈를 남기게 된 것임에 분명하다(Spencer 1990:101)."라고 주장하였다.

이러한 주장은 결국 필트다운 화석들을 우연의 일치로 한 장소에서 발견된 두 개의 다른 개체의 화석으로 본다는 점에서 일치한다. 그것이 우연의 일치이건 아니건 도슨의 사망 이후 필트다운 현장 두 곳 모두에서 더 이상의 발견은 이루어 지지 않았다. 그러나 지구상 어디엔가 있을 인류의 기원에 대한 고생물학적 관심은 날로 커져만 갔고 많은 학자들이 열정적으로 화석연구에 매달리게 되었다.

1920년대 초에는 호모 이렉터스(Homo erectus)화석이 중국 베이징 근처 저우커우텐(Zhoukoudian)에서 40여점 발견되었다 (그림 4.1). 이 발굴은 데이비슨 블랙(Davison Black)이라는 베이징 의과대학의 해부학자가 주도하였는데, 블랙은 1914년 스미스의 연구실을 방문한 적이 있었고 필트다운 인골에 대해 매혹되어 있던 터였다(Shapiro 1974).

게다가 필트다운 발굴에 참가했던 예수회 성직자인 샤르댕이 저우커우텐 화석의 연대가 1.5백만년전 이라고 주장하였고 또한 자바섬의 상기란(Sangiran)에서 발견된 인골 또한 저우커우텐 화석과 그 모습이 아주 흡사하였다.

아프리카에서는 훗날 오스트랄로피테커스 아프리카누스(Australopithecus africanus)로 명명된 화석이 1920년대에 발견되었다. 이것은 처음에 백만년이 조금 넘는 것으로 추정되었으며 따라서 필트다운 화석들 보다 훨씬 오래된 것이었고 1930~40년대에도 오스트랄로피테커스 화석들이 연이어 발견되었다. 유럽에서는 네안데르탈 화석들이 지속적으로 발견되었으며 1935년 영국 스완즈컴(Swanscombe)에서도 아주 오래된 인골화석이 발견 되기도 하였다.

비록 필트다운 화석들이 이러한 발견에 영감을 준 것이 사실이었으나 새로운 연구 결과들은 오히려 '두개골 중심 이론'에 반대되는 증거들을 제시하고 있었다. 중국과 상기란에서 발견된 호모 이렉터스들은 현생인류와 유사한 몸에 오히려 더 원시적인 머리를 갖고 있는 자바원인과 유사한 모습을 하고 있었다(자바원인은 후에 호모 이렉터스의 일종으로 판명되었다).

큰 눈두덩뼈와 편평한 두개골, 앞으로 튀어나온 얼굴 모습은 현대인의 모습과는 판이하게 달랐다. 그러나 호모 이렉터스 보다 더 오래된 오스트랄로피테커스도 이미 직립보행을 했다는 명백한 해부학적 증거들을 보여주고 있는데 두개골 아래 부분의 몸을 구성하는 뼈 하나하나는 놀라울 정도로 현대인과 닮아있었고 두개골은 침팬지와 같은 유인원의 것과 훨씬 더 닮아있었다. 즉, 화석상의 증거들은 인류의 진화가 직립한 유인원으로부터 진행되어 왔고 유인원을 닮은 인간이 아니었다는 것을 보여준다.

이러한 증거들을 토대로 생각해 볼 때 필트다운 화석은 진화선상에서 아주 이상한 '별종' 취급을 받게 되었고 중국, 유럽, 아프리카, 자바 등지에서 발견된 다른 화석들과 비교해볼 때 필트다운 화석을 어떻게 설명해야 하는가 하는 문제에 맞닥뜨리게 된 것이다. 필트다운 화석을 진화선상의 올바른 기준으로 본다면 앞서 언급한 다른 모든 화석들은 인류진화의 과정에서는 벗어난 것이 되며, 이들을 기준으로 필트다운 화석들을 보면 500,000년전 우리 조상들의 화석에서 불과 몇미터 떨어진 곳에 기적적인 우연의 일치로 영장류 화석이 발견된 서로 다른 화석이라는 결론을 내릴 수 밖에 없는 것이었다.

### 폭로된 위조

필트다운 화석을 둘러싼 이러한 혼란과 논쟁들은 1949년 새로운 절대연대 측정법이 개발되기까지 계속되었다. 새로운 방법이란 뼈 속에 함유된 불소 성분을 측정하는 것으로 특정한 뼈가 땅속에 얼마나 오랜 기간 묻혀 있었는가를 알 수 있는 방법이다. 사람이나 동물의 뼈는 지상의 수분 속에 있는 불소를 빨아들이는데 오래된 뼈 일수록 많은 양의 불소를 갖게 된다. 흥미로운 것은 당시 우드워드가 이러한 기술에 대해 알고 있었으며 실제로 몇몇 다른 화석에 시험을 해 본 바가 있다는 점이다. 그러나 우드워드는 필트다운 화석에 이 기술을 적용하는 것을 허락하지 않았고 그가 사망한 뒤인 1944년까지 시행되지 않았다.

그러던 중 영국 자연사박물관의 케니스 오클리(Kenneth Oakley)가 필트다운 화석들을 이 새로운 방법으로 시험하였다. 현장에서 발견된 동물 화석들은 다양한 범위의 불소 함유량을 나타냈으나 인골화석인 두개골과 턱뼈에 비해서는 10배가 넘는 수치였다. 오클리의 결론에 따르면 필트다운 화석의 불소 함유량을 영국에서 발견된 다른 화석들과 비교해 볼 때 5000년을 넘을 수 없다는 것이다(Oakley and Weiner 1955).

그러자 필트다운 화석에 대한 새로운 문제점들이 제기 되었는데 5

만년 전 유인원의 턱을 가진 인간들이 영국에서 왜, 어떻게 살게 되었는가 하는 것이었다. 1953년 두개골과 턱뼈에 대한 보다 정밀한 조사가 시행되었는데 그 결과는 아주 결정적이었다. 그 턱뼈와 두개골은 완전히 다른 시기의 것으로 두개골은 0.10%의 불소를, 턱뼈는 0.03%가 채 안되는 불소를 포함하고 있었던 것이다(Oakley 1976).

즉 시험결과 두개골과 턱뼈는 서로 다른 개체의 것이라는 결론이 명백하였다. 이 시험 결과에 따라 필트다운 화석들에 대한 정밀조사가 다시 시행되었고 화석들이 모두 위조된 가짜라는 서글픈 진실이 마침내 드러나게 되었다. 그 두개골은 현대인의 것이었고 오래된 것처럼 보이게 하기 위하여 화학처리를 한 흔적들이 남아있었다. 이 두개골 뼈가 상대적으로 두꺼웠던 것은 병리적 특이증상 때문이거나(Spencer 1984), 혹은 화학적 처리를 통해 실제보다 오래된 것처럼 보이기 위해 만들어 졌던 것이다(Montague 1960).

몇몇 사람들이 추측 했던 것처럼 필트다운 화석 중 턱은 유인원의 것에 더 가깝다는 주장들이 옳았다는 것이 과학적인 증거를 통해 입증될 수 있었다. 실제로 그 턱뼈는 유인원의 일종인 오랑우탄의 것으로 판명되었다. 스미스소니언 재단(Smithsonian Institution)의 게릿 밀러(Gerrit Miller)가 언급했던 대로 악의적인 의도로 묻은 턱뼈가 우연치 않게 깨지면서 함께 퇴적되어 사람들이 자기들 마음대로 그 조각들을 맞춰볼 기회를 제공 함으로서 예상치 못한 성공을 만들어 낸 것이다. 밀러는 그 동안 누구도 제안하지 않았던 그 화석의 일부를 조각 내어 조사해 봄으로써 이 화석들의 진실을 밝힐 수가 있었다.

유인원의 턱은 결코 인간의 두개골과 맞을 수가 없다. 때문에 그 연결부위를 제거함으로써 사람들이 두개골 화석들을 연구하고 판단하는데 자기들 멋대로 해석할 수 있는 여지를 만들어 놓은 것이다. 그러나 이 조작은 결코 성공하지 못하였고 이 화석들과 함께 발견된 어금니들 역시 갈아서 마모된 상태를 사람의 것과 비슷한 모양으로 만들었음을 확인하였다.

또한 송곳니는 미술가들이 쓰는 물감으로 얼룩을 지게 만들었고 이빨에 난 구멍은 껌과 비슷한 성분의 물질로 채워져 있었다. 필트다운 II 현장의 인골 화석들 중 최소한 한점 이상은 첫번째 화석의 일부로 판명되었다. 결국 오클리(1976)는 필트다운에서 발견된 모든 고생물학적 화석들은 인위적으로 누군가가 묻어 놓은 것이라고 결론지었다. 이들 중 일부는 영국 내에서 발견된 것이겠으나 어떤 것들은 멀리 아프리카 튜니지아(Tunisia)와 지중해 몰타(Malta)섬 지역에서 가져왔을 가능성도 있다. 화석과 함께 발견된 크리킷 방망이 모양의 조각상 또한 금속제 칼로 조각된 것임이 확인되었다.

즉 결론은 너무도 명백하였다. 하인리히(1943)의 표현을 빌리자면 필트다운 화석들은 그리스 신화에 나오는 키메라(Chimera)와 같이 서로 다른 피조물들이 결합한 괴물 같은 모습이다. 필트다운 화석이 인류진화에서 차지하는 위치란 전혀 없는 것이다. 그러나 아직도 남는 의문점은 누가 왜 이런 짓을 저질렀는가 하는 것이다.

### 범인은 누구인가?

누가 왜 이러한 조작을 하였는가에 대한 솔직한 대답은 아무도 모른다는 것이다. 필트다운 화석발굴에 직접 참여했던 많은 사람들이나 혹은 화석연구를 통해 간접적으로 연관되었던 사람들도 이 위조 음모사건에 가담했던 범인들로 비난을 받았다(그림 4.8). 토비아(Tobias:1992)는 필트다운 사건 조사를 통해 모두 21명의 혐의자 명단을 발표하였는데, 우리도 필트다운 사건을 다시 한번 검토해 봄으로써 누가 더 혐의가 큰지를 살펴볼 수 있을 것이다.

그림 4.8_ 1915년 필트다운 화석들을 과학자들이 살펴보고 있는 모습. 왼쪽부터 브로위, 스미스, 찰스 도슨, 우드워드. 왼쪽부터 앉아있는 사람이 언더우드, 키이스, 피크래프트, 랭케스터. 벽에 걸려있는 초상화는 찰스 다윈으로 이들의 어깨 너머로 화석을 쳐다보는듯한 모습이 흥미롭다.

### 첫번째 혐의자 찰스 도슨(Charles Dawson)

당시 도슨은 아주 잘 알려진 아마추어 과학자로서 그의 근면함과 화석발견에 대한 놀라운 행운은 아주 드물고도 독특한 것이기에 사람들로부터 존경과 부러움을 받고 있었다(Russell 203). 비록 그가 해부학이나 기타 전문적인 학위를 받은 사람은 아니었지만 필트다운 화석 발견 이전에도 '특별회원'이란 별명으로 불리울 만큼 지질학회(Geological Society)와 런던 골동품학회(Society of Antiquaries of London)의 회원으로 활동하였다.

도슨은 그의 개인적인 지질학, 고고학, 고생물학 관련 수집품들을 영국자연사박물관에 기증하였고 박물관 측에서는 '명예로운 수집가'란 칭호와 함께 별도의 공간을 만들어 전시하였다. 게다가 도슨의 이름을 딴 화석은 필트다운 화석(Eoanthropus Dawsoni)이 처음이 아니었다. 식물, 동물, 공룡화석등 도스니(Dawsoni) 란 이름을 붙인 3점의 화석들이 모두 도슨에 의해 세상에 알려진 것들이다(Russell 2003:28). 도슨은 시니찌 후지무라와 같이 '신의 손'은 분명 아니었다 그러나 영국 고고학계에서는 도슨을 '서섹스의 마법사'로 부를 정도로 그 또한 중요한 화석들을 발견할 때 마다 아주 대단한 행운이 따라주었던 것도 사실이다(Russell 2003:10).

도슨을 연구해 온 마일즈 러셀(Miles Russell)은 도슨의 마술적인 행운을 매우 의심스러워 하였는데 그의 주장에 따르면 도슨이 필트다운 화석을 발견하기 전에도 그의 활동이 뭔가 모순되고 앞뒤가 맞지 않는 점이 많았다는 것이다. 도슨의 업적들 중 일부는 현대 전문가들이 다른 각도에서 평가하고 있으며 몇몇 경우에는 사기로 판명된 예들도 있다.

러셀이 지적한 내용들 중 도슨이 보고한 한가지 터무니없는 연구 결과도 있는데 이는 아주 특이한 모양으로 마모된 동물 이빨에 대한 조심스러운 재조사 결과였다. 영국 고생물학에 큰 공헌을 한 도슨이 발견한 플래기아랙스 도스니(Plagiaulax dowsoni)라는 화석 한종이 가짜로 판명 되었는데 도슨이나 혹은 다른 어떤 사람에 의해서 조작되었다는 것이다. 러셀은 도슨의 연구 결과들을 아주 세심하게 조사한 결과 도슨의 연구자체가 조잡하고 그 중 몇몇 연구들은 가짜라고 결론지었다.

이러한 결론은 놀라운 것이 아니었고 따라서 도슨은 필트다운 사건의 첫번째 용의자라고 할 수 있다. 도슨은 필트다운에서 벌어졌던 모든 발견에 한번도 빠짐없이 관여했던 유일한 사람이다. 사실 필트다운 화석을 발견한 그의 특별한 행운에 대한 확실한 증거는 모두 도슨에 의해서만 이루어졌다. 후지무라의 '신의 손'이나 혹은 도슨의 '마법사'와 같은 별명들은 유쾌한 것일수도 있으나 고인류학이나 고고학에서 지나친 행운은 의심받을 만한 것이다.

뿐만아니라 도슨은 필트다운 화석이 발견된 현장 두 곳(Barcombe

Manor, Netherhall Farm)의 실질적인 관리인이었음을 상기할 필요가 있다. 즉 도슨은 이들 현장에 가장 쉽게 접근할 수 있는 조건을 갖추고 있었는데 이러한 정황 증거는 이 위조사건에 도슨을 가장 유력한 용의자로 생각하게끔 한다. 만일 누군가가 고의로 두개의 다른 장소에 위조품을 묻고 도슨이 우연히 이 두개를 모두 찾는다는 것은 그야말로 기적적인 행운이라고 밖에 할 수가 없다.

만일 도슨이 범인이라면 그 동기는 도대체 무엇 때문 이었을까? 그는 이미 '도스니(dawsoni)'란 학명을 얻음으로써 유명했던 사람이지만 그가 관여하던 학회의 학자들로부터 당당히 일원으로서 인정받고 싶은 열망이 그 동기였는지도 모른다.

이러한 것 뿐만 아니라 도슨은 실제로 그의 화석들을 포다슘(potassium)과 중크롬산염(bichromate)처리를 하였는데 이것은 뼈를 보다 오래된 것 처럼 보이게 만든다. 도슨을 반드시 이것만으로 의심할 수 있는 것은 아니지만 이러한 염료들은 20세기 초반에 널리 쓰이던 것들이다. 이 화학물질들이 화석을 땅 속에서 오랫동안 잘 보존되게 도왔을 가능성도 있으며 도슨이 발견한 화석들에서 유독 이러한 흔적을 자주 발견할 수 있었다. 그럼에도 불구하고 도슨은 그가 화석들을 발견하였을 때 이러한 얼룩이 이미 묻어 있었다고 주장하였다. 즉 누군가가 화석들을 오래된 것처럼 보이게 하기 위하여 얼룩을 묻혀 도슨이 발견할 수 있도록 묻어놓았거나, 혹은 도슨 자신이 사람들을 믿도록 하기 위하여 거짓말을 하고 있거나 둘중 하나일 것이다.

도슨이 필트다운 화석들과 보다 복잡한 연관성이 있음을 보여주는 정황증거가 또 있다. 도슨 자신의 증언에 의하면 첫번째 필트다운 화석을 발견하기 2년 전인 1906년 평범하지 않은 인간의 두개골을 분명 얻은 바가 있다. 도슨은 친구에게 말하기를 그 지역에 사는 한 사람이 두개골을 도슨에게 주었으며 그 것이 어디로부터 왔는지는 도슨 자신도 모른다고 하였다.

해리슨 매튜(L. Harrison Matthews: 1981)는 1906년 도슨이 입수한 인골과 필트다운 화석들이 동일한 것이라는 결론을 내린바 있다. 도슨은 아마도 그 화석이 발견된 지질학적 지층과 그 연대가 밝혀졌을 때 화석이 함축적으로 의미하는 것들이 중요한 것으로 인정받을 수 없는 점에 좌절 했었는지도 모른다. 도슨은 이미 바콤매너 지역의 오래된 자갈층을 잘 알고 있었고 바로 그곳이 화석들이 발견된 가장 유력한 곳으로 결론 내렸을지도 모른다. 아마도 이 화석들에 대한 진지한 믿음과 화석의 중요성 때문에 도슨이 그 화석을 발견한 장소를 보다 과장하여 표현하려 했던 것 일수도 있다. 이러한 가정을 해 볼 때 도슨은 이 조작을 주도한 사람은 아니고 처음에 단지 과학자들의 주목을 끌기 위한 행동을 하였는지도 모른다.

매튜는 턱뼈와 같은 가짜 화석들은 그 두개골에 대해 회의적으로 바라보는 학자들에게 대응하기 위하여 나중에 만든 것으로 결론 내렸다. 즉 도슨은 필트다운 화석들이 정말 오래되고 중요한 것이라고 믿었기 때문에 그러한 조작을 하였을 수도 있다는 것이다. 러셀의 표현을 빌리자면 "…도슨은 필트다운 위조사건에서 무죄일 수가 없다. 왜냐하면 그는 필트다운 발견에서 처음부터 끝까지 관여하지 않은 일이 없기 때문이다…"(Russell 2003: 208)

### 두번째 혐의자 우드워드(Arthur Smith Woodward)

우드워드는 필트다운 화석을 조작할만한 전문지식과 기회를 모두 갖춘 사람이다. 그는 분명 필트다운 사건에 가장 직접적으로 관련된 학자이며 화석 발견의 공동 발표자이자 첫번째 학문적 보고서의 공동저자였다. 그리고 필트다운 현장에서 지속적인 발굴작업을 통해 유물들을 추가 발견한 일에도 직접 관여했었다.

우드워드와 도슨의 관계는 필트다운 발견 30년 전부터 지속되어온 사이였다. 그럼에도 불구하고 우드워드는 이 위조 사건에 대해 조사하고 기술해온 학자들에 의해 공범자로서 크게 주목 받지 않았다. 하지만 우드워드에 불리한 정황증거에 대해 형질인류학자인 드러혼(Gerrell Drawhorn 1994)이 지적한 바 있다. 드러혼은 우드워드가 현장에서 소금기가 있는 동물 화석들을 발견하는 과정에서 직접적인 조작 행위에 가담했을지도 모르며 두개골 조각들의 출처 또한 우드워드와 관련이 있을 가능성도 지적하였다.

그에 의하면 우드워드는 두개골 조각들을 영국 자연사박물관을 위해서 일했던 남미의 파타고니아(Patagonia) 오나(Ona)인디언 지역에서 얻었을 가능성이 있다는 것이다. 필트다운 화석 중 원시적 특성을 보여주는 아주 두꺼운 뼈 조각이 있었는데 이러한 특징은 현대 인류에서는 찾아보기 아주 드문 경우지만 오나 인디언들의 경우 그러한 두꺼운 머리뼈가 일반적인 신체적 특징이라는 것이다.

만일 그렇다면 우드워드는 왜 그러한 짓을 하였는가? 보다 큰 명성을 얻기 위하여? 우드워드는 원래 어류학자였고 어류화석 연구에 있어서는 동료들의 존경을 받던 학자이다. 우드워드는 영국 자연사박물관의 최고 지위에 오르고 싶어하는 열망이 있었고 그것을 위해 학계뿐 아니라 일반 대중들로부터 명성을 얻고 싶은 욕망이 있었을 것이다.

필트다운 화석과 같이 그 가치를 가늠하기 힘들 정도의 유물을 발굴하고 분석하는 일에 관여 한다는 것은 그가 원했던 대로 경력을 높이고 대중들의 명성을 얻는데 충분한 기회를 제공했을 것이다. 우드워드가 관련 됐음을 암시하는 직접적인 증거는 아직 없다. 그러나 그가 비록 도슨의 경우만큼 강한 의구심을 제공하지는 않지만 다른 혐의자들과 비교해볼 때 충분히 의심의 여지가 있다.

### 세번째 혐의자 샤르댕(Pierre Teilhard de Chardin)

하버드대학의 고생물학자이자 연대편년가인 스테판 구드(Stephen Jay Gould 1980)는 샤르댕 또한 면밀히 조사할 대상임을 지적하였다. 샤르댕은 충분히 의심이 갈만한 인물인데 필트다운 화석 발견에 많은 단서를 제공했기 때문이다. 구드가 지적한데로 샤르댕이 필트다운에서 화석을 발견한 순서를 연대기적으로 재구성 해보면 의심스러운 구석이 있다.

샤르댕은 1913년 필트다운 현장에서 화석들을 보았다고 주장하였으나 이것은 도슨이 그 화석들을 발견하기 2년 전의 일이다. 샤르댕이 사망하기 얼마 전에 필트다운 화석들이 가짜임이 폭로되었는데 그는 필트다운 발굴의 전말과 그의 역할에 대해서 언급하는 것을 극도로 싫어하였다는 점이다.

그러나 샤르댕이 사건조작에 관여했다는 증거는 미약하다. 그는 말년에 도슨이 자신을 필트다운II 현장으로 안내했다는 입장을 고수하였는데 이는 1913년 도슨이 보여줬던 다른 현장의 유물들과 혼동을 일으켰을 수도 있다. 게다가 그는 도슨과 우드워드가 위조혐의로 비난을 받을 때도 변함없이 그들의 입장을 지지하였다. 그는 세계적으로 저명한 고인류학자인 루이스 리키(Louis Leakey)에게 쓴 편지에서 "…나는 누가 필트다운 위조 사건의 책임자인지 알고 있다, 그러나 도슨은 이 사건과 관련이 없다…"라고 적고 있다(Tobias 1992:247).

### 네번째 혐의자 스미스 경(Sir Grafton Elliot Smith)

스미스가 이 위조사건에 연루되었을 것이라는 증거는 미미하며 정황 증거 외에 물적 증거는 없다. 스미스는 호주에서부터 필트다운 화석의 출현과 함께 상대적으로 영국에 빨리 도착하였기 때문에 이 사건과 직접 관련이 있을 가능성이 제기되었다. 그는 필트다운 인골들과 비교할만한 해부학적 특징들을 갖고 있는 인골화석들이 호주에서 발견된 적이 있음을 주장하였고 스미스는 이것과 관련된 학문적 조사에 참여한 적이 있었다. 스미스는 소위 탤가이(Talgai) 화석의 원시적 특징들을 강조하면서 그것이 아주 오래된 초기 인류를 대표하는 화석임을 주장한 바 있다. 스미스는 필트다운 화석에 대한 우드워드의 의견을 지지하였고 탤가이 화석에 대한 논쟁에서 우드워드의 의견을 인용하기도 하였다.

그러나 스미스는 1915~1916년까지는 필트다운을 방문한적이 없으며 그 화석들을 몰래 파묻을만한 기회 또한 없었던 사람이고 그럴만한 동기도 갖고 있지 않다. 스미스는 인류 진화에 대한 근본적인 시각에서도 다른 사람들과는 차이가 있었다. 인류진화에 있어서 뇌의 용량이 먼저 커진다는 시각은 그의 많은 동료들과 별반 다르지 않았으며 필트다운 발견을 환영하는 대부분의 다른 과학자들과 마찬가지 입장을 취하였다.

### 다섯번째 혐의자 키이스 경(Sir Arthur Keith)

당시 저명한 해부학자인 키이스도 유물 조작에 관여했을 것이라는 의심을 받은 바 있다(Spencer 1990: Tobias 1992). 키이스의 일기를 보면 1912년 12월 16일 '영국의학잡지(British Medical Journal)'에 익명으로 필트다운 화석에 관한 기사를 쓴 적이 있다. 흥미로운 것은 필트다운 발견에 대한 논쟁이 벌어지기 2일 전에 기사가 실렸다는 것인데 그 내용은 우드워드와 도슨과 같이 직접 현장에 관련된 사람이 아니면 알기 힘든 내용들이라는 것이다(Spencer 1990: 189). 게다가 키이스는 도슨을 잘 알거나 최소한 만난 적이 있으며 도슨과 주고받은, 사람들에게 알려지지 않은 편지들을 후에 없애버렸다.

이러한 행동은 키이스가 누군가로부터, 아마도 필트다운 발굴에 관여했던 사람들 중 화석 발견에 대한 추가정보를 얻는 과정에서 의심을 살만한 행동을 했다고 볼 수 있다. 그 내용을 학술지에 발표하였다는 것이 위조에 직접 관련되었다는 증거라고는 할 수 없지만 충분히 의심을 살만한 행동이라는 것이다.

그러나 나머지 부분들은 잘못된 기억과 개인적인 기록 과정에서 날짜를 잘못 기록한 부분들일 수 있으며 위조에 직접 가담했다는 물적 증거는 없다. 게다가 키이스는 우드워드의 화석에 대한 해석에 비판적이었으며 조사 과정에서 에오안트로퍼스 도스니(Eoanthropus dawsoni)란 이름을 호모 필트다우넨시스(Homo piltdownensis)로 바꿔야 한다는 주장을 펼치는데, 일반적으로 이러한 조작에 직접 관여한 사람들이 그러한 논쟁에 휘말리는 것을 꺼린다는 점을 감안해 볼 때 키이스 자신이 논쟁의 한가운데로 뛰어들 이유가 희박하다는 것이다. 마지막으로 키이스는 변함없이 그 턱뼈의 성격이 유인원의 것과 같다는 의견에 반대해 왔는데 이점은 인골을 조작한 사람들과는 반대되는 입장이며 이 턱뼈가 몰래 묻어놓은 것임을 생각해 볼 때 키이스가 직접 관여했을 가능성은 적다고 할 수 있다.

### 여섯번째 혐의자 힌튼 (Martin A. C. Hinton)

힌튼은 런던 자연사박물관의 동물학 담당 직원으로 필트다운 사건 당시 우드워드 밑에서 일한적이 있다. 주변사람들에 따르면 힌튼이 박물관에서 일할 당시 어떤 일에 대한 수당 지급문제 때문에 우드워드와 심한 불화를 겪은 바가 있다고 하였다. 그래서 사람들은 힌튼이 우드워드를 곤경에 빠뜨리기 위해 필트다운 사건을 꾸몄는지도 모른다고 하였는데 보다 중요한 것은 힌튼이 왜 연관되었을 것이라고 생각하는가 하는 점이다. 1970년대 중반 힌튼의 이름이 새겨진 가방 하나가 발견되었는데 그 가방에는 필트다운에서 발견된 가짜 화석과 비슷한 모양의 하마와 코끼리 이빨들이 얼룩이 져 오래 된 것처럼 보이는 상태로 있었다(Gee 1991).

그러나 힌튼이 필트다운 화석발견 이전에 현장에 가서 그 뼈들을 묻을 기회가 있었는지에 대한 직접적인 증거는 없다. 이것이 사실이라면 몇가지 생각해 보아야 할 점들이 있는데 힌튼이 우드워드를 곤경에 빠뜨리기 위해 그러한 장난을 했다면 첫째, 하필 필트다운에 뼈를 묻은 이유가 무엇이며, 둘째, 어떻게 누군가가 그 화석들을 발견할 것이라고 확신할 수 있으며, 셋째, 그 화석들을 발견한다 하더라도 그것을 우드워드에게 가져갈 것이라고 어떻게 예측할 수 있겠는가 하는 점이다. 힌튼은 확실히 여러 가지 면에서 의심을 살만한 조건들을 갖고 있으나 그 어디에도 그가 범인이라는 확실한 증거는 없다.

매튜(L. Harrison Matthews)는 그의 인생 말년에 힌튼과는 아주 친숙한 사이가 되었는데 후일 이 사건에 대한 그의 조사결과에서 힌튼이 조작 사건의 주범은 아니지만 오히려 그 조작사건을 부풀려 또 다른 조작을 시도 했는지도 모른다고 주장한 바 있다. 매튜의 가설은 힌튼이 도슨과 그 다음 혐의자라 할 수 있는 애보트(Abbott)가 필트다운에 가짜 턱뼈와 두개골 화석을 묻은 것을 알아채고는 그의 적인 우드워드가 그 위조사건에 휘말려 들도록 필트다운 현장에 가짜 화석들을 추가로 묻어 놓아 혼란에 빠뜨리려고 했을 가능성이 있다는 것이다. 특히 크라킷 모양의 조각품 같은 유물처럼 누가 보더라도 명백히 황당한 가짜 유물을 함께 묻어 그들을 조롱하려 했다는 것이다.

물론 가짜 화석을 만든 용의자들은 누군가가 자신들의 행위를 알아채고 개입했음을 눈치챘을 것이다. 힌튼을 보다 만족시켜주었던 것은 조각품들이 그의 숙적인 우드워드로 하여금 어쩔 수 없이 이러한 우스꽝스러운 조작에 휘말려 그의 경력에 심각한 오점을 남기도록 만들려는 의도였다는 것이다. 이것은 아주 흥미로우면서도 복잡한 시나리오로서 다른 모든 필트다운에 대한 궁극적인 질문인 '누가했는가' 에 대한 대답으로서 아주 설득력 있는 가설이라고 할 수 있을 것이다.

### 일곱번째 혐의자 애보트(Lewis Abbott)

빈더맨(Binderman 1986)은 아마추어 과학자이자 유물수집가인 애보트 또한 가장 유력한 혐의자들 중 한 사람이라고 주장하였다. 애보트는 자존심이 아주 강한 사람으로서 스스로 프로 과학자라는 자부심을 갖고 있는 사람이었다. 그는 자신이 도슨을 필트다운 현장으로 안내한 사람들 중 한 사람이라고 주장하였으며 필트다운II 현장을 발견하였을 때도 도슨과 함께 참여하였다. 이에 대해 도슨은 필트다운에서 화석을 발견하였을 때 오직 친구 한 사람만이 현장에 같이 있었다고 언급한 바 있다.

애보트는 석기를 만드는 방법을 알고 있었고 필트다운에서 그러한 화석들을 발굴할 수 있는 능력을 갖고 있던 사람이다. 그러나 애보트 또한 그 조작에 직접 가담했다는 뚜렷한 증거는 찾아볼 수 없다. 한가지 가능성은 애보트가 도슨과 함께 공범자로서 적극적으로 조작에 가담한 것이 아니라 단지 몇몇 위조품들을 제작해 주었을 가능성이 있으며 도슨이 1906년 발견한 인골의 중요성에 대해 회의적인 견해를 갖고 있는 학자들에게 확신을 주기 위해 위조품들을 묻었을 가능성은 있다 (Matthews 1981).

애보트는 필트다운 화석에 대한 열렬한 지지자로서 아주 오래된 고대 무덤에서 사람이 만든 부싯돌을 발견한 경험이 있다. 이 부싯돌은 후일 소위 이올리쓰(eolith)라고 부르는 단지 암석이 자연적으로 부서지는 과정에서 만들어진 것으로 밝혀졌지만 당시 애보트는 1906년 발견된 필트다운 인골을 지지했던 이유도 이올리쓰가 인간에 의해서 만들어 진 것이라는 자신의 주장과 관련이 있었기 때문이다. 추측하건데 그는 이올리쓰가 바로 필트다운 화석의 주인공들이 만든 유물이라고 믿었던 것이다.

### 여덟번째 혐의자 솔라스(W. J. Sollas)

솔라스는 옥스퍼드(Oxford) 대학의 지질학 교수로 필트다운 화석에 대한 강력한 지지자로서 그가 사망한 이후까지도 의심받던 인물이다. 1978년 솔라스의 연구실에서 30년 가까이 일했던 더글라스(J. A. Douglass)를 그가 사망 하기 전 인터뷰한 기록이 있다. 솔라스가 필트다운 사건에 연루되었다는 유일한 증거라 할 수 있는 더글라스의 증언은 그가 우연히 연구실에서 화석에 얼룩을 만들었던 포타슘과 중크롬산염을 취급하는 것을 보았다는 것인데 이러한 증언은 그의 유죄를 입증할만한 결정적 증거라고는 할 수 없을 것이다.

### 아홉번째 혐의자 코난 도일(Sir Arthur Conan Doyle)

코난 도일은 필트다운 조사자로서 혐의자에 포함되어 왔다. 도일은 필트다운 근처에 살았고 최소한 한번은 현장을 방문했다는 기록이 있다. 이러한 사실이 그를 용의자 선상에 올려 놓을 수는 있으나 그렇다면 그가 조작사건에 가담할 만한 이유는 무엇인가? 아이러니 하게도 도일은 유명한 탐정소설의 주인공인 셜록 홈즈(Sherlock Holmes)를 만들어 낸 작가로서 가장 논리적이고 이성적인 교수로서도 유명하지만 남들에게 잘 속는 아주 순진한 성격의 소유자로서 영적 세계에 대한 신봉자였다.

도일은 자신들이 요정이라고 주장하는 영국의 두 소녀에 대한 열렬한 지지자였으며 그들의 정원을 자주 방문하곤 하였다. 그 소녀들은 조작된 사진들로 자신들의 주장을 입증하려 하였고 도일은 이러한 가짜 사진들을 무조건 믿었던 것이다.

1997년작 '요정이야기(Fairy Tale: A True Story)' 라는 판타지 영화가 바로 이 자매들의 이야기를 다룬 것이다. 도일에 대한 중요한 비판 중 하나는 영국의 해부학자이자 동물학자인 랭커스터(Ray Lankester)에 의한 것인데 랭커스터는 공개적으로 도일의 영적 세계에 대한 믿음을 경멸하였다. 만일 도일이 필트다운 위조사건에 정말로 연루되었다면 랭커스터야 말로 명백한 목표물이 되었을 것이다.

이 각본에 따르면 도일은 가짜 화석을 만들어 랭커스터가 필트다운 사건에 말려들도록 함으로써, 도일이 그것들이 모두 가짜임을 드러내 랭커스터를 망신당하도록 만들기 위해서 꾸몄을 것이라는 것이다. 그러나 이러한 가정은 터무니없이 확대 해석한 것이고 결국 도일 또한 랭커스터가 얼마나 그 사건에 휘말려 들게 될 것인가는 예측할 수 없었을 것이다. 사실 랭커스터는 필트다운 사건의 핵심 연구자도 아니었고 보조적인 역할만을 하였을 뿐이며 우드워드의 이오안트로퍼스 이론을 지지한 것 뿐이었다. 마지막으로 어떠한 각도에서 분석을 해 보아도 도일이 그러한 조작사건에 직접 연루되었다는 증거는 전혀 없다.

## 필트다운 사건이 주는 교훈

필트다운 위조사건을 볼 때 비록 직접적인 물적 증거는 없으나 연루된 많은 사람들에 대한 정황증거들은 존재한다. 그러나 불행하게도 그들 중 어느 누구도 깨끗하게 혐의에서 벗어날만한 증거는 없지만 반대로 누구 한사람 확실하게 유죄를 입증할만한 증거 또한 드러난 것이 없다.

필트다운 화석이 도슨에 의해 발견 된지 한세기가 지난 지금 그 사건이 오늘날 큰 의미를 갖는다고 할 수 있을까? 필트다운 화석을 누가 조작 했는가는 지금까지도 의혹으로만 남아있다. 그러나 키스를 다룬 스펜서의 책을 영국의 선사학자인 치핀데일(Christopher Chippindale

1990)이 서평을 하면서 많은 인류학자들이 표현한 어구를 인용하였는데 "…필트다운: 누가했는가? 그러나 누가 관심을 갖는단 말인가?…"라는 것이다.

치핀데일은 어느 누가 유죄인지 확실한 증거를 찾아내는 것이 사건의 본질은 아니라고 지적하고 있다. 보다 중요한 질문은 필트다운의 조작된 유물들을 왜 그렇게 많은 사람들이 쉽게 받아들였는가 하는 이유이다. 필트다운 화석들은 인류 진화에 대해 사람들이 기대하고 원했던 바로 그 대답을 제공했다는데 중요성이 있다. 가짜 화석을 만든 사람들 자신은 몰랐는지도 모르지만 그들이 만든 가짜 화석이 바로 진화의 과정에서 두뇌중심적 이론을 반영하고 있다는 것이다. 즉 가짜 인골 화석들이 사람들이 기대하고 원했던 것들을 제공함으로써 대중들 스스로가 함정에 빠져들게 되었다는 것이다.

누가 그랬는가에 대한 명확한 해답은 영원히 미궁 속에 빠질 수도 있을 것이다. 그러나 필트다운 사건이 주는 교훈은 분명하다. 카디프 거인 사건의 경우 대부분의 과학자들을 속일수는 없었다. 반면에 후지무라의 구석기 조작 사건에서처럼 필트다운 사건은 많은 전문가들 조차도 천박한 장난에 속았던 것이다. 필트다운 화석들을 세계의 많은 과학자들이 열심히 관찰하고 설명하고자 하였던 것은 결국 그것이 '인간'이라는 기대감 때문이었다. 즉 필트다운 화석을 받아들일 수 있었던 것은 증거로서 제시된 특징들이 그들이 원했던 바로 그러한 내용이었고 인류의 진화를 설명하고 지지하는데 있어서 훨씬 더 편리하고 확실한 증거를 제시할 수 있었기 때문이다. 게다가 그 위조범들은 영국인들에게 조상의 확실한 실체를 제공하였을 뿐만 아니라 역사적 시공간의 범위를 인접한 국가들 보다 대등하거나 혹은 더 오래된 것으로 볼 수 있는 증거를 제공함으로써 민족적 자부심을 높일 수 있었기 때문이다.

후지무라의 조작사건도 필트다운 사건과 동일한 이유에서 당시 일본이 원했던 것을 제공하였던 것이다. 즉, 후지무라 사건이나 필트다운 사건은 그들의 민족주의 관점에서 보다 오래된 민족의 역사를 갈망한 점에 기인했다는 공통점이 있는 것이다. 게다가 과학자들은 너무 순진한 나머지 인류 기원에 대한 그들 동료의 설명을 너무 쉽게 받아 들임으로써 필트다운 사건과 같은 속임수가 일어날 수 있는 빌미를 제공했던 것이다.

그럼에도 불구하고 필트다운 사건은 과학에 부정적인 영향을 준 면과 함께 과학이 자체정화 능력을 배양할 수 있는 계기를 마련해 준 면도 있다. 필트다운 유물들은 가짜임이 밝혀지기 전에도 지구상에서 가장 의심스러운 화석으로 주목 받아 왔다. 다른 한편에서는 필트다운 화석의 특징들과는 아주 다른 인류진화의 계통을 밝혀주는 많은 증거들이 발견되었다. 필트다운 화석이 위조임을 입증한 것은 이 가짜 화석의 관 뚜껑에 마지막 못질을 하는 것이라고 할 수 있다. 결과적으로 우리가 위조범들의 이름을 영원히 밝히지 못한다 하더라도 최소한 우리는 이것이 가짜임을 명백히 알고 있다. 만일 필트다운 위조범들의 목적이 인류 진화에 대한 우리의 이해를 영원히 방해하고 싶은 것이었다면 그들은 명백히 실패한 것이다.

## 인류진화에 대한 현재의 시각

필트다운 화석의 경우 몇 개 안되는 두개골 조각들을 가지고 학자들은 이것을 이오안트로퍼스(Eoanthropus)라고 명명하였다. 그러나 현재까지 밝혀진 인류진화의 이야기는 아주 다르다. 필트다운 사건 이후 1922년 미국 네브라스카(Nebraska)주에서 아주 오래되 보이는 이빨 하나가 발견되었는데 인류학자들은 이것을 헤스페로피테쿠스(Hesperopithecus)라고 명명하였다. 바로 이 이빨화석이 구대륙에서 발견되는 인류 화석들과 비슷한 시기의 것으로 판단하였기 때문에 당시 진화모델에 대한 정밀한 조사가 필요하다고 주장하였으나 나중에

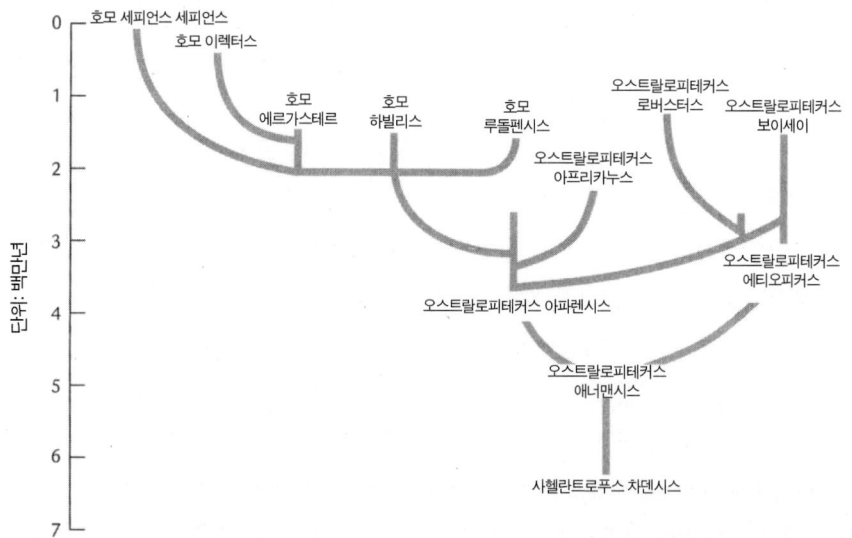

그림 4.9_ 지난 650만년 동안의 인류 진화관계를 보여주는 도표이다. 여기서 보듯이 많은 인류의 아종들이 같은 시대에 존재했었으며 이들 중 유일하게 살아남은 인류인 호모 세피엔스 세피엔스는 바로 우리들의 조상이다.

이 화석은 아주 오래된 돼지의 이빨로 밝혀졌다. 페이킹 인골의 경우도 처음에는 단지 두개의 이빨만을 가지고 시난트로푸스 페이킨네시스(Sinanthropus pekinensis)로 명명하였다.

그러나 현재 고생물학과 고인류학의 연구 조건은 아주 다르다(Tattersall and Schwartz 2000). 우리 인류진화의 역사는 한줌에 불과한 증거를 바탕으로 직물을 짜듯 엮어내는 것이 아니다. 우리는 현재 여러 학문분야의 아주 방대한 과학적 자료를 바탕으로 하는 충분한 인류 진화의 시나리오를 갖고 있다(Feder and Park 2001: 그림 4.9).

예를 들어 오스트랄로피테쿠스 아파렌시스(Australopithecus afarensis)는 4백만년 전에 살았던 인류의 직접조상으로 동아프리카 지역에서 12명분 이상의 화석이 확인되었는데 그 중 널리 알려진 것이 '루시(Lucy)'란 이름의 여성으로 40% 이상의 뼈들이 발견 복원되었다. 이 화석은 고인류학자인 조핸슨(Donald Johanson)팀에 의해 발견되었는데 그 어떤 위조사건들 보다 더 학자들을 흥분시키고 관심을 끌었던 발견이었다(Johenson and Edey 1982).

　루시의 골반뼈는 놀라울 정도로 현대인과 닮았으며 현생인류와 같은 모습으로 직립보행을 했다는 뚜렷한 증거들을 보여주고 있다. 매리 리키와 팀 화이트(Mary Leakey and Tim White)는 탄자니아(Tanzania)에서 4백만년 전에 이들이 직립보행을 했었다는 증거를 찾아낼 수 있었다(White and Suwa 1987). 래이톨리(Laetoli)라고 부르는 지역에서 오스트랄로피테커스들이 화산재 위를 걸어가면서 남긴 발자국이 굳어서 화석화된 것을 발견하였는데 최소한 2명 이상이 현대인들과 아주 같은 모습으로 부드러운 화산재 위를 지나간 아주 또렷한 증거를 남기고 있다. 이 화산재의 화학적 성분이 그 발자국들을 굳어지게 하여 오랜 세월 보존될 수가 있었는데 이 화산암들은 최소한 3.5백만년 이상 된 것으로 밝혀졌다. 비록 오스트랄로피테커스가 현생인류와 같이 직립보행을 했다 하더라도 두개골은 유인원에 더 가까운 특징을 갖고 있었고 그 크기는 침팬지와 비슷한 정도이다.

　이 화석증거들은 두뇌중심적인 시각에서 위조된 필트다운의 화석들과 반대되는 특징들을 보여주고 있는데 두뇌의 변화보다는 직립보행이 먼저 선행되었음을 보여주고 있다. 알란 워커와 리차드 리키(Alan Walker and Richard Leakey:1993)는 한 호수가 근처에서 사망 당시 10여세 정도된 150만년전 남자아이의 화석을 발견하여 원형의 80% 정도를 복원할 수 있었다. 이 소년의 화석도 명백히 두 다리로 직립보행을 하였지만 두뇌의 크기는 오스트랄로피테커스 보다 훨씬 큰 현대인의 2/3정도 크기를 보여주고 있다.

　이 화석이 소위 나리오코토미(Nariokotome)라는 소년으로 10여세의 미성숙한 나이지만 얼마나 현생인류에 가까운지를 보여주는 증거들을 아주 잘 간직하고 있다. 다른 대부분의 동물화석들과 비교해볼 때 인간은 아주 오랜 기간 성숙기를 거치면서 삶에 필요한 기술들을 습득하고 육체적 조건과 본능을 뛰어넘어 학습이라는 행동에 크게 의존한다. 나리오코토미 소년은 학술적으로 호모 에르가스테르(Homo ergaster)로 분류되는데 이들의 아시안 후손인 호모 이렉터스(Homo erectus)의 경우 수십 개체 분의 인골 화석들이 발견되었으며 저우커우톈(Zhoukoudian) 한곳에서만 40명, 자바에서는 20명, 아프리카 지역에서는 12명분의 호모 이렉투스 화석들이 발견되었다.

스페인 아타푸에카(Atapuerca)산의 시마(Sima de hos Huesos)란 현장에서 1600조각 이상의 고인류 화석들이 발견되었는데 이것은 30~50명분 이상의 수치이다(Bermudez de Castro et al. 1997). 이 화석들은 300,000만년 전에 살았던 고인류의 한 갈래로서 생물학적 특징들을 볼 때 120,000~30,000년전 사이 유럽에서 번성했던 네안데르탈인의 초기 조상으로 판명되었다. 지금까지 발견된 네안데르탈 화석의 숫자는 수백명분에 달하며 멸종한 인류의 한 갈래로서 현생인류와 비교해 볼 수 있는 풍부한 자료를 제공하고 있다(Arsuaga 2002; Jordan 2001).

고생물학에 있어서도 한가지 아주 놀랄만한 금세기 최고의 기술적 진보는 세개의 시료에서 네안데르탈인의 DNA를 추출해내는데 성공하였고 과학자들로 하여금 시공을 뛰어넘어 멸종된 한 인류와 현재 우리들의 DNA를 비교해 볼 수 있는 기회를 갖게 되었다는 것이다 (Krings et al.1997; Ovchinnikov et al. 2000; Scholz et al. 2000). 네안데르탈인과 현생인류의 비교를 통해 우리는 뼈의 특징과 같은 단순한 형태학적 비교를 넘어서 유전인자를 직접 살펴볼 수 있게 되었다. 이러한 분자고고학적 연구는 현생인류의 DNA 구조가 네안데르탈인과는 아주 다르며 그들이 우리의 직접조상이 아니라 진화선상에서의 사촌으로서 서로 다른 길을 걸어온 별개의 종임을 확인할 수 있게 해준다.

인류의 화석발견은 계속 증가하고 있고 현재 우리의 진화 전개과정에 대한 이론들은 불과 몇 조각 안 되는 화석 뼈에 의존하는 것이 아니라 아주 풍부한 수백명분 개체의 샘플을 통해 이루어지고 있다. 이를 바탕으로 우리의 까마득한 조상들은 직립보행을 통해 현생인류와 같은 육체적 모습으로 이미 6백만년 전에 진화했으며 동일한 크기와 모양의 두뇌는 195,000년 전 화석에서 확인할 수 있었다(McDougall et al. 2005).

결국 스미스(Grafton E. Smith)나 우드워드(Arthur S. Woodward)와 같은 사람들은 학술적인 면에서도 대단히 큰 오류를 범했다. 지금까지 축적된 풍부한 자료들을 바탕으로 살펴볼 때 인류진화의 전개는 직립보행이 먼저이고 두뇌의 발달은 그 이후에 진화되어 왔음을 확인할 수 있다.

어떠한 가설이나 이론은 자료의 축적과 분석적 기술의 발전에 의해 바뀔 수 있는 것이며 현재 우리들의 시각을 조정해 줄 뿐만 아니라 아주 근본적인 변화도 불러올 수 있는 것이다. 이것이 바로 과학의 본질로서 공정한 체계이며 더 이상 출처가 분명치 않은 한줌의 뼈에 의존하여 우리들의 생물학적, 유전공학적, 문화적 성과들을 바탕으로 하는 인류진화의 전개에 대한 이론들을 뒤집을 가능성은 없으며 오늘날에는 필트다운 사건과 같이 대중을 속일 수 있는 위조사건은 거의 일어나지 않을 것이다.

## 자주 받는 질문들

**1. 필트다운 화석 발견 당시 왜 방사성탄소연대측정법(C14)과 같은 방법으로 시험해 보지 않았는가?**

탄소연대측정법은 1950년대 이후에 개발된 방법으로 필트다운 사건 당시보다 40년 후에 적용된 방법이다. 탄소연대측정법은 오직 유기물에만 적용이 가능하며 화석화 과정에서 유기물은 미네랄로 바뀌게 된다. 만일 필트다운 화석이 백만년 이상 오래된 진짜 화석이라면 오히려 탄소연대측정법은 사용할 수 없는데 이 방법은 5만년 이상된 시료에는 적용할 수 없기 때문이다. 필트다운 화석이 가짜임이 밝혀진 이후 탄소연대측정법으로 시험해 본 결과 두개골은 600년, 턱뼈는 90년 된 것으로 밝혀졌다 (Spencer and Stringer 1989).

**2. 인류진화의 전개가 단지 한줌의 뼈를 바탕으로 설명한다면 무의미 하다고 할 수 있는가?**

그것은 결코 아니며 이러한 작은 단서들이 모여서 풍부하고 종합적인 정보를 제공하게 되는 것이다. 지금까지 고인류학자들은 우리 조상의 화석을 수만점 이상 발견, 복원해 왔다. 오스트랄로피테커스 화석은 12명 분 이상의 화석을, 네안데르탈인경우는 300명분 이상의 화석을 발견하였다. 이것들 외에도 아프리카 나리오코토미(Nariokotome)의 소년 화석, 중국의 지닌상(Jinniushan)지역에서도 완형에 가까운 화석이 발견되어 우리들의 멸종된 조상들이 어떠한 모습이었는가에 대해서 아주 상세한 정보를 제공하고 있다.

현재 인류진화 이론은 화석이나 지질학적 자료뿐 아니라 정확하고 방대한 DNA 연구결과들을 바탕으로 정립되어 온 것으로서 과거에 필트다운 위조와 같은 사건이 더 이상 발생할 가능성은 희박한 것이다.

# 제5장 누가 신대륙을 발견하였는가?

### 최초의 신대륙 이주민

매년 10월 크리스토퍼 컬럼버스(Christopher Columbus)가 신대륙으로 항해한 것을 기념하기 위하여 전문가들과 호사가들이 모여 논쟁을 벌이는 주제들 중 하나는 컬럼버스가 과연 신대륙을 '발견'했다고 할 수가 있는가 하는 것이다. 이것에 대한 논쟁은 시간이 흐를수록 그 열기를 더해가면서 마치 엎질러진 잉크가 더 크게 번져가고 있는 형국이다. 그러나 누가 신대륙을 발견했는가 하는 문제는 과학적 사실에 근거해 보면 아주 간단한 질문인 것이다.

컬럼버스가 신대륙을 발견 했는가라는 질문에 대한 논리적 대답은 '그렇지 않다' 이며 과학적 증거들은 이미 명백하게 해답을 제시하고 있다. 1492년 컬럼버스가 캐리비안(Caribbean)해에 도착했을 때 이미 그곳에는 원주민들이 살고 있었다. 컬럼버스의 여행이 가치를 갖는 것은 신대륙으로의 여행이 구대륙에 살고 있던 수천만명의 사람들에게 인류문화의 다양성을 보여주는 계기를 마련했다는데 있다.

컬럼버스가 신대륙에 도착했을 당시 미국의 알라스카 극지방과 서부 사막지대에는 수렵채집인들이 살고 있었고, 중서부지역에는 피라미드 건설자들이, 남서부지역에서는 옥수수 농사를 지으며 생활하던 사람들이 각각 있었다. 남미지역에서도 아즈텍(Aztec), 잉카(Inka), 마야(Maya)등 다양한 문명들이 꽃피우고 있었다. 이 문명들은 당시 스페인

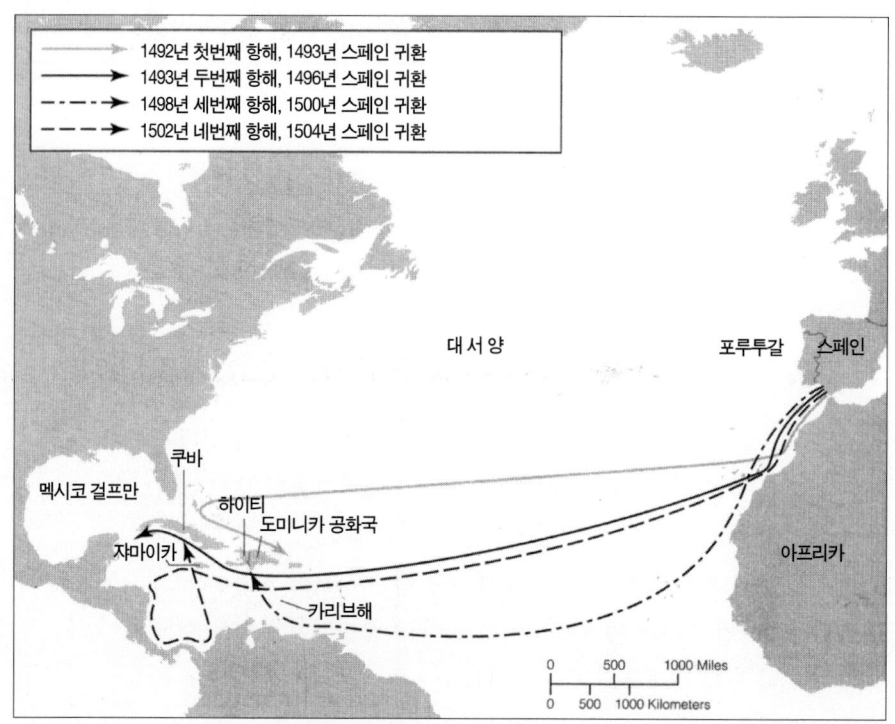

그림 5.1_ 컬럼버스가 네 차례에 걸쳐 항해했던 항로들로 각각 1492, 1493, 1498, 1502년을 나타낸다. 컬럼버스는 중국이나 일본 혹은 가장 극동의 대륙을 찾는 것을 포기하지 않았다.

정복자들 눈에도 구대륙의 그 어떤 문명과도 대등하게 보일 만큼 대단한 것이었다. 그러나 이들 원주민들은 총이나 칼에 의해서가 아니라 유럽인들이 옮겨온 질병 때문에 대부분이 사망하게 된다.

지금까지도 풀리지 않는 의문점은 누가 최초로 신대륙을 발견하였는가 하는 점이다. 처음 신대륙에 들어와 정착한 사람들은 누구이며 어디로부터 왔는가? 바로 이 질문이 유럽학자들이 신대륙 원주민에 대해 연구를 시작하면서 갖게 된 의문점들이다.

*신대륙의 유럽인들*

컬럼버스는 1492년부터 1502년까지 중국과 일본으로 가는 지름길을 찾기 위해 신대륙으로 네 차례 항해를 하였다. 첫번째와 두번째 항해는 산살바도르(San Salvador) 지역으로 오늘날의 쿠바와 하이티의 와틀링(Watling)섬이나 사마나(Samana) 섬 지역에 상륙한 것으로 추정된다(Marden 1986). 세번째와 네번째 항해 때는 남아메리카 해안가에 도착하였고 현재 파나마, 코스타리카, 혼듀라스 일대를 탐사하였다.

컬럼버스는 자신이 우연히 서반구의 대륙을 발견했다는 것을 잘 알고 있었으며 일본이나 중국에 도착하지 못했음을 인지하고 있었다. 첫번째 항해에서 컬럼버스는 쿠바가 아시아대륙에 속한 것으로 생각하였으나 곧 섬임을 알게 되었다. 그럼에도 불구하고 쿠바와 다른 부속 섬들이 아시아 대륙에 가까이 위치한 것으로 생각하였고 그가 탐사도중 만난 원주민들이 아시아인이라고 믿었던 것이다.

다른 유럽인들도 컬럼버스가 중국 연안에서 떨어진 작은 섬들이 아닌 보다 호기심을 자극할만한 발견을 했다고 믿고 있었다. 아메리고 베스풋치(Amerigo Vespucci)는 1503년 첫번째 출판물에서 컬럼버스가 발견한 곳을 '신대륙(New World)'이라 불렀는데 그것은 당시 원주민들의 조상이 누구인지를 아무도 몰랐기 때문이다. 마젤란(Magellan)이 1519~1522년 사이 지구를 한바퀴 돌아 항해를 하였을 때도 컬럼버스가 새로운 대륙을 발견하였다는 사실을 기록에서 삭제하였다는 의심이 끊임없이 제기되어 왔다.

*성서의 해석과 신대륙 원주민*

만일 컬럼버스가 탐험한 대륙이 아시아의 일부가 아니라면 그가 여행도중 만난 사람들도 아시안이 아님이 분명하다. 그러나 지금까지 세상에 알려지지 않은 사람들이 있다는 것은 16세기 학자들과 성직자들에게는 심각한 문제였던 것이다. 그들의 세계관에서는 모든 인간의 조상은 아담과 이브이고 노아와 그 가족이 인간들 모두의 직접 조상이어야만 한다. 왜냐하면 노아의 가족 이외의 사람들은 홍수로 인해 모두 사라졌기 때문이다 (11장 참조).

구약의 창세기에 따르면 노아는 셈(Shem), 함(Ham), 야벳(Japheth)이라는 세명의 아들이 있었는데 유럽의 성경학자들은 아주 오래 전부터 이들이 지구상의 세 인종의 직접 조상이라고 주장해 왔다. 야벳은 명백히 최고의 종족으로서 유럽인들의 조상이고, 셈은 아시아인, 함은 아프리카 흑인의 직접 조상이라는 것이다.

이러한 주장은 기독교 근본주의자들에게는 아주 그럴듯한 설명이었으나 컬럼버스가 만난 사람들이 아시안이나 흑인 혹은 백인 그 어느 인종도 아니라는 것이 확실해지자 그들은 심각한 문제에 직면하게 된 것이다. 즉 간단히 말하자면 노아에게는 네번째 인종의 조상이 되는 아들이 없다는 것이다.

이 문제에 대해 1655년 이삭 드 라 페레르(Issac de la Peyrere)는 인류의 다원발생론을 부정하면서 신대륙 원주민은 다소 열등한 인간이지만 마찬가지로 노아를 조상으로 하는 사람들이라고 주장하였다. 당시 교황인 폴(Paul) 3세는 1537년 공표한 교황의 교서에서 "…신대륙의 원주민들은 인간임에 분명하고 그들은 기독교의 교리를 이해할 뿐만 아니라 이를 받아들이고자 열망하고 있다…"라고 선언하였다 (Hanke 1937:72).

이러한 사고방식은 신대륙 원주민에 대한 오직 한가지 결론만을 가능하게 한다. 즉 이들 원주민들은 노아의 대홍수 이후에 신대륙에 도착하였으며 역사적으로 볼 때 노아의 세 아들 중 한 일족일 것이라고 주장하였다. 따라서 지난 300여년 동안 서구 유럽의 학자들은 지금까지도 이들 신대륙 원주민들이 어디로부터 왔는가 하는데만 관심을 두어왔다.

### 신대륙 원주민들: 유대인 혹은 아틀란티스인?

비록 컬럼버스가 여행을 했던 지역이 아시아가 아니더라도 신대륙을 여행했던 유럽인들은 신대륙 원주민들과 아시아 인들의 육체적 외모가 많이 닮았다는데 주목하였다. 이탈리아의 항해사로서 1524년 프랑스 선박을 이끌고 신대륙을 여행했던 지오바니 베라짜노(Giovanni da Verrazano)는 현재 미국의 로드 아일랜드(Rhode Island) 내륙 해안을 3주정도 탐험 하면서 원주민들을 가까이서 관찰하였는데 "…그들은 비교적 넓은 얼굴을 갖고 있으며 동양인을 많이 닮았다…"라고 기록하고 있다 (Quinn 1979:182).

그러나 베라짜노가 이들 외모의 유사성에 주목한 것과는 달리 다른 많은 사람들은 신대륙 원주민들의 기원에 대해서 아주 다른 생각들을 하고 있었다. 스페인의 작가인 오비에도(Oviedo)는 1535년 '일반적 자연적 관점에서 본 인디언의 역사(General and Natural History of the Indio)' 란 책에서 신대륙 원주민의 기원에 대해 두 가지 가설을 주장하였다.

그 첫째는 2000년전 지중해 도시국가인 카르타고(Carthage) 상인들의 후손들이 신대륙에 정착한 것이고, 둘째는 B.C. 1658년 유럽으로 도망간 스페인의 군주인 헤스페로(Hespero)와 그의 추종자들이 신대륙에 건너왔고 그 후손들이 바로 원주민이라는 것이다. 특히 후자의 경우 컬럼버스의 발견은 스페인 조상들이 이미 발견한 신대륙을 재발견한 것에 불과하다는 가설로서 스페인 사람들의 많은 지지를 받았다.

신대륙 원주민의 기원에 대한 논쟁은 1550년대 이후 가열되기 시작하였다. 고마라(Lopez de Gomara)는 신대륙 원주민들이 잃어버린 대륙 아틀란티스(Atlantis)의 후손이라는 주장을 펴기도 하였다. 1580년 듀란(Diego Duran)은 신대륙 원주민들이 소위 이스라엘의 잃어버린 한 부족이라고 주장하였는데, 즉 기독교 성경에서 언급된 유대인 열두 분파중의 하나라는 것이다.

그 증거로서 신대륙 원주민과 유대인의 공통적인 문화적 요소들을 늘어놓았는데 할례의식, 원거리여행, 치명적인 역병의 전설을 공유하고 있다고 주장하였다.

신대륙 원주민에 대한 초기 연구 중 가장 중요한 것은 아마도 1590년에 출판된 호세 아코스타(Jose de Acosta)의 '자연적 도덕적 관점에서 본 인디언의 역사(The Natural and Moral History of the Indies)'란 책일 것이다. 이 책은 아주 놀라울 정도로 예민한 통찰력으로 신대륙 원주민의 기원에 대해 논리적인 설명을 하고 있다.

아코스타는 예수회(Jesuit)의 수사로서 1570년대 초 페루에서 17년간 활동하였다. 그는 신대륙 원주민이 어디로부터 어떻게 왔건 이주 당시 이들뿐 아니라 야생동물들도 함께 건너 왔음을 알게 되었다. 아코스타는 원주민이 이주해 올 당시 경제적으로 가치가 있는 동물들도 데려왔을 것이며 늑대나 여우와 같은 야생동물들도 이들의 의도와는 상관없이 동물들 스스로가 신대륙으로 건너왔을 것이라고 설명하였다.

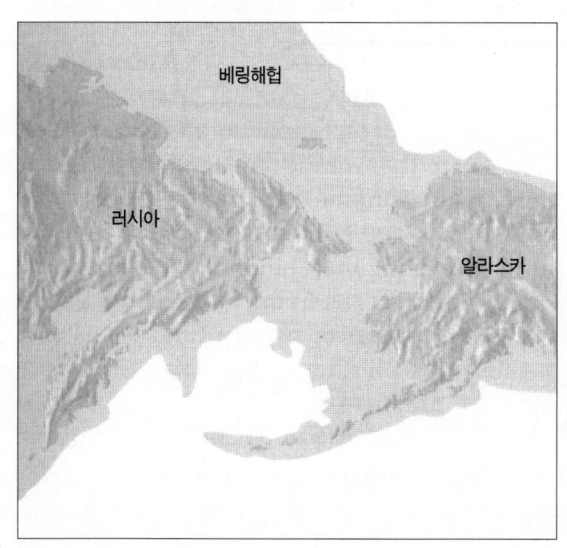

그림 5.2_ 플레이스토신 시기에 지구의 바다 해수면은 지금보다도 훨씬 낮았다.
북반구 고지대는 만년설로 덮혀 있었으며 빙하를 형성하고 있었다. 베링해협은 1,500km 넓이의 대지로 극동 아시아와 북미대륙을 연결하고 있었던 이곳이 인류와 동물들이 구대륙에서 신대륙으로 건너가는 통로 역할을 하였다.

아코스타는 간단하지만 아주 중요한 가설을 하나 세웠는데 만일 동물들이 구대륙에서 신대륙으로 그들 스스로 이동해 왔다면 노아의 홍수 이후에 방주에서 살아남았던 서아시아 어딘가에 있는 아라랏 (Ararat) 산에서 내려온 동물들의 후예일 것이며, 동물과 마찬가지로 신대륙의 원주민들 역시 구대륙 사람들과 완전히 분리된 별개의 존재들은 아니라고 주장하였다 (Huddleston 1967: 50).

따라서 신대륙과 구대륙은 서로 가까이 이어져 있었음이 틀림없고 동물들이 구대륙에서 신대륙으로 육로를 따라 걸어서 넘어온 것과 마찬가지로 신대륙 원주민들도 같은 방법으로 건너왔을 것이라고 주장하였다. 아코스타는 당시 지리적 지식을 바탕으로 심지어는 그러한 연결통로가 동북아시아와 아메리카 서북단 끝에 있을 것이라는 놀라운 추론을 하였는데 이 통로는 18세기 중반에서야 발견된 것으로 그 폭이 82km 정도밖에 안되는 베링 해협이 바로 그것이다(그림 5.2).

아코스타의 주장은 놀라울 정도로 객관적이고 논리적이면서 동시에 성경의 내용을 반박하고 있지도 않는데 그것은 결국 신대륙의 모든 동물들이 노아의 방주로부터 살아남아 구대륙으로부터 건너왔다는 당시 통념에 기인한 것이다.

*신대륙 원주민의 기원*

아코스타의 연역적 추리가 정확했음에도 불구하고 대부분의 유럽 학자들은 신대륙 원주민들의 기원을 아시아가 아닌 다른 곳에서 찾으려 했다. 대부분의 연구자들은 신대륙 원주민들에 대한 연구를 관습, 신앙, 언어등 서로 다른 문화적 특징들을 비교하는 방법에 치중하였는데 이러한 유사점을 통해 구대륙 지역과 신대륙 원주민들을 바로 연결시켜 생각하곤 하였다.

물론 문화적 특징들을 비교하는 것은 확실히 논리적인 측면이 있다. 현재 미국사회의 구성원들을 살펴보면 초기 이민자들이 가져온 문화적 전통을 지금까지도 잘 지켜오고 있는 것을 볼 수 있는데 종교적 관습, 기념일 행사, 수공예품, 전통의상, 언어등 많은 문화적 요소들이 여러 세대에 걸쳐 이어지고 있다. 중국계 이민자들은 음력설날 전통행사를 지키며 아프리카 이민자들은 다시키(dashiki)를 입고 푸에르토리코 사람들은 삼왕절(Three Kings' Day)을 기념하면서 고유한 전통을 미국 내에서 지켜나가고 있다. 이처럼 이민자들과 본국 사이를 연결해주는 문화전통이 존재하는 것은 명백한 사실이며 많은 사람들이 전통을 고수할 때 이러한 현상은 끊임없이 일어난다.

그러나 신대륙 원주민의 기원에 대한 생각은 1세기 전만해도 판이하게 달랐다. 유럽의 학자들이 유사하다고 지적한 문화적 특징들이란 것이 모호하거나, 너무 포괄적이거나, 혹은 편견에 사로잡힌 것들이 대부분이었기 때문이다. 예를 들어 16세기 스페인 성직자인 가르시아(Gregoria Garcia)는 유대인과 신대륙 원주민의 공통점을 기술하면서 이들 모두 비열한 겁쟁이며 예수의 기적을 부정하고, 냉혹하고 은혜에 보답할 줄 모르는 황금만을 숭배하는 성격을 갖고 있다고 주장하였다(Steward 1973). 이러한 유대인과 신대륙 원주민 사이의 문화적 공통요소라 주장하는 내용들이 단지 악의에 가득찬 편견임에도 불구하고 두 집단이 서로 문화적, 역사적 연관성을 갖고 있다는 강력한 증거로서 받아들여졌다.

고고학자인 데이비드 클락(David Clarke 1978:424)은 문화적 특징들을 분석하여 인구의 이동을 추적할 수 있는 방법은 엄격한 기준에 부합하여야 한다고 지적한 바 있다. 한 무리의 사람들이 다른 지역으로 이주하였을 때 그 토착 지역의 문화와 이주한 지역의 문화 사이에서 나타나는 특징들이 단순히 유사한 것이 아니라 정확하게 동일한 것이어야만 한다. 또한 이 특징들은 두 연결된 집단 사이에서 물리적, 시간적으로 동시에 반복적으로 나타나야 하며 우연의 일치로 평행 발전하는 것이 아니라 기능적 필요성이 미약한 요소들이어야 한다고 주장하였다.

예를 들어 할례와 같은 단순한 특징들은 유대인과 잉카인 모두가 행했던 관습으로 이것이 두 집단의 역사적 연관성에 대한 증거로서는 미약하다는 것이다. 문화적 종교적 상호관계와 그것을 실행하는 의미는 두 집단 사이에서 다르게 나타날 수 있다. 따라서 우리는 잃어버린 유대인 종족에 대한 가설을 부정할 수가 있는데 할례의식이 이 두 문화 외에도 세계 도처에서 아주 많은 사람들이 행하는 일반적 현상이기 때문이다.

고고학자인 존 로위(John Rowe 1966)는 소위 문화적 특징들을 비교하는 목록을 가지고 그것들의 적합성 여부를 시험해 본 바 있다. 그는 고대 남미지역에서 행해지고 있던 60여가지 관습과 유물들을 중세 이전 유럽 국가들의 것과 비교해 보았다. 이들 중 대표적인 문화적 공통성을 나타내는 관습으로 신에 대한 동물 공희, 동물과 연관된 신화와 믿음체계, 친족결혼, 정육면체 주사위, 동제 족집게, 남자들의 거세 등을 제시하였다.

그러나 이 두 문화는 서로 수천킬로미터 떨어진 대륙과 바다로 분리되어 서로 접촉한 적이 없다. 로위는 의도적으로 문화적 맥락에서 특징적인 것들을 선별하여 다른 시기의 신대륙과 유럽대륙에서 유사하게 널리 행해지는 것들을 선택하였다. 이것이 바로 대부분의 유럽 학자들이 생각했던 신대륙과 구대륙을 연결하는 문화적 비교방법론의 문제점이다.

### 아시아대륙 밖으로

아코스타(Acosta)의 저서 '자연적 도덕적 관점에서 본 인디언의 역사(The Natural and Moral History of the Indies)'는 신대륙 원주민들이 당시 아시아 대륙에서 신대륙으로 이동했음을 설득력 있는 관점에서 보여주고 있다. 북태평양 일대에 대한 지리학적 정보가 서서히 축적되어감에 따라서 오히려 검증되기 힘든 대서양 넘어 대륙간의 문화비교보다는 지리학에 기초를 둔 아코스타의 이론이 인정받기 시작하였다.

18세기 중엽에 이르러 대부분의 학자들은 16세기 아코스타의 주장과 마찬가지로 신대륙의 원주민이 아시아인의 후손일 것이라는 가설에 동의하기 시작하였다. 1784년 퍼페르콘(Ignaz Pferfferkorn)이란 카톨릭 신부가 아시아와 신대륙이 아주 좁은 물길을 사이에 두고 떨어져 있다는 사실을 언급하면서 "첫번째 신대륙 원주민이 베링 해협을 건너서 신대륙으로 이주해 왔다는 것은 거의 확실하다"고 주장하였다(Ives 1956: 421). 결국 컬럼버스는 아주 오래 전 수천킬로미터 떨어진 곳으로부터 신대륙으로 건너와 정착하였던 아시아 인들과 마주친 것이었다.

### *신대륙 원주민의 창세기*

지금까지도 신대륙 원주민이 언제 어떻게 이주해 왔는가에 대해서는 많은 논란을 거듭하고 있으나 대부분의 학자들은 이들 초기 이주민들이 아시아 대륙으로부터 베링 해협을 건너 신대륙에 도착하였다는 데는 동의하고 있다. 베링 해협의 좁고 낮은 해수면은 아시아와 신대륙의 사람들이 서로 왕래하는데 있어서 그리 심각한 장애물은 아니었을 것이다.

특히 플레이스토신(Pleistocene: Ice Age)세(世)의 빙하기에는 두 대륙 사이를 건너 다니기가 더 용이 하였을 것이다. 물론 빙하기에는 현재보다 지구상의 온도가 훨씬 더 추웠고 빙하라고 부르는 거대한 얼음 덩어리들이 유럽과 북미대륙의 대부분을 뒤덮고 있었다. 이 얼음 덩어리들은 지구의 대양으로부터 증발한 물이 다시 지상에서 얼어버린 것으로서 당시 지구상의 해수면은 현재보다 125m 정도 낮았고 방대한 면적의 육지들이 물 위로 드러나 있었으나 지금은 다시 바다 물 속에 잠겨있는 것이다(Josenhans et al. 1997).

이 빙하기에는 베린지아(Beringia)라고 부르는 직경이 1500km정도 넓이의 대륙이 베링 해협을 사이에 두고 아시아와 신대륙을 다리처럼 연결하면서 지표상에 드러나 있었다(그림 5.2). 최근에 잠수정이 수집한 바다 속 침전물을 분석 해본 결과 마지막 빙하기는 22,000-19,000년 전 사이에 지속되었음을 알 수 있다(Yokoyama et al. 2000). 당시 바다 해수면은 최저점에 위치해 있었고 베린지아(Beringia)는 이 시기에 가장 광범위하게 물위로 드러나 있었다. 이후 점차 기후가 따뜻해지면서 19,000년 전부터 해수면의 높이가 점차 올라가기 시작하였다. 따라서 22,000-19,000년 사이 뿐만 아니라 19,000년-10,000년 사이에도 아시아대륙은 신대륙과 연결되어 있었으며 사람과 동물들이 걸어서 대륙간을 이동할 수 있었을 것이다.

베린지아가 수면 위로 드러나 있었다는 것은 아시아 대륙에서 신대륙까지 해안선의 호를 따라서 육지가 끊임없이 이어져 있었다는 것을 의미한다. 즉 해안가에서 생활하던 아시아 대륙의 사람들이 해안선을 따라 이동하면서 베린지아 해안가를 지나 알라스카(Alaska) 해안에 도달하게 되고, 보다 남쪽으로 이동하면서 신대륙 전역에 퍼지게 되었을 것이다. 구대륙 사람들이 내륙의 해안선, 혹은 바다를 통하여 베링 해협을 거쳐 신대륙으로 넘어왔다는 사실은 지리학, 생물학, 기상학, 인류학과 고고학분야의 많은 학술적 증거들을 통해 입증된다(Derenko et al. 2001; Dillehay 2000; Dixon 1999; Meltzer 1993; Yokiyama et al. 2000).

일부 신대륙 원주민은 육로를 통한 이러한 이동설을 맹렬히 부정하기도 하는데 그러한 이유는 "…백인들의 조상과 우리들의 조상을 별 차이 없는 동일한 이민자의 입장으로 만들려 한다…"는데 있다. 그러나 학문적 관점에서 볼 때 신대륙 원주민들은 13,000년 전쯤 구대륙으로부터 건너왔을 것으로 추정되며 그들 또한 엄밀한 의미에서는 이주민이지만 비교적 최근에 이주한 사람들과는 아주 다른 계통의 사람들인 것이다.

원주민 사회운동가이면서 역사학자인 델로리아(Vine Deloria Jr. 1995)는 이러한 논쟁을 그의 저서인 '붉은 대지와 하얀 거짓말(Red Earth, White Lies)'이란 책에서 불러 일으킨 바 있다. 그의 주장에 따르면 베링 해협을 통해 이주해 왔다는 가설은 증명된 것이 아니며 오히려 신대륙 원주민들의 전설처럼 그들의 조상은 처음부터 이 신대륙에 있었다는 것이다. 즉, 신대륙 원주민들에게 있어 그들의 조상은 신대륙에서 창조된 인류이며, 그 어디에서도 이주해 온 사람이 아닌 것으로 여겨지고 있다.

그러나 이러한 시각은 한가지 근본적인 문제점을 갖고 있다. 미국 연방정부는 현재 560여개의 인디언 부족과 하와이 원주민을 공식적으로 인정하고 있다. 그 뿐만 아니라 이보다 많은 신대륙 원주민 집단이 캐나다와 남미지역에 산재해 있고 이들은 사뭇 다른 역사적 배경을 갖고 있다. 즉 언어, 문화전통, 종교관이 다를 뿐만 아니라 보다 중요한 것은 자신들의 기원에 대한 전설이 서로 다르다는 것이다.

물론 델로리아는 원주민의 종교와 전설이 지금까지 변함없이 유지되어 왔으며 과학이 신대륙 원주민의 기원을 정확히 판단할 수는 없다는 입장을 고수하고 있다. 그러나 원주민들의 창조신화를 보더라도 그들의 기원에 대한 수백가지 서로 다른 전설들이 있음을 분명히 알 수 있다. 이러한 점에 대해 델로리아는 신대륙 원주민들은 조상들의 창조신화에 관해 타부족간의 차이를 중요시 하지 않는다고 주장한다. 그것은 각 부족마다 그들을 지배하는 우주의 영적 존재들과 특별한 관계에 있다고 믿기 때문이며 사람들의 믿음이라는 측면에서 보면 당연한 것이기 때문이다. 즉, 델로리아는 한 부족의 믿음과 그들 기원에 대한 전통적인 문화적 실체는 다르다고 주장하였는데 그것은 부족마다 자신들의 것이 옳다고 믿기 때문이라는 것이다. 델로리아의 주장은 해체주의자들의 시각과 비슷한 것인데 주어진 의문점에 대한 이러한 접근방법은 명백히 문제가 있는 것이다.

### 생물학적 특징에서 본 신대륙 원주민의 기원

현대 인류학자들은 생물학적인 연구를 통해 우리들의 조상을 추적해 볼 수가 있다. 현생인류는 다양한 피부색과, 생김새, 몸의 크기를 갖고 있다. 뿐만 아니라 혈액형, 골격, 치아와 두개골 형태, 유전적 조건 등은 실로 다양하다. 이러한 다양성은 일부에 국한되지 않고 지리적 조건에 따라 일정한 변화를 나타낸다.

16세기 탐험가 중 베라차노(Verrazano)는 이러한 지리적 특징을 인식하고 아시아인과 신대륙 원주민 사이의 유사한 생김새에 주목하였다. 따라서 그의 가설은 신대륙 원주민들의 기원이 아시아인을 모태로 한다는 것이다. 오늘날 형질 인류학자들은 아주 정교한 연구절차를 거쳐 이러한 가설을 시험해 볼 수가 있다.

예를 들어 형질인류학자인 크리스티 터너(Christy Turner)는 신대

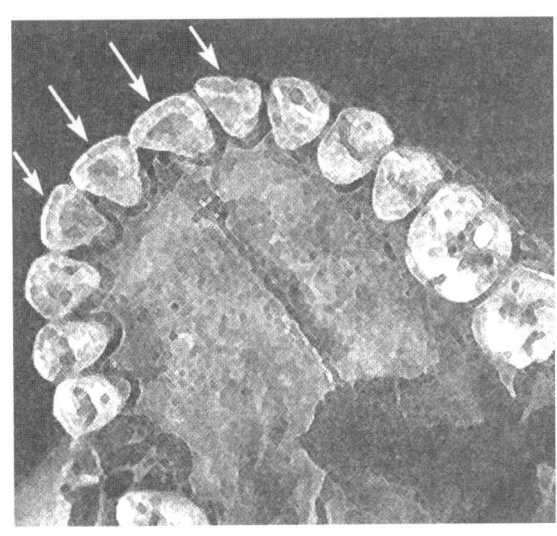

그림 5.3_ 윗 턱의 앞 이빨들이 삽 모양으로 생긴 것이 특징적이다. 이러한 모양의 이빨은 유전적으로 아시안과 신대륙 원주민들 사이에 주로 나타나는데 이것이 양쪽대륙 사람들이 유전적 연관 관계가 있음을 입증해주는 증거이다.

류에서 수집한 200,000개의 원주민 이빨들을 조사하여 그 모양과 특징이 아시아인의 것과 동일한 것임을 발견하였다(Turner 1987). 신대륙 원주민들은 특별한 형태의 앞니를 갖고 있는데, 앞니 안쪽이 움푹 패여 있는 소위 삽 모양으로 남.북 아메리카 원주민들 사이에서 65~100%의 사람들이 이러한 모양의 앞니를 갖고 있다(그림 5.3).

이러한 형태의 앞니는 아프리카와 유럽인들 사이에서는 20%가 넘지 않는 소수의 사람들에게서만 발견된다. 그러나 동아시아인들 사이에서는 신대륙 원주민들과 마찬가지로 65~90%의 사람들이 이 삽 모양의 앞니를 갖고 있는 것으로 확인되었다. 다른 치아의 특징을 살펴보면 어금니의 돌출부와 뿌리의 숫자 또한 신대륙 원주민들과 아시아인들이 아주 유사함을 보이고 있음을 알 수 있다.

두개골의 모습들 또한 서로 같은 특징을 보여주고 있는데 고고학자들은 선사시대 유적지에서 발굴한 신대륙 원주민들의 두개골과 아시아 인들의 것을 비교해 볼 때 아주 분명하게 몽골로이드(Mongoloid)의 생물학적 특징들을 공유하고 있음을 확인할 수 있다(Turner 1987:6).

### 케니위크 일대기(Kennewick Chronicles)

우리는 이 사람의 이름을 알지 못하며 그가 누구였는지도 모른다. 하물며 그의 혈통에 대해서도 아는 바가 없으나 많은 사람들이 그의 후손이라고 주장하였다. 그는 유언장을 남긴 적도 없으나 일부는 자신들이 상속자라고 주장하기도 하였다. 이 사람은 이미 고인으로 일반적인 지식의 관점에서 볼 때 그의 시신은 아무런 단서도 제공해 주고 있지 않다. 그러나 오늘날에는 발전된 기술을 통해 많은 것을 알아낼 수가 있다.

미국 워싱턴주 컬럼비아강 계곡일대에서 아주 오래된 인골이 발견되었을 때 우마틸라(Umatilla), 야카마(Yakama), 콜빌리(Colville), 네즈 펄스(Nez Perce), 와너펌(Wanapum)등의 연합 부족은 이 인골을 그들의 '고대 조상'으로 간주하였다. 한편 바이킹의 후예를 자처하는 아사트루(Asatru Folk Assembly)라는 모임의 회원들은 그 뼈가 컬럼버스가 신대륙에 도착하기 이전에 이 일대를 탐험했던 자신들의 조상인 노르웨이인의 인골이라고 주장하였다. 다른 한편에서는 현대 폴리네시아인의 조상중 최고의 족장인 파뮤나(Faumuina)의 후손이 사모아 섬에서 배로 남미에 도착 하였는데 그들 중 한 사람의 인골이라는 주장을 하기도 하였다.

그러나 고고학과 인류학자들은 9200년전 신대륙 초기 거주자들의 모습을 상세히 보여주는 이 인골을 '케니위크 사람(Kennewick Man)'이라고 불렀다. 우리가 비록 이 인골 주인의 이름을 영원히 알 수는 없겠지만 이에 대한 과학적 연구는 우리에게 많은 정보를 알려주고 있다. 즉, 9200년 후 다시금 세상에 나타난 이 남자는 오늘날 세밀한 과학적 연구를 통해 자신의 의도와 상관없이 많은 정보를 제공해 주게 된 것이다.

이 인골이 제공한 많은 정보들 중 한가지 흥미로운 사실은 이 인골의 모습이 현재 신대륙 원주민의 모습과는 많이 다르다는 것이다. 사실 처음에는 두개골 모습 때문에 유럽인의 유골로 판단되기도 하였다. 이 두개골은 유럽인들처럼 길고 좁은 얼굴 형태를 하고 있는 반면 신대륙 원주민들은 상대적으로 짧고 폭이 넓은 얼굴 모습을 갖고 있기 때문이다.

그러나 이러한 겉모습 만으로 케니위크 인골이 현재 신대륙 원주민들과 관계가 없다고 이야기 할 수 있을까? 그리고 이 인골을 다른 지역에서 신대륙으로 이주해 온 사람들의 것으로 볼 수 있을까? 이처럼 다양한 추론이 가능하지만 골상학의 입장에서 볼 때 사실 현대인들의 골격과 고대인들의 골격은 직접적인 혈연관계 내에서도 많이 다르다

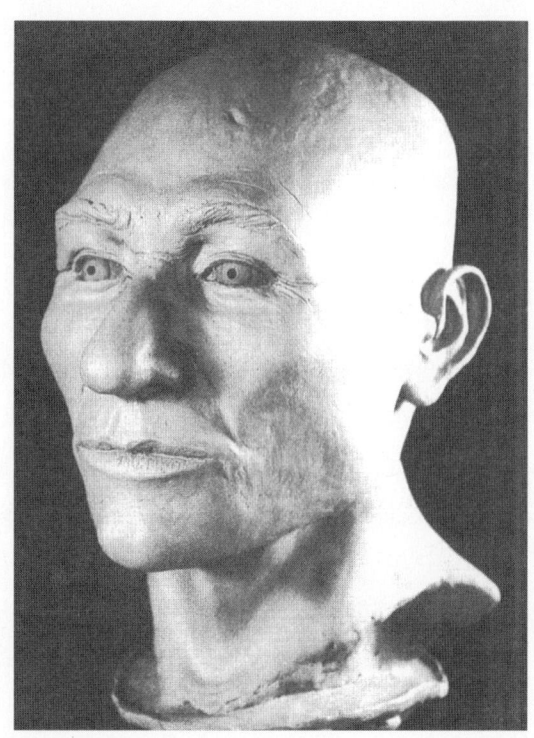

그림 5.4_ 해부학적 분석을 통해 복원한 케니위크 맨의 모습. 미국 TV 시리즈 스타트렉(Star Trek)에 등장하는 엔터프라이즈호 선장인 쟌 루크 피카드와 놀라울 정도로 닮은 것이 흥미롭다.

는 점에 주목할 필요가 있다. 인간의 골격과 두개골의 모습은 음식, 행동양식, 환경에 따라 세대를 거듭하면서 점차 바뀌게 되기 때문이다.

분명 9,200년이라는 세월 동안 진화의 과정은 골격의 모습뿐 아니라 조상과 후손들 사이에도 놀라울 정도의 큰 특징적인 차이를 볼 수가 있다. 비록 케니위크 인골이 현재 신대륙 원주민과는 그 모습이 많이 다르지만 그의 골격 자체는 일본의 아이누(Ainu)와 폴리네시안 원주민, 시베리아의 추크치(Chukchi)인등 아시아인의 특징들을 갖고 있다 (그림 5.4).

이러한 인종적인 특징 이외에도 케니위크 사람의 일생에 대해 많은 정보를 얻을 수가 있다. 그는 45~50세 사이에 사망한 남성으로 신장은 175cm정도의 강한 골격을 갖고 있다. 그의 뼈들은 강한 힘에 견딜 수 있도록 잘 발달되어 있었는데 오늘날의 역도선수나 육체노동자와 유사한 특징들을 갖고 있다.

그가 평생을 아주 건강하게 살았는지는 확실하지 않지만 그의 뼈를 살펴볼 때 일종의 관절염과 같은 질병을 앓았던 흔적이 있으며 영양상태는 대체로 양호한 편이다. 그러나 뼈에는 그가 15~20세 사이 청소년기에 아주 심한 육체적 부상을 입은 흔적이 남아 있다. 그 정확한 사건의 배경은 확인할 수 없으나 오른쪽 팔 손목과 팔꿈치 사이의 뼈가 부러진 적이 있었고 오른쪽 갈비뼈 두개 또한 부러졌던 흔적이 있음을 볼 수 있다.

가장 고통스러웠을 것으로 보이는 상처는 석제 화살촉이 등 뒤로부터 뚫고 들어와 오른쪽 엉덩이를 지나 오른쪽 골반뼈에 난 상처이다. 이 화살촉은 골반뼈를 깊이 파고들어가 조각나게 만들었는데 아마도 그가 성인이 되어 가면서 육체적 성장을 해 나가는데 큰 지장을 주었을 것으로 판단된다.

현대인들의 성장발달 과정을 살펴볼 때 그의 골반뼈는 상처를 입었을 당시 십대 청소년의 것과 같은 상태에서 성인이 될 때 까지도 성장이 멈춰있었던 것이다. 이 뼈들이 보여주는 다른 증거들을 볼 때 최소한 45세 이상을 생존했고 그 혹독한 부상이 그를 죽음에 이르게 하지는 못했음을 알 수 있다.

이 부상 이후에도 그는 30년 이상을 생존하였고 상처의 위치와 회복된 정도를 고려해 볼 때 그의 몸이 불구의 상태로 남아 있지는 않았을 것으로 판단된다. 그의 오른쪽 팔은 완전히 치유되었으며 그의 갈비뼈들도 아주 잘 봉합되었고, 관통상을 입었던 골반뼈 또한 아주 잘 치유가 되어 있었다. 화살촉은 9,200년 동안 그의 몸 안에 남아 있었는데 화살촉 주변으로 뼈들이 계속 성장한 것을 확인할 수가 있어 그가 상처를 입었을 때부터 죽을 때까지 고통을 느꼈음을 예상할 수 있다.

앞서 언급했던 와싱턴주의 원주민들은 인골의 주인공이 9,200년전 사냥을 하면서 살았던 삶의 터전으로 예상되는 성스러운 장소에 그를 다시 묻기를 희망하였다. 이 지역의 원주민들은 케니위크 인골이 자신들의 조상이라고 믿었고 그 무덤은 약탈당한 것으로 여겨 더 이상의 과학적 조사를 원하지 않았다. 반면에 과학자들은 인골의 주인이 살았던 당시의 생활상을 알 수 있는 중요한 단서들을 찾아내기 위하여 그 유골에 대한 계속적인 연구를 희망하였다. 과학자들은 이 인골이 유례가 없을 정도로 귀중한 많은 정보를 제공해 줄 수 있다는 점에서, 특히 초기 신대륙 이주민을 연구하는데 있어서 이를 다시 매장한다는 것은 엄청난 학문적 손실이 될 것이라는 우려를 나타냈다.

불행하게도 이러한 서로 다른 입장은 양쪽에 극한 감정대립을 가져왔고 결국 법정 소송으로 이어졌다. 2004년 2월과 4월 두번에 걸친 법정 소송에서 법원은 과학자들의 의견을 받아들여 학술적 연구를 계속할 수 있게 하였고 지역 원주민들에 대해서는 유골에 대한 소유권을 인정할 수 없다는 판결을 내렸다. 이 지역 원주민들이 유골의 후손이라는 연고권을 인정받지 못함으로써 유골에 대한 학문적 연구는 계속될 수 있었다.

불운하게도 이 유골에서는 DNA를 추출할 수 없었기 때문에 지역원주민들과의 직접적인 혈연관계를 확인할 수 없었다. 그러나, 인골의 후손이라 믿는 원주민들과 학자들 간에는 상충된 문제가 있을 수밖에 없었다. 인류학자이면서 척토(Choctaw)인디언인 도로시 리퍼트(Dorothy Lippert)는 고고학자와 원주민들의 입장을 동시에 이해할 수 있는 사람이었다. 리퍼는 과학자들이 유골을 무감각하게 함부로 다루는 태도에 대해 몹시 경악하고 분노하였다. 그러면서도 동시에 그녀 자신이 인류학자로서 발견된 유골을 다시 땅에 묻을 경우 잃어버리게 될 귀중한 학술적 정보들을 포기할 수도 없는 모순된 입장에 처했던 것이다.

이러한 문제점에 대해서 리퍼트(Lippert 1997:126)는 "…우리 조상들의 입장에서 볼 때 유골에 대한 연구만이 그들이 자신들의 삶에관한 이야기를 우리에게 해줄 수 있는 유일한 방법이다. 우리들의 조상이 우리에게 이야기 하고 싶어하는 것을 우리가 진심으로 들으려 할 때 그 유골이 전해주는 목소리를 들을 수 있는 것이다…"라는 말로 자신의 입장을 표명하였다. 언젠가는 우리 조상들이 9,000년 전에 살았던 당시의 삶에 대해 우리에게 계속 이야기 해줄 수 있기를 바랄 뿐이다.*

* 케니위크 인골에 대한 보다 상세한 정보는 토마스(David Hurst Thomas 2000)의 유골들의 전쟁(Skull Wars)과 도우헤이(Roger Dowhey 2000)의 수수께끼의 인골(Riddle of the Bones)에서 읽어볼 수 있다.
** 약 2천만년 전 나타나 1만년 전 멸종된 코끼리와 같은 포유동물로 아프리카 유라시아, 북아메리카에 널리 분포하고 있었다.

## 고고학에서 본 최초의 신대륙 이주민

오늘날 대부분의 고고학자들은 12,500년 전 칠레의 몬테 베르데(Monte Verde) 지역에 사람들이 살았다는데 동의하고 있다(Dillehay 1989,1997; Dillehay and Collins 1988). 이 현장에서 석제 도구들과 화살촉이 발견되었고 특히 유기물들이 아주 놀라울 정도로 잘 보존되어 있었는데 매스토돈(Mastodon)**의 살점과 목재, 오두막의 기초부분과 기타 식물들이 발견되었다.

그림 5-5(p. 103). 왼쪽 끝 화살촉은 펜실바니아주 서쪽에 위치한 메도우크로프트 록쉘터란 곳에서 발견한 것이다. 나머지 화살촉들은 펜실바니아 다른 지역에서 발견한 유물들로 모양이 유사하다.

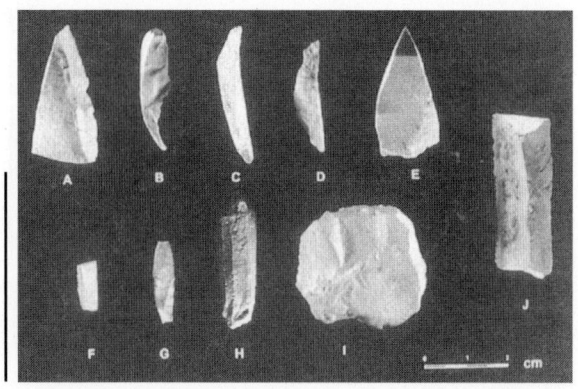

그림 5.6_ 버지니아주 타퍼 현장에서 발견된 유물. 이 현장에서는 현재까지 신대륙에서 알려진 가장 오래된 클로비스 문화층 보다 아래층에서 타제석기들이 발견되어 학계의 주목을 받았다. 이 지층은 연대측정 결과 그 어떤 문화도 확인된 적이 없는 20,000년 전 것으로 밝혀졌다.

    14개의 시료에 대한 연대측정에서 9개의 시료는 11,800년 전 나머지 시료에서는 13,500년 전의 것이라는 결과가 나왔다. 한편 펜실베니아의 메도우크로프트(Meadowcroft Rockshelter)란 곳의 한 동굴 바닥에서는 북미대륙에서 발견된 것들 중 가장 오래된 것으로 믿어지는 유물들이 발견되었다. 이 동굴에서는 석제 단검, 화살촉, 박편석기등 400여점의 유물들이 수습되었는데 6개의 시료들을 연대측정 해본 결과 12,800년 전 것이라는 결과가 나왔다(그림 5.5).

    최초의 신대륙 이주민을 찾는 작업은 미국 동남부의 사우스 케롤라이나(South Carolina)주 타퍼(Topper)와 버지니아(Virginia)주의 캑터스힐(Cactus Hill) 두 곳의 발굴현장에서 수습된 유물들이 12,000년 전 것임이 확인되면서 점차 그 열기가 가열되기 시작하였다.

    타퍼 현장에서는 날카로운 박편석기들이 고고학자인 알버트 군이어(Albert Goodyear 1999)에 의해 발견되었는데 이 지층은 소위 클로비스(Clovis)* 석기들이 발견된 지층(12,000~10,000 B.P.) 보다 오래된 지층임이 확인되었다(그림 5.6). 이 지층은 클로비스 석기들 바로 밑의 지층으로 연대측정한 결과 20,000년 전 것으로 판명되어 이 석기들이 비슷한 시기에 제작되었을 가능성을 제기하였다.

    2004년 여름 군이어는 그의 학생들과 함께 같은 지층에서 여기저

그림 5.7_ 사우스 케롤라이나주의 캑터스 힐 발굴현장. 이 현장에서는 긁게, 자르개등 다양한 종류의 석기들이 클로비스 문화*층보다 15cm아래에서 교란되지 않은 상태로 발견되었다.

* 클로비스(Clovis) 문화: 13000-11000년 전 북미대륙과 중앙아메리카에 걸쳐 나타나는 고대 인디언 문화.

기 흩어져있는 석기들을 찾아냈다(Wilford 2004). 이들 중 일부는 도구로 쓰인 것들이며 다른 것들은 도구제작 과정에서 생겨난 박편들이다. 굳이어는 이 유물들이 25,000년 정도 되었을 것으로 추정하였으나 한 지층에서 채집된 시료만으로 정확한 연대를 측정하는데는 다소 무리가 있었다. 한가지 고무적인 사실은 그의 학생 한명이 화덕자리로 추정되는 곳에서 목탄 조각들을 수습하였는데 고고학자들은 이 시료가 제대로 분석되어 학계에 보고될 수 있기를 열망하고 있다.

캑터스힐에서는 석제 화살촉이 클로비스 유물들이 발견된 15cm정도 아래의 교란되지 않은 지층에서 발견되었다(그림 5.7). 즉 이 화살촉들이 클로비스 유물들보다 더 오래 되었다는 것인데 보다 흥미로운 것은 이 지층에서 발견된 유물들이 연대측정 결과 18,000년 전 것으로 판명되었다는 점이다(Stokstad 2000). 그러나 이 시험이 오래된 목탄에서 얻은 시료와 최근 목탄의 시료가 섞였을지도 모른 다른 의구심이 제

제5장 누가 신대륙을 발견하였는가? 163

기되기도 하였다.

켁터스힐에서 발견된 도구들은 메도우크로프트에서 발견된 것들과 유사한 형태의 것들로 13,000~20,000년 전 사이 북아메리카에서 거주했던 소규모의 사람들이 남긴 유물일 가능성도 있다. 그러나 클로비스 석기들을 사용했던 사람들 이전에 이미 북미대륙에 사람들이 살았다는 주장을 모든 고고학자들이 받아들이는 것은 아니다. 이 두 발굴현장에 대한 연대측정에 오류가 있음을 들어 반대하는 의견도 있으며, 지층이 교란되었을 가능성을 제시하는 학자들도 있다(Fiedel 1999). 이러한 불확실성은 과학이라는 검증절차의 한계를 나타내는 것이기도 한데 우리는 제안된 가설에 항상 비판적일 필요가 있으며 사실을 뒷받침할만한 충분한 증거를 확보할 필요가 있다.

만약에 몬테베르데, 메도우크로프트, 켁터스힐, 타퍼현장의 발굴결과가 옳다면 신대륙의 첫번째 이주민들의 연대는 더 올라가야만 한다. 이들 유적이 있는 칠레, 펜실바니아, 버지니아, 사우스 케롤라이나는 베링 해협에서 알래스카를 거쳐 신대륙으로 건너오는 통로에서 수천킬로 떨어져 있는 곳이다.

이러한 발굴결과를 토대로 고고학자인 데이비드 멜쩌(David Meltzer 1997)는 베링 해협에서 신대륙으로 건너와 대륙 남쪽에 위치한 몬테베르데에 12,500년경에 도착 하였다면 이들이 처음 신대륙에 넘어온 것은 20,000년 전쯤이었을 것이라고 예상하였다. 만일 이 가설이 맞는다면 발굴된 유적들의 연대가 칠레에서부터 펜실바니아에 이르기까지 일관성을 갖고 순차적으로 나타나야 할 것이다. 그러나 현재까지는 이를 입증할만한 확실한 증거들이 밝혀진 바 없다는데 대부분의 학자들이 동의하고 있다. 따라서 신대륙 초기 이주민에 대한 시기의 문제는 격렬한 논쟁을 불러일으키고 있으며 이는 과학적 방법론에 의거한 보다 많은 논의를 통해 해결해야 할 것이다.

신대륙에 두번째 도착한 사람들은 누구인가?

지금까지의 연구 결과를 볼 때 최초의 신대륙 이주민들은 13,000~20,000년 전 사이에 아시아 대륙에서 육로를 통해 건너 왔다는 것이 확실하다. 우리는 또한 크리스토퍼 컬럼버스가 1492년 신대륙에 상륙했었다는 사실을 알고 있다. 그렇다면 아시아 대륙에서 건너 온 첫번째 이주민들과 컬럼버스 이후에 이주해 온 유럽인들 사이에 신대륙을 발견하였거나 혹은 이주해 온 사람들은 없는가? 이 질문에 대해 고고학적 연구 결과들을 토대로 해답을 찾을 수 있을 것이다.

### 신대륙 방문자들이 남긴 유물들

코메디언인 조오지 칼린(George Carlin)은 집이란 사람들이 물건을 비치해두는 장소라는 재미있는 정의를 내린 바 있다. 우리는 물건을 가지고 다니거나 집에 두기도 하고 여행을 갈 때는 짐을 꾸리기도 한다. 오늘날 우리가 이러한 것에 익숙한 것처럼 과거에 살았던 사람들 또한 마찬가지였을 것이다. 고고학자들이 보여주는 것처럼 과거의 사람들도 변함없이 다양한 물건들을 집에 남겨둔 채 여행을 떠난다. 그러한 물건들은 때로는 잃어버리기도 하고 사용하다가 버리기도 하는데 이렇게 남겨진 물건들은 과거에 그 사람들이 특정한 곳에 살았다는 고고학적 증거이기도 하다.

고고학에 있어서 한가지 중요한 사실은 각 개인들의 소지품이 서로 다르며, 독특하고, 표식적인 특징들을 갖고 있다는 것이다. 즉, 물질적 부산물들은 각각의 문화적 배경에 따라 서로 다르며, 서로 다른 문화는 어떠한 것을 행하는 방식 또한 서로 다른 것이다.

사람들은 같은 물건을 만들 때 서로 다른 원재료를 쓰기도 하며, 반면에 같은 원재료를 사용하여 전혀 다른 물건을 만들기도 한다. 그들은 다른 모양의 도구와 토기를 만들며 다른 건축자재를 쓰기도 하고 같은 건축자재를 사용하여 아주 다른 형태의 구조물을 만들기도 한다. 또한 사람들은 무덤을 만들고 장례를 치룰 때 서로 다른 관습과 규칙을 갖고 있으며 심지어는 생활 쓰레기를 처리하는 방식도 다르다. 결론적으로 고고학 현장은 이러한 독특한 문화적 유물들을 통해 구체적인 행위, 즉 이 물건들을 만들어낸 특정한 사람들의 독특한 문화를 발견할 수 있는 것이다.

이러한 관점에서 볼 때 고고학 발굴 현장은 그 자체가 하나의 화석과도 같다. 서로 다른 문화에 의해서 만들어진 현장들은 다른 종류의 동물 화석들을 구별할 수 있는 것과 마찬가지로 서로 구별될 수 있는 것이다. 외부집단이 새로운 영역에 이주하게 되면 그들의 물질문화도 함께 유입되는 것이 당연하다. 새롭게 나타나는 한 문화의 고유한 특징들은 고고학자들에 의해 아주 정확하게 주변의 다른 문화들과 구별 될 수 있는 것이다. 이러한 것은 컬럼버스를 비롯하여 신대륙을 방문했던 모든 사람들의 문화에도 적용이 되는 것이다.

예를 들어 고고학자인 챨스 호프먼(Charles Hoffman)은 와틀링 섬(Watling Island)의 롱 베이(Long Bay)에서 컬럼버스가 첫번째 항해를 했을 당시 사용했던 엄청난 양의 유럽제 물건들을 발견하였다(Hoffman 1987). 케써린 디건(Kathleen Deagan)은 컬럼버스가 도착했던 1492년 이후 그의 선박중 하나인 산타마리아(Santa Maria)호가 오늘날의 하이티 해안가에 난파되어 세웠던 라나비다(La Navidad) 정착지일 가능성이 있는 유적지를 발견하였다.

당시 라나비다는 우연히 세워진 식민지였는데 아주 소수의 스페인 사람들이 그들 문화의 작은 부분을 유지하면서 생활하였다. 디건은 요새가 위치했던 장소에서 불탄 목재들을 수습하였고 이것들을 연대측정(C14)해 보았는데 그 결과 15세기 것으로 판명되어 라나비다가의 존재 시기와 일치함을 확인하였다. 1493년 탐험 당시 그들은 신대륙에 대규모의 영구적인 식민지를 건설할 목적이었다. 위치는 현재 도미니카

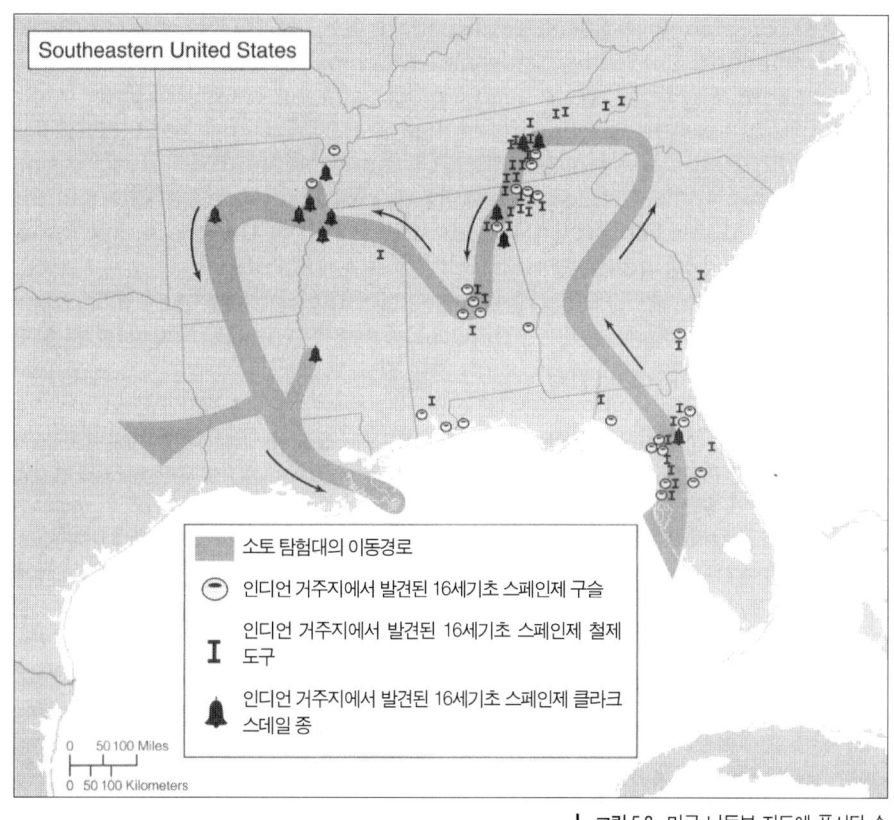

그림 5.8_ 미국 남동부 지도에 표시된 소토 탐험대의 이동경로. 스페인 탐험대의 행적을 기록한 장소에서 고고학적 유물들이 발견되었다.

공화국 일대로 당시 라이사벨라(La Isabela)로 불렀던 곳이다. 디건(Deagan)과 크러젠트(Jose Maria Cruxent)는 이 현장을 발굴하였는데 이곳이 스페인 거주지였다는 것을 증명해 주는 유리제 그릇, 마구류, 단검, 동전, 열쇠, 십자가등의 유물을 발견하였다(Deagan and Cruxent 2002).

사실 요점은 간단하다. 컬럼버스가 신대륙을 탐험하여 식민지를 세우려 했던 물적 증거들은 상당수 발견되었다. 고고학자들은 그동안 컬럼버스와 그의 선원들이 남긴 유물들을 아주 성공적으로 발견해왔다. 예를 들어 그 어떤 방문자, 탐험가, 혹은 식민지 개척자이건, 북미

남동부를 탐험했던 헤르난도 소토(Hernando de Soto)가 물적 증거를 남긴 것과 마찬가지로 신대륙에 상륙했던 컬럼버스와 그의 선원들도 어떤 물적 증거를 남겼을 것이다 (Feder 1994b;그림 5.8). 식민지 개척자들이 와틀링 섬(Watling Island)에 상륙했던 사실이나 라나비다(La Navidad)와 라이사벨라(La Isabela)에 정착지를 건설했던 증거를 남겼던 것과 마찬가지로 말이다.

### 신대륙의 유럽인들; 노르웨이인들의 신대륙 발견

컬럼버스 이전에 노르웨이인들이 신대륙에 도착했었다는 소문이 물질적인 증거가 아닌 소위 '바이킹의 모험'이라는 이야기로 전해지다가 기록으로 남게 되었다. 모험담(Saga)이란 문자 그대로 생사의 고비를 넘나드는 모험과 발견의 이야기이다. 이러한 이야기들은 여러 세대를 거쳐 구전되어 내려오다가 그 사건들이 일어난지 수백년 후에 기록으로 남는 경우가 있다. 이러한 바이킹(Viking)의 무용담들 중에 그들이 발견한 새로운 땅이 아이슬랜드(Iceland)와 그린랜드(Greenland)의 정착촌이라는 내용이 있는데 이것이 바로 북아메리카 대륙이라는 것이다.

그린랜드인의 모험(Greenlander's Saga)과 에릭의 모험(Eirik the Red's Saga)이라는 '새로운 땅'에 대한 두 이야기가 있는데 궁극적으로는 동일한 내용을 묘사하고 있다. 매그너슨과 펄슨(Magnusson and Paulsson 1965)이 이를 영어로 번역한 내용을 요약해 보면 다음과 같다.

A.D. 860년 바이킹들이 아이슬랜드를 발견하여 A.D. 870년경에는 정착지를 건설하였는데 인구가 점차 늘어나 5만명 정도에 이르렀으며 이 지역 최고의 전성기를 이루었다(Jones 1982). A.D. 980년경 에릭 토르발손(Eirik Thorvaldsson) 이라는 사람이 그의 고향인 아이슬랜드에서 두 사람을 살해하고는 사라져버렸다. 당시에는 섬들 사이에서 영토

를 둘러싼 갈등이 점차 거세지던 시기였는데 그의 아버지 또한 노르웨이에서 똑같이 사람을 살해하고 종적을 감추어버린 사건이 있었다(McGovern 1980~81).

에릭은 그의 범죄 때문에 아이슬랜드의 집을 떠나 그 이전에 발견하였다고 전해지는 육지를 찾아 서쪽으로 항해를 계속하였다. 에릭은 육지에 새롭게 정착하여 힘을 기른 뒤 아이슬랜드로 다시 돌아올 생각을 하였고 사람들로 하여금 이 새롭게 발견한 땅에서 자신을 따를 것을 독려하였다. 그들은 이 새로운 땅을 그린랜드(Greenland)라고 불렀는데 비록 이 땅이 거대한 빙산으로 덮여있었지만 에릭은 다소 기만적이고 선정적인 이름을 붙였던 것이다. 에릭이 진술한 내용에 대해서 '사람들은 그 이름에 매혹되어 그곳에 더 가고 싶어하였다' 라고 묘사하고 있다(Magnusson and Paulsson 1965:50).

A.D. 985~986 사이에 그린랜드에 세워진 정착지는 아이슬랜드의 정치적 혼란 속에 불만을 품은 많은 사람들에게는 매력적인 장소였고 그 거주민이 최고 5,000명에 이르렀다(McGovern 1952). 노르웨이사람들은 그린랜드에서 그들 자신만의 삶을 영위하며 500년 가까이 지속되었다. 그들은 400여곳의 농장 및 주택과 17곳의 교회 건물 잔해를 동쪽과 서쪽 두 곳에 남겼는데 인구는 대략 4,000~5,000명 정도로 추정된다(Ingstad 1982;24).

그린랜드에서 노르웨이인들이 남긴 고고학적 유물들은 신대륙 식민지가 어떠한 모습이었는지를 잘 보여주고 있다. 그린랜드 식민지에 대한 수수께끼는 고고학자인 톰 맥거번(Tom McGovern)이 지적하였듯이 왜 그들이 실패하였는가 하는 점이 아니라 어떻게 500년 동안이나 식민지가 존속될 수 있었는가 하는 점이다(Pringle 1997). 노르웨이사람들이 그린랜드에 처음 이주했을 당시에는 이 지역에는 어울리지 않는 전통적인 농경문화를 고수하려 했던 것으로 추정된다. 그러나 그린랜드의 기후가 14세기에는 아주 추웠기 때문에 농사에 의존한다는 것은 불확실한 선택이었을 것이다.

이곳에서 발견된 노르웨이인들의 유골을 조사해보면 그들의 주식이 농업 생산물에서 해산물로 바뀌게 되었음을 알 수 있다. 유골에 대한 화학적 분석 결과를 보면 1300년대에 어류와 해산물이 점차 주식의 대부분을 차지하고 있음을 알 수 있다(Richardson 2000). 당시 기후를 고려해 볼 때 모든 것이 그들의 농경문화 정착과는 상반되는 것이었다. 날씨가 점차 추워짐에 따라 그린랜드의 정착생활도 결국 종말을 고하게 되고 추운 기후에 잘 적응해 왔던 에스키모인의 조상이라 할 수 있는 튤리(Thule)족이 이 땅을 차지하게 된다.

14세기에 이르러 혹한이 밀어닥치자 튤리(Thule)족들은 그린랜드의 남쪽 해안을 따라 이동한다. 노르웨이인들과 튤리(Thule)인들은 이 시기에 서로 접촉하였을 것으로 추정되는데 확실한 물적 증거는 부족하다. 이러한 두 부족간의 충돌 때문에 노르웨이인들이 그린랜드의 정착지를 버리고 떠나게 된 것인지는 확실하지 않다. 노르웨이의 한 성직자가 1361년 서부 거주지역을 여행하면서 한 마을이 버려진 것을 목격하였는데 그린랜드의 노르웨이인들이 A.D. 1,500년경에는 정착지를 버리고 다른 지역으로 모두 이주한 것으로 판단된다.

### 새로 발견한 땅

그린랜드에 식민지가 세워지던 바로 같은 해에 바이킹 선단의 선장인 비야르니 헤르욜프손(Bjarni Herjolfsson)은 아이슬랜드에서 그린랜드로 가는 도중 폭풍우로 길을 잃는다. 그는 4일간의 항해 끝에 육지를 발견하는데 비야르니는 이곳이 어떤 곳인지 알 도리가 없었다. 그 후, 동쪽으로 항해를 계속하여 최소한 두 군데의 육지를 지나 마침내 그린랜드에 도착하였다. 비야르니와 그의 동료들은 이 알 수 없는 새로운 땅에 상륙하지는 않았는데 그는 나중에 막대한 가치가 있을지도 모르는 이 땅을 탐험해 보지 않은 것에 대해 주변 사람들로부터 많은 비난을 받았다. 그러나 비야르니는 탐험가라기 보다는 농부에 가까운 사람이었고 잘 알려지지는 않았으나 이 바이킹 사람들이 바로 아메리카 대륙을 발견한 최초의 유럽인들이었다.

10세기 말엽부터 그린랜드의 정착촌이 번성했기 때문에 아마도 보다 서쪽 지역에서 새로운 간척지들을 발견할 수 있다는 기대감을 가졌을지도 모른다. 에릭의 아들인 리프(Leif)는 비야르니로부터 그가 우연히 발견한 땅에 대해 이야기 하였고 그에게서 작은 배를 구입하기도 하였다. 리프는 35명의 사람들과 함께 A.D. 1000년경 새로운 땅을 찾으려고 시도하였다. 그린랜더의 모험담(Greenlander's Saga)에 따르면 비야르니의 길 안내를 따라 리프는 새로운 땅에 상륙하였다. 그는 이 새로운 땅들을 각각 헬루랜드(Helluland)(slab land, flat-stone), 마크랜드(Markland)(forest land), 빈랜드(Vinland)(wine land)라고 불렀다 (McGovern 1980-81).

리프는 빈랜드에 오두막을 짓고 그 일대를 탐험하는 전초기지로 사용하였다(그림5.9). 이 첫번째 탐험 이후 리프는 그린랜드로 돌아와 빈랜드의 풍부한 자원에 대해 강에는 연어가 있고 들에는 곡물과 포도와 같은 야생과일들이 넘쳐난다고 선전하였다. 얼마후 리프의 형제인 써볼드(Thorvold)와 함께 새로 발견한 땅으로 여행을 떠났고 일년 가까이 그 일대를 조사하였다. 리프 일행은 이곳에서 스크라엘링(Skraelings)이라고 부르는 원주민들과 조우하였는데 리프는 그들과의 전투에서 사망하여 빈랜드에 묻혔고 나머지 일행은 그린랜드로 돌아왔다.

A.D. 1,022년 토르핀 칼세피니(Thorfinn Karlsefni)는 가족등 65~160명 정도의 사람들과 가축을 이끌고 그린랜드에서 빈랜드로 건너와 집을 짓고 땅을 경작하며 영구 정착촌을 건설하려 시도하였다. 그러나 일년 뒤 스크라엘링(Skraelings)과의 참혹한 전투를 겪은 후 정착

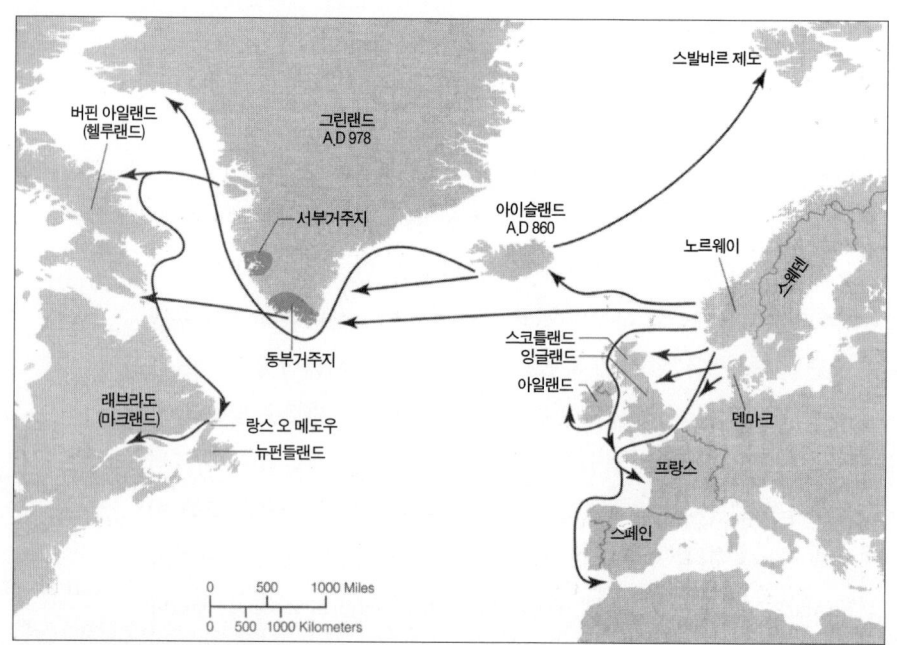

그림 5.9_ 북극지방의 바이킹 이동경로.
10세기후반 11세기 초 신대륙으로
이동하였을 가능성이 있는 항로들을
보여주고 있다.

촌을 버리고 철수하였다. 비록 실패하기는 하였으나 이것은 유럽인들이 신대륙에서 시도했던 최초의 정착촌이었던 것이다. 에릭의 무용담(Eirik the Red's Saga)에 따르면 "…비록 그 땅은 비옥하였지만 원주민들 때문에 항상 공포심을 느끼며 살아야만 했다…"라는 기록이 있다(Magnusson and Paulsson 1965:100). 다른 역사적 사건들과 마찬가지로 처음이자 마지막으로 시도하였던 빈랜드의 정착촌은 실패로 끝나고 말았던 것이다.

*빈랜드(Vinland)는 어디이며 스크라엘링(Skraelings)은 어떤 사람들인가?*

맥기(McGhee 1984)는 리프(Leif)가 탐험했던 섬의 지리적, 환경적 배경 뿐만 아니라 항로까지도 조사하였는데 헬루랜드(Helluland)는 오늘날의 버핀 아일랜드(Baffin Island), 마크랜드(Markland)는 래브라도(Labrador), 빈랜드(Vinland)는 뉴펀들랜드(Newfoundland)라고 지적한 바 있다. 이들은 모두 캐나다에 위치한 지역들로서 따라서 스크라엘링(Skraelings)은 신대륙 원주민이지만 에스키모가 아닌 다른 부족일 가능성이 있다(Fitzhugh 1972:191~195; Jones 1986:130-34).

한가지 풀리지 않는 의문점은 빈랜드란 지명은 그 지역에 포도가 풍성하게 자란다 하여 붙여진 이름이라고 전해져 왔는데 그렇다면 야생포도가 서식할 수 있는 환경이어야만 하며, 그린랜드 사람들의 모험(Greenlander's Saga)이나 에릭의 모험(Eirik the Red's Saga)과 같은 기록에 최소한 한번쯤 포도에 관한 언급이 있어야만 한다. 그러나 뉴펀들랜드를 포함한 이 지역은 포도가 자라기에는 너무 북쪽에 위치해 있고 수 천년 전 기후가 더 따뜻했을 당시에도 야생포도가 자라기에는 적당하지 않았던 곳이다. 뉴펀들랜드 지역에서 발견된 꽃가루를 분석해 본 결과 바이킹 당시의 자연환경이 오늘날과 크게 다르지 않아 포도가 자랄 수 없었던 것으로 판명되었다(Henningsmoen 1977).

### 노르웨이 사람들이 신대륙에 도착했던 물적 증거들

새로운 땅에 대한 발견과 정착촌에 대한 전설은 한편의 모험담을 만들어 내기에 충분하지만 이를 입증한다는 것은 아주 어려운 일이다. 오래된 전설이 오늘날 우리의 지리학적 지식에 들어맞기도 어렵거니와 옛 지도와 현재지도를 겹쳐서 비교해 볼 때 유사한 지형을 찾는 것조차도 힘들다. 전설로 전해져 내려오는 이야기 속에서 역사적 진실을 찾기란 광맥에서 보석을 찾는 것 이상으로 힘들지만 종종 이러한 증거를 찾아내기도 한다. 우리는 신대륙에 출현했던 노르웨이 사람들의 아주 독특한 문화를 엿볼 수 있는 물적 증거가 필요하다.

노르웨이 사람들이 사용하던 물건들은 컬럼버스보다 5세기 이전의 것들로서 북미대륙 동북부 지역의 한 고고학 발굴현장에서 발견되었다. 미국 메인(Maine)주에서 A.D. 1065~1080 사이에 주조된 노르웨이 동전이 발견된 적이 있는데 이 고고학 현장은 연대측정 결과 A.D. 1065~1080년 사이의 유적으로 밝혀졌다(McKusick 1979). 이 동전에는 구멍이 뚫려 있었는데 아마도 원주민들이 장식용으로 사용했던 것으로 추정된다. 이 동전이 현장에서 발견된 유일한 바이킹 유물이며 다른 유물들은 신대륙 원주민들이 남긴 물건들이 분명하다. 사실 이 현장에서 발견된 많은 석기들은 '철트(Chert)'라고 부르는 석재로 만들어진 것들인데 이 암석은 캐나다 래브라도(Labrador)반도 지역에서만 발견되는 것으로 노르웨이 동전과 함께 북쪽 지역과의 교류를 통해 메인(Maine)주로 오게 된 것으로 판단된다.

캐나다 북극일대 원주민들의 유적지가 계속 발굴되면서 신대륙 원주민들과 노르웨이의 방문자들 사이에 상당히 오랜 기간 서로 긴밀한 접촉과 교류가 광범위하게 이루어 졌다는 증거들이 속속 발견되고 있다 (McGhee 1984, 2000; Sutherland 2000). 예를 들어 노르웨이인들이 필수적으로 갖고 다니던 물건들이 엘스미어 아일랜드(Ellesmere Island)의 원주민 유적지에서 발견되었는데 쇠사슬 갑옷, 철제 선박용 리벳, 철제 쐐기와 목수들이 사용하는 대패 등이다(Schledermann 1981, 2000).

서덜랜드(Sutherland)는 이 유물들의 속성을 볼 때 바이킹과 신대륙 원주민들 사이의 직접적인 교역이 있을 수도 있으며, 노르웨이인들이 떠난 후 원주민들이 이러한 물건들은 주워다가 사용하였을 가능성도 있고, 혹은 원주민들 사이에서 물건들이 거래 되었을 수도 있음을 지적하였다.

서덜랜드(Sutherland 2000)는 버핀 아일랜드(Baffin Island) 북쪽 너그빅(Nunguvik) 현장에서 노르웨이 사람들과 캐나다 동북쪽 원주민들과의 접촉을 보여주는 아주 중요한 물적 증거들을 발견하였다. A.D.

그림 5.10_ 캐나다 북부 엘스미어섬 해안가에서 고고학자인 페트리샤 서덜랜드가 발견한 노르웨이 사람들이 사용했던 동제 도구. 이러한 유물들은 컬럼버스보다 수 백년 전에 노르웨이 사람들이 신대륙에 도착했었다는 물적 증거이다.

13세기경의 것으로 추정되는 토끼털과 염소털을 섞어 짠 모직물을 발견하였는데 이 지역 원주민들은 짐승털로 직물을 짜는 기술이 없었으며 버핀아일랜드 지역은 염소가 서식하지도 않는 지역이다. 버핀아일랜드의 발굴현장에서 발견된 직물은 노르웨이의 그린랜드에서 발견된 것들과 그 기법이나 형태가 유사한 것들이며, 이곳에서 발견된 목재들도 다듬는 기법이나 건조하는 기술이 당시 신대륙 원주민들에게는 없던 기술이다. 또한 목재의 붉은 반점이 있는 구멍들은 철제 못에 의해 녹이 슬어 남은 것인데 철제 못은 신대륙 원주민들이 사용하지 않던 물건이다.

서덜랜드(Sutherland 2000)는 엘스미어 아일랜드(Ellesmere

제5장 누가 신대륙을 발견하였는가?   175

Island)서쪽 현장에서 청동으로 만든 균형 추를 발견하였다(그림 5.10). 이러한 종류의 유물들은 노르웨이인들에게 신대륙을 오가며 교역을 하는 것이 아주 중요한 일이었음을 암시하는 것이다. 월레스(Birgitta Wallace)는 노르웨이인들이 신대륙에서 목재, 바다코끼리 상아, 일각 고래 상아, 북극곰 모피 같은 자원들을 찾고 다녔을 가능성이 있음을 지적하였다(McGhee 2000).

캐나다 북동부에서 발견된 유물들은 컬럼버스보다 수세기전인 11~14세기의 것들로 비록 여기저기 산발적으로 흩어져 있기는 하지만 노르웨이와 신대륙 원주민간에 지속적인 접촉이 있었을 가능성이 있다. 물질문화의 이동은 어느 한쪽 방향으로만 이동하는 것이 아니다. 예를 들어 활석제 방추차가 랑스 오 메도우(L'Anse aux Meadows)에서 발견되었는데 이것은 신대륙이 원산지인 돌로 만들어진 것이며 석제 등잔도 신대륙 원주민들의 유물로 밝혀졌다. 나스카피 몬태그나스 인디언(Naskapi-Montagnais Indian)이라고 불리우던 이누(Innu) 부족이 사용하던 두 종류의 창촉이 그린랜드 노르웨이인 거주지에서 발견된 것도 마찬가지이다.

이를 두고 핏츠휴(Odess, Loring, Fitzhugh 2000)는 초기 노르웨이 방문자들이 석제 무기를 호기심에서 계속 지니고 있거나 혹은 신대륙 원주민들과 노르웨이인들 사이의 적대적 관계를 나타내는 것일 수도 있다고 지적한 바 있다. 만약 이 창촉들이 실제로 노르웨이 사람들과의 전쟁에서 사용되어 노르웨이 선박 어딘가에 남아 있었거나 혹은 바이킹의 몸 속에 남아 있는 상태로 그린랜드로 돌아 올 수도 있었을 것이다.

컬럼버스 이전에 노르웨이인들이 북미대륙을 방문했었다는 고고학적 증거들이 지속적으로 발견됨에 따라 신대륙과 관련된 아프리카인 방문설이나 그 외의 다른 가설들과는 도저히 비교가 될 수 없는 다른 양상을 보여주고 있는 것이다. 노르웨이의 여행자들은 비록 적은 숫자였지만 사람들이 쉽게 접근할 수 없는 아주 광범위한 지역에까지 흩어져 활동한 것으로 보인다. 다만 고고학자들이 이에 대한 충분한 물적 증거들을 확보하지 못한 것이 아쉬울뿐이다.

### 랑스 오 메도우(L´Anse aux Meadows)

우리가 신대륙에서 컬럼버스 이전에 다른 방문자들의 출현을 주장하려면 이를 뒷받침 할만한 증거를 제시해야만 하는데 마침내 노르웨이인들이 머물렀던 한 마을을 발견하였다. 1960년 작가이자 탐험가인 잉스타드(Helge Ingstad 1964, 1971, 1982)는 뉴펀들랜드가 바로 빈랜드의 모험에 나오는 땅임을 확신하였고 바이킹 거주지의 항구와 부속시설에 대한 증거를 찾기 위한 조사를 하였다. 칼세프니(Karlsefni) 식민지의 최소한의 크기를 고려해 볼 때 그 정착지가 버려진지 천년이 지났다 하더라도 고고학적 흔적이 남아 있어야만 한다. 만일 그 모험담들이 실제 식민지 개척 활동을 바탕으로 쓰여진 것이라면 그곳이 어디에 위치해 있는가를 찾아내는 것이 어려울 뿐 그들의 생활 흔적 자체는 남아있는 것이 당연한 것이다.

뉴펀들랜드 반도 북서쪽 끝단에서 잉스타드(Ingstad)와 그의 아내인 앤(Anne Stine Ingstad)은 마침내 놀랄만한 발견을 하였다. 그들은 이곳에서 1961~1968년 사이에 여덟기의 노르웨이인들의 오두막 집자리를 발견하였다(그림 5.11). 이곳에서 발견된 고고학적 유물들은 랑스 오 메도우(L´Anse aux Meadows)가 바이킹의 거주지였음을 확인하는데 충분한 증거자료를 제공하였다. 이러한 학술적 판단은 그린랜드 지역의 바이킹 거주지 구조물들과 단순히 애매모호한 비교를 통해 내린 결론이 아니라 이곳에서 발견된 유물들 하나하나를 확인하여 얻은 결론이다.

소위 영웅담에 묘사된 이들의 오두막 인근 네 곳에서 노르웨이 선박 잔해들이 발견되었는데 철제 리벳, 철제 대장간 도구, 둥근 장식이

그림 5.11_ 캐나다 뉴펀들랜드 랑스 오 메도우의 주거지 유적. 이 현장에서 집터, 철제못, 방추차등의 유물들이 발견되었다. 방사성탄소연대측정 결과 컬럼버스 보다 500년 전에 바이킹들이 신대륙에 도착했었음을 입증할 수 있었다.

있는 동제 핀, 직물을 짤 때 사용하는 석제 방추차등이 수습되었다(그림 5.12). 이 지역의 원주민인 에스키모나 다른 부족들은 철제품, 동제품, 방추차등을 사용한 적이 없어 이들 물건이 다른 문화로부터 유입된 것임에 틀림없다(Ingstad and Ingstad 2000).

벽옥이나 부싯돌은 때렸을 때 불꽃을 일으키는데 이것은 노르웨이인들이 불을 지필 때 사용하던 방법으로 이 돌들이 랑스 오 메도우(L´Anse aux Meadows) 현장에서 발견되었다. 벽옥의 화학적 성분을 조사해본 결과 뉴펀들랜드산이 아닌 그린랜드와 아이슬랜드 지역에서 생산된 것으로 노르웨이인 정착지가 있던 랑스 오 메도우(L´Anse aux Meadows)가 원산지임을 알 수 있었다.

우리는 또한 발굴된 노지에서 발견된 버터넛(butternut)을 통해 노르웨이인들이 이곳에 살면서 신대륙의 먼 남쪽지역까지 여행하였음을 알 수 있다. 버터넛은 호두의 일종으로 노르웨이 사람들이 활동하던 시

그림 5.12_ 랑스 오 메도우에서 발견된 고리가 달린 동제 핀. 조사결과 이 유물은 노르웨이가 원산지로 그린랜드와 아이슬랜드의 바이킹 유적지에서 발견된 유물들과 연관성이 있음이 입증되었다.

기에 뉴펀들랜드 지역에서는 서식하지 않았던 종이다. 버터넛의 원산지는 캐나다의 노바스코샤(Nova Scotia)주 지역으로 바이킹들이 이 지역에 와서 버터넛을 수확해 왔거나 혹은 원주민들과 물물교환을 통해 가져왔을 것이다.

발굴된 집자리들 중 한곳에서 아주 작은 석제 상자를 하나 발견하였는데 이것은 '불씨 상자(ember box)'라고 부르던 것으로 불을 지피는데 필요한 불씨를 보관하는 상자이다. 이것과 아주 닮은 불씨상자 하나가 에릭(Eirik)의 그린랜드 농장에서도 발견된 바 있다(Ingstad 1982: 33).

이곳 발굴현장에서 채취한 21개의 시료를 연대측정(C14)한 결과 A.D. 920±30년으로 판명되었다. 이 결과는 영웅담이 쓰여진 때보다 오래된 시기인데 이 연대를 바로 유적지에 적용하기에는 시간적 차이가 있음을 지적하는 사람들이 있다. 그러나 연대측정에 사용된 시료들은 목재로서 당시 바이킹이 거주하던 주거지에서 이미 수십년에서 수백년된 나무들이 혼재해 있었음을 감안한다면 이 연대측정 결과는 영

제5장 누가 신대륙을 발견하였는가? 179

웅담의 내용과 시기적으로 일치한다고 할 수 있다(Ingstad 1977:233).

보다 최근에 발굴된 랑스 오 메도우(L'Anse aux Meadows) 현장에서는 노르웨이인들의 수공예품들이 발견되었는데 대략 천년 전 것으로 추정된다. 캐나다 고고학자인 월레스(Birgitta Wallace 2000)의 발굴팀이 침수된 지역에서 활, 선박, 나무통등의 잔해를 발견하였는데 이 목제 유물들은 철제 도구에 의해 잘려지거나 조각된 것들이다. 또한 유리구슬, 도금한 놋쇠, 뿔로 만든 바늘등 아주 특징적인 노르웨이인의 유물들이 수습되었다. 만일 랑스 오 메도우(L'Anse aux Meadows) 지역이 리프(Leif)가 처음 개척한 정착지였다면 그리고 그의 형제인 토르발트(Thorvald)가 정착했던 곳이라면 칼세프니(Karlsefni)는 이곳을 영구 정착지로 삼으려는 희망을 가졌을까?

고고학적 증거들을 통해 영웅담에 나오는 이러한 내용들을 확실하게 입증하기는 어렵다. 모험담에 따르면 상당수의 바이킹들이 빈랜드에서 사망한 것으로 전해지나 이곳에서 그들의 무덤이 발견되지는 않았다. 모험담에서는 노르웨이인들이 그들의 가축도 함께 이주해 왔다고 하였으나 이들이 기르던 가축들의 잔해도 발견되지 않았다. 월레스(Wallace 2000)는 결국 랑스 오 메도우(L'Anse aux Meadows)가 빈랜드가 아니며 빈랜드는 랑스 오 메도우(L'Anse aux Meadows)의 북쪽 끝 어디엔가에 있을 것이라고 결론 내렸다. 그리고 이 현장은 당시 노르웨이 탐험가들의 또 다른 모험담인 스트럼퍼드(Straumfjord)에 등장하는 보다 남쪽을 여행하기 위한 전초기지였을지도 모른다는 제안을 하였다.

랑스 오 메도우(L'Anse aux Meadows)가 에릭슨(Eiriksson)이나 혹은 칼세프니(Karlsefni)의 거주지였는지는 고고학적 발굴을 통해 확인할 수 없을지도 모른다. 그러나 이것이 문제의 핵심은 아니다. 한가지 확실한 사실은 랑스 오 메도우(L'Anse aux Meadows)가 서쪽 끝에 가장 멀리 위치한 바이킹 거주지였다는 고고학적 증거들이 발견 되었다는 점이다.

　이 거주지는 신대륙의 비옥한 땅에 세워졌으나 사람들이 통제할 수 없는 그 어떤 이유에 의해서 버려졌고 불행하게도 기후 또한 그린랜드에서 바이킹들이 더 이상 농사를 지을 수 없는 환경으로 바뀌면서 그린랜드의 서해안에서 빈랜드로 여행하는 것이 사실상 불가능 하였을 것이다. 신대륙 원주민이 자신들의 땅을 지키기 위하여 바이킹이 공격해 오는 것을 막아내는 것 또한 상황을 더욱 어렵게 만들었을 것이다. 즉 빈랜드 정착지에 대한 모험담은 실패한 비극적인 이야기인 것이다. 그러나 보다 중요한 점은 인류의 역사라는 관점에서 볼 때 컬럼버스 보다 5백년 전에 노르웨이 사람들이 만들어 놓은 한편의 드라마와 같은 이야기들이 사실이었음을 입증하는 물적 증거들이 분명 존재한다는 것이다.

## 신대륙 바이킹에 대한 다른 증거들

### 뉴포트 타워(Newport Tower)

　캐나다와 미국 국경지대인 로드아일랜드(Rhode Island)주 뉴포트(Newport)에 위치한 뉴포트 타워가 바이킹들에 의해 세워진 것이라는 주장이 있어왔다(그림 5.13). 이것은 신대륙에서는 발견된 적이 없는 아주 독특한 구조의 건물로 많은 학자들의 연구 대상이 되어왔다. 그러나 이 건축물들을 바이킹이 건설한 것으로 보는 가설의 한가지 심각한 오류는 이 구조물의 연대가 이 지역에 이주 온 유럽인들의 역사보다 더 오래되지 않는다는데 있다.

　이 뉴포트 지역에 A.D. 1639년경 영국 이주민들의 정착지가 있었는데 당시 기록을 보면 그 어디에도 돌로 축조한 기묘하게 생긴 건물이 있었다는 언급이 없다. 만일 이 탑이 이전부터 있었다면 분명 쉽게 눈

그림 5.13_ 로드아일랜드주 뉴포트에 있는 뉴포트 타워. 이것이 고대 바이킹들의 교회라는 주장이 있었으나 고고학, 역사학적 증거들을 살펴볼 때 유럽인들의 식민지 개척 이후에 만들어진 것이 분명하다.

에 띄었을 것이고 기록에 남아있을 가능성이 크다는 것이다.

바이킹과 뉴포트탑이 연관성이 없다는 것은 탑 주변의 고고학적 조사를 통해서도 확인된다(Godfrey 1951). 탑 주변에서 발견된 대부분의 유물들은 토기조각, 철제 못, 진흙으로 만든 담뱃대, 단추와 혁대 장식 등으로 이 유물들은 모두 스코틀랜드와 잉글랜드 혹은 신대륙의 영국식민지 지역과 관련된 물건들이며 그 제조연대도 17~19세기 사이에 해당한다(Hattendorf 1997). 심지어는 탑의 기초부분을 이루고 있는 석재 아래의 지표에서 당시 사람들이 신고 다니던 가죽장화 자국이 발견되기도 하였다. 이 신발자국은 탑의 하단 좌측에 남아있어 이것이 17세기 이 탑이 세워지기 바로 직전에 남겨진 것임을 알 수 있다.

마지막으로 이 탑을 지을 때 석회반죽으로 석재들을 붙였는데 이를 연대측정 해본 결과 A. D.1665년 경으로 인근에서 발견된 유물들의 연대와 일치하고 있다(Hertz 1997). 결국 이 탑은 풍차로서 로드아일랜드의 주지사였던 아놀드(Benedict Arnold)에 의해 1677년경 축조된 것으로 밝혀졌다. 이 탑의 건축기법 또한 특별한 것은 아니며 1632년 영국의 체스터튼(Chesterton)에서 축조되었던 풍차들과 같은 건축양식을 보이고 있다. 아놀드의 조상들은 영국 체스터튼에서 수 킬로 떨어진 곳에서 이주해 왔으며 아마도 로드아일랜드 고향마을에 있는 풍차를 모방하여 똑같이 축조했던 것으로 추정된다.

### 켄싱톤의 돌(Kensington Stone)

고대 북유럽 문자가 새겨진 상당히 큰 석재 판석이 미네소타(Minnesota)주 켄싱톤(Kensington) 근처에서 1898년 오만(Olof Ohman)이라는 사람에 의해 발견되었다(Kehoe 2005). 이 돌에는 A.D. 1362년 빈랜드로 여행을 했던 짤막한 내용이 기록되어 있다. 그러나 이후 1899, 1964, 2001년등 후속 발굴에서는 그 어떠한 노르웨이 유물도 발견된 것이 없다. 이 돌에는 30명의 사람들 (8명의 스웨덴인과 22명의 노르웨이인)이 빈랜드에 머물렀던 내용이 남아있는데 이것이 사실이라면 비록 적은 숫자의 사람들이 잠시 머물렀다 하더라도 뭔가 흔적이 남아있어야 할 것이다.

중요한 것은 켄싱턴 돌에 조각을 새겼을 당시의 역사적 배경이다. 앞서 언급한 바와 같이 기상조건의 악화로 이 시기의 바이킹 부족은 점차 축소되고 있었다. A.D. 1362년경에 빈랜드 식민지는 버려졌고 두 곳의 주요 거점들 중 하나인 그린랜드(소위 서부거주지) 역시 A.D. 1361년경 버려졌는데 노르웨이 주교인 바더슨(Ivar Bardarson)은 이 거주지가 스크라엘링(Skraelings)에 의해 전멸되었다고 보고하였다.

이곳에서 200km남쪽에 위치한 보다 오래되고 큰 그린랜드 정착촌

(동부거주지)은 14세기에 이르러 급속히 몰락하였다. 고고학적 증거들로 볼 때 동부거주지는 15세기 중엽에 버려졌는데 바이킹의 세력이 축소되던 이 시기에 그들이 미네소타로 항해하여 석판에 그러한 비문을 새겨 넣었다고는 생각하기 힘들다. 최근 지질학적 분석을 보면 이 비문은 1898년 이전에 새겨진 것으로 밝혀져 이 돌의 진위를 판단하는데 상당한 논란거리를 남겨 놓았다(Kehoe 2005).

### 빈랜드 지도 (The Vinland Map)

소위 빈랜드 지도 1957년 세상에 출현하였는데 일부 역사학자들과 지도 제작자들은 이것이 연대측정 결과 컬럼버스의 첫번째 항해보다 50년 앞선 A.D. 1440년경에 제작된 진품이라고 주장하였다. 이러한 주장은 처음에 이 지도가 북부 캐나다를 항해했던 바이킹들의 지식을 바탕으로 만들어진 진품이라고 믿었던 사람들에 의해 제기되었다 (Skelton, Marston and Painter 1995). 그 근거로서 이 지도에는 그린랜드가 표시되어 있으며 그 서쪽에 위치한 섬을 위닐란다 인슐라(Winilanda Insula) 라고 표기하고 있는데 이러한 점이 컬럼버스 이전에 빈랜드의 존재를 알았던 사람들이 기록한 것이라는 주장이다 (그림 5.14).

그러나 많은 사람들이 이 지도의 진위에 대하여 의문점들을 제기하였다. 고지도 전문가인 더글라스 맥내그톤(Doglas McNanghton 2000)의 조사에 따르면 이 지도는 15세기에 제작된 다른 지도와 비교할 때 양식이나 기법이 다르다고 주장하였다. 이 지도의 경우 중심점이 잘못 표기되어 있으며 경계선의 묘사도 희미하고 이 시기에 제작된 다른 지도에서 보이는 하늘과 땅의 경계표현 기법 또한 다르다고 지적하였다.

반면에 이 지도가 진품이라는 것을 입증해 주는 증거는 이 지도가

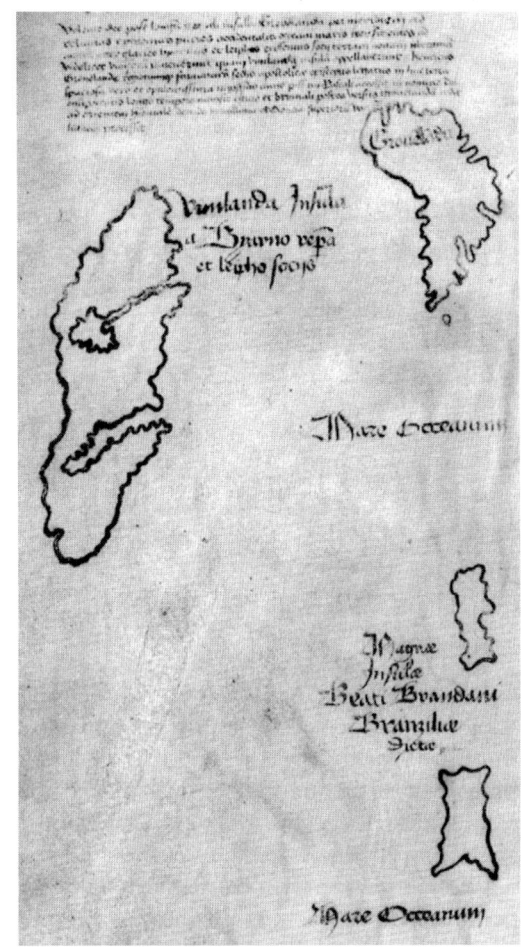

그림 5.14_ 빈랜드 지도의 한 부분으로 신대륙이 묘사되어 있다. 지도의 양피지를 연대측정 해 본 결과 컬럼버스보다 앞선 시기로 판명되었으나 여기에 사용된 잉크는 현대에 만들어진 것으로 밝혀졌다.

15세기에 만들어진 책의 겉 표지 장식에서 발견되었다는 것인데 책의 내용 중에 지도에 대한 언급이 없는 것으로 보아 이 책이 만들어진 이후에 책을 수리하는 과정에서 지도가 붙여진 것이라는 주장이다.

저명한 현미경학자인 월터 맥크론(Walter McCrone)이 유물에 대한 물리화학적 조사를 담당하였는데 지도에 사용된 잉크를 전자분석을 통한 화학실험 결과 티타늄 다이옥사이드(titanium dioxide) 와 애너

제5장 누가 신대륙을 발견하였는가? **185**

테이즈(anatase; titanium white)가 검출되었다(McCrone 1976, 1988). 이 방법은 일종의 법의학적 조사로서 애너테이즈는 1917년 이후에 만들어진 인공 화합물로 15세기에는 물론 사용되지 않았던 기술이다.

그러나 이 실험결과에 반대하는 사람들은 이 물감이 지도가 사용되었던 바로 그 페이지에서는 발견되지 않았으며 뿐만 아니라 지도에 섬들을 표시한 선들의 잉크가 노란색 띠로 함께 융해되어 있는데 이러한 현상들은 고서에 사용된 옛 잉크에서 보이는 특징이라는 것이다.

그러나 맥크론은 잉크 주변에 노란색 띠가 나타난 것은 잉크가 융해되면서 그런 것이 아니라 노란색 계통의 잉크와 검은색 잉크가 서로 따로 그려진데 따른 화학적 성분의 차이 때문이라고 설명하였다. 즉 가느다란 검은색 잉크 선들이 바로 노란색 띠를 따라 그려진 것이다. 현미경 조사를 해 보면 아주 영리하게도 오래된 지도 위에 선들을 다시 덧칠하여 위조를 했음을 알 수 있다는 것이다.

물론 이 지도를 위조한 사람이 종이 위에 노란색 띠들이 나타날 때까지 백년을 넘게 기다렸을리는 없다. 그래서 위조범은 단순히 노란색 띠를 칠하고 그 위에 검은색 잉크로 그려 넣어 오래된 진품처럼 보이게 하였다는 것이다. 즉 맥크론의 결론에 따르면 빈랜드 지도는 15세기에 만들어진 것이 아니라 20세기에 제작된 것이다.

그러나 빈랜드 지도에 대한 논쟁은 여기서 끝나지 않는다. 또 다른 전문가인 토마스 캐힐(Thomas Cahill 1980)의 분석 결과에 따르면 맥크론의 실험결과에 나타났던 20세기 물감인 애너테이즈(anatase)는 확인되지 않았다. 캐힐은 실험에서 단지 티타니움만을 검출하였는데 이것은 다른 15세기 진품 지도에서도 검출되는 것이라 주장하였고 맥크론은 캐힐의 분석결과를 맹렬히 비난하였다.

2002년 한가지 흥미로운 연구결과가 발표되었는데 이 지도의 조각을 연대측정(C14) 한 결과 A.D.1434년이라는 결과가 나왔다(Donahue, Olin, and Harbottle 2002). 만일 이 지도에 표기된 뉴펀들랜드가 사실이라면 컬럼버스보다 58년 일찍 신대륙을 항해하였다는 것인데 이러한 연대측정 결과를 통해 지도가 진품임을 입증할 수도 있으나 그 반대 의견도 만만치는 않다. 즉 위조범이 실제로 오래된 종이를 구해 위조했을 가능성이 크다는 것인데 그러한 종이를 구하는 것 또한 쉽지는 않았을 것이다. 반면 화학자인 로빈 클락(Robin Clark)과 케더린 브라운(Katherine Brown)은 맥크론의 결론이 올바른 것임을 지지하면서 현대에 제조된 잉크를 사용하여 오래된 고대의 잉크색깔을 내는 것이 가능하다고 주장하였다(2004).

결론적으로 빈랜드지도에 대한 진위 여부는 아직도 논란 중이다. 이 지도가 컬럼버스 보다 수세기 전에 알고 있던 지식을 바탕으로 신대륙의 일부를 묘사한 진품인가? 혹은 15세기에 제작된 종이 위에 20세기 이후 지도만을 조작하여 그려 넣은 것인가? 이 지도의 진위 여부는 지도 제작자들과 이 지도의 소유주인 예일대학 입장에서는 아주 민감한 문제이다. 신대륙에 바이킹이 정착했었다는 논쟁과 관련된 의문점들과 그 중요성이 점차 희미해지는 시점이기 때문에 더욱 그러하다.

결국 노르웨이인들이 컬럼버스보다 500년 앞서 신대륙의 북동 해안가를 따라 탐험을 하면서 정착촌을 건설하였다는 것은 고고학적 증거들을 통해 확인할 수 있다. 당시 신대륙을 탐험하던 그들이 지도를 그렸는가 아닌가 하는 점이 문제의 핵심은 아니라는 것이다.

### 다른 여행자와 방문자들

고고학자와 역사학자들 사이에서 노르웨이 사람들이 신대륙을 방문했었다는 것에 대한 신빙성에 의문을 제기하는 사람들이 많이 있다. 그러나 컬럼버스 이전에 노르웨이인들이 북아메리카에 정착촌을 건설하려고 했었다는 것은 이곳에서 발견된 많은 고고학적 증거들을 바탕으로 신대륙 역사의 한 부분으로서 받아들여지고 있다.

서덜랜드(Sutherland)와 다른 학자들이 발견한 유물들 중 특히 랑스 오 메도우(L'Anse aux Meadows)의 노르웨이 유적 발굴은 그들이 컬럼버스 이전에 신대륙에 왔었음을 명백히 보여주고 있다. 그러나 컬럼버스 이전에 신대륙을 방문했었다는 아시아인, 아프리카인, 유럽인 이주설등 몇몇 가설들은 비록 그것들이 흥미롭기는 하지만 아무런 물질적 증거들을 제시하지는 못하고 있다.

### 중국인들은 신대륙을 발견 하였는가?

중국의 항해사들이 컬럼버스 이전에 신대륙 해안가에 도착했었다는 주장에 대해 오랜 논쟁이 있어왔다. 노르웨이인들의 모험담과 마찬가지로 중국인들의 이야기 또한 역사적인 전설에서 출발하는데 그 중 하나가 푸상(Fusang)의 모험담으로 1500년 전 중국의 한 불교 승려가 신대륙에 왔었다는 것이다.

그 이야기를 어떻게 해석하느냐에 따라서 푸상(Fusang)의 이야기가 전설이나 신화 혹은 그 양자가 뒤섞인 것이 될 수 있다. 프로스트(Frost 1982)가 지적하였듯이 이 고대 중국지도에는 아시아의 한 해안가 위치가 표시되어 있는데 몇몇 사람들은 푸상(Fusang)이 신대륙을 여행하면서 기록한 것이라고 믿는다. 그 전설의 핵심적인 요소들을 조심스럽게 추려보면 위치상 캘리포니아 해안의 생태적 환경과 유사한 모습들을 묘사하고 있음을 알 수 있다는 주장이다.

그러나 1,500년 전 표류하던 중국 어부 혹은 탐험가가 신대륙에 도착했었다는 증거가 있는가? 한동안 그것이 사실일지도 모른다고 생각된 적이 있다. 1973년 캘리포니아 해안가에서 좌초된 선박을 끌어 올렸는데 도우넛 모양으로 만들어진 상당히 큰 돌들이 함께 발견되었다. 1975년에는 남부 캘리포니아 반도인 팔로 버데스(Palos Verdes) 에서 잠수부들이 20여개의 비슷한 석제 유물들을 발견하였다. 이 발견은 대중들의 지대한 관심을 이끌어 냈는데 일부 사람들은 이 유물이 A.D. 500년경 중국의 항해선들이 사용했던 닻과 동일한 유물이라고 주장하였다.

팔로 버데스(Palos Verdes)에서 발견된 유물들은 1990년 켈리포니아 산타바바라(U.C. Santa Barbara)대학의 지질학과에서 학술적인 조사를 실시하였다. 만일 이 돌로 만든 닻이 유일하게 중국에서만 존재하는 암석이라면 컬럼버스 이전에 중국인들이 신대륙을 발견하였다는 가설은 매우 설득력이 있을 것이다. 그러나 이 돌들이 캘리포니아 몬트레이(Montrey) 일대에서 발견되는 셰일(Shale)이라는 토종 암석임이 밝혀져 이 가설의 지지자들에게 실망을 안겨줬다.

19세기에 캘리포니아 해안가에 살던 중국계 미국인 어부들은 그들의 전통적인 어선인 정크(Junk)선으로 저인망 어업을 하였다. 실제로 팔로 버데(Palos Verdes) 의 돌들은 중국 어부들이 밧줄, 그물 추와 함께 사용했던 닻 이 확실하다. 이 유물들은 푸상의 전설에 대한 아무런 증거도 제시하지 못하였고 이 닻들은 캘리포니아 거주 중국인들이 그 지역에서 만든 물건들로 밝혀졌다.

이 가설은 멘지스(Gavin Menzies 2002)가 그의 저서인 '중국이 신대륙을 발견했던 그 해: 1421 The Year China Discovered America)' 란 충격적인 제목의 책에서 주장하였으나 출판되었을 당시 크게 주목 받지 못하였다. 바로 이 1421년이란 연도는 컬럼버스의 첫번째 항해 보다 71년 앞선 것이며 마젤란 (Ferdinand Magellan)이 지구를 한 바퀴 일주했던 때 보다 98년 앞선 것이다. 이 점이 바로 주목 받는 이유인데 맨지스는 A.D.1421~1423년 사이 백여척의 중국선단이 10,000명의 선원을 태우고 지구를 한바퀴 순회하면서 아프리카, 북미, 남미 대륙은 물론 태평양 섬들과 호주에 이르기까지 식민지를 개척하였다고 주장하였다.

멘지스는 비록 서방세계에 의해서 철저히 무시당하긴 했지만 중국의 제독인 정화(Zheng He)의 거대한 선단이 1405~1433년 사이 7차례

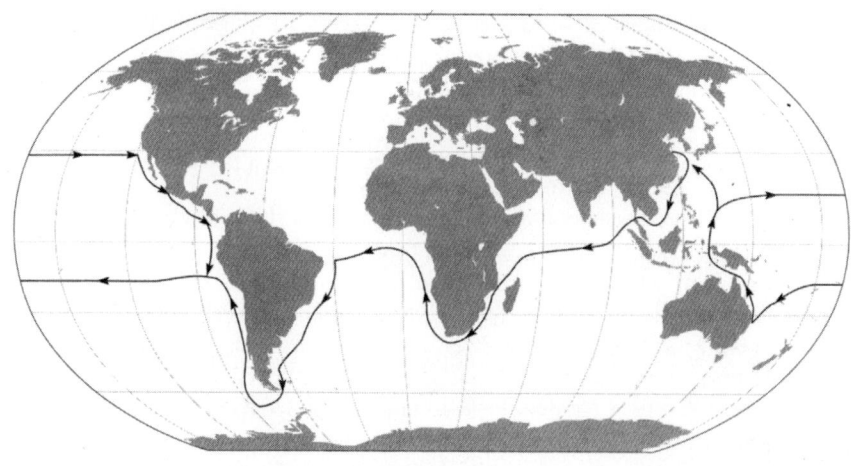

그림 5.15_ 개빈 멘지스가 제안한 15세기 초 중국함대의 이동항로. 2002년 출간된 그의 책에서 컬럼버스보다 71년 앞선 A.D. 1421년에 중국함대가 신대륙을 발견하였다고 주장하였다.

의 전설적인 항해를 한 역사적 사실에 주목하였다. 정화는 중국을 떠나 서쪽으로 항해를 계속 하였는데 마젤란이나 컬럼버스 보다 이미 십수 년 전에 아시아 남쪽 내륙 해안, 아프리카 동쪽 해안을 거쳐 페르시아만 북쪽까지 놀랄만한 항해를 하였다는 것이다.

여기까지는 별 문제가 없었으나 멘지스는 이 사실을 엉뚱하게 해석하였다. 멘지스는 정화가 1421년 아프리카 동해안을 탐험한 이후 정화의 부하 장군들이 지휘하던 선단의 일부가 많은 역사학자들이 지적하듯이 중국으로 돌아오지 않았다는 점에 주목했다. 이들은 아프리카 해안을 따라 남쪽으로 항해를 하여 아프리카 남쪽 끝을 돌아서 다시 아프리카 서쪽 해안을 따라 북쪽으로 항해를 계속 하였고 마침내 신대륙 동쪽 해안에 도착하였다는 것이다. 이들은 남미에 상륙한 다음 남쪽으로 다시 여행하여 남미대륙의 남쪽 끝인 케이프혼(Cape Horn)을 돌아 남미의 서쪽 해안을 따라 여행하였고 해류를 따라 다시 호주로 향하였다는 주장이다. 멘지스는 이 함대가 해류를 따라 북아메리카를 향해 동쪽으로 여행을 하였고 마침내 신대륙 원주민들과 교역을 마친 뒤 1423년 중국으로 귀환하였다고 주장하였다 (그림 5.15).

멘지스의 이 가설은 아주 흥미롭기는 하지만 정화의 함대가 지구를 한바퀴 돌아 신대륙을 거쳐 항해를 했다는 증거는 아주 희박하다. 그가 제시하는 대부분의 증거는 유럽 탐험가들이 소유한 15~16세기 지도들인데 멘지스는 이 지도들이 신대륙에 대한 지식이 있는 사람들에 의해 제작된 것이라고 해석하였다.

즉 멘지스의 주장에 따르면 이러한 지식들은 중국에서 유럽으로 전해진 것이며 마젤란이나 컬럼버스는 그들이 어디를 향하는지, 어떠한 곳을 발견하게 될지 미리 알고 항해를 했다는 것이다. 그것은 이미 중국인들이 신대륙을 발견하여 그들의 항로와 새로 발견한 각 지점들을 지도에 표기해 놓았고 이것이 유럽에 전해졌다는 것이다.

오래된 양피지에 그려져 있는 이 지도에 대한 멘지스의 해석은 다분히 편파적인 시각을 갖고 있다. 예를 들어 1513년 오토만(Ottoman) 제국의 제독인 피리 레이스(Piri Reis)는 몇몇 고지도와 컬럼버스가 제작한 것을 포함하여 16세기 초에(1500~1503) 신대륙을 항해했던 포루투갈 항해자들이 만든 지도들을 모두 수집하여 세계지도를 제작한 바 있다.

멘지스가 보았던 레이스의 지도가 신대륙을 놀랄만큼 정확하게 묘사하고 있으며, 특히 남미대륙에 대한 묘사는 그 어느 유럽인도 탐험해 본 적이 없던 지역을 묘사한 것이라는 주장이다(그림 5.16). 반면에 다른 사람들이 보기에는 이 지도가 부정확 할 뿐만 아니라 대부분 추측에 의해 묘사되고 있는데 이 지도를 제작한 사람이 남미대륙의 해안가와 북미대륙의 연안을 실제로 본적이 없음을 나타내고 있다고 주장한다 (Dutch 2003).

이 지도에 대한 최고 권위자라 할 수 있는 메킨토시(Gregory McIntosh 2000)의 연구에 따르면 역사적인 자료들을 검토해볼 때 레이

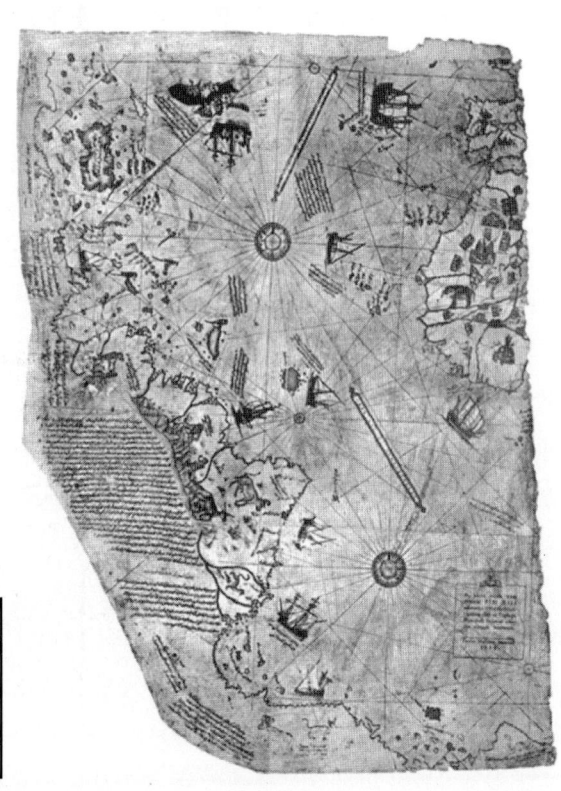

그림 5.16_ 페리 레이스의 지도로 일부 사람들은 이것이 A.D. 1513년에 훨씬 오래된 지도를 바탕으로 그려진 것이라고 주장하였다. 고대 지도 제작자들이 남미와 남극대륙 해안을 잘 알고 있었으며 이를 지도에서 묘사하고 있다는 것이다.

스의 지도는 15~16세기 유럽의 지도 제작 기법을 잘 보여주고 있음을 알 수 있다. 특히 해안지역의 정확한 묘사는 이 지역을 탐험한 사람이 직접 보고 제작한 것이며 추측으로 그렸을 것이라는 부분은 잠깐 들렀거나 지나치면서 기록하였을 것이고 한번도 방문한 적이 없는 지역만 오직 추측에 의해 그렸을 것이라는 주장이다. 당시 지도를 제작한 사람도 자신이 모르는 지역이라고 해서 백지상태로 남겨둔 채 지도를 제작하지는 않았을 것이며 따라서 지리적인 정보가 부족한 상태에서 직접 확인되지 않은 부분은 상상력을 동원하여 채워 넣었을 것이라는 주장이다. 즉 레이스가 추측으로 그려 넣은 부분들만이 사실과 잘 부합되지 않는다는 것이다. 그의 지도는 남미의 남쪽 해안가와 북미 해안 지역을 정확하게 묘사하지 못하고 있다. 이 지도를 보면 여행자들이 유럽과 중국을 거쳐 신대륙을 여행하였다는 뚜렷한 증거는 지도상에 남아있지 않다.

메킨토시(McIntosh 2000:38-41)는 1513년 이전에 제작된 몇몇 유럽 지도들이 페리스가 지도를 제작하는데 필요한 기본 정보를 제공하였을 가능성을 지적하였다. 멘지스가 주장하듯 15세기 초 중국인들이 제작한 신대륙 지도는 존재하지 않으며 굳이 믿을 필요도 없다. 이러한 주장들을 떠나서 역사적 사실들을 볼 때 정화(Zhen He)의 탐험은 아프리카에 도착하는 것을 끝으로 중단되었고 그의 군대가 신대륙을 여행하기 위하여 사라진 것이 아니라 새로운 건설 계획에 동원되기 위하여 중국으로 귀환하였다는 기록이 있기 때문이다 (Barrett 2002).

멘지스의 가설을 연구한 학자들이 지적하듯(Barrett 2002) 고고학적인 측면에서 볼 때 그 어떠한 15세기 초 중국의 유물들이 발견된 적이 없으며 이것은 신대륙 어디에도 당시 중국 탐험가들의 출현을 증명해주는 물적 증거가 없다. 반면에 컬럼버스와 그의 승무원들은 캐리비안(Caribbean) 해안가의 정착지와 탐험과정에서 물적 증거들을 남겨놓았다. 15세기에 중국은 분명 서쪽으로 지구를 한 바퀴 항해하면서 새로운 '발견'을 시도하였고 이것은 당시 유럽에도 '발견'에 대한 큰 자극제가 되었다. 컬럼버스가 남겼던 것과 마찬가지로 분명한 물적 증거가 나타나기 전 까지는 중국인들이 1421년 신대륙에 도착 했었다는 것은 증명되지 않은 가설로 남을 수 밖에 없다.

### 고대 신대륙의 아프리카인?

일부 사람들은 컬럼버스 이전에 아프리카 사람들 또한 신대륙에 도착하여 원주민들과 접촉하였으며 신대륙 문명 발전에 큰 역할을 하였다고 주장한다. 처음은 아니지만 인류학 교수인 이반 서티마(Ivan Van Sertima 1976) 가 화려한 언변으로 이러한 주장을 펼친적이 있다. 그의 저서인 '컬럼버스 이전의 사람들(They Came Before Columbus)' 이란 책에서 컬럼버스 이전에 아프리카인들이 신대륙에 도착하였다는 네가지 증거를 제시하였다.

첫째, 컬럼버스가 남긴 기록에 "검은 인디언"이라는 묘사가 있는 것과 둘째, 컬럼버스의 보고서에 과닌(qua-nin)금속에 대한 언급이 있는데 이는 아프리카가 원산지라는 점 셋째, 컬럼버스의 신대륙 도착 이전 것으로 믿어지는 흑인의 특징을 갖고 있는 인골들이 발견되었고, 넷째, 컬럼버스 항해 이전에 만들어진 것으로 보이는 아프리카 스타일의 공예품등을 증거로 제시하였다.

한편 서티마가 인용한 일부 증거들은 이 책의 앞장에서 언급하였듯이 선사시대 인류의 이동과 관련이 있는 것인데 중요한 것은 컬럼버스가 검은 피부의 신대륙 원주민에 대해서는 직접 언급한적이 없다는 것이다. 컬럼버스와 그 일행의 기록은 인디언들에 대한 이야기를 다른 사람들에게서 전달받은 것으로서 직접 목격한 것이 아닌 신뢰도가 떨어지는 내용이다.

과닌(qua-nin)이라고 부르는 금속 또한 비슷한 이유로 상당히 의심이 가는 대목이다. 이 금속은 신대륙에서 단 한번도 고고학적 발굴조사를 통해 발견된 예가 없다. 즉 오백년 전에 쓰여진 기록에서 언급되었던 금속의 이름을 서티마가 아프리카인의 실체를 규명하는 증거로 사용 하는데는 무리가 있다는 것이다.

또 다른 방법은 유골의 분석을 통해 선사시대 사람들의 이동을 연구하는 것인데 서티마가 분석한 인골중 일부 개체가 표면적으로는 아프리카인의 특징을 보이고 있다. 그러나 이러한 화석 증거들은 아주 미약하며 중미지역에서 발굴된 인골의 양도 많지 않다. 이 인골에서 보이는 아프리카인의 특징이 정확히 일치하는지 의심스러울 뿐만 아니라 인골들의 연대 또한 불분명한 면이 있다. 유럽인들은 흑인 노예들을 16세기 초 신대륙으로 데려왔기 때문에 서티마가 발견한 흑인의 특징을 갖고 있는 두개골들 역시 컬럼버스 이후에 건너온 노예의 것일 가능성도 있는 것이다.

서티마는 신대륙에서 아프리카 흑인의 존재를 나타내는 증거는 광범위하며 예술작품이나 공예품에도 아프리카의 특징들이 잘 남아 있다고 주장한다. 그러나 그의 논리적 약점은 주관적인 판단에만 집착한다는 것이다. 예를 들어 서티마는 인상학적인 측면에서 중남미에서 발견된 올멕(Olmec)의 얼굴 조각상을 증거로 제시하고 있다. 이 조각상은 3,200~2,900년 전 것으로 추정되며 현무암(Basalt)을 조각하여 만든 3m 높이의 거대한 얼굴 조각상으로 20여개가 발견되었는데 중남

그림 5.17_ 중미지역 올멕문화의 거대한 얼굴 조각상으로 무게는 20톤이다. 이것은 3000년전 중미지역에 발전된 문명이 있었음을 입증해주고 있는데 조각상의 얼굴모양이 아프리카인들과 닮았다는 주장이 있었으나 고대 중미지역에 아프리카인들이 존재했었다는 증거는 발견된바 없다.

제5장 누가 신대륙을 발견하였는가? 195

미 지역에서 나타난 첫번째 문화로 추정된다(Stuart 1993; 그림 5.17).

서티마(Sertima)는 이들의 외모에서 보이는 두터운 입술과 넓은 코와 같은 신체적 특징을 볼 때 틀림 없는 아프리카 흑인을 조각한 것이라고 주장한다. 그러나 서티마는 많은 올멕의 조각상들이 신대륙 원주민들과 마찬가지로 편평한 두상을 갖고 있고 얼굴 아래 부분이 튀어나오는등 아프리카인들의 모습과는 많이 다른 점도 있다는 것을 무시하고 있다. 그는 또한 아시안과 신대륙 원주민에게 나타나는 눈 주변의 내안각 주름(epicanthic fold)과 같은 특징에는 주목하려 하지 않는다. 신대륙 원주민들 또한 두터운 입술과 납작한 코를 가진 경우를 종종 볼 수 있으며 조각상들도 전형적인 인디언의 특징을 보이고 있다(Sabloff 1989).

대부분의 고고학자들은 이 조각상이 그들의 지배자나 우두머리를 나타내는 정형화된 유물로 해석하고 있다. 다른 많은 학자들도 서티마가 주장한 특징들에 대해 반박하는 의견을 제시하고 있는데, 보다 중요한 것은 이러한 가설에 대한 연역적 추리들이 확실한 증거를 제시하는데 부족한 면이 많다는 것이다. 만일 아프리카인들이 실제로 컬럼버스 이전에 신대륙을 방문한적이 있다면 그리고 만일 그들이 신대륙 원주민들과의 접촉으로 원주민들의 문화에 큰 영향을 주었다면 유물이나 예술품 혹은 인골과 같은 문화적, 생물학적 증거들을 남겼을 것이며 고고학자들은 이러한 유물들을 충분히 발견하고 분석할 수 있었을 것이다.

우리는 수수께끼같은 조각상이나 애매모호한 역사적 전설 이상의 보다 선명한 증거들을 찾을 수 있어야 한다. 즉 고고학자들은 인디언들의 집이나 도구 혹은 무덤에서 아프리카의 특징이 아니라 아프리카 유물과 같은 물적 증거들을 찾아야 한다는 점이다. 따라서 뚜렷한 증거 없이는 아프리카인들이 신대륙에 도착하였다는 주장을 입증할 수 없는 것이다.

한가지 덧붙이자면 올멕 조각상의 기원을 조사할 때 이것이 무엇을, 혹은 누구와 닮았는가 하는 것이 중요한 것이 아니라 올멕(Olmec) 문화의 전체적인 조건들 속에서 합리적인 설명을 찾아야 하는 것이다. 서티마가 인용한 조각상은 아프리카 문화의 영향이라고 보기에는 어렵다. 이러한 예술품은 일정한 수준의 기술력을 요구하며 복잡한 사회적, 정치적, 경제적 하부구조를 필요로 하기 때문이다.

이러한 조각상의 제작을 위해 우선 노동자들은 채석장으로부터 큰 돌들을 채취하여 상당히 먼 거리를 운반한 뒤 조각하였을 것이다. 이 작업을 위해서는 의식주 문제가 해결되어야 하고 그들의 노동력을 조직화 하여 감독할 수 있어야 한다. 이러한 조건들은 작은 무리의 사람들이 낯선 지역에 들어와 갖추기에는 어려움이 있었을 것이다. 만일 소규모 집단이 조각상을 만들었다면 아주 짧은 시간에 거대한 조각상을 만들어 낼 수 있는 문화체계를 갖고 있어야만 한다. 피라미드, 수정조각, 대규모 광장등 올멕문화의 성격을 규정짓는 요인들은 그 어떤 필요에 의해서 아주 복잡한 행동양식의 한 일부분으로서 그 조각상을 만든 것이며 이러한 능력은 오랜 시간 축적된 기술과 사회적 역량이 발전되는 가운데 나타난 것이다.

이러한 과정이 정확히 어떠한 것인지는 고고학적 기록들을 통해 확인 할 수 있다. 컬럼버스 이전에 아프리카인들이 중앙 아메리카를 방문했었다는 주장을 입증해 줄만한 증거가 발견된 예는 없다. 그리고 이 증명되지 않은 가설 자체가 신대륙의 복잡한 사회문화발전의 필수적인 요소들이 무엇이며 독립적인 진보가 오랜 세월에 걸쳐 일어난다는 것을 반증해 주는 것이기도 하다.*

한편, 불행하게도 컬럼버스 이전에 아프리카인들이 중남미 지역에 도착했었다는 서티마의 이론은 아프리카민족주의자들이 신봉하는 역사관에 한 도그마로서 확대 해석되어 왔다. 아프리카민족주의는

*서티마의 주장에 대한 올멕문화가 서아프리카에서 신대륙으로 항해했다는 사실에 대한 세부적이고 설득력 있는 비판들을 보려면 몬텔라노(Ortiz de Montellano)의 저술들을 참고해볼 수 있다. (The Skeptical Inquirer:1991,1992) (Current Anthropology 1977a) (Ethnohistory 1997b)

특별한 목표 때문에 상당한 영향력 속에 나타났는데, 이것이 오히려 아프리카인들이 과학, 의학, 철학, 문학 및 예술등의 문화적 성취를 등한시 하는 오류를 범하게 하는 원인으로 작용하였다. 아이러니하게도 아프리카민족주의자들이 아프리카에 기원을 둔 것이라고 주장하는 많은 것들이 오히려 아프리카 고유의 것이 아님이 밝혀지면서 자신들의 역사적, 과학적 근간을 흔들어 놓는 결과를 낳게 되었다.

일부 아프리카민족주의자들의 주장은 유럽의 과학과 철학이 오래 전에 아프리카에서 '도둑맞은' 것이라는 시각이다(James 1954). 예를 들어 그리스의 철학자인 아리스토텔레스(Aristotle)가 비밀리에 이집트의 도시인 알렉산드리아(Alexandria)를 방문하였고 이곳 도서관에서 아프리카 학자들이 이룩해 놓은 최고의 사상들을 약탈해다가 본국에 돌아가 자신의 생각인 것처럼 세상에 알렸다는 것이다.

그러나 이러한 주장들은 역사적 사실이 아니다. 아리스토텔레스는 B.C. 322년에 사망하였는데 알렉산드리아의 도서관은 B.C. 297년 이전에는 존재하지 않았다. 즉 아리스토텔레스가 사망한지 25년 뒤에 세워진 이 도서관은 사실은 아리스토텔레스의 한 제자에 의해서 설립되었으며 대부분의 저서들도 이집트어가 아닌 그리스어로 쓰여진 것들이다 (Lefkowitz 1996).

아프리카민족주의자들의 한 극단적인 이론은 아프리카의 문화가 모든 주요한 고대 인류문명의 근본적인 원천이라는 것이다. 예를 들어 아프리카 민족주의자인 쾀 난탐부(Kwame Nantambu:1996-97)에 따르면 고고학적, 역사적 기록들을 통해서 아프리카, 특히 고대 이집트 문화가 질그릇, 가축과 농경, 문자 발명의 근원지라는 것을 알 수 있다고 주장한다.

그러나 이러한 예들은 난탐부(Nantambu)가 잘못 알고 있는 것이 대부분이다. 지금까지 발견된 가장 오래된 질그릇은 일본에서 발견된 11,000년 전 것으로 아프리카에서 발견된 것들보다 1,000년 이상 오래된 것들이다. 동식물의 가축화와 농경은 11,000년 전 동남아시아에서 처음 시작된 것인 반면, 아프리카에서 가장 오래된 가축화의 증거는 8,000년 전의 것이다.

첫번째 이집트 문자는 5,100년 전에 만들어진 반면 서남아시아 메소포타미아 지역에서 사용된 문자들은 약 6,000년 전 것이다 (Feder 1998~99). 고대뿐 아니라 현대 아프리카 사람들은 그들이 성취한 훌륭한 문화를 갖고 있으며 그들의 문화가 인류문명에 공헌한 것을 굳이 과장할 필요는 없는 것이다.

### 컬럼버스 이전에 신대륙에 건너온 유럽인들이 있었는가?

컬럼버스 이전에 신대륙에 도착했던 유럽인들은 노르웨이인 외에는 뚜렷한 증거를 찾아볼 수 없다. 15세기 말~16세기 초 아일랜드 전설에 따르면 성직자인 브랜던(st. Brendan)은 태평양을 7년간 항해한 끝에 신대륙에 도착하였는데 그의 모험담이 3세기가 지난 다음 '항해(Navigatio)' 란 제목으로 기술되었다는 것이다(Ashe 1971).

역사적 기술과 고고학적 증거를 바탕으로 볼 때 '은둔자' 라 불리우던 아일랜드의 한 성직자가 6~8개의 다른 여러 나라들을 여행하면서 놀랄만한 항해를 하였다는 것이다(그림 5.18). 그들은 신을 숭배할 수 있는 조용하고 성스러운 장소를 찾아 다니다가 A.D. 579년에는 오크니 아일랜드(Orkney Island)에, 620년에는 쉐틀랜드(Shetlands), 670년에는 파로스(Faroes)에 각각 정착하였는데 이는 바이킹이 정착했던 A.D. 795년보다 앞선다는 것이다(Ashe 1971:24).

일부 학자들은 '항해(Navigatio)' 란 책에서 언급한 소위 '성직자에게 약속된 땅(Land Promised to the Saints)이 바로 신대륙이라고 주장하기도 한다. 그러나 브랜던이 실제로 신대륙을 방문할 수 있었을까? 모험가인 서브린(Severin 1977)이 브랜던의 항로를 모방하여 아일랜드

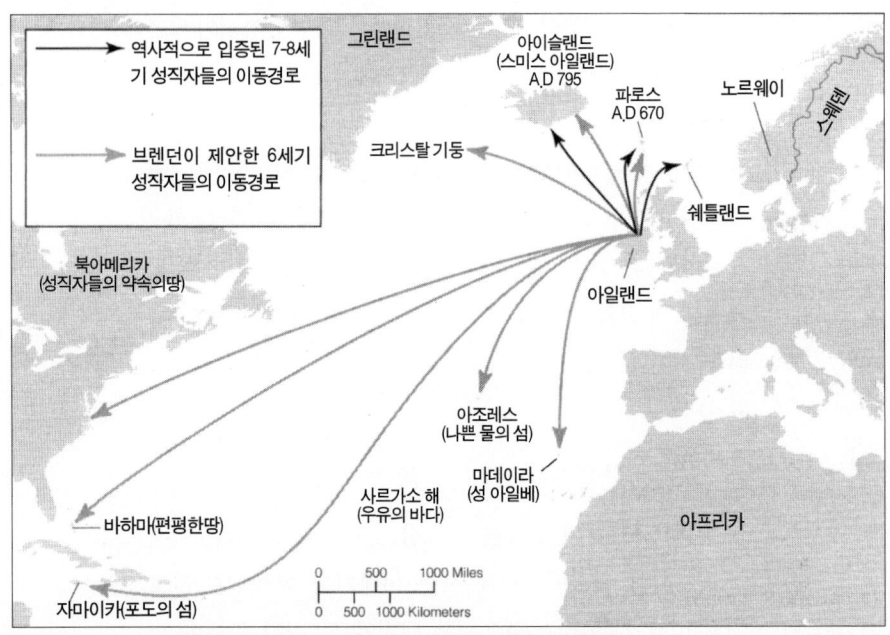

그림 5.18_ A. D. 6세기 아일랜드 성직자들의 이동경로와 브렌던이 제안한 이동경로.

가죽 선박의 이름을 딴 커래이(Curragh)호란 선박을 타고 태평양을 건너는 실험을 시도한 적이 있다. 그러나 역사적 사건을 재현 한다고 해서 과연 무엇을 증명할 수 있다는 말인가? 그러한 모방 항해가 과거에 실제로 어떠한 일이 일어났는가를 증명할 수 있는 것은 아니다. 브랜든이 북아메리카 서해안에 상륙하였다는 사실을 증명할 수 있는 유일한 방법은 16세기 아일랜드인이 이곳에 왔었다는 고고학적, 물적 증거를 찾는 방법 외에는 없다. 예를 들어 십자가, 금속제 반지, 단추등 이 가설을 증명할만한 그 어떤 유물이나 기타 물적 증거가 없다면 브랜던의 이야기는 전설로 남을 수밖에 없는 것이다.

또 다른 유럽인의 신대륙 방문기는 머독(Madoc) 왕자에 대한 이야기이다. 머독은 역사적 실존 인물로 A.D. 12세기에 살았던 전설적인 항해사이다. 그는 A.D. 1170년 영국 웨일즈(Wales)로부터 서쪽으로 항해를 하여 신대륙을 발견하였으며 수차례에 걸쳐 신대륙을 왕래하면서 수백명의 웨일즈(Welsh) 주민들을 그가 발견한 새로운 땅으로 이주시켰다.

그러나 불행하게도 이야기 중 많은 부분들은 이차적 정보이거나 서로 모순되는 내용들이 있다. 18세기 당시에는 많은 사람들이 나바호(Navajo), 체로키(Cherokee), 아즈텍(Aztec), 맨던(Mandan)인디언들의 문화, 언어, 피부색깔등 웨일즈인과는 아주 다른 내용들에 대해 흥분하며 읽었을 것이다.

이러한 많은 이야기들 속에는 인종차별적인 의식이 깔려있으며 다음 장에서 이야기 할 '마운트빌더(Moundbuilder)' 이야기와도 아주 유사한 것이다. 즉 인디언 마을이 깨끗하고 집들이 잘 만들어져 있으며 길이 잘 정돈되어 있으면, 특히 농업이 주된 경제적 기반을 이루고 있다면 이러한 마을은 곧 유럽인들의 유산으로 간주하였다. 즉 신대륙 원주민들에게는 그러한 능력이 있을 수 없다는 편견이 깔려있는 것이다.

웨일즈 머독의 항해에 대한 진부한 전설 또한 이러한 시각과 관련이 있는것이다. 머독의 지지자들은 이 전설을 입증할 다양한 물질적, 고고학적 증거들을 제시하고 있는데 이러한 자료들은 미국 켄터키(Kentucky)와 테네시(Tennessee)의 돌로 축성한 요새의 용마루와 관련이 있다. 디컨(Deacon 1966:202)은 모바일 배이(Mobile Bay)에서 미국 알라바마 강(Alabama River)과 테네시 까지의 항로를 추적하였는데 철제 칼과 같은 웨일즈 원산지의 유물이나 서유럽인의 인골, 웨일즈 언어의 사용이나, 흰 피부색의 인디언과 같은 유럽인의 존재를 나타낼만한 증거를 찾지 못하였다.

고고학자인 챨스 퍼크너(Charles Faukner 1971)가 테네시의 잘 알려진 요새를 발굴하였을 때 웨일즈인 전설에 관련된 그 어떤 증거도 찾지 못하였다고 보고하였다. 반대로 이 요새를 발굴할 때 돌로 축조되어 봉인된 상층부 벽이 있었는데 이곳에서 유럽인들의 유물이 아닌 인디언의 유물이 발견되었다. 유물들은 돌로 만든 화살촉과 자르개, 긁개와 같은 도구들인데 이 현장에서 채취한 시료를 연대측정 해본 결과 A.D. 30~430 사이에 축조된 것으로 판명되었다.

1960년대 중반 '미국 혁명의 딸들(Daughter of American Revolution)'이란 단체는 알라바마(Alabama)주의 모바일 배이(Mobile Bay) 해안을 역사적 이정표로 설정하였는데 그 일부를 읽어보면 '…세계를 탐험하다 1170년 이곳 모바일 배이에 상륙하여 인디언과 웨일즈 언어를 남겨두고 떠난 머독 왕자를 기억하며…'란 문구를 읽을 수 있다.

만일 머독이 실제로 태평양을 건너 멕시코 걸프만을 지나 알라바마강의 모바일 배이를 거쳐 테네시까지 항해를 하였다면 그는 이 돌로 축조한 요새를 보았을 것이며 12세기 유물들을 증거로 남겨놓았을 것이다. 그러나 이곳 인디언들은 이미 천년 전에 이 석조건물들을 축조하여 살고 있었으며 컬럼버스 이전에 웨일즈인들이 왔었다는 증거는 그 어디에도 찾아볼 수 없다.

## 기원전의 신대륙은?

하버드대학의 해양생물학자인 배리 펠(Barry Fell)은 나름대로 명백한 증거가 있다면서 이미 3,000년 전에는 이베리아(Iberian)반도 사람들이, 2,800년 전에는 켈트(Celt)인이, 2,500년 전에는 그리스(Greek)인이, 2,000년 전에는 히브루(Hebrews)인들이, 그리고 1,500년 전에는 이집트(Egyptions)인들이 신대륙을 탐험하였을 뿐만 아니라 식민지를 건설하였다고 그의 저서 '기원전 청동기시대의 신대륙 모험담(America B.C., Saga America and Bronze Age America)'이란 책에서 주장하였다.

더 나아가 펠(Fell)의 추종자인 트렌토(Trento 1978)와 필드먼(Feldman 1977)은 이들이 단순히 신대륙을 발견하고 탐험한 것 뿐만 아니라 컬럼버스 이전에 많은 사람들이 오랜 기간 동안 신대륙에 정착하였다고 주장한다. 그들은 한발 더 나아가서 신대륙과 구대륙 사이에 상당히 오랜 기간 동안 상업적인 교류가 있었고 이것이 신대륙 원주민 문화에 아주 심대한 영향을 끼쳤다고 주장한다. 물론 대부분의 고고학자나 역사학자들은 신대륙과 구대륙 사이에 그러한 교류가 있어왔다는 펠의 주장에 대해 회의적이며 일부는 아주 공격적이기까지 하다(Cole 1979; Daniel 1977; Dincauze 1982; Hole 1981; McKusick 1976; Ross and Reynolds 1978).

펠은 자신의 이론을 입증해줄 세가지 증거들을 제시하였는데, 첫째는 신대륙 원주민들의 언어와 유럽언어와의 연관성, 둘째는 신대륙에서 발견된 많은 고대 이집트 상형문자, 셋째는 뉴잉글랜드(New England) 지역과 서유럽 건축물 사이의 유사성을 주장하였다.

### 언어학적 요인들

스미스소니언 재단(Smithsonian Institution)의 거더드(Goddard)와 핏슈(Fitzhugh)라는 두 과학자가 펠(Fell)이 주장하는 인디언 언어와 노르웨이, 이집트, 아랍어와 같은 인도유럽어 사이의 유사성에 대해 조사하였다(Goddard and Fitzhugh 1979).

펠의 주장은 두 언어권 사이의 특정한 단어들을 골라 음운(발음)의 유사성과 해석상의 의미가 동일한가의 여부에 대하여 조사한 것에 기초한다. 결론적으로 그는 신대륙의 인디언 언어가 구대륙의 유럽계 언어에서 파생된 것이라 주장하였다. 그러나 거더드(Goddard)와 핏슈(Fitzhugh)는 이러한 언어학적 접근방법이 학술적으로 의미가 없음을 지적하였다. 펠이 선택한 이 방법론은 이미 오래 전에 언어학자들에 의해 폐기된 이론들 중 하나였으나 인디언의 기원을 유럽에서 찾으려는 사람들에게는 받아들이기 힘든 결론이었다.

우선 정확한 신대륙 원주민 언어의 발음은 아주 극소수만이 그 원형이 알려져 있다. 게다가 언어의 구성에서 아주 중요한 역할을 하는 문법적인 요소를 무시하고 단지 몇몇 단어만을 비교하는 것은 의미가 없는 것이다. 인류가 사용하는 언어들 사이의 일반적이고 공통된 발음은 우리가 조금만 신경써서 조사해 본다면 얼마든지 찾아볼 수 있는 것이다.

예를 들어 중남미 지역 전문가인 아밀라스(Pedro Armillas)에 따르면 라틴어로 오쎌리(Ocelli)란 단어는 '작은 눈동자(little eyes)' 란 뜻인데 아즈텍 언어인 나와틀(Nahuatl)어로 오쎌롯(Ocelot)은 '점박이 고양(spotted cat)' 이라는 뜻이다. 이 두 단어 사이에 발음의 유사함이나 고양이의 점박이와 작은 눈동자들과의 유사성을 통해 그 관계를 예상할 수 있다. 이렇게 단어와 단어의 비교를 통해서 아무런 역사적 연관성이 없는 다른 언어들 사이의 유사성을 보여주는 예는 많다. 펠이 주장하듯 인디언 언어가 유럽어로부터 파생되었다면 추적이 가능한데 만일 그들이 어떤 단어들을 다른 언어에서 빌려왔다면 그 언어 속에는 추적이 가능한 역사가 담겨있기 때문이다.

### 상형문자

펠은 그 자신이 생물학자이면서 동시에 고대 상형문자와 금석문 해독 전문가로 자처한다. 그는 구대륙의 고대 문자들이 신대륙에 무수히 퍼져있다고 주장한다. 그러나 펠은 그의 유물들과 관련 있는 아주 중요한 증거들을 무시하였다. 예를 들어 그는 아이오와(Iowa)주의 대븐포트(Davenport)에서 발견된 문자가 조각되어 있는 석판을 증거로 하여 이집트 함대가 B.C. 9세기 리비아 선장의 지휘아래 현 미국 중서부 지방을 탐험했다고 주장하였으나 이것은 19세기에 제작된 잘 알려진 가짜 유물이다(1976:261-68)(그림 6.5).

거더드(Goddard)와 핏슈(Fitzhugh)는 펠이 문자가 새겨진 고대 신대륙 비문이라고 주장한 유물들을 조사하였는데 언어학적 측면에서 오류가 있으며 최근에 만들어진 것들이라는 결론을 내렸다. 이 비문은 고대의 진품들과는 고고학적 속성들이 일치하지 않을 뿐만 아니라 단순히 바위에 무작위로 우연히 새겨진 것임을 지적하였다(1979:167).

고고학자인 앤 로스(Anne Ross)와 역사학자인 레이놀드(Peter Reynolds 1978)도 펠이 해독한 암석의 비문을 조사하였는데 돌에 새겨진 것들이 펠의 해석과는 일치하지 않음을 지적하였다. 그들은 비문이 자연 풍화작용의 결과이거나 쟁기자국과 같이 사람들에 의해서 우연히 만들어진 것임을 지적하였는데 쟁기의 날은 땅속에 묻혀있는 바위에 반복적으로 상처를 낼 수 있으며 연속적인 선을 남기기도 한다. 이 비문의 선들이 의도적으로 깊이 새긴 것처럼 보이지만 분명 문자는 아닌 것이다.

펠은 돌에 새겨진 선들이 의미를 담고 있는 문자라고 해석하였고 이것이 바로 '오검(Ogam)'이라 주장하였는데 오검(Ogam)이란 A.D. 4세기경 라틴어에서 파생된 아일랜드인이 사용하던 문자이다. 펠은 이 오검 문자가 신대륙에서도 사용되었으며 오히려 아일랜드의 오검 보다 더 오래된 것인데 한가지 다른 점은 신대륙의 오검이 모음 표기 없이 여러 개의 다른 언어로 새겨진 것이라고 주장하였다. 그러나 영국의 오검 전문가인 로스(Anne Ross)는 뉴잉글랜드 지역에서 펠이 오검 문자라고 주장하는 것들을 조사한 결과 '거친 자연이 만들어낸 언어학적 환상'이라고 지적하였다(Ross and Reynolds 1978:106).

거더드(Goddard)와 핏슈(Fitzhugh)가 설명한 것처럼 오검(Ogam)은 실제 기록을 위한 체계로서 직접적인 타격을 가해 돌에 문자를 새기는 방법이다. 그러나 펠의 주장은 바위표면에 새겨진 선들이 오검과 유사하며 자음 단어에 대응하는 모음을 뜻하는 선들을 골라내는데 약간 더 어려울 뿐이라는 것이다.

보다 최근에 켈트(Celt)문화 전문가인 오헤어(Brendan O Hehir)는 웨스트 버지니아(West Virginia)에 있는 바위에 새겨진 소위 크리스마스 메시지라는 펠의 주장을 조사하였다. 펠은 아주 놀랄 만큼 자세하게 선과 단어는 물론 심지어는 문자와 문자를 구별하여 이 비문을 판독하였으나 오헤어는 '크리스마스 메시지' 란 이 해석은 한마디로 '어리석고 무지한 사기' 라고 비난하였다(O Hehir 1990).

### 건축물

뉴 햄프셔(New Hampshire)의 너스 세일럼(North Salem)현장이 바로 펠의 주장에 초석을 이루는 장소이다(Goodwin 1946). 펠은 이 현장이 3,000년 전에 서유럽으로부터 건너온 사람들이 남긴 유적이라고 주장한다. 펠과 그의 지지자들은 이 현장의 석조 건축물들이 같은 시기 유럽에서 축조된 건축 기술과 동일한 것이라고 주장하였다. 그 당시 서유럽에서는 소위 거석문화의 건설자들이 영국의 스톤헨지(Stonehenge), 프랑스의 카내(Carnae)와 같은 석조 건축물을 만들기 바빴던 시기이며 신대륙의 유럽인들은 스카라 브래이(Skara Brae)와 오클리 아일랜드(Orkney Island)에 큰 석재를 이용하여 주거지를 건설하였다고 주장한다(그림 5-19).

뉴 햄프셔(New Hampshire)에는 석재를 이용하여 만든 구조물이 많이 분포하고 있다(그림 5.20). 미국 커네티컷주의 하트포트(Hartford)에 사는 보험회사 직원인 윌리엄 굳윈(William Goodwin)이 1935년에 이 땅을 매입하였고 남은 여생을 무너진 건축물을 보수하면서 이것이 고대 유럽인이 만든 것 이라는걸 증명하려 한 적이 있다. 그는 이 건축물이 아일랜드의 쿨디(Culdee)수도회의 성직자가 A.D. 10세기경에 건너와 지은 것이라고 주장하였다.

이 구조물은 한동안 미스터리 힐(Mystery Hill)이라 불리웠는데 굳윈

그림 5.19_ 스코틀랜드 북부 오크니 아일랜드의 스카라 브래이 마을의 4천년 전 유적지. 벽, 노지, 저장고등 7개의 석조 구조물이 발견되었다. 이 건축물의 외형을 피상적으로 비교하여 신대륙의 석조건물과 비교하여 닮았다고 주장하였다.

자신은 아메리카 스톤헨지(America's Stonehenge)라고 부르고 있다. 이러한 건축물은 문화적 배경을 세밀히 조사할 필요가 있는데 외형적인 모습이 유럽의 석조 건축물들과 비슷하다는 것이 신대륙에 유럽인들이 살았다는 증거가 될 수는 없는 것이다.

고고학자인 그래디(Robert R. Gradie 1981)는 이 주장을 정면으로 반박하고 있는데 영국과 미국 뉴잉글랜드 지역의 건축물들은 서로 연관성이 있는건 사실이지만 컬럼버스 이전에 켈트족이 건너와 만든 것이 아니라 유럽인들이 신대륙에 이주한 이후에 만든 건축물 이라는 것이다.

그래디는 이 석제 구조물을 유럽의 거석문화 전통의 영향을 받은 소위 20세기판 모방건축물로 보고있다. 로스(Ross)와 레이놀즈(Reynolds)는 사람들이 이 구조물의 건축 과정을 기억할 정도로 최근에

그림 5.20_뉴햄프셔주 너쓰 살럼의 미스터리 힐에 있는 석제 구조물로 18~19세기 식민지 개척시대에 지어진 것이다. 그러나 일부 사람들은 이것이 3천년 전에 유럽인들이 건너와서 만든 것이라고 주장한다.

만들어진 것임을 지적하였다(1978:103). 서유럽의 농부들은 포도주 저장고나 창고를 세울 때 수백년 전부터 내려오는 전통적인 건축양식으로 축조한다. 이 농부들 중 일부는 17~18세기에 뉴잉글랜드로 이주해 왔고 그들 고향의 마을 이름을 따라서 새로운 지명을 사용하였으며 조상의 물질문화 전통을 지켜오면서 이 건축물들을 남긴 것이다. 그래디는 미스터리힐 현장과 같은 석제 건축물이 켈틱에 의해 실제 만들어진 것이라기보다는 그 전통을 이어받은 아주 최근에 만들어진 것이라고 지적하였다.

### 고고학적 판단

만일 펠의 켈틱인에 대한 주장과 그가 제시한 연대가 사실이라면 그린랜드의 노르웨이인들이 남긴 유물들처럼 명백한 물적 증거들을 찾을 수 있어야 한다. 그렇다면 그 어떤 고고학적 유물이 펠의 주장을 입증해 줄 수 있는가? 불행하게도 굳윈과 펠의 경우에는 미스터리힐이나 다른 유사한 현장에서 컬럼버스 이전에 이곳에 정착했던 사람들이 남긴 증거를 찾아내지 못하였다. 만일 굳윈과 펠의 주장처럼 이곳에 유럽인들이 다녀갔다면 그들은 주변의 가까운 원주민들과 접촉이 있었을 것이고, 고고학자들이 복원하거나 분석할 수 있는 어떤 흔적을 반드시 남겼을 것이다. 이러한 사실이 그들에게는 아주 치명적인 학문적 약점인 것이다.

한번은 나 자신이 미스터리힐을 방문하여 그곳에 있는 작은 박물관을 구경하였는데 큰 진열장 안에는 그 지역 인디언들의 유물로 채워져 있었고 다른 진열장 안에도 토기 조각, 벽돌 조각, 철제 못등 19세기 유물들로 가득 채워져 있었다. 나는 그곳 안내원에게 왜 그들이 주장하는대로 청동기시대 유럽인들의 유물을 찾아볼 수 없는가를 물어보았다. 그러자 그 안내원은 "…선생은 고대인들이 그 귀중한 청동제 도구들을 주변에 아무데나 버렸을 것이라고 생각하십니까?…"라고 대답하였다. 이에 나는 "…그 귀중한 동제 유물들이 유럽에서는 주변에 널려 있답니다. 때문에 우리 같은 고고학자들이 그 유물을 통해 청동기 문화라고 부를 수 있는 것이지요."라고 대답해 주었다.

나는 그 직원에게 고고학적인 전후 맥락을 생각하여 질문한 것이었는데 그 현장 어디에도 고고학적 연관성이란 것을 찾아볼 수 없었다. 그러나 그들은 고고학적 유물들이 발견되지 않는 바로 그 점이 이 장소가 중요한 의식을 행했던 신성한 장소임을 증명하는 것이라고 주장하고 있다.

1950년대 한 발굴기관(The Early Site Foundation)에서 베셀리우스(Gray Vescelius)라는 예일대학의 대학원생을 고용하여 미스터리힐에 대한 고고학적 발굴 조사를 실시하였다. 굳윈과 그의 지지자들은 이 현장에서 고대유럽의 이주민들이 신대륙에 건너와 석제 건축물을 만든 것을 입증할 수 있는 유물을 발견하기를 희망하였다. 이들은 이 현장에 있는 건축물들이 갖고있는 유럽과의 건축학적 유사성만으로는 그들의 이론이 인정받을 수 없으며 신대륙과 구대륙 사이의 연관성을 입증해 줄 수 있는 고고학적 설명이 필요함을 인정하고 전문적인 고고학자를 고용하였던 것이다. 즉 미스터리힐에서 어떠한 사람들이 살았는가를 증명하려면 고대 유럽인들이 남긴 유물과 인골은 물론 다양한 물적 증거들의 상호 연관성을 통해 컬럼버스 이전에 유럽인들의 존재를 증명하여야 한다.

그러나 베셀리우스(1956)는 이 현장에서 유럽 문화의 잔재를 발견하지 못했고 단지 7,000여점의 유물들을 수습하였는데 이들은 모두 이 지역 원주민들의 유물이었고, 연대측정 결과 석조 건축물 보다 훨씬 오래된 시기의 유물들이었다. 일부 수습된 유럽제 물건들은 모두 19세기 이후의 것으로 도자기, 철제 못, 벽돌 조각들이었다. 이러한 고고학적 증거들을 볼 때 미스터리힐 현장은 19세경에 형성된 것임에 분명하다.

미스터리 힐과 아주 유사한 고고학적 조사가 커네티컷주 건지웜프(Gungywamp)란 현장에서 있었다. 이 현장도 펠의 주장과 마찬가지로 고대 켈틱인들이 건너와 거주했던 곳이라고 주장하는 장소인데 이곳에서도 역시 최근의 유물들 외에는 발견된 것이 없었다(Jackson, Jackson, and Linke 1981).

이 뿐만 아니라 메사추세츠(Massachusetts)주(Cole 1982)와 버몬트(Vermont)주(Neudorfer 1980)에서도 역시 켈틱인들이 만든 것이라고 주장하는 유사한 석조 구조물에 대한 조사도 진행이 되었다. 이들 현장에서 조사한 석조 건축물들도 유럽인들이 식민지 개척 이후 축조하여 사용한 것임이 분명하게 입증되었다. 콜은 13곳의 발굴 현장들 중 그 어느 곳에서도 컬럼버스 이전에 유럽인들의 존재를 입증해 줄만한 고고학적 증거를 찾지 못하였다. 이 건축물들은 19세기 이주민들이 건축한 농장, 헛간, 호텔등의 부속건물로 축조된 것이 분명하다.

뉴도퍼(Neudorfer)는 버몬트에 있는 44개의 현장에서 역사적 고증을 위해 3년간에 걸쳐 석조 구조물들을 조사하였는데 이들 중 펠이 주장한 켈틱의 신전이라는 7개의 구조물들이 18~19세기 이후에 축조된 농장의 부속 건물들로 밝혀졌다. 펠이 신전이라 주장했던 한 구조물에서는 19세기에 이 건물을 축조한 사람의 이름까지도 확인할 수 있었다. 뉴도퍼는 특히 이 구조물 안의 방들이 수수께끼와는 거리가 먼 역사시대 이후 뉴잉글랜드 지역의 일반적인 농장의 한 부속 건물임을 확인하였다. 그녀는 18~19세기 출판물에서 야채와 과일을 차갑게 보관하는데 효율적인 시설을 건축하는 방법을 소개한 책을 통해 이 건축양식이 역사시대 농장들의 건물구조와 기본적으로 동일한 것임을 확인하였다.

뿐만 아니라 펠은 이 건축물의 문이 남쪽이나 동쪽으로 나있는 것은 고대 켈틱의 의례와 신앙을 반영한 것이라 주장하였다. 그러나 뉴도퍼가 발견한 18~19세기에 출판된 농업관련 서적에 보면 겨울에 저장고가 얼어붙는 것을 방지하기 위하여 햇빛을 오래 받는 따뜻한 남쪽으로 문을 낼 것을 권하고 있다. 즉, 뉴도퍼의 발굴 중 가장 중요한 업적은 석조 건축물이 고대 켈틱인들이 뉴잉글랜드를 방문하여 그들의 신전을 세운 것이 아니라 18~19세기 농장의 한 부속 시설로서 만들었다는 역사적 배경을 밝힌 것이다.

고고학자인 데나 딘커즈(Dena Dincauze 1982)는 바로 이러한 경우에 오컴의 법칙을 적용할 수 있음을 지적하였다. 이 석제 구조물들은 우리가 알고 있는 뉴잉글랜드 대부분의 농장에서 동일한 형태로 흔히 찾아볼 수 있었기 때문에 다른 가능성에 대한 설명을 필요로 하지 않는다. 딘커즈가 지적하기를 뉴도퍼의 논점과 증거는 다른 가설에 의해서 바뀔 수 있을 만큼 가벼운 것이 아니며 그러한 시도를 하는 사람은 상당히 무거운 짐을 어깨에 짊어지게 될 것임에 분명하다고 하였다(1982: 9-10).

마지막으로 뉴도퍼는 뉴잉글랜드 지역 석조 건축물에 관련된 신비주의는 문화적 기억상실증의 산물이라고 지적하였다. 일상에서 매일

**그림 5.21_** (사진 위) 소위 미스터리 힐의 제단. 컬럼버스 이전에 제례의식을 행하면서 희생물을 바쳤던 제단이라고 주장하였다. 그러나 홈이 파여진 이러한 석판은 특별한 것이 아니라 역사시대 이후 뉴잉글랜드 농가에서 쉽게 찾아볼 수 있는 유물로 세탁에 사용하던 것이다. (사진 아래) 메사추세츠주 서부에 위치한 농업박물관에 소장되어있는 동일한 유물.

그림 5.22_ (사진위) 커네티컷주 건지웜프에서 발견된 미스테리한 원형 석제 구조물. 컬럼버스 이전에 유럽인들이 신대륙에 건너와 사용했던 종교적 구조물이라고 주장하였다. (사진 아래) 그러나 역사적 기록과 당시 사진들을 조사해 본 결과 뉴잉글랜드 거주지에서 가죽을 다듬고 화학물을 추출하기 위하여 사용했던 맷돌의 하부시설로 밝혀졌다.

제5장 누가 신대륙을 발견하였는가? 213

사용하던 아주 흔한 석조 건축물들이 더 이상 사용하지 않게 된 이후 세월이 지나면서 수수께끼 같은 신비한 유물이 되어 우리 앞에 다시 나타난 것이다. 이러한 구조물은 절대적인 시간의 기준에서 볼 때 아주 먼 옛날의 유물이 아니다. 비록 이것이 가까운 과거의 유산이지만 컴퓨터, 우주비행등 현대의 급속한 과학기술의 발전에 의해 상대적으로 까마득히 먼 과거로 느껴지게 만드는 것이다. 예를 들어 19세기에 흔하게 사용하던 양잿물이 오늘날 비누로 바뀐 것처럼 뉴잉글랜드 농업박물관에서 찾아볼 수 있는 농장에서 사용하던 석판이 미스터리힐의 선전 책자에도 나와있듯이 켈틱인들이 종교적 제물을 바치는 제단으로 묘사될 수 있었던 것이다(그림 5.21).

같은 이유에서 동물의 힘으로 작동하는 연자방아가 당시 사진이 남아있음에도 불구하고 신비한 신전의 한 구조물로 둔갑하기도 한다. 이러한 현상은 앞서 언급한 건지웜프(Gungywamp) 현장에서도 마찬가지이다 (그림 5.22; Warner 1981). 즉 우리는 과거의 흔한 건축 구조물들이 일상생활에서 어떠한 역할을 하고, 어느 한 부분을 차지하고 있었는지 알 필요가 있다. 이러한 물건들은 오늘날 우리에게는 친숙하지 않고 신비하며 아주 오래된 것 같은 느낌을 주지만 이것은 명백히 사실이 아닌 것이다(Sanford, Huffer, and Huffer 1995).

## 고고학적 발굴과 유물의 복원

고고학자들은 필수적인 연구 방법의 하나로 다양한 종류의 도구를 이용해 흙을 한줌한줌 파내면서 세심한 발굴 조사를 한다. 한명의 고고학자가 일생동안 학문적 활동을 통해서 실로 엄청난 양의 흙을 파내면서 조사를 하는 것이다. 뉴잉글랜드 남부에 있는 한 발굴조사기관(Connecticut Historical Commission)의 데이비드 포리에(David Poirier)라는 고고학자의 경우를 살펴보자. 그는 커네티컷(Connecticut)

주 내의 고고학적 조사를 통하여 여러 유적지의 종류와 연대기적, 문화적 연관 관계를 조사하였는데 포리에가 속해있는 이 기관은 연방정부나 주정부가 돈을 출연한 공사가 시행되기 이전에 문화재 조사를 통한 구제발굴을 하는 것을 주된 업무로 하고 있다. 즉, 어떠한 이유가 되었건 커네티컷주에서 발굴되는 모든 현장의 현황보고가 매일 포리에의 책상 위에 올라오는 것이다. 그의 보고서에 따르면 1990년대 일년 평균 10,000여건의 발굴이 커네티컷주에서 시행된 것으로 보고되었다.

로드 아일랜드(Rhode Island)의 로빈슨(Paul Robinson)은 SHPO라는 발굴기관의 책임자인데 포리에와 유사한 보고서를 낸 바가 있다. 1980년에서 1997년 사이 로드 아일랜드에서 매년 4,000-6,000건 정도의 발굴이 있었는데 이들 숫자를 평균내보면 10년 동안 34,000건의 발굴이 이루어진 것이다.

메사추세츠주의 브로나 사이먼(Brona Simon)이라는 고고학자의 보고서에 따르면 지난 10년 동안 연평균 7,500여건의 발굴이 행해졌고 10년 동안에는 대략 70,000건 정도의 발굴이 메사추세츠 주에서 시행되었다. 이 세 주(state)에서 시행한 발굴 결과를 합쳐 통계를 내본다면 1990년대 고고학자들은 주정부와 연방정부가 출연하는 개발현장에서 10년동안 약 200,000만건 정도의 발굴 조사를 시행한 것이다. 이들은 미국 내에서 비교적 작은 주인데 보다 큰 주에서는 이러한 발굴 숫자가 비례하여 훨씬 더 많을 것이다. 데이비드 스나이더(David Snyder)*의 보고서에 따르면 1990년대에 오하이오주의 고고학자들이 매년 평균 50,000여건의 발굴을 시행하였다.

*미국 오하이오주의 Ohio Historic Preservation Office란 발굴기관의 책임자

뉴잉글랜드의 경우에도 수만건의 고고학 발굴을 통해 확인된 오래되고 귀중한 유적지들이 있는데 드물지만 1만년 이상된 유적지를 포함하여 빙하기 직후 거친 환경에서 살았던 9000년 전 원주민들이 남긴 현장도 있다. 6,000년 전에는 소위 아케익(Late Archaic)문화라고 부르는

유적지가 있고 4,000년 전에는 인구가 급증한 시기로 우들랜드(Woodland)라고 부르는 보다 영구적이고 대규모의 유적지들이 발견된다. 이 시기에는 옥수수, 콩, 호박등 신대륙 원주민의 전통적인 농법을 볼 수 있으며 17세기의 원주민 유적에서는 주거지, 채석장, 광산등 유럽인들과 접촉한 명백한 증거들을 뉴잉글랜드 남부에서 발견할 수 있다.

앞서 조오지 칼린(George Carlin)이 언급한 소위 '물건' 들은 우리 인간들이 어디를 가건 잃어버리거나 혹은 필요 없는 물건들을 버리는 습관에 의해 남겨진다. 마찬가지로 고대에 신대륙을 방문했던 사람들도 같은 습관을 갖고 있었음에 틀림없다. 그러나 뉴잉글랜드에서는 지난 10년간 200,000만개가 넘는 발굴현장에서 웨일즈, 중국, 켈트, 아프리카와 관련된 유물이 단 한점도 발견된 예가 없다. 그들이 여행도중에 가져왔을 물건들 중 신대륙에 남겨놓은 물건이 단 하나도 발견된 것이 없다는 것인데 바로 이점이 컬럼버스 이전에 신대륙을 방문했던 유럽인들이 없다는 아주 강력한 증거인 것이다.

## 신대륙 원주민에 대한 현재의 연구성과

분자고고학(Molecular Archaeology)이라고 부르는 분야는 현재 살아있는 사람들의 유전인자 속에 깊이 숨겨져 있는 정보를 찾아내는 분야이다. 이 분야는 현생인류와 직접 관련이 있는 초기 인류형성의 근원과 우리의 염색체가 변화하는 과정을 연구함으로써 현생인류의 유전적 구조가 어떻게 결정되었는지를 연구한다. 또한 어떠한 집단이 독특한 유전정보를 공유하고 있는지, 소수 유전자가 어떠한 특징을 나타내며, 그것이 한 개인의 외모나 건강을 결정짓는데 어떠한 영향을 주는가를 연구한다. 이러한 연구 결과들은 무수히 많은 서로 다른 변수들의 영향을 받는데 현재를 살아가는 사람들 중 동일한 유전적 인자들을 공유하면서 소수의 유전적 차이만을 보이는 경우는 그들이 동일한 생물학적 조상들을 공유하고 있다는 의미가 된다.

우리가 영화에서 보듯이 오래 전에 헤어진 형제자매들의 아주 작은 생물학적 표식들을 비교함으로써 그들이 가족임을 확인할 수 있는 것이다. 예를 들어 미토콘드리아(mitochondria) DNA를 조사해 보면 지구상에 퍼져있는 해플로그룹(haplogroups) 라고 부르는 다른 변종을 볼 수 있다. 미토콘드리아 DNA는 다양한 DNA로 구성되어 있는데 세포핵 속에 위치하는 것이 아니라 에너지를 생산해서 공급하는 미토콘드리아 안에 존재한다.

신대륙 원주민들에게는 5개의 해플로그룹(haplogroups)들이 존재한다. 이 다섯 변종은 지리적으로 한 장소에 거주하던 동일한 유전적 집단으로부터 생겨난 것인데 특히 시베리아 중앙에 위치한 바이칼 호수(Lake Baikal) 해안가를 따라서 생활했던 아틀라티안(Atlatians)이라는 집단으로부터 파생된 것이다 (Derenko et al 2001).

즉, 5개의 특징적인 해플로그룹(haplogroups)의 모양은 신대륙 원주민들과 아시아 사람들이 아주 가까운 친척 관계에 있다는 강력한 근거인 것이다. 미토콘드리아 DNA는 오직 모계를 통해 전이되기 때문에 여성들 사이의 유전관계만을 추적할 수 있다. 반면에 Y 염색체(chromosome) 변이에 대한 구조는 명백히 부계의 유전관계만을 보여주는데 이 유전인자의 추적 결과 또한 동일하다. 보툴리니(Maria-Catira Bortolini)와 그녀의 동료들은 2개의 Y 염색체 변종을 확인하였는데 이것 또한 신대륙 원주민들과 아시안 사이의 연관관계를 잘 보여준다. 이것은 사소한 유전적 차이로 외모나 건강에 직접적인 영향을 미치는 요인은 아니다. 그녀는 중앙 시베리아 원주민들 중 14곳의 다른 마을에서 표본을 조사하였는데 이들 중에서 두 개의 Y염색체 변종이 신대륙과 아시아에서 모두 공통적으로 나타난다.

이러한 사실은 미토콘드리아 DNA와 마찬가지로 고대 신대륙 원주민들과 중앙 시베리아 원주민들이 생물학적으로 연관관계가 있음을 입증하는 강력한 증거인 것이다. 이러한 결과는 실로 놀라운 것으로서 우리들의 유전인자를 조사하는 것이 곧 고고학자들이 고대의 유물을 발견하는 것처럼, 우리의 유전인자는 마치 과거의 조상들이 만든 유물과도 같은 것이다. 이 유전인자에 우리 조상들의 이야기가 담겨있고 현재 우리가 누구인가를 결정하며 우리가 어디로부터 왔는가를 이야기해준다. 이러한 이야기는 분자고고학자들에 의해 해석이 가능하며 인류가 신대륙으로 이동한 이야기를 우리에게 말해줄 수 있는 것이다.

보다 흥미로운 사실은 중앙시베리아 바이칼 호수 근처에서 발굴된 가장 오래된 20,000년 전 유적지에서 5개의 미토콘드리아 변종이 추출되었는데 이것과 동일한 유전인자가 신대륙 원주민들 사이에서도 확인되었고 양쪽에서 발견된 고고학적 유물들도 서로 유사하다는 점이다. 즉 유물들 뿐만 아니라 유전인자 또한 중앙 시베리아 사람들이 신대륙 원주민들의 직접적인 발원지라는 점을 증명해주고 있는 것이다.

 ───────자주 받는 질문들

1. 베링 해협을 통해 여러번에 걸쳐 신대륙으로의 이주가 이루어졌을 가능성이 있는가?

이 가설은 유전인자의 추적과 언어학적 증거들을 근거로 추정되어 온 가설로서 크게 세번에 걸쳐 아시안들이 건너 왔을 것으로 추정하고 있다. 최초의 이주민 집단이 대부분의 신대륙 원주민들의 조상이 되었고 그 이후에 한 집단이 이주하여 현재의 에스키모(Eskimo-Alents)의 모태가 되었으며 다른 한 집단이 현재 북미대륙 동북쪽 해안가에 거주하는 원주민들의 조상이 된것으로 추측하고 있다. 그러나 최근 축적된 유전적 정보에 의하면 현재 신대륙 원주민들은 거의 동일한 유전적 특징을 갖고 있으며 이를 볼 때 대부분의 신대륙 원주민들이 아시아에서 건너온 한 집단의 후손들일 가능성이 높다(Gibbons 1996).

2. 바이킹들은 나침반이나 육분의와 같은 장비 없이 어떻게 신대륙으로 여행을 할 수 있었는가?

바이킹들은 해류의 흐름, 바람, 별들의 위치등을 파악하여 항해를 하였는데 이것은 수세기동안 이용되던 항해기술이다. 노르웨이인들의 빈랜드 1,000주년을 기념하기 위하여 당시의 항해를 재현하는 행사가 2000년에 있었다. 복원된 선박의 이름은 아이슬랜더(Islendingur/Icelander)호로 명명되었는데 1882년 발굴 보존된 A.D. 9세기 노르웨이 선박을 토대로 제작된 것이다. 이 배는 아이슬랜드의 수도 레이캬비크(Reykjavik)에서 독립기념일인 2000년 6월 17일에 출발하여 8월 28일 랑스 오 메도우(L'Anse aux Meadows)에 안전하게 도착하여 시민들의 열렬한 환영을 받았다.

# 제6장 마운드(Mound) 건설자들의 신화

　　오늘날의 고고학자들에게는 잘 알려진 사실이지만 신대륙 원주민 문화들 중 '마운드빌더(Moundbuilder)' 문화가 존재했었다는 사실은 얼마전 까지만 해도 미국의 역사교육에서 그 진실을 감추어온 첫번째 사례일 것이다. 즉, 복잡하고 다양한 북미 신대륙 원주민 사회들 중에서 대규모의 인구와 강력한 지도자, 피라미드, 섬세한 예술을 소유한 문화가 미국 중서부지역과 동남부지역에 걸쳐 존재했다는 것이 세상에 알려지면서 학계는 물론 많은 사람들을 놀라게 하였다.

　　북미대륙의 고대 유적지들 중 여러 곳에서 이 문화의 잔재가 남아 있는데 가장 주목할만한 것은 바로 그들의 건축 기술이다(그림 6.1, 6.2). 이들은 높이가 30m에 이르는 원뿔모양의 피라미드를 축조하였는데 동제 장식품과, 석제 도구들, 조개껍질 장식등이 출토되는 것으로 보아 아마도 지배자나 성직자의 무덤이었을 것으로 추정된다. 또한 정상부가 편평한 30m의 높이의 피라미드는 수 에이커의 면적 위에 수백톤의 흙으로 쌓아 올린 거대한 규모로 원주민들의 고대 신전이 있던 장소에서 발견되었다. 이러한 건축물들 중에는 뱀, 곰, 새와 같은 동물 모양과 사물의 형상을 나타내는 것들도 있다.

　　소수의 사람들은 신대륙 원주민들이 남긴 이 경이로운 문화유산을 잘 알고 있었으나 이것이 대중에 알려진 것은 최근의 일이다. 20여년 전 내가 세인트루이스(St. Louis)에서 열린 고고학대회에 참석하였을 때 아주 서글픈 현실에 직면한 적이 있었다. 나는 고고학대회가 바로 세인트

그림 6.1_ 여러가지 형태의 마운드들. (사진 위) 오하이오주 남쪽에 위치한 457m 길이의 서펀트 마운드. (사진 아래) 오하이오 미아미스버그에 위치한 높이 31m의 거대한 원뿔모양의 마운드.

루이스에서 있어 이 인디언 유적지를 구경할 기대감에 무척 흥분해있었다. 가장 크고 주목할만한 마운드는 수천명의 주민들이 살았을 것으로 추정되는 카호키아(Cahokia)란 유적인데 일리노이주 미시시피강 일대에서 세인트루이스 동쪽에 걸쳐 그 문화권이 형성되어 있다.

이 유적지가 있는 세인트루이스 인근의 호텔에서 어느 한 신사에게 카호키아 유적지를 어떻게 가는지를 물었다. 그러나 그는 대답은 하지 않고 한동안 멍하니 나를 쳐다보더니 "…카호키아라구요?..한번도 들어본 적이 없는 지명인데요…."라고 말했다. 내가 다시 "…왜…그…거대한 봉분이 있는 인디언들이 살던 장소 말입니다."라고 묻자 "…아니요. 이 근처에서는 오래 전부터 인디언이 살지 않았는데요."라고 대답하는 것이었다.

내가 정말 놀랐던 것은 이 호텔에 있는 그 어느 누구도 카호키아에 대해서 아는 사람이 없다는 것이었다. 심지어는 버스회사의 안내원들도 내가 타 지역 사람이어서 이름을 잘못 알고 있는 것으로 생각하였다. 다행이 카호키아의 위치를 아는 동료 고고학자의 도움으로 이 유적지를 구경할 수 있었다. 이곳에는 120여개의 카호키아 문화 유적들 중 70여개의 유적이 있는데 현장을 보면 볼수록 어려움을 감수하고 찾아올 만한 가치가 있는 곳임을 확인할 수 있었다.

이 고대 도시는 중요한 의례가 행해졌을 것으로 추측되는 큰 광장을 중심으로 여러개의 구역으로 나뉘어져 있는데 A.D. 1,050~1,250년 사이에 가장 번성했을 것으로 추정된다. 몽크 마운드(Monks Mound)는 7,000,000$m^3$의 흙을 사용하여 만든 피라미드로 이집트와 남미의 피라미드를 포함하여 세상에서 가장 큰 피라미드이다(그림 6.2). 30m 높이의 마운드 정상에는 중앙 광장을 중심으로 네개의 편평한 광장이 있고 한때 이곳에 신전이 있었던 것으로 밝혀졌다. 이 고대의 신전은 마운드 중앙 정상에 위치하며 인근 주변은 거대한 통나무 목책으로 둘러쌓여있고 일정한 간격으로 보루와 망루를 갖춘 요새화된 구조로 되어 있다. 방책은 200에이커에 걸쳐 둘러져 있으며 그 안에 카호키아 유적들 중 가장 크고 훌륭한 18개의 구조물이 위치하고 있다. 특히 가장 기

그림 6.2_ 일리노이주 카호키아에 위치한 거대한 몽크 마운드의 항공사진. 몽크마운드의 광장에는 신전이 위치해 있었고 종교적인 의례가 행해졌다.

넘비적인 유산인 통나무 방책은 카호키아 주민들의 대규모 건설계획에 의해 세워진 것으로 높이 6m 지름 30cm 의 통나무 20,000개를 사용하여 건설하였고 이 주거지와 신전 시설은 최소한 3번 이상 반복하여 축조 사용되었음이 확인되었다.

카호키아는 과거에 화려하고 웅장한 도시였음이 틀림없다. 그 인구가 절정에 달했던 A.D. 1150년 경에는 멕시코 북쪽 북아메리카 대륙에서 가장 많은 인구가 밀집해 살던 곳이었다. 고고학자인 조오지 밀너(George Milner: 2004; 135)의 조사에 따르면 카호키아의 정확한 영역을 확인하기는 힘들지만 카호키아 마을과 무덤군, 텃밭등의 분포를 볼 때 대략 반경 10km 정도의 범위에 걸쳐 도시가 형성되었을 것으로 추정해 볼 수 있다. 그 인구에 관해서는 비록 정확한 수치는 아니지만 카호키아의 전성기라고 할 수 있는 A.D. 11~12세기 사이에 대략 6000여 명쯤 되었을 것으로 추정하고 있다. 카호키아는 무역의 중심지이며 종교적 성지로서 지배계층이 거주하는 핵심 도시였을 것으로 추정된다(Iseminger 1996; Pauketat 1994).

이러한 발굴 결과는 흔히 우리가 생각하듯이 떠돌이 사냥이나 하는 아주 원시적인 인디언이라는 편견을 뒤엎는 것으로서 신대륙 원주민들이 놀라운 문명을 건설했음을 알 수 있다. 몽크 마운드의 정상에서 보면 두개의 서로 다른 시간과 세계를 볼 수 있다. 마운드 서쪽으로는 입구에 거대한 아치모양의 장식으로 상징되는 현대적 도시인 세인트 루이스가 있으며 그 반대쪽으로는 오랜 세월 동안 무시되어 왔던 인디언 문화가 남긴 고대 카호키아의 기념비적인 건축물들을 볼 수 있다.

그렇다면 이처럼 중요한 유적이 왜 사람들에게 알려지지 않은 것일까? 현재 캘리포니아, 뉴잉글랜드, 미국 남부지역 뿐만 아니라 이곳 세인트루이스로부터 20분 정도 거리에 사는 사람들을 포함하여 많은 미국인들은 신대륙 원주민들이 수백군데의 다른 장소에 그들 문화의 잔재를 남겨 놓았다는 사실에 대하여 잘 모르고 있다.

그러나 북미대륙의 카호키아가 항상 잊혀진 문화는 아니었다. 과거 카호키아 문화가 미국 대중들

그림 6.3_ 한 예술가에 의해 복원된 카호키아가 번성했을 당시의 모습. 카호키아는 7백년전 미시시피강 일대에 번성했던 고대 인디언 도시로 수 천명의 인구가 살았을 것으로 추정된다.

제6장 마운드(Mound)건설자들의 신화 **225**

과 과학자들의 관심을 받은 적이 있었다. 그것은 단순이 마운드라는 건축물 때문만이 아니라 그들이 남긴 세련된 도자기, 화려하고 사치스러운 무덤, 조각상, 동제 장신구등 아주 환상적인 유물들이 세상에 알려지면서 부터이다.

그러나 불행하게도 이러한 관심의 시작은 이 문화의 잔재들이 하나의 수수께끼로서 받아들여진데서 기인한 것이었다. 인디언들은 북미대륙의 원주민들로서 컬럼버스 이전에 생활했던 유일한 사람들이지만 유럽인들이 볼 때는 인디언은 이러한 훌륭한 예술 작품과 거대한 건축물을 남길만한 마운드빌더로서의 능력이 없는 존재로 인식되었다. 때문에 인디언들이 이 문화를 남겼을 것이라는 가능성을 부인하자 고대 신화와 연결된 신대륙의 사라진 종족에 대한 논의가 시작되었다. 앞장에서 이야기했던 카디프 거인이나 필트다운 위조사건과 같이 의도적으로 조작된 사건에 의해 많은 사람들이 우롱당한 것과는 달리 마운드빌더의 신화는 의도된 조작은 아니었지만 진실에 대한 편견과 오해로부터 생겨난 것이었다.

### 사라진 종족에 대한 신화

마운드빌더를 건설한 사라진 종족에 대한 신화는 18~19세기 대부분의 미국인들에 의해 받아들여졌던 가설이다. 신대륙 원주민들이 마운드를 건설할 수 없는 이유에 관한 근거는 5가지의 주요한 논점에 기초한다.

1. 인디언은 너무 원시적이어서 마운드를 건설하거나 카호키아 문화의 특징적인 석제, 동제 유물과 도자기를 만들 능력이 없다.

미국 시카고의 한 학술재단 (Chicago Academy of Science)회장인

포스터(J.W. Forster)가 인디언에 대해 표현한 것을 살펴보면 "…인디언에게는 마운드와 같이 거대한 건축물을 조직적인 노동력을 동원하여 건설할 수 있는 능력이 전혀 없다…인디언들은 임시 거주지에서 살 뿐이며 사냥감을 따라 끊임없이 이동한다. 이러한 부족이 이집트의 피라미드와 같이 기하학적인 피라미드와 계단식 주택단지를 건설했다는 것은 어불성설이다…."라고 주장하였다.

볼드윈(J.D. Baldwin)은 그의 저서인 '고대의 신대륙(Ancient America 1872)'이란 저서에서 "…마운드빌더의 건설자들과 초기 원시단계의 인디언들을 연결시켜 생각하는 것은 아주 어리석은 생각이다…"라고 주장하였다(Thomas 1894:615). 이러한 내용은 상당히 인종차별적인 발언으로 볼 수 있으나 불행하게도 당시 사람들 사이에서는 상당한 영향력을 미치고 있었다.

2. 마운드와 관련된 유물들은 가장 오래된 인디언 문화보다도 훨씬 더 오래 전에 만들어진 것들이다.

주지하다시피 지층과 흙에 대한 분석방법은 19세기 이전에는 잘 갖추어져 있지 못했다(Dall 1877). 1820년 애트워터(Caleb Atwater)는 마운드빌더에 대한 가설을 뒷받침 할 만한 지층 조사 결과를 발표하였는데 마운드는 인디언들이 신대륙에 도착하기 훨씬 이전에 만들어진 것이라고 주장하였다. 그의 저서인 '서부지역에서 발견된 고대 유물들(Antiquities Discovered in the Western States)'이란 저서에서는 "…인디언들이 남긴 유물들은 항상 지표면에서 깊지 않은 곳에서 발견되거나 무덤에서 발견된다. 반면에 이 마운드를 건설한 사람들이 남긴 유물은 지표로부터 수미터 아래 깊은 곳에서 발견되며 특히 강바닥에서도 자주 발견된다…"라고 주장하였다(1820: 125).

나무의 나이테를 이용한 연대측정을 통해서도 이 마운드가 상당히 오래된 것임이 판명되었다. 1786년 커틀러(Reverend M. Cutler)는 오하이오(Ohio)주의 마리에타 마운드(Marietta Mound)에서 잘라낸 나무의 나이테를 계산하였는데 이 나무는 463살로 이 마운드가 A.D. 1300년 이전에 지어졌을 것으로 추정하였다(Fagan 1977). 일부 학자들은 이 마운드에서 나무들이 여러 세대에 걸쳐 생존해 왔음을 감안해 본다면 이 마운드는 2,000년 이상 되었을 수도 있다고 주장하였다.

3. 마운드에서 발견된 석제 비문은 유럽, 아시아, 아프리카 문자로부터 파생되어 생겨난 것이다.

* 이러한 유물로 대표적인 것들은 웨스트 버지니아(West Virginia)주 에서 발견된 그레이브 크릭 마운드 스톤(Grave Creek Mound Stone) (Schoolcraft 1854), 오하이오(Ohio)주의 뉴왁 홀리 스톤(Newark Holy Stones), 테네시주의 뱃 크릭 스톤(Bat Creek Stone)(Manifort and Kwas 2004), 아이오와(Iowa)주의 데번포트(Davenport)에 있는 쿡 팜 마운드 타블릿(Cook Farm Mound Tablets)등이 있다(Putnam 1886).

이 가설의 핵심은 멕시코 북부의 원주민들은 유럽인들이 건너오기 이전에는 문자를 사용한 적이 없었다는 점에 기인한다. 따라서 마운드에서 발견된 비문들은 인디언이 아닌 다른 사람들에 의해서 마운드가 건설 되었을 것이라는 가설을 뒷받침 해준다는 것이다. 즉 비문에 새겨진 문자와 관련 있는 지역으로부터 마운드 건설자들이 왔을 것이라는 가설이다.*

4. 유럽인들이 신대륙 원주민들과 처음 접촉하였을 때 원주민들이 마운드를 건설하는 행위를 한번도 본 적이 없다. 또한 이 지역 인디언에게 마운드 건설과 관련된 질문을 하였을 때 이들이 마운드에 대해서는 전혀 아는 바가 없었다.

만일 인디언들이 마운드를 건설하였다면 유럽인들이 처음 신대륙에 건너와 이들과 접촉 하였을 때도 그러한 토목공사를 목격하였을 것이다. 또한 대부분의 마운드 인근에 거주하는 인디언들은 그들의 조상이 마운드를 건설하였다고 주장한적이 없다. 설사 그들이 더 이상 마운드를 건설하지 않는다고 하여도 현재 인디언들이 언제 어떻게 그들의 조상이 마운드를 건설하였는지는 구전을 통하여 알고 있을 것이라는 점이다.

때문에 유럽인들이 처음 신대륙에 건너와서 인디언들을 보았을 때 그들이 마운드를 건설하지 않고 인디언들도 자신들의 조상이 마운드를 건설하였다는 주장을 한적이 없다는 사실을 들어 인디언이 마운드를 축조하였다는 가설에 대응하는 논리로서 사용하였다.

5. 철, 은, 동과 같은 금속과 다양한 합금이 마운드에서 발견되었는데 멕시코 북쪽의 인디언들은 동을 제외한 다른 금속을 사용할 줄 몰랐다.

마운드에서 동을 제련하고 남은 찌꺼기가 발견된 예가 있고 은의 경우 제련된 완제품 형태로 발견된 예가 있으며 운석으로부터 철을 제련하기도 하였다. 즉, 동, 은, 청동들을 생산하기 위한 원광석을 제련하거나 청동을 생산하기 위하여 구리와 주석을 섞는 합금기술은 북미대륙에서는 알려진 바가 없다. 때문에 이러한 금속제 유물의 발견이 바로 마운드를 건설한 사람들이 신대륙 원주민들 보다는 훨씬 더 정교한 기술을 갖고 있던 사람들이라는 것을 뒷받침 해주는 증거로서 생각하였다.

이 다섯 가지의 가설은 신대륙 원주민들이 마운드를 건설한 사람들과는 관련이 없다는 가설을 잘 뒷받침 해주는 증거로 생각되었으나 마운드의 건설자가 누구인가 하는 의문점은 계속 남아있었다.

## 사라진 종족을 찾아서

21세기가 막 시작되는 지금 시점에서 마운드 건설자들이 누구인가에 집중적인 관심이 쏠리는 것은 상당히 납득하기 힘든 현상이다. 그러나 스미스소니언재단은 마운드빌더 수수께끼에 대한 여러권의 보고서를 통해 이에 얽힌 의문점들을 해결하는데 상당한 공헌을 하였다. 또한 미국문화부(Bureau of American Ethnology)역시 급격하게 바뀌거나 사라지는 신대륙 원주민들의 문화를 기록하고 보존하려는 목적에 따라 마운드빌더와 관련된 상당한 양의 연구자료를 축적하여 왔다.

개인 연구재단으로 당시 영향력 있던 미국철학회의(American Philosophical Society)또한 마운드와 관련된 논의에 적극적인 참여를 갖게되었고 마운드에 얽힌 주제를 논의함으로써 많은 사람들의 관심을 끌어들였다. 서적, 잡지, 뉴스, 신문등 언론 매체들도 이러한 질문에 대한 해석에 주목하기 시작하였다.

누가 마운드를 건설하였는가? 이 질문에 부합하는 대답은 적었지만 아주 다양한 의견들이 쏟아져 나왔다. 가장 처음으로 제안된 가설 중 하나는 벤자민 바톤(Benjamin S. Barton)이 1787년에 그의 저서에서 마운드를 바로 신대륙을 여행했던 바이킹들이 오랜 여행 끝에 정착하여 건설한 것으로 본 주장이다. 조시아 프리스트(Josiah Priest)는 1833년 발표한 논문에서 마운드는 이집트, 이스라엘, 그리스, 중국, 동남아시아, 노르웨이인들 중 한 집단이 신대륙에 상륙하여 건설한 것이라고 주장하였다(Silverberg 1989:66). 또다른 연구자들은 마운드가 영국, 벨기에, 타타르, 색슨, 아프리카 등지에서 온 사람들이 건설한 것이라고 주장하는등 갖가지 해석이 난무하였다.

신시내티(Cincinnati)의 저널리스트인 헌(Lafcadio Hearn)은 미국 중서부지역의 신비한 마운드 건설자들에 관하여 다음과 같은 몇 가지 흥미 있는 가설들을 제안하였다. 1876년 발표한 그의 논문을 보면 "…최소한 상식적으로 생각할 때 마운드 건설자들은 인디언이 아니다. 중서부지역 마운드에서 발견된 유물들이 비록 아즈텍인들의 유물과 비슷하지만 신대륙 다른 지역의 유럽인들이 건설한 마운드에서 발견된 유물들과 보다 더 닮은 특징을 볼 수 있는 것은 실로 다행스러운 일이다…"라고 주장하였다.

이와 함께 여기서 언급한 '유럽인'들에 대해서 헌(Hearn)은 보다

현란한 가설을 제안하는데 그는 마운드를 건설한 사람들이 바로 사라진 대륙 아틀란티스인들이라고 주장하였다(7장 참조).

이러한 아틀란티스 기원설은 흥미거리라도 되지만 이보다 더 황당한 주장도 있었는데 레버렌드 웨스트(Reverend L. West)는 건축학적 특징을 근거로 서펀트 마운드(Serpent Mound)가 바로 구약의 창세기에 나오는 이브를 유혹한 뱀의 형상을 묘사한 것이라고 주장하였다(Lepper 1998b,그림 6-1). 웨스트는 단순히 여기서 그치는 것이 아니라 이 마운드를 '신(God)' 자신이 에덴동산을 기념하기 위하여 창조한 것이라고 주장하였다. 즉 웨스트는 성경에 나오는 에덴동산이 바로 미국 오하이오(Ohio)주 부쉬 크릭(Bush Creek) 계곡에 존재한다고 주장하였다.

### 월럼 오울럼 (Walam Olum)

마운드빌더와 관련된 신화들 중 한가지 인기 있는 주제는 마운드를 건설한 사람들이 어느 지역에서 왔건 그들이 아주 화려하고 평화로운 문명을 건설했다는 것이다. 그들은 또한 거칠고 폭력적인 야만인들의 습격을 물리치고 그들의 문명을 잘 지켜낸 것으로 믿어지고 있다. 이러한 신화의 핵심은 바로 그 야만인이 현재 신대륙 원주민의 조상이며 마운드는 결국 다른 사람들에 의해서 만들어진 것이라는 주장이다.

19세기 중반 한 사람이 이러한 여러 가지 가설들을 섞어서 하나의 시나리오를 만든 뒤 여기에 따른 조작을 시도한 적이 있었다. 1836년 컨스탄틴 래피니스크(Constantine S. Rafinesque)라는 사람이 북아메리카 동쪽 델라웨어(Delaware) 인디언의 조상들이 남긴 목제 비문에 새겨진 고대 역사의 기록을 해독하였다고 주장하였다(Oestreicher 1996). 래피니스크는 그가 발견한 역사기록을 월럼 오울럼(Walam Olum) 이라 불렀다. 그러나 불행하게도 이 비문은 발견 직후 사라졌다고 주장하였다. 그러나 자신이 해독한 기록에 의하면 고대 신대륙 인디언들의 조상은 극동아시아에서 3,600백년 전에 신대륙과 구대륙을 연결하는 얼어붙은 불모의 대지를 건너 왔다고 주장하였다.

그의 대담한 가짜 비문 이야기들 중 한가지 아이러니한 사실은 현재 우리가 알고 있듯이 인디언들의 조상이 동아시아에서 얼어붙은 땅을 건너 신대륙으로 넘어왔다는 주장이 사실이라는 점이다. 래피니스크가 주장한 그 시기가 너무 최근이라는 점만 빼고는 말이다(5장 참조).

래피니스크의 주장은 마운드를 건설한 사람들이 인디언들보다도 훨씬 오래 전에 아시아를 통해 신대륙에 도착했다는 것인데 그렇다면 이 사람들은 어디서 왔다는 것인가? 래피니스크가 월럼 오울럼(Walam Olum)을 해석한 바에 따르면 마운드를 건설한 사람들이 이곳에 정착하여 번성하다가 전쟁에서 패하여 멸망하였는데 이들이 바로 사라진 대륙 아틀란티스의 후손이라는 것이다(7장 참조).

그러나 많은 델라웨어 인디언들은 이러한 내용을 부정하였는데 결국 데이비드 오스트리처(David Oestreicher 1996)는 래피니스크가 인용한 상형문자들이 이집트, 중국, 마야의 문자를 조합하여 만든 가짜임을 간파함으로써 월럼 오울럼(Walam Olum)또한 마운드빌더를 둘러싼 많은 위작들 중의 하나임을 밝혀냈다.

### 고고학적 신화

오하이오주의 법률가인 케일럽 앳워터(Caleb Atwater)는 사라진 종족의 실체를 밝히기 위하여 마운드가 어떻게 만들어진 것인가에 대한 구체적인 분석을 시도하였다. 비록 앳워터의 결론은 그 시대의 전형적인 시각을 벗어나지 못했지만 그의 방법론은 당시 그 어떤 것보다도 과학적인 것이었다.

앳워터는 '서부지역에서 발견된 고대 유물들(Antiquities

Discovered in the Western States)'이란 그의 저서에서 마운드의 고고학적 유물들에 대해 결론 내리기를 "…인디언들 보다는 훨씬 더 발달한 문화지만 유럽 문화와 비교해서는 분명 뒤떨어진 문화이다…"라고 적고 있다(1820:120).

앳워터는 마운드빌더에 대한 연구를 위해 책상에 앉아 공상적 사고만을 하는 사람은 아니었다. 그는 개인적으로 오하이오(Ohio)주의 많은 유적들을 조사하였고 아주 구체적인 실측도면은 물론 유물과 건축 기법에 대한 묘사까지 기록으로 남겼다. 그러나 다음과 같은 주장을 통해 그 또한 신대륙 원주민들의 문화적 성취에 대한 근시안적인 시각을 벗어나지는 못했음을 볼 수 있다.

"…현재 인디언들이 그들의 주검을 마운드에 묻는 것을 본적이 있는가? 인디언들이 이러한 마운드를 건설하는 것을 본적이 있는가? 인디언들이 은,동, 철과 같은 금속을 사용한 적이 있었는가? 북아메리카 인디언들이 페인트 크릭(Paint Creek)에 성벽이 둘러쳐진 마을을 건설할 수 있었겠는가?(Atwater 1820:208)…"

앳워터에게 있어 이러한 질문들에 대한 대답은 명백히 '아니다'라는 것이다. 그의 시각에서 아메리카 인디언들은 한마디로 마운드를 건설하기에는 너무나 야만적인 존재였다. 그는 많은 고심 끝에 마운드를 건설한 사람들은 인디아(India) 지역에서 건너온 힌두(Hindoo)인이라고 결론지었다.

그러나 마운드의 건설자에 관해 합리적 의견을 가진 몇몇 소수의 연구자들이 있었다. 이들 중 처음으로 객관적이고 과학적인 조사를 한 사람은 바로 미국의 3대 대통령이면서 독립선언문(Declaration of Independence)의 기초를 작성한 토머스 제퍼슨(Thomas Jefferson)이었다.

제퍼슨은 버지니아(Virginia)주 자신의 토지 인근에 있는 한 마운드의 건축기법에 관심을 가지고 있었다. 그는 단순한 관심을 넘어서 1784

년 미국 최초의 고고학 발굴이라 할 수 있는 학술적 조사를 실시하였다. 그는 마운드에 조심스럽게 트렌치를 파고 내부를 조사하여 인골들을 발굴하였다(Willey and Sabloff 1993). 제퍼슨은 마운드를 건설한 사람이 누구인가에 대해 결론을 내리지는 못하였으나 많은 사람들이 마운드에 대해 관심을 갖게된 계기를 제공하였다. 제퍼슨은 미국철학회의(American Philosophical Society)의 의장으로서 많은 학자들이 마운드에 관심을 갖을 수 있도록 독려하였다.

마운드를 건설한 문화에 대한 관심과 논의는 19세기 동안 유럽 이주민들의 정착지가 마운드빌더 문화의 중심지인 미국 중서부로 확대되면서 점차 그 열기를 더해갔다. 미국 고고학계는 신대륙 원주민들의 기원과 마운드빌더의 실체에 대한 의문점에 해답을 찾아 나가면서 많은 학문적 방법론들을 정립할 수 있었다. 미국 고고학의 주요한 전환점들 중에 하나는 바로 1840년에 이르러 고고학 연구가 단순한 유물들의 형식분류와 묘사에서 탈피하여 문화현상을 이해하고 설명하려는 방법론상의 큰 발전을 가져온 시기라 할 수 있다(Willey and Sabloff 1993).

이프레임 스콰이어(Ephraim G. Squier)와 에드윈 데이비스(Edwin H. Davis)의 마운드빌더에 대한 연구는 이러한 학문적 흐름의 변화를 잘 반영하고 있다. 스콰이어는 커네티컷 출신의 공학자이자 작가이며 데이비스는 오하이오주에서 활동했던 의사이다. 마운드빌더에 관심을 갖고 있던 두 사람은 1845~1847년 사이에 200여곳의 마운드 현장에서 정밀 조사를 실시하였다. 그들은 발굴작업 과정에서 발굴현장과 수습한 유물들에 대해 정밀한 실측을 하였다. 이들의 연구결과는 '미시시피 계곡의 고대유물들(Ancient Monuments of the Mississippi Valley)'이라는 제목의 책으로 출간되었는데 그들의 조사 과정이 자세히 묘사되어있다. 스미스소니언 연구재단에 의해 최고의 서적으로 선정되기도 한 이 책은 스콰이어와 데이비스가 초기 마운드빌더 연구자들이 유지하던 지론과 편견들과는 달리 객관적으로 연구를 진행했음을 보여

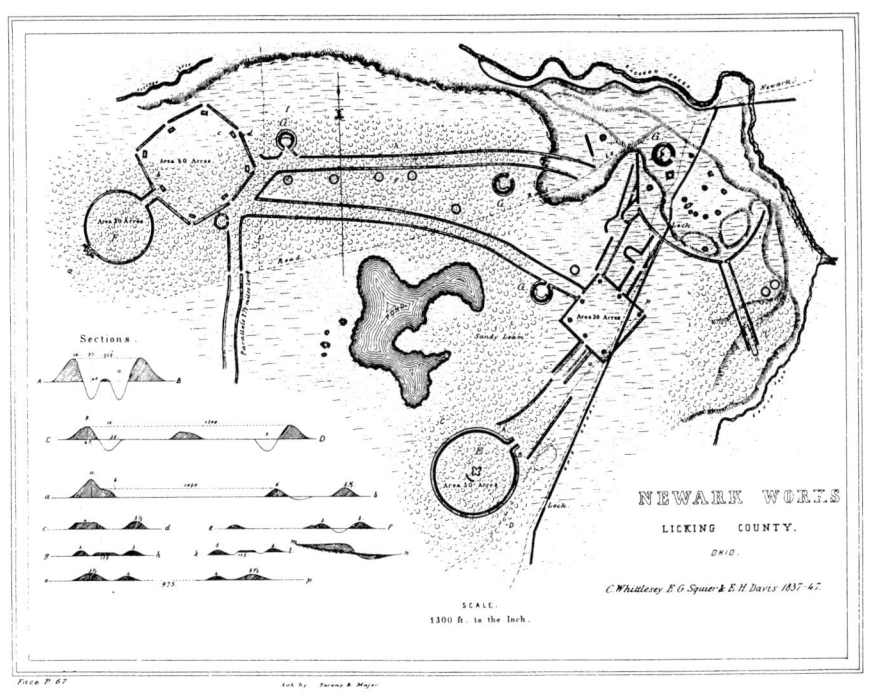

**그림 6.4_** 1840년대 에프리엄 스퀴어와 에드윈 데이비스가 오하이오 계곡과 미국 서부일대를 탐험하여 현재 오하이오주 뉴왁 근처에서 발견한 마운드를 기록한 실측도면이다.

주고 있다.

그들은 이 책에서 "…반론이나 지지를 위한 가설 없이 진실에 도달하기 위한 노력만으로는 현재의 편견이나 제안된 이론들이 무엇이건 간에 모든 면에서 철저한 조사가 빠져왔다…"라고 지적하고 있다.

'미시시피 계곡의 고대유물들(Ancient Monuments of the Mississippi Valley)'이란 책은 200백개가 넘은 실측도면과 300쪽이 넘는 유물에 대한 설명을 포함한, 아주 세심한 발굴조사의 모범을 보여주고 있다. 스콰이어와 데이비스는 아주 체계적으로 그들의 조사를 진행하였는데 여러 종류의 토목공사를 실증적으로 해 봄으로써 그들의 발

제6장 마운드(Mound)건설자들의 신화 **235**

굴을 통해 얻은 정보들을 연역하여 추론하였다. 그럼에도 불구하고 그들 또한 마운드의 기능에 대하여 성립되지 않는 가설을 만든 한계를 지니고 있었다.

그들은 마운드에 대해 다음과 같이 묘사 하였다.

1. 방어울타리; 주변에 흙으로 제방을 높이 쌓고 상부는 편평한 대지를 형성하고 있다.
2. 신성한 울타리; 흙 제방 주변에 50에이커가 조금 넘는(그림 6.4) 동물이나 사물의 형상을 한 이피지 마운드(effigy mound)가 있다(그림 6.1).
3. 제단으로서의 마운드; 신성한 구역내의 무덤들 중 불에 탄 층위를 볼 때 마운드가 희생물을 바치는 제단이었을 가능성도 있다.
4. 묘지 혹은 분묘; 타원형 마운드는 18~24m 높이에 부장품을 공반하는 무덤이 있다(그림 6.1).
5. 신전으로서의 마운드; 끝이 편평한 피라미드로 어떤 것은 거대한 크기인데 통로가 꼭대기 위까지 연결되어 있으며 수 에이커의 면적으로 신전이 서있던 곳이다(그림 6.2)
6. 예외적인 마운드; 기이한 모양이나 특별한 목적의 마운드가 있다.

스콰이어와 데이비스는 마운드에서 발견한 유물들을 그림으로 아름답게 표현하였으며 토기와 금속제 장신구, 석제와 골제 유물들, 조각상, 비문이 있는 석판에 대해서도 대한 아주 상세한 기록을 남겨 놓았다. 그들의 책에서 묘사하고 있는 몇몇 장소들은 그들이 발견한 유물들과 지구상의 다른 지역에서 발견된 유물들을 비교 묘사하고 있으나 직접적인 관련여부를 판단하지는 않고 있다.

그럼에도 불구하고 스콰이어와 데이비스는 마운드에서 발견된 유물들의 예술적 가치에 대하여 "…북아메리카 인디언이 남긴 어떤 유물들 보다 심지어는 현재 만들어진 그 어떤 물건들과도 비교할 수 없는 훌륭한 예술작품…"이라고 표현하였다(1848:272). 스콰이어와 데이비스는 그들의 결론에서 마운드빌더와 중앙아메리카, 페루, 멕시코 원주민 문화 사이에 어떤 연관성내지는 닮은 점이 있음을 지적하였다. 따라서 마운드빌더의 주인공들은 북미 인디언과는 다르면서 더 우수한 문화를 소유한 집단으로 생각하였다. 하지만 이들의 연구는 이전 연구자들과 달리 마운드의 건설자들을 신대륙 내부에서 찾았다는 점에서 중요한 의미를 찾을 수 있을 것이다.

### 마운드빌더의 신화를 풀다

19세기 후반에도 마운드빌더에 대한 관심은 계속되었다. 1882년 일리노이(Illinois)주의 곤충학자인 사이러스 토머스(Cyrus Thomas)는 미국의 문화부(Bureau of American Ethnology)산하 마운드학술조사과(Division of Mound Exploration)의 조사책임자로 임명되었다. 미국 하원(U.S. House of Representatives)은 연방세출의원회의 수정조항으로 문화부 예산 25,000$중 5,000$를 마운드빌더의 비밀을 밝히는데 투입하였다.

이 자금으로 토머스는 마운드에 관한 가장 광범위하면서도 정밀한 조사에 착수하였다. 700쪽이 넘는 그의 조사결과는 1894년 문화부의 정기 보고서에 실리게 되었다 (Thomas 1894). 무엇보다도 토머스는 실증적으로 가능한 최대한의 자료를 수집하여 마운드의 기능, 연대, 기원, 문화적 연관 관계에 대한 가설들을 정립하였다.

스콰이어와 데이비스가 오하이오주에서만 200여개의 마운드를 조사한 반면 토머스는 그의 조사원들을 동원하여 21개 주에서 2,000여개의 마운드를 조사하였다. 그는 40,000점 이상의 유물들을 수집하였는데 이 유물들은 현재 스미스소니언 박물관에 소장되어 있다.

막대한 양의 자료가 축적되었기 때문에 토머스는 마운드빌더의 미스터리를 밝히는데 주저하지 않았다. 스콰이어와 데이비스가 마운드와 관련하여 6쪽 분량의 결론을 제출한 반면 토머스는 마운드빌더의 실체를 규명하는 136쪽의 결론을 기술하였다. 토머스의 작업은 마운드를 누가 건설하였는가를 밝히는 것 뿐만 아니라 미국 고고학의 방법론을 크게 발전시켰다는 측면에서 획기적인 것이라 할 수 있다.

토머스의 주요한 논점들을 보면 실로 간단명료하다. 그는 "마운드가 인디언들에 의해 건설된 것인가?"(1894:21) 라는 질문에 대답하기 위하여 앞서 논의되었던 주장들을 하나씩 검증해 나가기 시작하였다.

### 1. 인디언 문화는 원시적인 수준에 불과하다?

인디언의 문화수준이 너무 원시적이어서 마운드빌더 문화수준에 이를 수 없다는 주장에 대해 토머스는 동의하지 않았다. 그리고 왜 유럽 탐험가들이 인디언들을 처음 보았을 때 기록해 놓았던 관습과 생활상들을 참조하지 않는지 의문을 제기 하였다. 토머스는 당시 기록들이 미시시피지역에서 아틀란틱 해안까지 인디언들의 경작지와 마을에 대한 묘사가 거의 예외 없이 등장하고 있는 사실에 주목하였다.

예를 들어 헤르난도 소토(Hernando de Soto)는 이 지역을 탐험한 후 거대한 방벽으로 둘러 쌓인 마을에 5,000~6,000명 정도의 인디언들이 살고 있었다는 기록을 남긴 바 있다(Soto 1611:122). 인디언 거주지에 대한 그의 묘사는 아주 구체적인데 16세기 북미대륙 남동부일대의 방대한 지역에 걸쳐 '문명화' 된 사람들이 거주하고 있다고 기록하고 있다.

필라델피아(Philadelphia)의 식물학자인 윌리엄 바트럼(William Bartram)도 1773년 남동부를 여행하였는데 그의 경험을 열거하는 과정에서 역시 많은 인구가 밀집하여 생활하는 인디언 마을에 대해서 언급하고 있다. 그는 3km가 넘는 방대한 지역에서 옥수수와 콩을 경작하고 있는 것을 목격하였다고 기록하였으며, 유체(Uche)라고 부르는 한 마을에서는 1,500명이 넘는 인디언들이 생활하였다고 기록하였다(1791: 285~313).

    토머스의 관점에서 볼 때 이러한 기록은 최소한 이 지역의 인디언들이 농작물을 재배하면서 인구밀도가 높은 정착생활을 하였다는 증거로 보기에 충분했다. 그리고 이러한 사실들로 볼 때 인디언들에게 마운드를 건설할 수 있는 충분한 문화적 역량이 있었다고 주장하였다.

### 2. 마운드빌더 문화가 인디언들의 문화보다 앞선 시기의 것인가?

    이 위대한 토목공사가 언제 이루어 졌는가를 알기 위해 토머스는 나이테 측정법을 사용하여 마운드의 연대를 계산하였다. 그러나 토머스의 계산이 그다지 정확한 것은 아니어서 일부 마운드의 경우는 그 연대가 고대 인디언들에 의해 세워진 것으로 산정하였으나 대부분의 것은 유럽인들이 신대륙에 도착한 이후에 만들어진 것이라고 생각하였다.

    우리는 지금 신대륙 원주민들이 13,000년 전에 건너온 것임을 알고 있지만 인디언들이 신대륙에 정착한지 얼마 안되었을 것이라는 당시의 관점에서 생각해 보면 토머스의 입장에서는 마운드의 건설이 상대적으로 최근에 이루어진 사건으로 생각한 것이다.

### 3. 마운드에서 문자가 새겨진 비문들이 발견되었다?

    토머스는 문자가 새겨진 비문에 대해서도 언급한 바가 있다. 이것은 마운드빌더와 관련된 사라진 종족에 대한 신화에 바탕을 둔 것인데, 이 비문들의 위조 사실이 드러나면서 고고학적 오류임이 밝혀졌다. 예를 들어, 1838년 웨스트 버지니아(West Virginia)의 그래이브 크릭(Grave Creek)에 위치한 거대한 마운드를 발굴하면서 두개의 무덤을 발견하였는데 3구의 인골과 수 천개의 조개껍데기 구슬, 동제 장신구와 다양한 종류의 유물들이 출토되었다.

이 유물들 중 사암제 판석위에 20개 이상의 문자가 새겨진 원판이 있는데 켈틱, 그리스, 앵글로 색슨, 페니키아, 룬, 에트루리아 등 다양한 종류의 문자가 새겨져 있었다(Schoolcraft 1854). 그러나 이들 문자를 번역해 본 결과 의미 없는 단어들의 배열에 불과한 명백한 가짜로 밝혀졌다.

당시 인기있던 가설들 중 하나는 신대륙 원주민들이 이스라엘의 사라진 한 부족의 후예라는 것이었다. 당시 이러한 내용은 그다지 놀랄 만한 것도 아니었는데 마운드를 건설한 사람들이 성스러운 땅(Holy Land)으로부터 이주해온 고대 유대인의 후손이라는 주장이 제기된 것이었다. 그리고 소위 뉴왁의 성스러운 돌(Newark Holy Stoens)(그림 6.5)은 이 가설을 뒷받침 해주는 증거로 여겨졌다(Applebaum 1996).

1860년 여름 아마추어 고고학자이자 측량기사인 데이비드 위릭(David Wyrick)이 오하이오의 뉴왁에 있는 고대 마운드에 매혹되어 이 일대를 탐험하였다(Lepper and Gill 2000). 그는 오래지 않아서 거대한 오각형 모양의 마운드 동쪽에서 길이 16cm 너비 6cm 정도 크기의 정교하게 갈아서 만든 삼각형 모양의 석제 유물을 발견한다(그림 6.4). 이 유물은 시계추 모양으로 생겨 키스톤(keystone) 이라는 별명이 붙여졌는데 그 표면 위에 선명하게 새겨진 히브류 문자가 세간의 주목을 끌었다(그림 6.5).

위릭(Wyrick)은 마운드의 건설자들이 이스라엘의 사라진 종족으로서 신대륙에 건너와 세운 것이라고 믿고 있었기 때문에 이 유물을 발견하였을 때 극도로 흥분하였다. 특히 유물 위에 새겨진 히브류 문자는 오하이오의 마운드빌더 문화와 직접적인 관련이 있다는 증거가 될 수 있기 때문이었다. 히브류 문자를 전혀 몰랐던 위릭(Wyrick)은 이 유물을 지방 성직자인 멕커시(John W. McCarty)에게 가져가 판독을 부탁하였

그림 6.5_ (사진 위)오하이오주 뉴왁에서 발견된 소위 키스톤. 일부 사람들은 이것이 2,000년전 이스라엘인들이 신대륙에 건너와 사용했던 종교적 상징물이라고 주장하였다. (사진 아래) 뉴왁에서 발견된 데컬로그라고 부르는 두번째 종교적 상징물로 키스톤보다 오래된 히브류 고어체로 기록이 되어있다. (사진 가운데) 아이오와주 데번포트에서 발견된 데번포트 석판으로 마운드가 인디언이 아닌 다른 사람들에 의해서 만들어졌다는 증거로 제시되었다. 그러나 이 유물들은 모두 가짜로 밝혀졌다.

다. 멕커시는 네 면에 새겨진 내용이 각각 '신의 율법(the laws of Jehovah)' '신의 말씀(the Word of the Lord)' '가장 신성한 곳(the Holy of Holies)' '지상의 왕(the King of the Earth)'이라고 해석하였다.

그러나 곧 이 유물이 가짜라는 의견이 제기되었는데 이 돌에 새겨진 히브류 문자가 고대어가 아닌 현대 히브류어라는 것이다. 키스톤(Keystone)발견 이후 이 돌에 대한 의구심이 계속 제기되었는데 수개월 뒤 위릭(Wyrick)이 첫번째 유물을 발견한 장소에서 수킬로미터 떨어진 뉴왁(Newark)의 남쪽에서 또 다른 유사한 유물을 발견하였다. 이 유물은 석회암 판석에 히브류 문자가 아주 정교하게 새겨져 있는 것으로 키스톤에 새겨진 문자보다 훨씬 더 오래된 것이었다. 이 내용을 해석해본 결과 10계명으로 밝혀졌기 때문에 '데컬로그(Decalogue)'라 불렸고 판석에 조각된 사람은 모세(Moses)를 묘사한 것으로 믿었다(그림 6.5).

일부 사람들은 이 유물들이 오하이오주에 고대 유대인이 살았던 증거라고 환영하였으나 다른 많은 사람들은 이러한 주장에 대해서 회의적이었다. 만일 두 유물이 모두 진품이라면 어떻게 북아메리카에 고대 유대인들이 올 수 있었는가 하는 점과 동시에 시대적인 차이를 보이는 문자들이, 즉 서로 다른 유대인 집단이 언제 어떻게 신대륙에 오게 된 것인지를 설명할 수 있어야 하기 때문이었다.

만약 현대 히브류어로 쓰여진 유물만이 가짜이고 두번째 데컬로그 유물만이 진짜라면 어떻게 진품 유물이 발견된 곳에서부터 불과 수킬로미터 떨어진 곳에서 가짜 히브류 유물이 같은 발굴자에 의해서 발견될 수 있었을까? 마운드는 아주 오래된 시기까지 거슬러 올라갈 수 있음을 암시하고 있으나 그럼에도 불구하고 데컬로그에 새겨진 글자체를 볼 때 이 유물은 분명 시대가 다른 19세기에 새겨진 것임을 보여주고 있다. 특히 유대인들은 시대를 불문하고 오각형 형태의 무덤이나 울타리와 토성을 축조한 예가 전혀 없다. 그럼에도 불구하고 고대 유대인들이 오하이오주에서 발견된 마운드를 건설하였으며 홀리스톤을 남겨 두고 떠났다는 믿음은 계속되었다.

이에 관하여 브래드 레퍼(Brad Lepper)와 제프 질(Jeff Gill)이 사건의 전말을 추리하여 설명한 바 있다. 그들의 설명에 따르면 1839년 지방 성직자인 멕커티(McCarty)가 말하기를 주교인 챨스 멕베인(Charles Petit McIlvaine)이 마운드에서 성경과 관련 있는 유물이 발견될 것임을 예언하였는데 멕커티가 주교의 예언을 증명해 주기 위하여 유물을 조작 하였다는 것이다. 즉, 야심 있던 성직자인 멕커티는 홀리스톤(Holy stone)발견 이후 내용을 번역함으로써 이 유물이 진품임을 입증 하게 되고 사건에 깊이 관여하게 되었는데 레퍼와 질은 멕커티가 이 유물을 위조한 뒤 위릭이 발견할 수 있도록 마운드에 파묻었다는 것이다.

멕커티가 이러한 행동을 한 동기는 물론 성경의 내용을 증명하기 위해서였는데 멕커티와 멕베인이 믿고 있던 신대륙 원주민과 구대륙 사람들 모두 성경에서 언급된 사람들의 후손임을 입증하려 하였던 것이다. 레퍼와 질의 주장처럼 히브류 문자가 새겨진 유물을 마운드 근처에 파묻음으로써 신대륙의 선사시대가 성경에 기록되어있는 구대륙 역사의 범주 안에 있음을 입증하고 신이 창조한 첫번째 인간이 살았던 에덴동산을 만들어 내려고 했던 것이다(Lepper and Gill 2000:25).

한편, 로셸 앨트먼(Rochelle Altman 2004)은 고대문자 전문가로서 뉴왁의 유물들이 가짜라는 주장을 반박하면서 동시에 오하이오의 마운드에 발견된 유물들이 이스라엘의 유물이라는 점을 인정하지도 않았다. 그녀는 이 유물들이 의식에 사용되었던 진품이며 중세 유럽에서 제작된 것이 19세기 오하이오에 살았던 유대인에게 전해진 것이라고 주장하였다.

그녀에 따르면 데컬로그는 필랙터리(phylactery)라고 부르는 의식에 사용하던 물건으로 유대인들이 기도를 하는 동안 팔 안쪽에 둠으로써 표면이 닳게 되었다는 것이다. 또한 로셸은 키스톤이 일종의 유속측정계(flow detector)로서 물속에 넣어 물의 순도를 측정하는 의례용 도구라고 주장하였다. 그녀의 시나리오에 의하면 이 유물의 주인은 필랙터리 의식도중 사망하였고 그의 시신은 뉴왁의 마운드근처에 묻히게 되었다는 것이다. 앨트먼이 제작한 TV 단편 다큐멘터리에서도 키스톤은 유속측정계로서 범죄자에 의해 도난당한 것이 다른 곳에 버려졌고 이것은 또 다른 우연의 일치로 위릭이 이 두 유물을 모두 발견할 수 있었다고 주장하고 있다.

그러나 데컬로그의 재질인 검은색 석회암이 멕커티가 근무하는 오하이오주 케년 칼리지(Kenyon Collage) 주변의 채석장에서 발견되는 암석과 유사하다는데 주목할 필요가 있다. 고고학자들은 고대인들이 만들었다는 이 유물에 사용된 원석에 대하여 몇가지 정밀한 분석을 시도하였다. 테컬로그와 같은 유물들의 원석이 앨트먼의 주장처럼 유럽에서 만들어 신대륙에 가져온 것인지 혹은 인근지역에서 생산된 것인지의 여부를 가릴 수 있는 분석을 시도해 보았다. 레퍼와 질이 지적한 것과 같이 앨트먼의 주장이나 다른 설명들도 오하이오주의 마운드가 고대 유대인에 의해서 건설된 것이라는 사실을 입증해 주지는 못한다.

사실 데컬로그와 같은 가짜 유물의 발견이 결코 놀라운 것이 아니며 이러한 가짜 유물의 제작은 위조범들 사이에서는 소위 '현장실습'에 불과하다. 1890~1920년 사이에 미시건주에서만 동, 진흙, 점판암등의 재료로 만들어진 가짜 유물들이 800여점이나 발견되었는데 이를 '미시건 레릭스(Michigan Relics)' 라고 부른다 (Michigan Historical Museum 2004).

미시건 레릭스(Michigan Relics)를 생산하기 위한 그들의 첫번째 시도가 이집트인, 유대인, 기독교인, 그 외에 다른 많은 문화권과 관련되면서 위조범들도 치명적인 실수를 하게 된다. 예를 들어 첫번째 유물들이 발견되었을 당시 구워지지 않은 진흙 도자기도 함께 발견되었는데 진흙을 다루는 사람이면 누구나 알고 있듯이 진흙 제품은 불에 굽지 않은 상태로 두면 만든 직후 바로 분해되기 시작한다. 진흙이 마르기 시작하면 습도와 태양의 조건에 따라 바로 금이 가면서 깨지게 된다. 예를 들어 흙 사이에 수분이 침투하면 축축하게 젖은 죽처럼 물러지면서 본디 모습을 잃게 되고 결국 깨지게 되는 것이다. 즉 구워지지 않은 진흙제품이 수백, 수천년 동안 남아 있을 수는 없으며 회의론자들의 입장에서는 이 진흙 제품들이 바로 미시건 레릭스(Michigan Relics)가 최근에 만들어진 가짜임을 증명하는 것이라고 강조한다. 실제로 위조범들 중 한명이 기계로 만들어낸 것이 분명한 목제판을 밑에 놓고 진흙그릇을 만들었는데 이 목제 판을 기계톱으로 잘라낼 때 남겨진 문양이 질그릇 바닥에 증거로서 선명히 찍혀 있었던 것이다. 고대 인디언이 누구였던 간에 그들이 기계톱을 사용하지는 않았을 것이며, 19세기 미시건 주민이 만들었던 그릇이 가장 최근의 것이다.

　회의론자들이 이러한 모순점을 지적하는 가운데 미시건 레릭스(Michigan Relics) 더미에서 구워진 토기가 발견되었다. 사실 이러한 현상은 고고학계의 위조사건에서 보이는 일반적인 현상이다. 회의론자들이 역설하듯 위조범들이 만든 첫번째 유물에 대해 문제점을 지적하면 위조범들은 그들의 실수를 배우고는 보다 확신을 줄만한 위조품을 만들어 내는 것이다.

　또 다른 위조사건으로 레버렌드 거스(Reverend Jacob Gass)가 1877년 아이오와(Iowa)주 데븐포트(Davenport)의 한 농장에서 2개의 점판암 비문을 발견한 것이 있다(McKusick 1991). 이들 중 하나에는 별자리로 믿어지는 수수께끼 같은 문양이 새겨져 있었고 또 다른 석판에도 여러 가지 동물의 형상과 나무들이 조각되어 있었다. 뒷면에는 십여가지 다른 종류의 문자가 분명하게 새겨져 있었고 그 아래 부분에는 어떤 의식을 행하는 모습이 조각되어 있었다 (그림 6.5 중앙).

　거스는 마운드빌더와 분명 연관이 있는 다른 몇 개의 정체를 알 수 없는 유물을 발견하였는데 이들 중에는 석판 한점과 코끼리형상의 조각 장식이 있는 두 개의 파이프를 포함하고 있다. 토머스는 이 석판을 정밀하게 조사하면서 이 기괴한 문자들의 출처를 짐작하게 되었다. 이들 문자는 바로 웹스터(Webster's) 대사전 1872년판에 실린 고대 알파벳 모양과 동일한 것으로 사전에 소개된 고대문자들을 복사하거나 변형한 것이었다. 즉 토머스는 웹스터 사전이 이 석판에 새겨진 문자들의 출처라고 주장하였다(1894: 641-42).

이것 뿐만 아니라 맥쿠식(Mckusick 1991)은 데븐포트 석판에 새겨진 그리스문자의 소문자는 중세 이전에는 사용된 적이 없음을 지적하고 아라비아 숫자, 로마문자, 음악의 음자리표등을 이 석판에서 찾아냈다. 이러한 사실들은 바로 이 석판이 가짜라는 것을 반증하는 것으로서 구대륙의 문자가 기록되어 있는 그 어떤 유물도 마운드에서 발견된 예가 없다.

### 4. 인디언들이 마운드를 건설하는 것을 누구도 본적이 없으며 이를 위한 지식이나 기술 또한 갖고 있지 않았다.

유럽인들이 처음 인디언들과 접촉했을 때 이들이 마운드를 건설하는 모습을 본적이 없고 자신들 영토내의 마운드를 누가 만들었는지도 모르고 있었다고 주장한다. 그러나 토머스는 이러한 기록이 분명 틀린 것임을 지적하였다. 소토(De Soto)는 16세기에 인디언들이 마운드를 건설하고 이용하는 것을 본적이 있음을 언급하였다. 그는 인디언 마을인 유씨타(Ucita)를 방문하였을 때 우두머리의 집들이 해안가에 위치해 있었고 아주 높은 마운드를 인디언들이 맨손으로 건설하고 있었다고 기록하고 있다(1611:25).

베가(Carcilaso de la Vega)는 소토의 탐험에서 살아남은 311명의 사람들 중 한명이다. 그는 인디언들이 어떻게 마운드를 건설하며 어디에 신전과 우두머리의 거처가 위치해 있었는가에 대해 묘사하고 있는데 "…그들은 육체적인 힘만을 이용하여 엄청난 양의 흙을 운반하고

그림 6.6_ 인디언이 마운드를 건설하였다는 것이 기록에 남아있거나 목격된 적이 없음을 들어 이를 부정하였다. 그러나 이러한 주장은 명백히 잘못된 것으로 1560년 플로리다주 북동부에서 쟈크 모네가 그린 그림을 보면 인디언들이 작은 마운드를 중심으로 장례의식을 행하고 있다.

그것을 다져서 마운드의 높이가 9~13m가 될 때 까지 계속 작업을 하였다…" 라는 기록이 있다(Silverberg 1989:19).

이러한 기록 외에도 16세기 한 예술가가 인디언들의 장례풍습을 묘사한 그림을 보면 우두머리의 매장을 위한 마운드 작업이 나타나 있다. 200여년이 지나서 18세기에는 프랑스의 탐험가들이 내치즈(Natchez) 인디언들과 미시시피강이 시작되는 지역에서 함께 생활하였다. 그들은 농사를 짓는 인디언들이 주요한 마을에 둘레가 30m가 넘는 마운드를 소유하고 있으며 지도자의 집은 작은 마운드 위에 위치하고 있다고 기록하고 있다(Du Pratz 1774).

윌리엄 바트럼(William Bartram)은 18세기말 인디언 지도자의 집이 높은 곳에 위치한다고 기록하고 있고 가장 최근에는 19세기 초 윌리엄 클락(William Clark)이 루이스-클라크 미국서부지역 탐험대의 공동 지휘자로서 다음과 같은 기록을 남기고 있다. "…나는 거대한 산을 목격하였는데 보다 정확하게 표현하자면 이것은 무덤으로 이 나라에는 한때 많은 사람이 거주했었다는 강력한 증거로 보인다. 미시시피 인디언들은 아직도 그들의 주검을 높은 둔덕 위에 묻는 관습을 지키고 있다…"(Bakeless 1964:34).

사실 인디언이 마운드를 만들고 사용하였다는 역사적 증거는 많이 찾아 볼 수 있다. 미국 남동부 지역에서 마운드를 건설하는 한 인디언 마을이 있었는데 소토(Soto)일행이 우연히 천연두를 전염시킴으로써 결국 마을이 소멸하게 된다(Ramenofsky 1987). 이 치명적인 질병이 처음 퍼져 나가면서 면역력이 없던 많은 신대륙 원주민들이 죽게 되며 거대한 마운드는 그 결과로서 버려지게 된 것이다.

### 5. 마운드에서 발견된 금속제 유물들은 인디언이 소유한 기술보다 훨씬 앞선 금속공예 기술이다.

토머스는 일부 마운드에서 발견된 유물들은 오직 구대륙 문화권에서 발전된 금속공예 기술에 의해서만 가능하다는 주장에 대해서 정밀한 조사를 하였다. 토머스는 이러한 유물들은 원주민들이 생산한 동으로 만들어졌으며 이것은 인디언들의 광범위한 물물교환 시스템과 관련이 있다고 결론 내렸다(그림 6.7). 예를 들어 미시건주가 원산지인 천연 동제 유물이 아주 멀리 떨어진 플로리다주에서 발견되기도 하며 동시에 신대륙 원주민들이 금속을 다루는 기술을 몰랐다는 증거 또한 없다. 토머스는 그 이전에 마운드를 조사했던 누구보다도 마운드빌더에 대한 의문을 풀 수 있는 핵심적인 결론에 도달하였는데 지금까지 조사한 자료를 바탕으로 볼 때 인디언들이 금속제품을 만들었을 것이라는 가설은 옳은 것이라고 주장하였다(1894:610).

토머스의 미국문화부 마운드조사보고서 (Report on the Mound

그림 6.7_ 마운드 건설자들은 합금이나 제련, 주조의 기술은 없었지만 자연상태에서 추출한 동을 사용하였다. 이 사진은 동판을 망치로 두드려 깃털장식을 한 성직자의 모습을 새겼는데 조지아주 에토와 마운드에서 발견된 것이다.

Explorations of the Bureau of American Ethnology)로 인하여 마운드빌더에 관한 고고학적 연구는 새로운 전기를 맞이하게 되었다. 내용은 아주 상세하고 합리적인 결론을 기술하고 있는데 비록 모든 사람들이 이 결론을 받아들인 것은 아니지만 이로 인하여 사라진 종족에 대한 가설은 치명타를 입고 무너지게 된다.

## 사라진 종족에 대한 이론적 근거

신대륙 원주민이 아닌 마운드빌더의 사라진 종족에 대한 신화는 유물 조작의 여부를 떠나 무시해도 좋은 가설이다. 실버버그(Silverberg)의 논문을 보면 사라진 종족에 대한 신화는 정치적인 동기에 의해서 생겨났음을 발견할 수 있는데 한마디로 정복자들에게 위안을 주기 위한 것이라고 할 수 있다(1989:48).

백인들의 문화 우월주의적인 시각에서 볼 때 인디언이 야만적, 원시적이라는 선입견만 없었어도 문제는 덜 왜곡되었을 것이다. 만일 유럽인들 자신이 인디언들에게는 침입자였다는 것을 인식하고 자신들이 마운드 문명을 파괴한 야만인이라는 것을 알았다면 그 미스터리를 더 쉽게 해결할 수 있었을 것이다.

마지막으로 마운드를 건설한 사람들이 만일 고대 유럽의 여행자들로서 서반구를 향해 여행을 하였다면 지구를 완벽하게 원을 그리며 일주하는 것이 된다. 즉, 18~19세기 유럽인들은 고대 유럽인들이 획득했던 신대륙 땅을 다시 점령하는 근거로서 이를 정당화 하려 했다는 것이었다. 마운드빌더 신화는 단순히 악의 없는 위조나 장난에 의해서 조작된 것이 아니라 인디언 문명을 파괴한 것을 합리화 시키려는 의도이며 우리는 이러한 왜곡을 바로 잡아야 할 의무가 있는 것이다.

## 마운드빌더에 대한 현재의 연구성과

지난 백년동안 마운드빌더 문화에 대한 연구 성과는 실로 방대하다. 조지 밀너(George R. Milner 2004)의 저서 '마운드빌더: 미국동부의 고대인들(The Moundbuilders: Ancient People of Eastern North America)'이란 책을 보면 그동안의 연구 성과들이 잘 정리되어 있다. 브래드 레퍼(Brad Lepper 2005)의 저서 '오하이오 고고학: 고대 오하이오의 인디언(Ohio Archaeology: an Illustrated Chronicles of Ohio's

Ancient American Indian)'에도 마운드빌더에 대한 주요 논점들이 상세히 기술되어 있다.

현재 우리는 마운드빌더 문화가 하나가 아니라 여러 개의 다른 문화임을 알 수 있다(그림 6.8). 북미대륙에서 가장 오래된 마운드 건설의 증거는 루지애나(Louisiana)주의 왓슨 브레이크(Watson Brake)에서 발견된 5,400~5,000년 전 유적이다(Saunders et al. 1997). 이 지역에서 사람들은 수렵채집 생활을 하면서 11개의 마운드와 방책을 건설하였는데 이들 중 가장 큰 것은 높이가 6.5m에 이른다. 왓슨 브레이크(Watson Brake)의 이 위대한 마운드 건설이 북미 인디언들 사이에서 아주 오래된 문화전통임을 분명히 확인할 수 있다.

마운드는 지리적으로도 아주 광범위하게 퍼져있어 고대 마운드 유적들이 미국 남동부, 중서부, 북부평야등 광범위한 지역에 분포한다. 루지애나주 퍼버티 포인트(Poverty Point)에서 3,250년 전 마운드 유적이 발견되었는데 이들은 6개의 다른 구역으로 나뉘어져 마운드들이 군집을 이루고 있다. 이 영역은 반지름이 0.65km, 한 변의 길이는 24m, 높이는 35m 이다. 인접한 다른 구역의 마운드군은 한 변이 45m이며 퍼버티 포인트의 마운드군 전체는 37에이커의 넓이에 9.65km 걸쳐 이루고 있다. 만일 퍼버티 포인트 마운드군에 사용된 흙의 양을 계산해 본다면 23kg 용량의 바구니로 3천만개 분량의 토사량으로 건설 하였다는 계산이 나온다(Kopper 1986).

마운드의 정상부는 주거공간으로서 노지와 쓰레기 구덩이가 발견되었다. 퍼버티 포인트에서는 호박을 재배하였고 야생곡물과 어류, 조개류등이 주식이었던 것으로 밝혀졌다. 퍼버티 포인트의 마운드 건설은 이미 3천년 전에 조직화된 노동력은 물론 이를 뒷받침 해주는 정치조직과 복잡한 사회구조가 존재 했었음을 입증해 주는 것이다.

오하이오 강(Ohio River) 인근에서 발견된 원뿔모양의 마운드는 아데나(Adena)와 호프웰(Hopewell)이라는 서로 다른 두 문화로 구별될

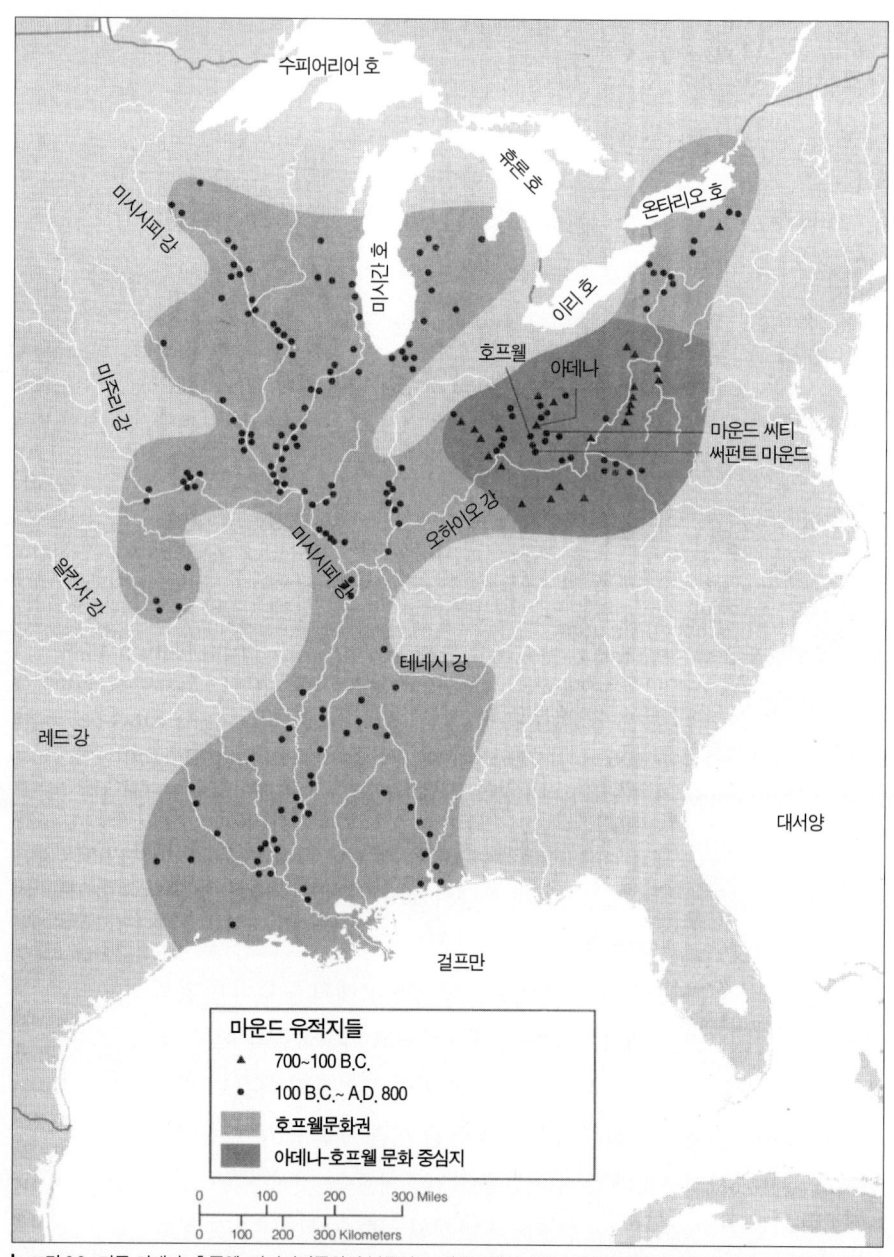

그림 6.8_ 미국 아데나, 호프웰, 미시시피문화의 분포지도. 마운드건설자들의 문화유적들은 미국 중서부와 남동부 지역을 중심으로 분포되어있다.

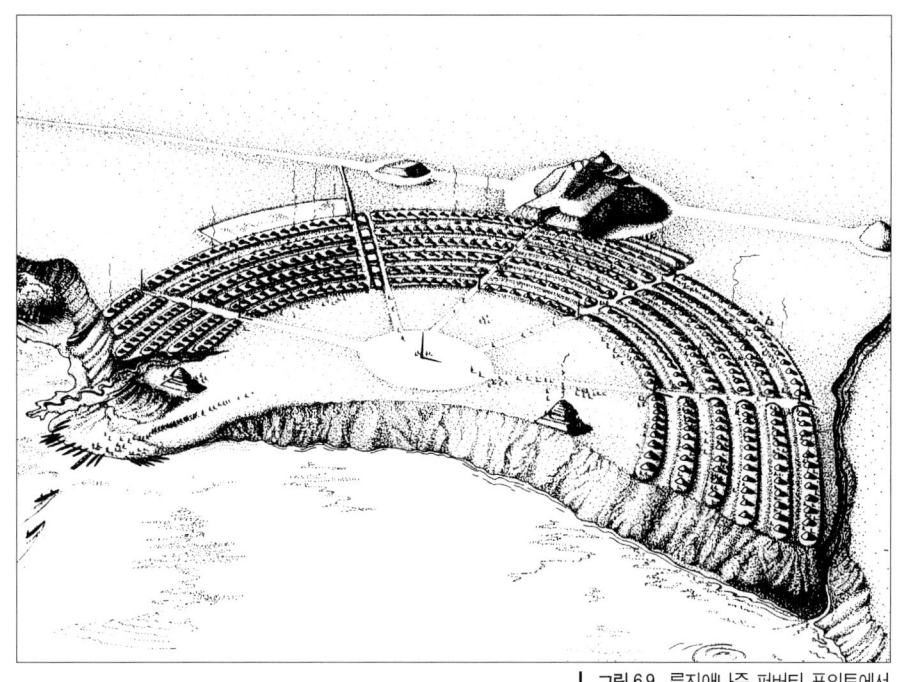

그림 6.9_ 루지애나주 퍼버티 포인트에서 발견된 마운드 군의 복원도. 3200년 전 마운드를 건설한 인디언들은 거대한 토목공사를 수행할 수 있는 조직화된 노동력을 갖고 있었다.

수 있다(Lepper 1995a). 두 문화 모두 장례의식, 원거리무역, 공예품등 동질적인 문화 요소를 보이지만 유물의 형식과 특징에서 볼 때 서로 뚜렷하게 구별될 수 있다. 아데나 문화가 호프웰보다 앞선 시기의 문화로서 2,800년 전에 존재했으며 호프웰 문화는 2,200년 전에 존재했었는데 두 문화가 시기적으로 겹치고 있는 것으로 보아 모든 호프웰 문화가 아데나 문화의 직접적인 영향 혹은 계승성을 갖고 있다고 단정하기는 어렵다.

아데나와 호프웰 사람들 모두 오하이오주 남부와 중부지역을 가로질러 중남부와 서부지역을 따라 작은 마을들을 형성하고 있다. 신대륙 원주민들은 옥수수를 주식으로 하였으나 아데나와 호프웰 지역에서는 다른 곡물들도 일부 발견되었다. 호프웰 주민들은 특히 해바라기, 명아주풀(goose foot), 국화풀(marshelder), 호박등 토착식물들을 재배하여

그림 6.10_ 오하이오주 칠리코테의 마운드 씨티로 소위 '죽은자들의 도시'라고 부르는 곳이다. 이곳에는 무덤으로 사용된 23기의 마운드가 13 에이커의 대지 위에 건설되어 있다.

주식으로 삼았으며 이러한 농업의 성행은 멕시코로부터 옥수수가 북미지역에 유입되기 이전에 이루어진 것이다 (Smith 1995). 그럼에도 불구하고 야생동식물에 대한 수렵채집 활동은 식량확보에 여전히 중요한 부분을 차지하고 있다.

무덤으로 사용된 마운드는 아데나와 호프웰 사회에서 종교, 사회, 정치적으로 아주 중요한 사람들이 묻힌 곳임에 분명하다. 중요한 사람이란 남녀는 물론 어린아이에서 어른까지 모든 연령층을 포함하는 것이다. 어떤 마운드는 아주 인상 깊은 모양으로 수 에이커에 걸쳐서 21~24m 높이로 만들어져 있다. 특히 오하이오주 호프웰 마운드 현장에 있는 25호 마운드는 길이 150m 너비55m 높이 9m로 아주 거대한 크기이다(Lepper 1995a). 오하이오주의 칠리코씨(Chillicothe)에 있는 마운드 씨티(Mound City)는 또 다른 기념비적인 현장으로서 공동묘지 혹은 '죽음의 도시(city of the dead)' 라고 부르는데 23개의 매장용 마운드가 흙으로 쌓은 제방으로 둘러 쌓여 있다(그림 6.10).

광범위하게 얽혀있는 무역망은 미국 전역으로부터 아데나와 호프웰 지역으로 다양한 자연 산물들을 가져올 수 있었다. 은과 동은 5대호 근처에서 가져와 세련된 수공예품으로 가공하여 사용하였으며 거북등뼈, 진주, 조개 껍데기등은 멕시코 걸프만에서 강을 따라 북미대륙의 동부지역으로 거래되었는데 이 물건들이 아데나와 호프웰의 마운드에서 발견된다. 흑요석은 록키 산맥으로부터 가져왔고 수정과 운모는 애팔래치안(Appalachian)산맥에서, 악어 이빨은 미시시피강 남쪽에서, 석영은 너스 다코타(North Dakota)로부터 수입되었는데 이 모든 물건들이 아데나와 호프웰 사회의 소수 엘리트층을 위하여 먼 거리를 여행한 끝에 유입된 것들이다.

이 현장의 한 구역에서는 흙으로 축조한 벽이 둘러져 있는 정교한 건축물들이 있는데 그 용도는 분명하지 않다. 예를 들어 오하이오주 뉴왁(Newark)에는 길고 좁은 1.5m 높이의 흙으로 축조한 벽이 40에이커가 넘는 지역에 펼쳐져 있다. 또 다른 구역은 앞의 성벽과 평행을 이루면서 20에이커가 넘는 면적에 수미터가 넘는 높이로 둘러쳐져 있다(Lepper 2002 그림 6.4).

이 거대한 토목공사는 183m에 걸친 의례용 도로의 끝 부분에 위치하는데 두 성벽의 경계로부터 61m 떨어져 2.5~3m높이로 축조되어 있다(Lepper 1995b, 1995c). 고고학자인 브래드 레퍼(Brad Lepper 2002)의 분석에 따르면 뉴왁(Newark)의 토목공사는 1,300,000 큐빅미터의 흙을 사용하여 마운드와 성벽 기타 구조물들을 만든 것이다. 제단으로 사용된 마운드와 연결되어 있는 도로들은 성지순례를 위한 제례의식이나 장례의식과 같은 종교적 목적을 수행하기 위한 용도로서 사용되었을 것이다.

토목공사는 바로 이 성지순례용 도로를 따라서 지평선상에 중요한 구조물의 위치와 일치하고 있는데 이는 일년 중 특정한 날에 해와 달이

뜨고 지는 천문 현상과 관련이 있다. 레퍼는 이 천문 현상이 우연의 일치가 아닌 태양과 달의 운동에 대해 상세한 지식을 갖고 있음을 나타낸다고 주장하였는데 아마도 마운드를 건설한 사람들이 특정한 의례일을 계산하는 과정에서 알게 되었을 것이다. 이 건축물들과 의례용 도로는 아데나와 호프웰 사람들이 조직화된 노동력으로 거대 구조물을 만들어낼 수 있는 능력이 있음을 보여주고 있다(Lepper 1998a, 2002).

미시시피강과 남동부 일대에서는 이들 보다 늦은 시기에 다른 형태의 문화가 나타나는데 이것을 미시시피안(Mississippian) 문화라고 부른다. 이 지역에서 주요한 마운드들이 있는 곳은 단순히 무덤뿐만 아니라 도시의 중심부를 이루는데 소위 준국가체제를 이루는 사회조직을 구성하였을

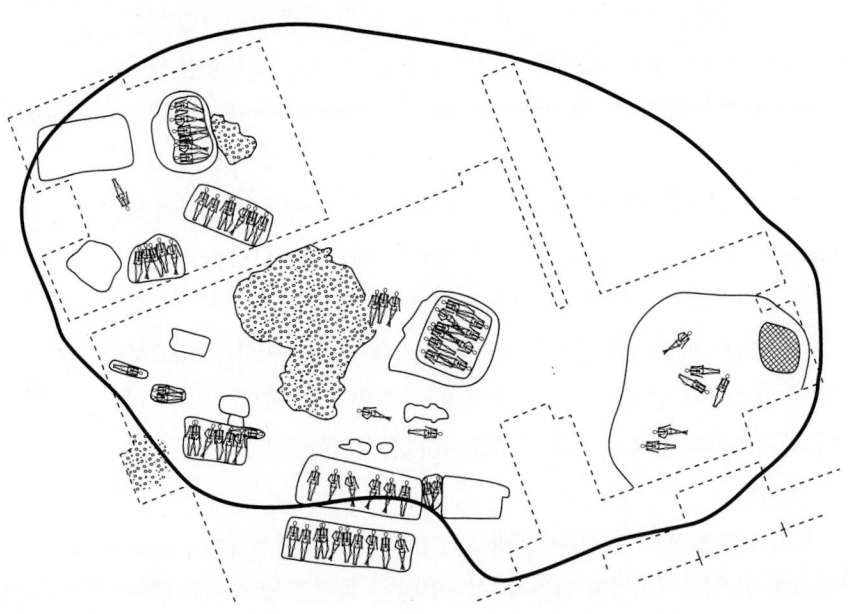

그림 6.11_ 카호키아의 72호 마운드. 매장시설 중심에서 젊은 남자의 시신이 발견되었는데 20,000여점의 진주조개 껍질 장식과 주변에서 순장된 시신들이 함께 발견된 것으로 보아 상당한 부와 권력을 소유했던 사람으로 추정된다.

것이다. 따라서 상당한 인구의 노동력이 지도자에 의해 징발되어 정상부가 편평한 모양의 거대한 피라미드를 흙으로 건설할 수 있었을 것이다.

이들 중 카호키아(Cahokia)가 가장 크고 웅대한 건축물로서 주거시설의 크기와 밀집도를 볼 때 도시라고 부를 수 있는 규모이다. 그러나 조지아(Georgia)주의 에토와(Etowah)나 알라바마(Alabama)주의 마운드빌(Moundville)에 있는 마운드와 주변 유적은 그 규모나 구조에 있어서 훨씬 작고 그 숫자 또한 적었을 것으로 추정되며 이들 토착사회는 A.D. 1,000년경까지 아주 복잡한 사회를 성공적으로 발전시켜 나갔던 것이다.

신전으로 사용된 마운드 인근에서는 옥수수, 호박, 그리고 콩을 재배하여 주식으로 삼았다. 이곳에서 발견된 인골을 분석해 본 결과 A.D. 1,000년경에는 이들의 주식이 옥수수로 바뀌는 식생활의 큰 변화를 보이고 있다(Smith 1995). 그들은 강가에서 어패류를 획득하고 숲에서는 사냥을 하면서 동시에 호두와 도토리 같은 야생 식물과 과일을 채집하여 생활하였다. 이러한 풍부한 산물들이, 특히 농업을 통한 잉여식량의 생산이 성직자와 지배계층을 뒷받침 해주는 역할을 하였을 것이다.

구대륙의 이집트와 수메르 문명뿐 아니라 신대륙의 아즈텍이나 마야와 같은 문명들은 계층적인 사회조직을 갖고 있었다. 왕이나 황제 혹은 파라오가 귀족과 성직자 계급의 도움을 받아 통치를 하였는데 고고학적인 측면에서 볼 때 이러한 사회적 계층의 특징들은 그들의 주검이나 무덤에서 아주 선명하게 나타난다.

파라오나 황제의 무덤들 속에는 거대한 규모에 사치스럽고 섬세하게 제작된 예술공예품들과 희귀하고 비싼 외국의 산물들이 부장되어 있고, 때로는 주인을 위해 사후에도 시중들 사람들을 죽여서 함께 순장하기도 하였는데 카호키아(Cahokia)에서 바로 이러한 무덤들이 발견되었다(Fowler 1974:20-22, 1975:7-8).

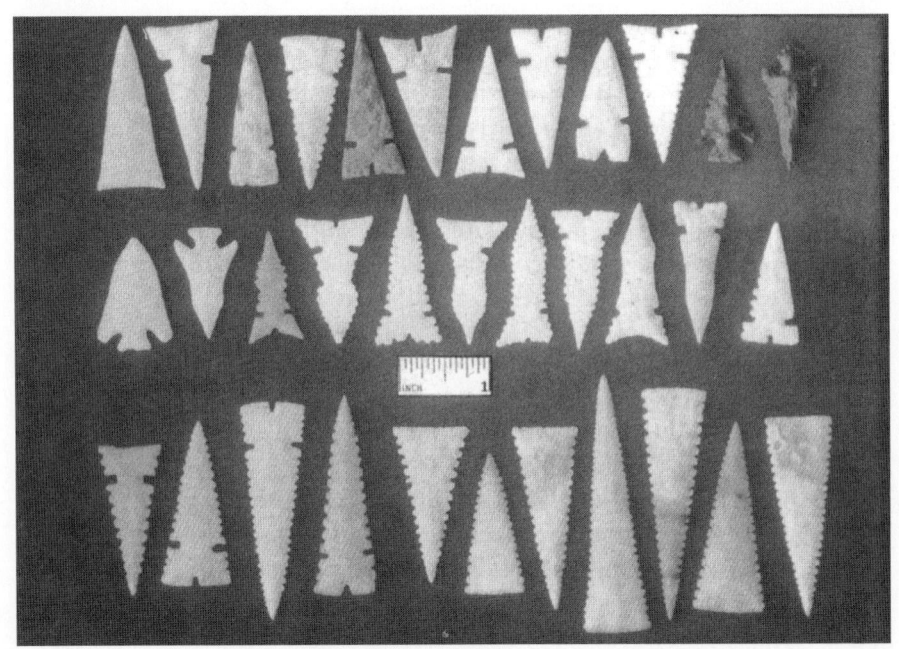

| 그림 6.12_ 카호키아 72호 마운드에서 발견된 천여개의 석제 화살촉.

카호키아(Cahokia) 72호 마운드는 출토된 유물들을 통해 지배계층의 무덤임을 잘 알 수 있다(그림 6.10). 한 젊은 남자의 시신을 덮고 있는 수의에서 2만여개의 진주구슬 장식들과 천여개의 석제 화살촉들이 발견되었다(그림 6.12). 이 시신 근처에 세명의 남자와 세명의 여자가 함께 묻혀 있었는데 오클라호마(Oklahoma)와 알칸사(Arkansas)주에서 가져온 석제 무기들과 너쓰 캐롤라이나(North Carolina)에서 가져온 운모, 미시건(Michigan)주로부터 수입해온 61×92cm크기의 동제 판도 함께 발견되었다.

    이 마운드의 한쪽 구석에서는 네명의 남자가 묻혀있는 무덤이 발견되었는데 그들의 목과 손이 잘려 있었고 10대 후반-20대 초반 사이의 여자 인골 50여구도 근처에서 발견되었다. 이들 시신은 지배자가 사후 세계에서도 동반할 순장자들의 유골로 판단되는데 정확한 사실에 대한 논란의 여지는 많이 남아있다. 카호키아와 다른 마운드에서 발견된 증거들 뿐만 아니라 아데나와 호프웰 문화에서 확인된 사실들로 볼 때 신대륙 원주민들이 아주 정교하고 복잡한 문화를 만들어 낸 것이 사실이다.

 오직 한가지 남은 의문점이 있다면 오히려 왜 많은 미국인들이 마운드가 인디언들의 문화 유산임을 인식하지 못하였는가 하는 것이다.

## 자주 받는 질문들

### 1. 어떤 마운드는 아주 거대한 크기인데 여기에 필요한 흙은 어디서 가져온 것인가?

마운드 건설에 사용된 흙은 바로 인근 주변에서 가져온 것이다. 이 거대한 양의 흙은 나무로 만든 삽과 뼈로 만든 괭이를 사용하여 바구니로 운반하였다. 마운드 근처에서는 흙을 파낸 거대한 웅덩이들이 발견되었는데 여기서 파낸 흙이 마운드 건설에 사용된 것이다.

### 2. 마운드를 건설하는데 어느 정도의 시간이 걸렸는가?

마운드를 건설하는데 어느 정도의 시간이 걸렸는가 하는 문제는 얼마나 많은 인원이 작업에 동원 되었는가에 달려있다. 1980년대 초 일리노이 캠스빌 (Illinois-Kampsville)대학에서 마운드 건설을 재현하는 실험을 하였다. 25명의 학생들이 작은 마운드 하나를 만드는데 한 사람이 바구니를 600번 이상을 날라다 쌓아야 했다. 그들은 흙은 파내지 않고 이미 모아놓은 흙을 퍼서 나른 것이었는데 이것이 그들의 시간과 노동력을 많이 절약해 주었을 것이다. 이들은 오후까지 1.5m 높이에 지름 6.1m 크기의 작은 마운드를 건설하는데 152 큐빅미터의 흙을 사용하였다. 이것을 카호키아의 몽크 마운드(Monks Mound)와 비교해 보면 6,000,000 큐빅미터의 흙이 사용된 것인데 실로 엄청난 양의 노동력과 시간이 소모되었을 것이다.

# 제7장 잃어버린 대륙 아틀란티스(Atlantis)

그곳은 실로 아름다운 땅이었다. 사람들은 친절하고 상냥하며 지적이면서 훌륭한 예술적 감각을 갖고 있는 그들은 지금까지 알려진 인류 문명들 중 가장 완벽한 사회를 구성하고 있었다. 그들의 도시는 화려하며 푸른 운하가 거미줄처럼 사방으로 연결되어 있고 하늘을 향해 아치(arch) 모양의 수정탑이 아름다운 자태로 세워져 있었다. 항구에는 배들이 지구 여러 곳을 여행하며 필요한 자원들을 운반해와 아주 귀중한 문명을 건설하고 있었다.

이 놀라운 고대문명이 성취한 것들을 대륙의 역사를 추적함으로써 발견할 수 있는데 이집트, 마야, 중국, 인디아, 잉카, 마운드빌더, 수메리안과 같은 문명들이 모두 이 문명으로부터 기인한 것이다(그림 7.1). 그러나 비극적인 사실은 이 위대한 문명이 바다 속 어디엔가에 가라앉아 있다는 것이다. 거대한 재앙의 소용돌이 속에서 이 아름다운 땅과 그 안에 살던 사람들의 문명은 하룻밤 사이에 파괴되고 말았다. 지진과 화산폭발 그리고 거대한 파도에 의해서, 지금까지 한번도 볼 수 없었던 무시무시한 재앙으로 수정 탑은 산산조각이 나고 함대는 물 속에 가라앉았으며 슬픔을 가늠할 수 없는 많은 희생자들이 발생하였다. 이 재난으로부터 살아남은 고도로 발달했던 문명의 생존자들이 이후 지구상의 모든 문명의 밑거름이 되었다는 것이다.

그러나 고대 이집트, 아즈텍, 마야, 중국의 상(商), 마운드빌더등 소위 인류문명의 기원이라 할 수 있는 문화가 그림자의 어두운 면과 같이

그림 7.1_ 아틀란티스의 상상도. 플라톤은 아틀란티스가 둥근모양의 거주지가 겹겹이 있고 그 사이에는 운하가 있으며 각각의 거주지들은 다리로 연결되어 있다고 묘사하였다.

바로 이 문명을 흉내 내어 만들어낸 것에 불과한 아주 무기력한 것이라는 의미를 가진다. 선사고고학에서 보면 이것은 정말 아이러니라 할 수 있다. 고고학자들이 연구하는 가장 중요한 고대 문명들이 한 위대한 문명이 죽어서 남긴 시체나 공부하는 것이란 의미니 말이다. 내가 지금 이야기 하고 있는 모든 인류가 성취한 문명의 가장 근원적인 모태라는 것이 소위 '아틀란티스(Atlantis)' 문명이다. 아틀란티스는 대륙과 같은 섬으로 11,000년 전에 대서양 아래로 가라앉은 전설상의 문명이다.

## 아틀란티스는 어디에 있는가?

나는 커네티컷(Connecticut)주의 아담하고 매력적인, 전원적이면서 푸른 초목이 우거진 파밍턴 리버(Farmington River)란 곳에서 살고 있다. 훌륭한 학교들과 친절한 이웃들, 그리고 최고의 아이스크림을 파는 상점이 있는 내가 살고 있는 이 작은 마을은 여러 가지 훌륭한 것들을 갖고 있다. 커네티컷(Connecticut)주 웨스트 심즈베리(West Simsbury) 우편번호 06092가 나의 주소인데 아마도 지구상에서 아틀란티스가 있던 곳이라고 주장하지 않는 유일한 장소일 것이며 내 말이 결코 과장이 아니라는 것을 여러분들은 곧 알 수 있을 것이다(그림 7.2).

잃어버린 문명 아틀란티스는 대륙크기의 땅덩어리로 대서양의 지브롤터(Gibraltar) 해협 인근에 존재했었는데 자연 재난으로 인하여 11,000년 전에 파괴되었다(Plato in Hutchins 1952). 그러나 이것은 틀린 이야기로, 아틀란티스는 지중해(Mediterranean) 크레타(Crete)섬에 있었고 3,600년 전 화산 폭발로 멸망되었다(Galanopoulos and Bacon 1969). 아니 아틀란티스는 지중해의 보다 작은 섬인 산토리니(Santorini)에 있었고 앞서 언급한 화산폭발에 의해서 멸망했다(Pellegrino 1991).

만일 이러한 주장들을 여러분들이 받아들일 수 없다면 좀더 북쪽이나 동쪽에서 찾아보자. 아틀란티스는 섬이 아닌 대륙에 있으며 터키 서부지역의 한 도시였을 수도 있다(James 1998). 아니 아마도 아틀란티스는 남극의 기후가 지금처럼 혹독하지 않았던

그림 7.2_ 어디서 아틀란티스가 발견되었는가 보다는 아틀란티스가 발견되지 않은 곳이 어디인가라는 질문이 더 옳을 것이다. 지도 위의 점들은 아틀란티스가 발견되었다고 주장하는 곳들인데 그 어떠한 고고학적 증거도 발견된 예는 없다.

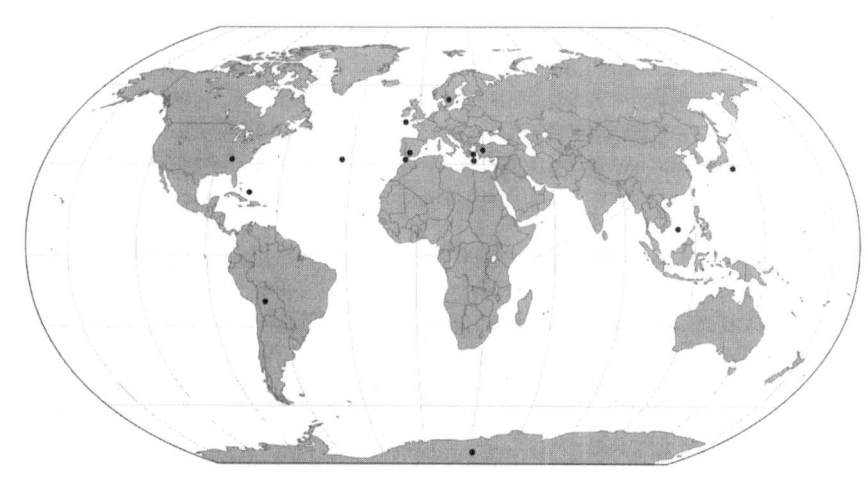

시기에 남극지방에 위치해 있었는지도 모른다(Flem-Ath and Flem-Ath 1995).

아니, 이것도 틀린 것이라면 아틀란티스는 대륙크기의 섬이 아니라 모로코와 스페인 사이의 지브롤타 해협 바로 서쪽에 있는 작은 섬인 스파텔 아일랜드 (Spartel Island)에 위치해 있었다(Gollina-Girard 2001). 아틀란티스는 섬이 아니라 유럽 대륙 스페인 근처에 존재했었다고 주장하는가 하면(Kuhne 2004), 스페인 근처가 아니라 그보다 북쪽인 스칸디나비아(Scandinavia) 인근에 위치했었으며 바이킹이 아틀란티스와 관련이 있을 것이라는 주장도 있다(Spanuth 1979).

이것 또한 말도 안 되는 소리라면 영국 해안으로부터 160km 떨어진 북대서양의 콘월(Cornwall)섬 근처는 어떨까? 이것은 한 러시아 학자가 영국 BBC 방송에서 1997년에 주장한 내용이다. 그러나 그쪽 바다가 아니라면 아틀란티스는 중국 남쪽 해안에서 가까운 어딘가에 위치했었는지도 모른다(dos Santos 1997). 이곳 또한 틀린 것이라면 아틀란티스는 바로 북미대륙에 존재했었을 것이다(Lopez de Gomara 1555, Huddleston 1961 재인용).

또 다른 주장에 따르면 아틀란티스는 북미대륙이 아니라 남미대륙 볼리비아(Bolivia)근처에 존재했었고(Allen 1999), 남미 그 어디도 아니라면 북쪽인 쿠바 해안에서 조금 떨어진 곳에 존재 했었다(Collins 2002). 심지어는 아틀란티스가 일본 해안가 근처에 있었다는 주장도 있으며(Hancock 2003), 비미니(Bimini)섬 해안가에서 조금 떨어진 바하마(Bahamas) 섬에 있었다는 주장도 있다(Cayce 1968).

가장 최근에는 아틀란티스가 지중해 어디엔가 있었을 것이라는 주장이 주목을 받고 있다. 2004년 탐험가인 로버트 새머스트(Robert Sarmast)의 주장에 따르면 지중해 사이프러스(Cyprus)해안에서 156km 떨어진 바다 밑바닥에서 건축구조물로 보이는 것이 발견되었는데 벽과 운하와 광장으로 보이는 것들이 존재한다는 것이다(Hamilton

2004).

　글쎄… 아마 이것도 사실이 아닐 것이며 아틀란티스는 내가 살고 있는 커네티컷주에 있을지도 모르겠다. 이 장황한 내용들이 아틀란티스가 존재한다고 주장하는 세계 각지의 장소들이다.

　그러나 아틀란티스는 지금까지 언급한 그 어느 곳에도 존재하지 않을 것이다. 이 신화 속의 장소는 실재 역사상에 존재했던 여러 문명들 중 하나가 아니다. 단지 문학이라는 도구를 사용하여 경제적, 정치적, 사회적으로 잘 조직된 이상적인 사회가 어떠한 것인지 교훈을 주기 위한 창작물이라는 것이다. 아틀란티스를 찾기 위해서는 인공위성사진과, 음파탐지기, 레이더, 심해탐사장비(submersibles), 그밖의 첨단과학장비들이 소용 없는지도 모른다. 아틀란티스는 바다 속이나 진흙 밑 바닥 바위나 화산재 아래에서는 찾아 낼 수가 없다. 사실 아틀란티스는 지구상 어디에서도 발견한다는 것이 불가능하다. 그것은 한때 가장 유명했던 그리스의 철학자인 플라톤(Plato)의 마음속 상상에서 나온 것이기 때문이다.

## 아틀란티스 전설의 기원

　플라톤(Plato)은 429~428 B.C. 사이에 태어났다. B.C. 400년경 그는 당대 최고의 철학자인 소크라테스(Socrates)의 제자가 되었고 B.C. 387년 그 자신의 학원을 세웠다. 그는 당대에 가장 유명한 학자였으며 그가 죽은 뒤 2,000년이 지난 지금까지도 위대한 철학자로서 인정받고 있다. 플라톤은 그의 학생들을 가르치는데 있어 최고의 방법은 대화법이라고 믿었고 이에 대한 교과서를 집필하기도 하였다. 플라톤의 아틀란티스에 관한 내용을 읽는 사람들은 이것이 역사적 사실이라고 생각할지도 모르지만 대부분의 사람들은 플라톤의 대화 내용들 자체가 인위적으로 만들어낸 내용임을 모르고 있다. 이 대화들은 플라톤과 학생들 사이의 실제 토론을 기록한 것이 아니다. 플라톤이 학생들과 실제 대화한 내용은 한번도 세상에 알려진 바가 없다. 현재 출판된 대화 내용들은 단순히 속기록과 유사한 형태로 기록되어 있는데 이들 대화 속에 등장하는 많은 사람들 중에는 다른 시대에 생존했던 사람들도 있다. 플라톤의 대화 속에서 아틀란티스 이야기를 전한 크리티아스(Critias)는 사실은 플라톤의 증조할아버지이다(Lee 1965).

미국의 엔터테이너인 스티브 알렌(Steve Allen)은 한때 아주 인기 있는 T.V. 프로그램을 이와 아주 유사한 방법으로 제작한 적이 있다. 알렌의 '생각과의 만남(Meeting of Minds)'이란 프로는 남녀 배우들이 역사상의 유명한 인물들로 분장하여 각각의 성격으로 중요한 철학적 주제에 대해서 대화하고 토론하는 프로이다.

예를 들어 19세기 대표적인 진화론자인 찰스 다윈, 19세기 시인이자 문학가인 에밀리 디킨슨(Emily Dickinson), 16~17세기의 저명한 과학자인 갈릴레오(Galileo), 15세기 장군이면서 왕인 훈(Hun)족의 아틸라(Attila)가 함께 모여 앉아 대화를 나누는 장면이 연출되었다. 플라톤이 18세기 프랑스의 작가이자 철학자인 볼테르(Voltaire), 16세기 종교개혁가인 마틴 루터(Martin Luther), 19~20세기 의료 운동가인 나이팅게일(Florence Nightingale)등과 시공을 초월하여 함께 진지한 논쟁을 벌인다면 흥미롭지 않겠는가?

이 각각의 역사적 인물들로 배우들이 분장을 하고 아주 세련된 대사를 늘어 놓으며 연기를 하는 것이다. 물론 역사상의 인물들은 이러한 대사들을 실제로 언급한 적이 없으며 연기상의 대화들이 어떻게 만들어져서 소멸하게 되는지는 여러분들도 잘 알 것이다.

플라톤 자신도 이와 유사한 방법을 사용하여 학생들이 문제에 도전하고 해결해 나가는 과정을 독자들에게 보여주려 했던 것이다. 플라톤은 자신의 생각과는 아주 다른 견해들을 소개하면서 이러한 생각들이 플라톤 자신의 것이 아니라 그와 논쟁을 벌였던 사람들의 생각이라고 주장하곤 하였다(Shorey 1933).

그 대화 방법이란 플라톤 자신이 양쪽의 의견을 모두 이야기하는 형식을 취하고 있다. 아틀란티스에 관한 이야기는 플라톤의 티마이오스(Timaeus)와 크리티아스(Critias)라는 두편의 대화에서 발견되는데 이 두사람은 실존인물이다. 티마이오스(Timaeus)는 이탈리아의 천문학자이고 크리티아스(Critias)는 아테네(Athenian)의 시인이자 선생이다. 이들이 등장하는 대화는 B.C. 355년경 쓰여졌고 플라톤이 사망한 것은 B.C. 347년 인데 이들의 대화는 B.C. 421 년에 있었던 것으로 기록하고 있다 (Jordan 2001:11). 여러분들이 이 연대를 계산해 본다면 플라톤은 당시 7살이나 8살이었을 것인데 이 대화 내용은 결코 여덟살 어린아이가 듣고 기록한 것으로는 볼 수 없다.

### 티마이오스(Timaeus)의 대화

소크라테스와 티마이오스의 대화는 다소 기이하게 시작 된다. 소크라테스는 바로 전번 대화에서 언급했던 '완벽한 사회'를 언급하면서 대화를 시작한다. 이 대화에서 플라톤은 그의 가장 이상적인 국가인 '공화국(Republic)'에 대해서 이야기 하는데 이것은 티마이오스와의 대화 7년 전에 논의되었던 내용이다. 즉 '공화국' 대화편에서 완벽한 사회의 본질에 대하여 아주 자세한 내용을 다루는데 이것이 어째서 바로 전날의 대화로 둔갑하였는지는 플라톤에게 물어봐야 할 것이다.

소크라테스의 대담 내용은 공화국을 대표하는 완벽한 문화를 설명하는 형식으로 이루어져 있다. 그 내용을 살펴보면 예술가와 농민은 군역으로부터 제외되어야 하며 군대라 하더라도 자비로워야 하는데 군인은 체육뿐 아니라 음악을 공부하고 사회의 공인으로 살아가면서 금, 은과 기타 어떠한 재산도 소유해서는 안된다. 소크라테스는 그러나 공화국에 대한 조건을 이야기 하면서 논리적인 오류를 범하였는데 그가 묘사한 완벽한 사회란 다음과 같다.

> "…나는 다른 사람들이 우리들의 완벽한 사회에 대해서 이야기 하는 것을 듣고 싶다. 완벽한 사회를 위해서는 이웃 사회에 대항하여 투쟁하고 전쟁을 수행하는 것이 하나의 방법이 될 수 있으며 전쟁시에는 그 도시의 위대한 능력을 보여주어야 한다. 또한 완벽한 도시의 말과 행동이 관대할 때 다른 도시들은 완벽한 도시의 훈련과 교육의 가치를 본받게 될 것이다…(Hutchins 1952:443)"

소크라테스는 그의 학생들에게 이 완벽한 도시가 전쟁에 적합하며 완벽한 사회가 전쟁을 어떻게 수행하여야 하는지를 보여주고 있다.

토론 참가자들 중 한 사람인 헤모크라테스(Hermocrates)가 소크라테스에게 말하기를 동료학생인 크리티아스가 아틀란티스에 대한 모든 내용을 알고 있다고 이야기한다. 크리티아스는 이 완벽한 사회에 대한 전설적 이야기를 아파투리아(Apatouria)라는 기념일에 그의 할아버지로부터 들었다고 주장하였다. 플라톤을 연구하는 학자인 폴 프레들랜더(Paul Friedlander)에 따르면 아파투리아 기념일이 바로 '만우절' 이라는 것이다(1969:383). 이 날에는 최고의 이야기꾼에게 상이 주어지며 크리티아스의 할아버지 역시 이름이 같은 크리티아스(Critias)인데 그는 완벽한 도시에 대한 이야기를 그의 아버지인 드로피데스(Dropides)로부터 들었다고 했다. 그런데 드로피데스는 이 이야기를 그리스의 현자인 솔론(Solon)으로부터 들었고 솔론(Solon)은 B.C. 590년경 이집트에 거주할 당시 이름 모를 한 성직자로부터 아틀란티스에 관한 이야기를 들었다고 하였다. 즉, 우리가 현재 읽는 플라톤의 내용을 살펴보면 플라톤이 240년 전에 생겨난 이야기를 여러 세대에 걸쳐 간접적으로 전해 들었다는 사실을 알 수 있다.

크리티아스의 이야기에 따르면 이집트 성직자가 솔론에게 이야기하기를 그리스는 단지 어린아이에 불과한 역사를 가지고 있으며 고대

인류문명에 밀어 닥친 거대한 재난에 대해서 일반 사람들이 아무것도 모른다고 이야기 하였다. 그는 계속해서 고대 아테네(Athens)에 대해서 이야기 하였는데 아테네는 당시 가장 강력한 도시로서 다른 도시들을 지배하였다(p.445).

바로 이 고대 아테네가 크리티아스의 이야기에 나오는 '완벽한 사회'의 모델이며 그 성직자는 솔론에게 가장 영웅적인 고대도시인 아테네에 대해서 이야기를 하였다. 아틀란티스는 아테네에게 패퇴하기 전 아주 강력한 힘으로 정당한 이유 없이 모든 유럽과 아시아에 대하여 침공을 계속 하였다. 그들은 사악한 힘으로 전쟁을 계속하면서 대서양을 건너 한 해협에 위치한 섬에 이르렀는데 이곳이 바로 허큘리스의 기둥(Pillars of Heracles)이라고 부르는 곳으로 오늘날 지브롤터 해협이다(P.446).

이집트 성직자가 솔론에게 이야기한 대서양의 위대한 힘이 바로 섬국가인 아틀란티스이다. 그러나 고대 아테네는 강력한 아틀란티스를 항복시킬 수 있었고 이집트를 지나서 북아프리카를 넘어 영향력을 행사하였다. 이 전쟁에서 패한 후 아틀란티스는 엄청난 지진과 홍수로 파괴되었고 불행하게도 고대 아테네도 같은 재난으로 역시 멸망하였다. 크리티아스는 아틀란티스에 대해서 소크라테스에게 말하기를 "…여러분들의 도시와 시민들에 대해 어제 나눈 이야기가 내 마음속에 얼마나 감명 깊게 기억될지 모르며 신비한 우연의 일치로서 솔론의 이야기와 함께 아틀란티스의 모든 특징들에 대해 여러분은 동의를 하였다…"라고 언급하고 있다 (p.441). 물론 이것은 우연의 일치가 아니라 플라톤이 어떻게 아틀란티스와 고대 아테네를 대화에서 활용하였는가를 보여주는 것이다.

### *크리티아스(Critias)의 대화내용*

크리티아스는 완벽한 사회에 대해 그의 선생이 이야기한 것을 잘 기억하고 있었다. 고대 아테네에 대한 그의 세부적인 묘사는 소크라테스의 가상적인 사회에 대한 묘사와도 아주 정확하게 일치한다. 크리티아스의 이야기에 따르면 고대 아테네의 예술가와 농부는 군대로부터 분리되어 있었고 군인들은 금과 은을 비롯한 사유재산을 소유하지 않았다는 묘사와 일치한다.

고대 아테네에 대한 첫번째 묘사 이후에 크리티아스는 아틀란티스에 대해서도 연이어 기술하고 있다. 그에 따르면 아틀란티스는 원래 그리스의 신 포세이돈(Poseidon)과 인간의 여인인 클레이토(Kleito)의 사이에서 태어난 다섯쌍의 남자 쌍둥이에서 출발하는데 모든 아틀란티스인은 바로 이 열명 남자들의 후손이다.

아틀란티스인은 아주 강하며 사방 24km 넓이의 도시를 육지와 물이 번갈아 가며 겹겹이 원형으로 둘러 쌓인 곳에 궁전과 거대한 운하, 탑과 다리들을 건설하였다. 그들은 아주 먼 거리를 여행하면서 무역을 하였고 금과 은으로 만든 공예품으로 장식을 하였다. 아틀란티스는 1,200여척의 막강한 함대를 소유하고 있었으며 10,000여대의 전차로 무장한 육군을 보유하고 있었다. 아틀란티스 제국의 영향력은 기하급수적으로 확장되었으나 시간이 흐르면서 그들 조상의 '신성한' 부분은 희미해지고 인간의 본성만이 남게 되어서 보다 인간에 가까워 졌다.

결과적으로 그들의 문명은 타락하게 되었고 사람들은 탐욕스러워지고 사악하게 되었다. 아틀란티스는 아테네와의 전쟁에서 패하자 그리스 판테온(Pantheon)의 최고신인 제우스(Zeus)는 아틀란티스에게 세상을 지배하려는 교만과 탐욕에 대한 교훈을 주기 위해 다른 신들과 함께 의논하고자 회합을 가졌다. 이 대화는 결말부분이 없이 끝나는데 플라톤은 이 내용에 대한 대화를 계속하지 못하고 몇 해 후 사망하고 만다.

### 티마이오스(Timaeus)와 크리티아스(Critias)의 기원과 의미

지금까지의 내용이 플라톤의 대화에 등장하는 아틀란티스에 관련된 모든 이야기이다. 아틀란티스 이야기는 전적으로 파생적이며 꾸며진 내용의 창작물이다. 그러나 아이러니하게도 바로 이 창작물이 인기 있는 아틀란티스 신화의 근원으로서 2,000여권의 책과 잡지들을 만들어낸 모태가 된 것이다(de Camp 1970). 아틀란티스의 전설은 심지어는 정기적인 간행물인 '아틀란티스(Atlantis)', '계간 아틀란티스(The Atlantis Quarterly)', '아틀란티스의 부활(Atlantis Rising)' 등을 탄생시켰으나 이 모든 것들은 사실이 아니다. 잃어버린 대륙이란 꾸며낸 이야기에 불과하며 이 전설은 분명히 고대 아테네에 대한 이야기이다. 즉 아테네를 주인공인 영웅으로 아틀란티스를 악역으로서 초점을 맞춘 플라톤이 만든 이야기이다.

아틀란티스는 아테네와의 전쟁에서 패함으로써 제국은 사라졌고 소크라테스가 만들어낸 완벽한 사회의 역할을 예로서 보여줄 수 있었다. 플라톤의 이야기를 잘 살펴보면 기술력은 고도로 발전하였으나 도덕적으로 타락한 사악한 제국인 아틀란티스는 세계를 무력으로 지배하려고 한다. 오직 이를 대적하는 것은 상대적으로 작지만 정신적으로, 도덕적으로 잘 훈련되어 있는 타락하지 않은 고대 아테네인들이었다. 그리고 이 아테네인들이 군사적, 기술적 열세를 극복하고 그들보다 힘의 우위에 있는 강력한 적인 아틀란티스를 단지 그들의 정신력만으로 물리쳤다는 것이다.

이것은 여러분들도 어디선가 들어본 듯한 이야기가 아닌가? 플라톤의 아틀란티스 이야기는 본질적으로 고대 그리스어판 스타워즈(Star Wars)영화라 할만하다. 플라톤은 그의 시대로부터 9천년 전에 대서양 해안의 세상에 알려진 바 없는 고대 그리스로부터 이야기를 시작했는데 스타워즈 또한 아주 먼 옛날 멀리 떨어져 있는 어느 우주에서 이야기를 시작한다. 아틀란티스의 발달한 군사기술과 거대한 함대는 스타워즈에 등장하는 제국의 스톰 트루퍼(Storm Trooper)와 죽음의 별(Death Star)이다. 아틀란티스에 대항하는 아테네의 지상군은 스타워즈의 루크 스카이워커(Luke Skywalker)가 이끄는 연합군에 해당한다. 스타워즈의 저항군과 아테네군사 모두 전쟁을 승리로 이끌지만 그들의 군사력이 강해서가 아니라 모두 '정신력(The Force)'이 강했기 때문이다. 굳이 한가지 더 이야기 하자면 만일 9,000년전에 사람들에게 스타워즈 이야기를 들려주면서 이것이 역사적 사실이라고 주장한다면 오늘날 플라톤의 아틀란티스 이야기가 사실이라고 주장하는 것과 같은 반향을 일으킬 것이라는 점이다. 그러나 두 이야기 모두 신화이며 도적적 교훈을 가르치기 위한 재미있는 이야기일 뿐이다.

### 누가 아틀란티스를 만들어냈는가?

티마이오스와의 대화에서 플라톤은 크리티아스가 아틀란티스는 솔론시대(B.C. 590)보다 9,000년 전에 멸망했다고 주장하였다. 플라톤은 크리티아스와의 대화에서 이와는 상반되는 이야기를 하는데 아틀란티스는 크리티아스 자신이 살던 당시(B.C.300)에서 9,000년 전에 파괴되었다고 기술하고 있다. 이 양자 사이에는 240년의 오차가 있는데 플라톤이 그 어느 쪽을 의도하였건 중요한 것은 솔론이 아틀란티스에 대해서 처음 이야기 했던 장소인 이집트에서는 아틀란티스에 관한 기록이 전혀 보이지 않는다는 것이다.

아테네의 연대기 작가와 역사가, 혹은 이 도시가 전쟁에서 승리한 것에 대해서 논의하였던 사람들이 아틀란티스, 또는 이와 유사한 이름에 대해서 전혀 기록한 바가 없다는 것이다. 고대 그리스의 유명한 역사학자인 헤로도투스(Herodotus)는 플라톤보다 100년 전에 생존했었는데 아틀란티스에 대해서 기록한 바가 전혀 없다. 투키디데스(Thucydides)는 B.C. 5세기경 그의 저서인 고고학(Archaeology)이란 책에서 고대 아테네의 군사적, 정치적 갈등에 대해서 묘사하고 있으나 그 역시 아틀란티스의 존재를 부정하는 발언을 한적이 있다. 즉 플라톤 이전에 그리스의 학자들 사이에서 아틀란티스 이야기를 알고 있던 사람이 없다는 것이다.

티마이오스와 크리티아스보다 백여년 앞선 시기에 살았던 그리스의 작가인 헬라니커스(Hellanicus)가 아틀란티스란 제목의 책을 저술한 적이 있었다(Gantz 1993). 이 책은 아주 적은 분량의 일부만이 남아있는데 플라톤이 헬라니커스의 책에서 이야기를 빌려왔는지, 혹은 플라톤에게 어떤 영감을 주었는지에 대한 여부는 확인할 수 없다(Castleden 1998).

먼 미래에 미국의 독립전쟁이 희미하게 기억되는 역사적 사건으로 남아 있으면서 가끔 사람들 사이에서 이야기될 뿐 심지어는 그 전쟁이 실제 있었는지 사람들이 회의적으로 생각한다고 가정해보자. 혹은 세월이 많이 흘러서 존경 받는 학자들이 고대의 기록들을 발견하는데 내용이 모두 미국의 뿌리에 대한 풍부한 정보와 국가의 기틀을 세운 사람들의 영웅담 뿐만 아니라 미국이 예속되어 있던 제국으로부터 벗어나기 위한 전쟁에 관련된 내용에 대해 이야기 한다고 상정해 보자.

이것이 미국역사의 아주 중요한 부분을 밝히거나, 국가형성 과정에 대해서 우리에게 아주 상세한 기록을 제공한다면 이 기록에 대한 진위 여부에 대해서 상당한 논란을 불러 일으킬 것이다. 게다가 그러한 전쟁을 '전설' 로 인식한다면 그 사건의 사실 여부에 대해 회의적으로 될 것이고 새로 발견된 문서에 대해서도 역시 전쟁의 역사적 진위에 대한 회의적인 논쟁이 나타나게 될 것이다.

그렇다면 아테네와 아틀란티스 사이의 갈등에 대한 플라톤의 이야기를 생각해보자. 즉 고대 아테네가 아틀란티스를 패퇴시키고 위대한 승리를 거두었다는 전설은 그 내용의 사실여부를 떠나 역사가들 사이에서 그럴듯하게 여겨졌을 것이다(Fears 1978).

이소크라테스(Isocrates)의 역사 저술인 판아테나이커스(Panathenaicus)는 B.C. 342~349년 사이에 쓰여졌는데 그는 여기서 아틀란티스의 실체를 부정하고 있다(Fears 1978; 108). 아테네 후기의 역사 저술들을 보면 그리스 역사가들이 아틀란티스를 플라톤이 만들어 낸 허구적인 이야기 이상으로 보지 않는다는 것을 알 수 있다. 즉 그들의 역사 속에서 아틀란티스에 대해 논의할 필요를 느끼지 못할 뿐만 아니라 그 존재를 부정하고 있는 것이다.

이것은 마치 현대의 역사가들이 스타워즈 이야기에 등장하는 악마의 제국에 대해 언급하는 것을 강요하는 것과 마찬가지일 것이다. 즉 그리스의 역사가들은 그들의 독자들이 아틀란티스의 실체에 대해 알고 있다는 것을 인식하고 있었다는 것이다. 그러나 플라톤은 크리티아스의 아틀란티스에 대한 이야기는 사실이라고 주장하였는데 이것이 플라톤의 이야기가 역사적 사실과 관련 있음을 반증하는 것인가? 물론 그것은 아니다.

역사가인 윌리엄 스티빙(William Stiebing Jr.)에 따르면 플라톤의 대화에 등장하는 모든 신화에 대해서 플라톤이 이야기를 소개할 때는 언제나 사실이라고 주장하였다는 것이다. 플라톤은 단지 아틀란티스뿐만 아니라 천국과 지옥에 관한 이야기인 조지아(Georgias)편과 메노(Meno)편의 불멸과 환생, 법(Laws)에서 유물, 공화국 편에서 사후세계에 관한 내용들이 모두 진실이라고 주장하였다(Stiebing 1984:52).

크리티아스의 이야기를 보면 소크라테스는 첫날 이야기에서 가상적인 완벽한 사회가 전쟁에 의해 시험 받고 있는 의미가 무엇인가를 물었을 것이다. 즉 이것은 소크라테스가 학생들에게 지시하였던 과제물이었던 것이다. 크리티아스는 문명에 관련된 이야기로서 편리하게도 아테네로부터는 아주 멀리 떨어져 있는 시간과 공간을 설정하여 대서양 바다 속에 가라앉아 있고 플라톤 시대의 그리스에서는 확인할 수도 복원할 수도 없는 아틀란티스라는 가상적 실체를 이용한 것이다. 플라톤은 또한 고대 아테네라는 가상의 시대를 설정하여 당시 아테네인들의 문화적 능력으로는 성취하기 불가능한, 그리고 편리하게도 이미 파괴되어버린 문명에 대한 이야기를 하고 있는 것이다. 마지막으로 그것을 사실이라고 주장하면서 '미스터리한 우연의 일치'로 포장하였는데 그것은 소크라테스의 가상적인 사회와 거의 일치하는 것이다.

테일러(A. E. Taylor)가 지적하였듯이 솔론이 성직자와 나누었던 모든 대화들과 아틀란티스에 대해 묘사했던 시들도 플라톤이 만들어 낸 이야기일 뿐이다(1962:50).

### 플라톤은 아틀란티스 이야기를 어떻게 알게 되었는가?
### 미노아(Minoan)문명 기원설

이 질문에 대한 마지막 의문점은 만일 아틀란티스 이야기가 플라톤의 발명품이라면 그가 최소한 실제 역사적 사건에 바탕을 두진 않았을까 하는 점이다. 즉 플라톤이 그의 이야기를 구성할 때 실제 역사적 사건들 속에서 자연재난에 의해 파괴된 한 위대한 문명을 소재로 하였다 하더라도 이미 희미하게 기억되었던 시기에 쓰여진 것은 아닐까?

다른 한편에서 생각해 보면 대부분의 전설들은 어떤 사실에 바탕을 두는 경우가 많이 있다. 모든 작가들은 현실세계의 물질적인 것에 대한 지식 위에 그들의 문학적 상상력을 더하는 경우가 대부분이며 플라톤 또한 다르지 않았을 것이다. 당시 플라톤은 아틀란티스 이야기를 만들어 내기에 충분한 역사적 사건들을 많이 알고 있었을 것이다. 예를 들어 1909년 북아일랜드 벨페스트(Belfast)에 위치한 퀸스 대학(Queen's University)의 한 교수가 아틀란티스 전설과 크레타(Crete)의 미노아 문명을 역사적 사실과 결부시켜 설명한 적이 있다(Luce 1969:47).

최근 고고학적 증거들을 이용하여 마리나토스(Spyridon Marinatos 1972), 루쓰(J.V. Luce 1965), 바콤(Angelos Galanopoulos and Edward Bacom 1969)등이 프로스트의 가설을 조사하였다. 그들은 플라톤이 아틀란티스 이야기를 만들 때 미노아 문명을 배경으로 하였으며 이 문명의 정확한 특징들을 묘사하고 있다고 주장하였다.

크노소스(Knossos)의 수도인 미노아(Minoan)의 웅장한 사원들은 약 3,800년 전에 축조된 것이다(그림 7.3). 이 사원의 정상부에는 20,000 평방미터 넓이의 면적에 천여개의 방이 위치하고 안뜰에는 복도를 따라 거대한 기둥들이 늘어서 있으며 의례를 위한 목욕탕과 웅장한 계단을 갖추고 있다. 신전의 일부는 3~4층 높이로 되어있고 광장과 주거공간의 일부 벽들은 돌고래와 황소그림들이 프레스코(Fresco) 벽화 기법으로

그림 7.3_ 테라섬의 화산폭발이 아틀란티스 전설의 모델이 되었다는 주장이 있다. 사진은 미노아문명 시기의 크레타섬 크노소스에 위치한 신전모습이다.

장식되어 있다. 미노아 사람들이 그림에 묘사한 것을 보면 우아한 근육질의 사람들을 볼 수 있는데 플라톤 시대의 그리스보다 훨씬 오래된 문명이지만 아주 훌륭한 문화 수준을 누렸음을 알 수 있다.

그러나 미노아 문명을 아틀란티스 설화의 모태로 보기에는 몇 가지 문제점이 있다. 크레타(Crete)섬은 플라톤이 묘사한 아틀란티스로 보기에는 그 위치도 다르고 크기도 너무 작은 섬이다. 미노아문명은 아틀란티스와 비교하기에는 그 연대 또한 너무 늦은 시기이다. 플라톤이 언급하였듯이 아틀란티스인들은 코끼리를 이용하여 무거운 짐을 운반했다는데 크레타섬에는 코끼리가 서식하지 않는다. 아마도 플라톤의 가상적 사회인 아틀란티스와 역사상의 미노아 문명을 연결해 줄 수 있는 한가지 고리는 B.C. 16~17세기 사이 크레타섬 주변에 화산폭발이라는 재앙이 있었다는 것이다. 오늘날 산토리니(Santorini)라고 부르는(고대에는 테라(Thera)라고 불렸던) 크레타섬 북쪽 120km 지점에서 거대한 화산폭발이 있었다는 사실이다(그림 7.4).

당시 테라 화산의 폭발 위력은 1883년 네덜란드령 인더스 동쪽지역에서 36,000명의 인명피해를 냈던 화산폭발보다 네 배 이상 강한 폭발이었다(Marinatos 1972:718). 화산폭발로 인한 테라섬의 소멸이 미노아 문명에 심대한 영향을 미쳤다는 것은 의심의 여지가 없다(Marinatos 1972). 화산폭발은 강력한 지진을 동반하면서 크레타의 많은 주민들에게 심각한 피해를 주었을 것이며 쓰나미와 같은 거대한 파도를 일으켜 크레타섬 북부의 항구 일대를 휩쓸고 지나갔을 것이다. 미노아 문명의 발전은 원거리 무역과 밀접한 관련이 있었기 때문에 먼 거리를 항해하던 선박들이 파괴되고 물자가 드나들던 항구가 폐쇄되었을 때 미노아 경제는 심각한 피해를 입었을 것이다. 이 뿐만 아니라 크레타의 비옥한 땅 위에 두껍게 쌓인 화산재는 아주 오랜 기간 농작물의 재배를 불가능하게 하여 미노아 경제에 심각한 타격을 주었을 것이다.

테라의 화산폭발과 그것이 미노아 문명에 가져온 황폐화는 플라톤

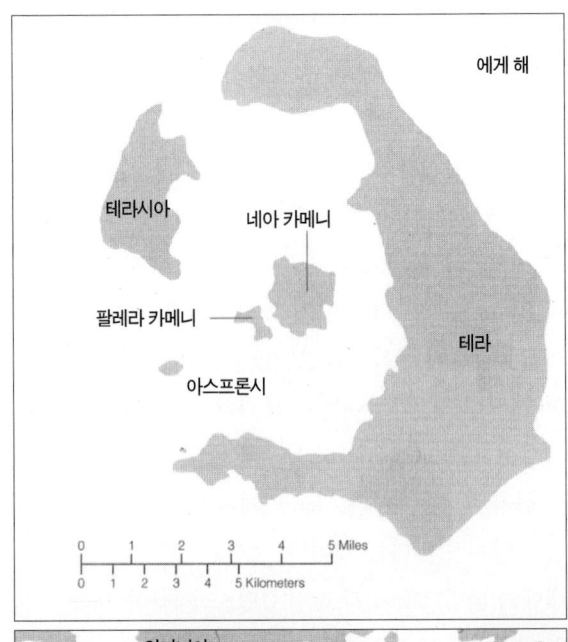

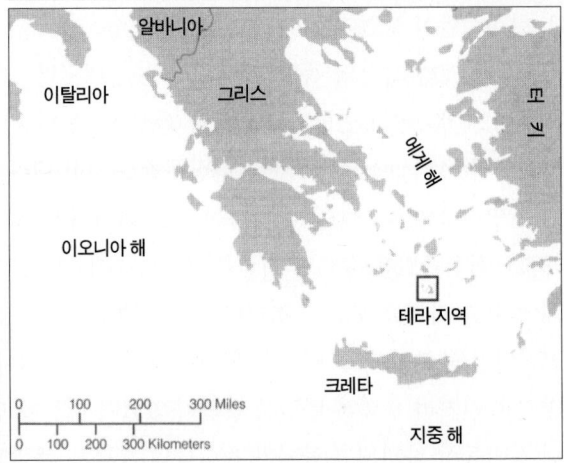

그림 7.4_ 지중해에 위치한 테라섬으로 3600년전 화산폭발이 있었다. 이 섬이 플라톤의 아틀란티스 전설의 모델이 되었을 것으로 추측하는 학자들도 있다.

의 아틀란티스 이야기에서 볼 수 있는 재앙과 얼핏 유사하게 보이지만 두 이야기가 그다지 잘 맞아 떨어지는 것만은 아니다. 고고학적 증거들을 살펴볼 때 화산폭발이 미노아 문명에 심각한 타격을 준 것은 사실이지만 미노아 문명의 멸망이 화산폭발 때문만은 아니었다.

역사학자인 윌리엄 스티빙(William Stiebing 1984)이 지적하기를 테라의 화산폭발로 크레타 문명이 심각한 타격을 입은 것은 사실이지만 이후에 문명을 성공적으로 복구한 증거들 또한 많이 남아 있다. 즉 화산폭발로 생긴 화산재 지층 위에 새롭게 건설된 많은 구조물들을 확인할 수가 있었는데 사실 미노아 문명은 테라 화산폭발 이후에도 100년 이상 번영을 누렸고 B.C. 1,320년까지 300년 이상 명맥을 유지한다(Bower 1990).

결국, 아틀란티스의 갑작스런 멸망이 플라톤 이야기의 핵심적인 요소가 되는데 크레타 섬의 비극이 아틀란티스의 원형이라는 것은 일반적인 상식 이상의 특별한 것이 없다. 미노아 문명을 아틀란티스의 원형으로 보는데 있어 또 한가지 문제점은 아틀란티스가 아테네의 군사적 힘에 의해서 패하였다는 핵심적인 주제 또한 서로 일치하지 않는다는 사실이다. 미노아는 아테네 군대에 의해서 패한 사실이 없으며 만일 미노아 문명이 플라톤의 아틀란티스 이야기에 영감을 주었다면 그 자체가 모두 꾸며낸 이야기일 것이다.

1872년 프랑스 작가 루이스 피규어(Louis Figuier)는 플라톤이 아틀란티스와 인상 깊었던 미노아의 한 거주지인 테라의 산토리니(Santorini) 폭발 사건을 연관 지어 이야기를 썼을 것이며(Castleden 1998) 다른 내용들도 추가로 쓰여졌을 것이라고 주장하였다(Pellegrino 1991). 이곳 크레타가 플라톤이 묘사한 아틀란티스와 유사한 운명으로 B.C. 1628년 화산폭발에 의해 완전히 파괴되었으나 미노아 문명과 연관 지어 생각할 수 있는 모든 가능성과는 일치하는 바가 없다.

이상의 정황으로 볼 때 테라가 아틀란티스라고 보기에는 섬의 크키가 너무 작고 플라톤이 묘사한 위치하고도 멀리 떨어져 있으며 연대 또한 일치하지 않는다. 보다 최근에 지중해 선사시대 연구로 유명한 로드니 캐스텔든(Rodney Castleden 1998)에 따르면 크레타나 테라는 단일한 하나의 섬이 아니라 많은 섬들로 구성되어 있는 군도라는 점에서도 플라톤이 아틀란티스에 대한 영감을 얻은 장소로 볼 수 없다.

그러나 플라톤은 이러한 지리상의 묘사를 하지 않았을 뿐만 아니라 아틀란티스를 대륙 크기의 단일한 섬으로 묘사하고 있다. 아틀란티스를 역사적 실체로 입증하려는 대부분의 시도들은 이와 아주 유사한 문제들과 부딪쳐 어려움을 겪고 있다. 플라톤의 이야기들 중 몇몇 부분은 아주 논리적인 모순을 무시하고 개작된 것이다. 한가지 큰 의문점이 있다면 아틀란티스의 역사적, 지리적 위치가 시간이 흐르면서 얼마나 많이 바뀌어 왔는지 아무도 그 사실적 위치를 모를 수 있다는 것이다.

플라톤의 아틀란티스가 테라와 크레타의 역사를 혼용한 것이라는 논쟁이 진행될 무렵 캐스텔든(1998)은 크리티아스에서 플라톤이 묘사한 아틀란티스에 대한 논쟁에 또 다른 요점이 있음을 지적하였다. 예를 들어 그는 스파르타(Sparta)의 정치적 경쟁자이면서 숙적인 아테네와의 관계를 플라톤이 접목하여 묘사하였다고 주장한다(Castleden 1998: 160~163). 아테네와 스파르타가 펠로폰네시스 전쟁(Peloponnesian War)을 했던 시기는 플라톤이 12살때의 일이다. 그러나 이것은 아테네는 승자가 아니라 스파르타한테 패함으로써 고통을 받았다는 점에서 아틀란티스와 결부되어 생각하기 어렵다.

캐스텔든(1998: 154~160)은 B.C. 5세기경에 존재한 이탈리아의 한 도시인 시라큐스(Syracuse)의 건축양식이 플라톤이 묘사한 아틀란티스의 건축물과 유사하다고 주장한 바 있다. 크리티아스를 분석해 보면 플라톤이 주요한 특징으로 묘사한 아틀란티스의 성격들이 다른 고대사회의 특징과 많은 부분에서 일치하지 않음을 알 수 있다. 플라톤은 크리티아스의 이야기를 역사적 사실로서가 아니라 우화의 한 부분으로 간주하고 있는데 플라톤은 그의 주장을 부각시키기 위하여 아틀란티스를 빠져나올 수 없는 상대역으로 만들어 놓은 것이다.

아틀란티스에 대한 플라톤의 세부적인 묘사를 보면 독자들을 감동시키기 위하여 물질적인 부와 진보된 기술 그리고 강력한 군사력을 묘사하고 있다. 물질적으로 빈약하며 기술적으로도 뒤떨어져 있을 뿐만 아니라 군사적 열세에 있던 아테네가 아틀란티스를 패퇴시킬 수 있었다는 것에 크리티아스가 본질적으로 의미를 부여하고자 했던 것이다. 즉 역사에서 중요한 것은 경제력과 군사력이 아니라 사람들이 자신을 통제하는 방법 그 자체라는 것이다.

플라톤은 완벽한 정부와 사회를 위해서는 지식의 성취가 가장 중요하며 그것이 본질적으로 부와 권력의 한계를 극복할 수 있는 방법으로 보았다. 플라톤을 연구하는 폴 쇼리(Paul Shorey)는 '…아틀란티스는 플라톤의 창작물이며 이에 대한 플라톤의 묘사들은 그의 독서와 다른 많은 여행자들의 이야기들로부터 얻은 상상력의 산물인 것이다…'라고 주장하였다.

### 플라톤 이후

플라톤이 사망한 이후 크리티아스의 대화와 아틀란티스 이야기는 미완성인채로 남겨졌고 300년 이상 이에 대한 어떠한 언급도 기록에 등장하지 않는다(de Camp 1970:16). 앞서 언급하였듯이 플라톤을 연구해 온 그리스의 역사가들도 아틀란티스에 대하여 언급하지 않거나 그 실체를 부정하여 완전히 무시하였다. 따라서 우리는 그 이후 B.C. 63년에 태어난 그리스의 지리학자인 스트라보(Strabo)와 같이 플라톤이 생각했던 잃어버린 대륙의 사실 여부에 대해 통찰력을 갖고 있는 사람의 기록에 의존 할 수 밖에 없다. 예를 들어 스트라보의 주장에 따르면 플라톤의 유명한 제자인 아리스토텔레스가 말하기를 '플라톤이 아틀란티스를 만들어냈고 파괴시켰다' 라고 언급한 적이 있다는 것이다.

플라톤이 아틀란티스를 창조하였던 도덕적인 시각에 대하여 테일러(T. E. Taylor)는 "…플라톤의 의도는 명백히 단순한 것이다. 물질적으로 작고 가난한 사회인 아테네를 진정한 애국심을 바탕으로 높은 도

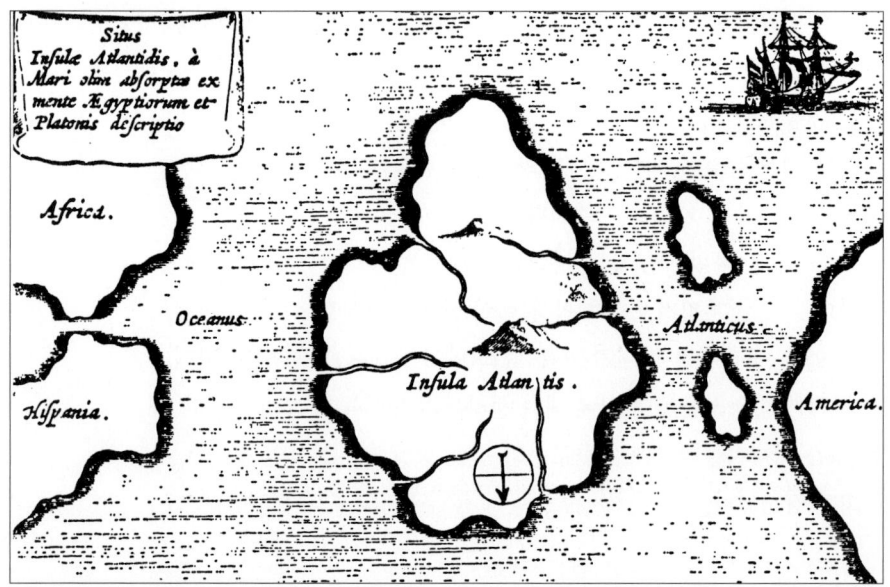

그림 7.5_ 1644년에 제작된 지도로 태평양상에 아틀란티스가 있었던 곳으로 추정되는 위치를 그려 넣었는데 다른 지도와 달리 위쪽이 남쪽인 것이 흥미롭다.

덕의식이 대중을 지배하며, 그러면서도 아틀란티스와 같이 풍요로움을 동시에 갖춘 사회로 건설하길 원했던 것이다…"라고 평하였다 (1962:250).

신대륙 발견 이후 아틀란티스의 존재는 진지하게 받아들여졌고 아틀란티스는 아주 인기 있는 이야기의 주제가 되었다. 예를 들어 허들스톰(Huddlestom 1969)이 지적하였듯이 1552년 로페즈 고마라(Lopez de Gomara)는 신대륙 원주민들이 바로 잃어버린 대륙 아틀란티스로부터 이주한 생존자들 이라고 주장하였다.

고마라의 이러한 해석은 언어학적 연구에 기반을 두고 있다. 즉, 아즈텍 언어인 나와틀(Nahuatle)어의 '아틀(atl)'이라는 단어는 '물'이라는 뜻인데 이것이 아틀란티스와 관련이 있다는 것이다(Huddlestom 1967:25). 감보아(Pedrosarmiento de Gamboa)는 1572년 신대륙의 위대한 문명이 바로 아틀란티스 문명으로부터 기인했다는 주장을 굽히지 않았다.

이 외에도 17세기에 제작된 한 지도에서 대서양 연안에 아틀란티스가 표시되어 있는 것이 발견되었고(그림 7.5), 영국인인 조슬리(John Jossely)는 신대륙을 아틀란티스라고 주장하기도 하였다. 프랑스 학자인 뷔르부르(de Bourbourg)는 1864년 트로아노 코덱스(Troano Codex)라는 마야 인디언의 책을 번역하였다고 주장하였는데 이는 완전한 공상소설로 홍수에 의해 파괴된 아틀란티스의 이야기를 하고 있다.

어거스트 프로젠(Augustus le Plongeon)은 혼란스러운 문자가 섞여있는 이 코덱스를 번역하였는데 여기서는 마야문명이 고대 이집트와 관련이 있다는 아주 색다른 이야기를 하고 있다. 이것 또한 완전한 허구이지만 구대륙과 신대륙의 문명이 아틀란티스라는 매개체에 의하여 연결될 수 있다는 생각들은 계속되었던 것이다.

## 미네소타주 의원 이그나티우스 도넬리 (Ignatius Donnelly)

플라톤의 아틀란티스 이야기는 18~19세기에 이르러 가능한 실체로서 받아들여 졌으나 다른 신화들과 마찬가지로 과학적 지식이 발전하면서 점차 사라지게 되었다(5장 참조). 이점에 대해서 우리는 이그나티우스 도넬리(Ignatius Donnelly)라는 사람에게 감사와 비난을 동시에 해야만 할 것이다.

도넬리는 1831년에 태어나 법학을 공부하여 28살의 나이에 미네소타주의 부지사가 되었다. 이후에 그는 연방 하원의원(House of Representatives)을 수 차례 역임하였으며 미국 부통령에 두 번 출마한 바 있다. 도넬리는 아주 특별한 사람으로 세계의 역사, 신화, 지리학등 막대한 양의 자료와 책들을 닥치는 대로 섭렵하였다. 그러나 그는 자신의 취미를 위한 수집가의 수준에 머물 뿐이었고 그가 조사한 것들이 특별한 의미가 있는지의 여부를 스스로가 구별할 수 있는 능력조차 없는 듯 보였다.

도넬리는 현대판 아틀란티스 연구의 선구자라고 할 수 있는데 작가인 다니엘 코헨(Daniel Cohen 1969)은 1882년에 발간된 도넬리(Donnelly)의 책 '아틀란티스: 노아 이전의 세계(Atlantis: The Antediluvian World)'가 아틀란티스를 숭배하는 사람들의 경전이 되었다고 지적한 바 있다. 또한, 흥미롭게도 도넬리의 다른 저서인 '위대한 암호(The Great Cryptogram)'라는 책에서 프란시스 베이컨(Francis Bacon)이 셰익스피어(Shakespeare)의 모든 작품의 근원이라고 주장하기도 하였다.

도넬리의 '아틀란티스: 노아 이전의 세계(Atlantis: The Antediluvian World)'라는 책은 놀라울 정도의 귀납적 추리를 보여주고 있다. 그러나 도넬리는 증거들을 수집하는데 있어서 비과학적이고 회의적인 감성을 갖고 있었다. 그의 연구방법은 본질적으로 무차별적이었는데 그 내용이 아틀란티스를 긍정하는 것인지 혹은 부정하는 것인지 양자 사이의 일치가 영원히 불가능할 것 같이 보인다.

도넬리는 플라톤이 이야기한 아틀란티스가 전설이 아닌 '역사적 사실'임을 입증할 수 있다고 주장하였다(1882:1). 아틀란티스는 인류가 처음 야만에서 벗어나 문명세계를 이룩한 첫번째 고대국가라고 주장하면서 이것이 후일 이집트, 남미, 유럽문명의 기원이 되었으며, 구체적으로 북미의 마운드빌더 문명도 여기에 포함된다고 주장하였다(그림 7.6).

하지만 도넬리의 주장들은 이에 대한 증거를 연결하는데 있어서 아주 혼란스러운 수렁에 빠진 느낌을 준다. 그는 증거가 아닌 추측들을 열거하고는 이것을 바탕으로 귀납적 추리에 의존하는 방법을 사용하고 있는 것이다. 도넬리의 가설에 대한 진위를 시험하기 위한 방법이란 만일 어떠한 것이 진실이라고 주장하면 도넬리 자신의 구체적인 주장

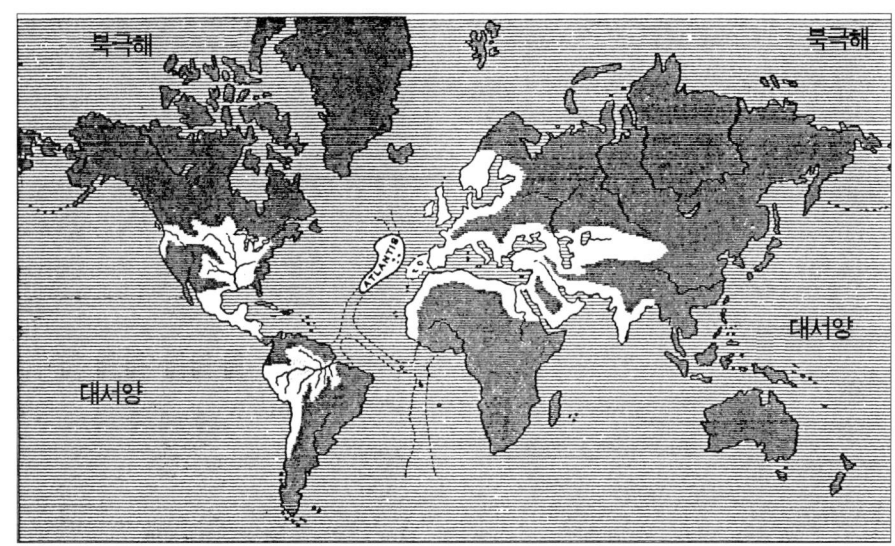

그림 7.6_ 이그나티우스 도넬리가 주장한 아틀란티스로 부터 직접적인 영향을 받았다고 주장하는 고대문명 지역(지도의 흰색부분); 고대 이집트, 메소포타미아, 중미, 미국 마운드빌더 문화지역 등이다.

또한 옳다는 것이다. 도넬리가 일생 동안 그가 알지 못하는 정보에 대해서는 적용을 하려 한적이 없음으로 이 부분에 대해서 우리가 논박을 하기는 힘들지만 일반적인 접근 방법을 통해 어떠한 오류를 범했는지 그의 주장에 함축된 의미를 시험해 볼 수 있다.

예를 들어 그는 다양한 문화권에서 많은 예의 홍수 전설을 인용하였는데 이 모든 것을 아틀란티스가 멸망할 당시 범 세계적인 기억의 한 부분으로 생각하였다. 그의 기본적인 논리는 아틀란티스와 유사한 전설들을 참조하면서 이것들이 실제 일어난 사건이었다고 보는 것이다. 만일 이것이 사실이라면 이 전설들이 각각의 역사기록에서 사실로 입증되어야 하며 최소한 중요성이 일반적으로 받아들여져야 하는데 이러한 것들은 사실이 아니다.

그는 신화에 대한 가설들을 아주 그럴듯하게 확증하고 있는데 이는 그 전설들이 역사상 실제 연관성이 있어서가 아니라 그것들이 같은 원인으로 유사성을 추적해 볼 수 있기 때문이다. 도넬리는 구약의 대홍수 이야기가 바로 아틀란티스를 멸망시킨 실제 대 재앙이었음을 주장하였다. 그러나 바빌로니아(Babylonian)의 홍수 이야기가 구약의 홍수 이야기와 세부적인 내용들까지도 아주 유사한 것은 고대 유대인들이 바빌로니아에서 오랜 세월을 보내면서 그 지역 사람들로부터 홍수전설을 전해들은 결과이기 때문이다. 신대륙 원주민들과 관련된 홍수전설들도 마찬가지로 대부분 유럽 선교사들과 접촉하면서 들은 구약 속의 홍수전설을 시간이 흐르면서 자신들의 전설로서 받아들인 것이다.

어떤 원주민 집단은 이미 오래 전부터 홍수전설을 갖고 있었는데 이것이 구약의 홍수전설과 만나는 가운데 쉽게 혼합이 되어 그들의 새로운 홍수신화로 재생산 되는 것이다. 오컴의 법칙을 적용해 볼 때 어떠한 것이 더 단순한 이론일까? 하나는 잃어버린 대륙에 대한 증거는 없으며 또 다른 하나는 단순히 인디언이 선교사들의 이야기를 자신들의 신화 속에 포함한 것이다.

비록 도넬리는 그러한 대재앙이 실제로 일어나 아틀란티스가 멸망했다는 논쟁에 시간을 소비하였으나 이것이 그의 주요한 핵심 논점은 아니다. 도넬리는 만일 우리가 대서양을 두고 양쪽에서 본질적으로 동일한 문명을 발견할 수 있다면 이들은 하나의 모태로부터 서로 갈라져 나온 것이거나 혹은 공통의 문화 요소로부터 파생된 것이라는 입장을 고수하였다(1882:135).

이 논점은 소위 문명 발전론 중에서 전파론의 입장을 고수하는 것으로서 19세기말 20세기초 인류학에서 유행했던 이론이다(Harris 1968). 전파론이란 인류는 본질적으로 문화를 창조하는 능력이 미약하기 때문에 사람들의 새로운 생각이나 기술이라는 것은 아주 드물게 제한된 장소에서만 발생하여 주변의 다른 지역으로 퍼져나간다는 주장이다. 즉 이집트가 다른 모든 문명의 근원이며 농사, 문자, 기념비적 건축물등은 오직 이집트 지역에서만 발명되어 다른 지역으로 퍼져나갔다는 것이다. 이러한 논리가 오늘날 보다 극단적인 형태로 나타난 것이 아프리카민족주의(Afrocentrism)이다. 즉 아프리카지역이 인류문명의 근원지로서 토기, 문자, 농사의 발명등 문명의 요소들을 추적해보면 이 모든 것이 아프리카로부터 시작되어 결국 전세계로 퍼져나가 발전되었다는 극단적인 주장이다.

도넬리 또한 전파주의자로서 이집트, 수메르, 그밖의 다른 문명들의 근원을 아틀란티스로 보았던 것이다. 그는 이것을 증명하기 위하여 신대륙과 구대륙 문명 사이에서 동일하게 나타나는 일련의 유물들과 관습들을 증거로서 제시하였다. 이 과정에서 도넬리는 아틀란티스의 존재를 입증하는 확실한 증거로서 그 자신이 믿고 있는 것들을 제시하였는데 그가 제시한 증거란 본질적으로 문화요소의 속성들을 열거하여 비교하는 것이다. 도넬리가 어떠한 논리로서 그의 주장들을 검증하였는지 몇가지 예를 살펴보자.

1. 이집트의 오벨리스크(obelisk)와 남미의 스틸러(stelae)는 동일한 문화로부터 파생된 것이다 (Donnelly 1882:136).

도넬리(Donnelly)는 이집트의 오벨리스크가 마야문명의 스틸러와 본질적으로 동일한 문화로부터 기원한 것이라고 주장하였다. 만일 마야의 스틸러와 이집트의 오벨리스크가 동일한 문화적 근원을 갖고 있다면 이들 두 문화 사이에는 일반적이건 세부적이건 모든 측면에서 서로 유사성이 발견되어야 한다. 그러나 이들은 우선 건축 양식부터가 다르고 그 모양, 크기, 원재료, 그리고 그 안에 새겨진 언어 또한 완전히 별개의 것이다(그림 7.7).

이들의 유사성이란 석제 판석을 세워 그 위에 문자를 새겨 넣었다는 것 뿐인데 이것만으로 이들 두 유물이 동일한 문화적 근원을 갖고 있다고 주장하기에는 한계가 있다.

그림 7.7_ 도넬리는 이집트의 오벨리스크와 마야의 스틸러가 형태와 기능이 유사하며 이들이 모두 아틀란티스 문명으로부터 전해진 것이라고 주장하였다. (사진위 왼쪽) 사진의 오벨리스크는 현재 로마의 포폴로 광장에 있는데 이집트 파라오인 람세스 2세를 위한 것으로 네면에 모두 상형문자가 음각되어있다. (사진 아래) 마야의 스틸러는 편평한 석회암에 그림을 양각으로 새겨 넣었다.
(사진 위 오른쪽) 마야의 조각기법은 양각인 반면 오벨리스크의 조각은 음각으로 기법과 형태에 큰 차이가 있다.

2. 이집트의 피라미드와 남미의 피라미드는 동일한 문화적 근원을 갖고 있다 (Donnelly 1882: 317~411).

만일 이 가설이 사실이라면 서로 다른 두 피라미드가 세부적인 건축학적 특징들을 공유해야 한다. 첫째, 신대륙과 구대륙의 피라미드는 모양부터가 다르다(그림 7.8). 신대륙 피라미드는 예외 없이 정상부가 편평하면서 앞면에 계단을 설치한 반면에 이집트 피라미드는 정상부가 뾰족하며 계단이 설치된 예가 없다. 신대륙 피라미드는 정상부에 신전과 무덤을 설치하고 지도자를 이곳에 매장한다. 그러나 이집트 피라미드는 죽은 왕과 왕족의 무덤으로 쓰일 뿐 신전을 설치하지 않는다. 건축기술 또한 많이 다른데 이집트 피라미드는 대부분 하나의 단일 건축구조로 구성되어 있으나 남미의 피라미드는 구조물의 각 부분들이 여러 번에 걸쳐 건물들을 잇대어 축조하여 완성한 것이다.

마지막으로, 만일 이집트와 남미의 피라미드가 동일한 기원을 갖고 있다면 그들의 축조연대가 비슷해야 할 것이다. 그러나 이집트 피라미드가 5,000~4,000년 전에 만들어진 반면에 남미의 피라미드는 3,000년 이전의 것이 없고 대부분은 1,500여년 전의 것들이다. 이들 피라미드는 모두 소위 아틀란티스가 붕괴된 11,000년 전 이후에 건축된 것들이다.

3. 신대륙과 구대륙의 고대문화는 모두 아치(Arch)형식의 건축기술을 보유하고 있다(Donnelly 1882:140).

이 주장은 정확하지 않은 건축용어를 사용하고 있는데 구대륙에서는 아치가 쐐기돌을 사용하여 다른 석재들을 지탱해 주는 역할을 하지만 신대륙 문화에서는 쐐기돌을 사용한 아치형식의 건축기술이 없고 단층 건물 위에 얹은 아치모양의 장식만 확인된다.

그림 7.8_ (사진 위)이집트 기자의 피라미드와 (사진아래) 중미지역 티칼의 피라미드; 기능, 형태, 건축기법은 물론 축조된 연대도 다르다. 그러나 도넬리는 이들 피라미드가 아틀란티스로부터 전해진 기술로 축조되었다고 주장하였으나 언제 어떻게 신대륙과 구대륙에 전해지게 되었는지는 설명하지 못하였다.

4. 구대륙과 신대륙 모두 청동제조 기술을 갖고 있다(Donnelly 1882:140).

이것은 사실이다 그러나 도넬리의 주장에 논리적 의미는 구대륙과 신대륙 제련기술이 동일한 기원을 갖고 있는데 있다. 이것이 사실이라면 기술상의 많은 동일한 특징들을 공유하고 있을 것이다. 청동은 동과 다른 첨가물을 넣어 만든 합금으로써 구대륙의 청동은 동과 주석을 섞어 만들지만 신대륙의 청동은 동과 비소를 섞어 만든 것이 주류를 이룬다. 이러한 합금재료의 근본적인 차이는 신대륙과 구대륙의 제련기술이 동일한 근원을 갖고 있다고 보기에는 미약한 면이 있다.

5. 구대륙과 신대륙 모두 농업경제에 기반을 두고 있으며 농업 기술은 모두 동일한 문화로부터 전해져 발전해 온 것이다 (Donnelly 1882:141).

우리는 문명의 발생이 농사의 발달에서 기인했음을 인정할 수 있다. 즉, 농사의 발달로 잉여 식량의 생산이 가능해졌고, 식량 획득으로부터 자유로워진 인력이 피라미드 건설에 동원 될 수 있었으며 전문적인 군사계급의 출현을 가능하게 했다는 것이다. 그러나 이러한 농업기술이 모두 아틀란티스로부터 기원한다고 가정한다면 양 대륙 사이에서 같거나 혹은 유사한 작물의 재배품종 및 기술을 발견할 수 있어야 한다.

도넬리가 살던 당시에는 많이 알려진 바가 없었지만 구대륙에서 재배하고 기르던 동식물은 신대륙의 것과는 완전히 다른 종류의 것들이다. 우리는 구대륙 안에서도 각각의 문화권마다 다른 종류의 농작물들을 재배하여 왔음을 알고 있다. 중동 지역에서는 밀, 보리, 완두콩, 편두콩, 살갈퀴콩 등이 주종을 이룬다(Henry 1989; Hole, Flannery, Neely 1969). 반면, 극동 지역에서는 강아지풀, 기장, 쌀등이 주요 곡물이며(Crawford 1992; Solheim 1972), 아프리카 지역에서는 수수, 기장, 그리고 테프(tef)와 같은 열대성 곡물들을 재배하였다(Harlem 1992;

Phillipson 1993). 구대륙 가축으로는 양, 염소, 돼지, 소 등이 주종을 이룬다.

　신대륙 재배 곡물들도 구대륙과 마찬가지로 다양하지만 아주 다른 품종들이다. 중미 지역에서는 옥수수, 콩, 호박이 주종을 이루고 토마토 아보카도, 고추, 애머랜스, 초콜렛등이 주식으로 사용되었다(de Tapia 1992; Macneish 1967). 남미에서도 옥수수와 콩은 주요작물이고 오늘날 현대 미국의 식탁에도 주요식품으로 자리잡은 감자가 있다 (Bruhns 199; Pearsall 1992).

　북미대륙에서는 또 다른 곡물들이 재배되었는데 해바라기, 명아주, 호박등이 있다 (Smith 1995). 칠면조는 고대로부터 신대륙 남서쪽에서 사육하였고 중남미에서는 칠면조와 오리, 개 등이 식용으로 사육되었다. 라마(Llama)는 용도가 아주 다양한 동물이며 알파카(alpaca)양은 모직물을 얻는데 주로 이용되었다.

　이러한 점들을 살펴볼 때 구대륙과 신대륙의 농사기술과 요소는 완전히 다르다는 것을 알 수 있다. 즉 이들의 농업경제는 독자적으로 발전해 온 것이며 하나의 문화에서 파생된 것이 아니다. 고고학적 조사를 통해 이들을 보다 세밀히 살펴보면 신대륙과 구대륙 모두 수천년 이상 농업기술의 발전이 있었음을 알 수 있다. 이미 12,000년 전부터 서남아시아, 남부유럽, 동아시아, 아프리카 사하라 남부지역, 중미, 북미 중서부와 중남부지역, 남미등 지구상의 여러 곳에서 독자적인 농업기술의 진화과정이 이루어진 것이다.

　이러한 고고학적 증거들은 사람들이 수렵채집 생활에서 농사와 가축의 사육에 점차 의존하게 되고 식량공급원을 안정적으로 확보할 수 있게 되었음을 보여주고 있다. 예를 들어 동물뼈의 화석들과 탄화된 씨앗을 분석해 보면 농작물의 품종과 사육하는 가축의 종류가 천천히 증가하고 있음을 볼 수 있다. 지난 수 천년 동안 인류는 야생 식물들 중 '인위적 선택'을 통해 보다 크고 수확량이 많으며 빨리 자라는등 상대

그림 7.9_ 도넬리는 건축물에서 보이는 아치형태의 기법이 아틀란티스에서 기원하여 신대륙과 구대륙으로 전파되었다고 주장하는데 이는 사실이 아니다. (사진 위)고대 이스라엘 지역의 건물잔해로 아치형 장식을 볼 수 있다. 그러나 신대륙에서는 컬럼버스 이전에 아치형 건축기법이 사용된 적이 없다. (사진 아래) 멕시코의 치첸이짜 유적으로 신대륙 원주민들이 건설한 것이다. 여기서 사용된 아치모양은 일반 아치형 건축기법과는 다른 것이다.

제7장 잃어버린 대륙 아틀란티스(Atlantis)

적으로 장점들을 갖춘 품종들을 개량함으로써 생존과 증식의 기회를 높일 수 있었다. 이와 유사한 과정을 통해 사람들은 특정한 종의 동물들을 골라 가장 유순하고 두터운 털을 갖고 있으며, 고기와 우유의 질이 좋은 종들을 교배하여 개량해 왔던 것이다.

이러한 연속성은 오랜 세월 동안 고고학적 증거들을 통해 씨앗의 크기, 육식 동물들의 뿔과 이빨 형태와 같은 생물학적 특징들의 변화속에서 확인할 수 있다. 수집된 고고학적 증거들은 인류가 농업에 전적으로 의존하게 되는 진화선상의 과정을 아주 잘 보여주고 있다. 농사와 가축의 사육은 단순히 구대륙과 신대륙에 갑자기 나타난 것이 아니라 아주 오랜 세월을 지나면서 각각의 독특한 진화 과정을 통해 형성된 것이다. 농경문화는 명백히 아틀란티스에 의해서 세상에 전해진 것이 아니며 지구상의 서로 다른 많은 지역에서 독자적인 발전을 거듭해 온 것이다(Smith 1995).

도넬리는 구대륙과 신대륙 사이의 문화적 특징들을 연결하는 이론을 정립하는 과정에서 겉으로 드러나는 단순한 문화적 유사성에만 집착함으로써 빠르게 몰락의 길을 걷게 된다. 도넬리의 주장이 당위성을 상실하게 되자 그의 저서인 '아틀란티스: 노아 이전의 세계(Atlantis: The Antediluvian World)'에서 자신이 묘사한 이론들도 종말을 고하게 된다.

도넬리의 주장을 인용해 보자면 "…우리는 오늘날 과학적 조사가 문지방을 넘어 아주 거대한 진보의 물결 위를 걷고 있음을 알고 있다. 지금으로부터 백년 뒤에 세계의 유수한 박물관들 중 아틀란티스로부터 전파된 보석과, 조각상, 무기와 같은 유물들을 전시하지 않는 곳이 없을 것이며 세계의 도서관들은 아틀란티스의 비문을 해석한 기록들로 가득 채워질 것이다. 이것들은 바로 모든 인류의 과거 역사와 오늘날 많은 지식인들이 혼란스러워 하는 심각한 문제들에 대해 새로운 빛을 비추어 줄 것이다(p.480)…" 아틀란티스는 플라톤이 2,000년 전 그의 상상력으로 만들어낸 이후 그리고 도넬리가 바로 이 글을 쓴지 100년이 조금 지난 오늘날 까지도 아주 잘 생존해 있는 것이다.

### 도넬리(Donnelly) 이후의 아틀란티스(Atlantis)

도넬리는 아틀란티스와 관련된 연구분야에서는 가장 중요한 인물이라고 할 수 있으나 그가 마지막 인물은 아니다. 오늘날 우리는 도넬리의 논리적 오류를 비판하지만 여전히 그를 따르는 사람들은 많이 있다. 스코틀랜드의 신화학자인 루이스 스펜스(Lewis Spence 1926)는 소위 고고학의 엄격한 규범을 피해서 직관에 의존하는 방법을 택하고 있다.

스펜스는 아틀란티스가 한번이 아닌 여러 차례의 자연재해를 만나면서 멸망하였다고 주장하였다. 이 재앙들 중 첫번째 것은 25,000년 전에 발생하였는데 이곳이 현대 인류 중 초기 유럽인들의 거주지역이 되었다는 것이다. 스펜스는 소위 크로마뇽(Cro-Magnon)인을 유럽에서 현대인으로 진화가 완성된 가장 오래된 인골로 규정하고 이들이 아틀란티스로부터 살아남은 후손이라 주장하였다(1926:85). 그러나 스펜스가 주장했던 크로마뇽인들이 남긴 고대유럽의 유명한 동굴벽화와 조각상들은 32,000년 전의 예술품들로 아틀란티스와는 시기가 크게 다르다.

극단적인 아틀란티스 지지자들 중 19세기말 헬레나 블라바츠키(Helena P. Blavatsky 1831~91)에 의해서 성립된 신지학(Theosophist)의 한 분파가 있다. 그들의 철학에는 인류진화에 있어서 '시원종족(root races)'이라는 아주 독특한 믿음이 있다. 첫번째 생명군은 우리 인간들이며 두번째는 해파리와 같은 유체동물군이고 세번째는 4개의 팔과 알을 낳는 자웅동체의 생명체이며 네번째 생명군이 바로 아틀란티스인으로서 그들은 비행기술을 갖고 있었고 폭탄으로 적을 공격하며, 외계인으로부터 들여온 밀과 같은 곡물을 재배하여 식량으로 이용한다는 것이다.

신지학파(Theosophist)는 아틀란티스와 태평양을 두고 반대편에 뮤(Mu)라는 또 다른 문명이 있었다고 주장한다. 블라바츠키와 그녀의 추종자들은 이러한 주장을 뒷받침 하기 위한 열정적인 노력을 하고 있는데 아틀란티스에 대한 환상과 추측들이 서로 얽혀 20세기에도 여전히 재생산이 반복되는 것이다.

예를 들어 1933~1944년 사이 소위 꿈을 통한 예언자로 유명했던 에드거 케이시(Edgar Cayce)는 엄청난 예언들을 하였는데 그의 주장에 따르면 현재의 많은 사람들이 전생에 아틀란티스인으로서 살았던 사람들이라는 것이다(Cayce 1968; Noorbergen 1982). 이 책에서 케이시가 아틀란티스의 정교한 기술력에 대해 묘사한 것을 보면 실로 경탄을 금할 수 없는데 그의 주장에 따르면 아틀란티스인들은 핵무기와 레이저기술, 텔레비전과 같은 것들을 소유하고 있었다는 것이다.

이러한 기술은 분명 플라톤 시대에는 존재하지 않던 것들이다. 케이시는 아틀란티스가 수천년 전에 20세기 인류가 소유했던 많은 기술들을 이미 갖고 있었다고 주장하는데 작가인 폴 죠던(Paul Jordan)은 이것을 케이시가 자신이 살았던 시대를 묘사하고 있는 것에 불과하다고 지적한 바 있다(2001:97). 죠던은 케이시의 주장처럼 아틀란티스인이 컴퓨터와 인터넷을 소유했던 것이 아니라 그가 살았던 20세기 중반의 기술을 바탕으로 그의 상상력에서 나온 결과일 뿐이라는 점을 지적한 것이다.

케이시는 일부 아틀란티스인들이 대재앙에서 살아남아 B.C. 10000년경 이집트로 이주하였고 지하 피라미드를 건설하여 그들 국가의 역사기록을 보관하고 있다고 주장하였다. 그는 이곳을 '기록의 보고(Hall of Record)'라고 부르며 스핑크스(Sphinx)근처에 위치한다고 주장하였다. 그러나 이곳에 대한 그 어떤 고고학적 조사도 그러한 것을 발견하지 못하였다.

케이시는 몇몇 확신에 찬 예언을 하였는데 아틀란티스를 파괴했던 규모보다 훨씬 더 강력한 지진이 있을 것이며 이로 인하여 일본은 태평양 아래로 침몰할 것이고 뉴욕도 마찬가지로 완전히 파괴될 것이라고 하였다. 조지아(Georgia)주와 케롤라이나(Carolina)주의 일부가 침몰하고 미국 동쪽 해안으로는 새로운 육지가 솟아 오를 것이라고 예언하였다. 그렇다면 이 사건들이 언제 일어난다는 것인가? 케이시는 이 사건이 1968~69년 사이에 일어날 것이라고 주장하였는데(Cayce 1968: 157-159), 두 말할 것도 없이 이 예언은 확실히 잘못된 것이었다.

아틀란티스를 가장 추악한 용도로 이용한 사람은 1940년대 나찌(Nazi)의 에스에스(SS)친위대 지휘관인 하인리히 히믈러(Heinrich Himmler)이다. 히믈러는 소위 아리안(Arian) 종족인 독일민족이 인류 중 가장 우수한 종족으로서 아틀란티스의 후예라고 믿었다. 히믈러는 독일인 과학자들에게 아틀란티스의 혈통을 찾아 전세계를 돌며 조사할 것을 지시하였다. 아틀란티스의 혈통이 갖는 특징이라고 여겨지는 것들과 독일인과의 유사성을 찾기 위해 인간의 신체를 측정하고 그 표준을 만드는 연구를 수행하였다. 그러나 지구상에서 최고 우수한 민족이라는 독일은 결국 세계의 지배자가 되지 못하였고 플라톤의 아틀란티스가 아테네에게 그러하였듯이 2차세계대전 결과 연합군에게 패하였다.

사실 아틀란티스의 전설은 플라톤과 함께 사라진 것도 아니며 도넬리와 함께 사망한 것 또한 아니다. 아틀란티스는 끊임없이 그 모습을 바꾸면서 각 시대마다 대중들의 특별한 욕구를 채워주며 위대한 전사들의 황금시대, 독창적인 과학자, 불가사리, 난생의 자웅동체들의 전설과 함께 지구 위를 걸어왔던 것이다.

결국은 고대세계의 위대했던 지성들 중의 한 사람이 간단한 의미를 전달하려고 하였던 것이 환상의 세계에 대한 소재를 제공함으로써 현대 세계에 와서까지 이성적이지 못한 마음의 씨앗을 뿌리게 되었던 것이다. 만일 우리가 플라톤과 대화를 할 수 있다면 그가 무엇이라고 말을 할지는 모르지만 플라톤 또한 이러한 현상에 대해 결코 기뻐하지는 않을 것이다.

## 아틀란티스에 대한 현재의 시각

플라톤의 이야기에 따르면 11,000년 전 아틀란티스는 빈약하기는 하지만 잘 훈련된 아테네에 의해 전쟁에서 패하였다고 하였다. 그렇다면 이 시기의 그리스에 대한 고고학적 연구결과를 볼 때 당시 대서양일대 아틀란티스와 같은 문명이 존재했던 물질적 증거는 있는가? 사라진 대륙이 대서양 어디엔가 존재한다는 고고학적 증거가 발견된 적이 있는가?

### 고대 그리스

간단히 말해서 그리스의 문화와 유적을 살펴볼 때 11,000년 전 고대 아테네라는 국가는 존재하지 않는다. 아테네가 아틀란티스를 물리쳤다는 아테네 남부지역에서 토머스 제이콥슨(Thomas Jecobsen 1978)이 프랜치 케이브(Franchthi Cave)라는 10,000년 전 동굴 주거지를 조사하였는데 이곳에 진보된 문명의 흔적은 없었다. 그들은 단순한 형태의 수렵채집 생활을 하였으며 붉은사슴, 야생들소, 돼지 등을 사냥하였고 조개, 달팽이, 물고기와 보리, 귀리와 같은 야생식물들을 채집하여 생활하였다.

그들은 소위 석기시대 생활인으로 밀로스(Melos)섬 인근에서 화산석의 일종인 흑요석을 사용하여 아주 날카롭고 정교한 도구를 사용하였다. 이 지역에서 B.C. 6,000년경까지 동물의 사육과 농사의 흔적은 동굴 주거지 어디에서도 찾아볼 수 없다. 그리스의 또 다른 유적지인 프랜치(Franchthi) 동굴에서도 동일한 형태의 증거들을 볼 수 있다. 문화적 관점에서 볼 때 소위 '문명화'라고 부를 수 있는 수준의 증거들이 그리스에서는 수 천년 동안 나타난 것이 없으며 11,000년 전의 그리스 세계는 플라톤이 상상했던 것과는 판이하게 달랐던 것이다.

### 대서양의 고고학적 증거: 비미니 유적(Bimini Wall)

바하마(Bahamas)제도의 비미니(Bimini)해안 바다 속에서 축조된 벽과 도로의 증거들을 발견하였다고 주장하였는데 이것이 바로 에드거 케이시가 주장하였던 잃어버린 대륙 아틀란티스의 존재를 입증하는 물질적 증거라고 주장하였다(Berlitz 1984). 1960년대 잠수부들이 이곳 해안에서 실제로 석회석 덩어리들과 판석등을 발견하였는데 이것을 침몰한 건축물의 기둥과 도로, 성벽의 잔해로 해석하였다. 그러나 이것은 그들이 발견한 구조물들이 자연 상태에서는 만들어질 수 없다는 입증되지 않은 사실을 전제로 한 가설일 뿐이다.

실제로 자연적인 지질운동에 의해서도 대칭적이고 기하학적인 모양이 얼마든지 만들어질 수 있는 것이다. 켈리포니아주의 데빌스 포스트파일 국립공원(Devils Postpile National Monument)의 정상부가 아주 좋은 예이다(그림 7.10). 이곳은 마치 정상부 바닥이 육각형의 보도블럭으로 포장한듯한 모양을 보여주고 있으나 화산암으로 형성된 지역이 오랜 세월 자연적인 환경에 의해서 만들어진 것이다. 마찬가지로 비미니 해안가의 구조물들도 오랜 세월 자연적인 침식작용에 의해서 형성된 것이다(Harrison 1971; Mckusick and Shinn 1981).

잠수부들이 석조 구조물로 설명했던 것과는 다르게 일정한 간격으로 나있는 암반 위에 새겨진 선들은 석회석 기반암이 바다 속에서 빠르게 암석화 되면서 만들어진 자연 조형물인 것이다. 이러한 바위의 침식작용은 밀물. 썰물과 같은 조수의 작용에 의해서 규칙적인 간격으로 균열작용이 생김으로써 서로 일정한 각도로 모양이 이루어진 것이다. 이와 유사한 암반의 자연풍화 작용은 호주에서도 찾아볼 수 있다(그림 7-10 아래; Randi 1981).

바다 속에서 발견된 기둥들도 단순히 굳어진 콘크리트 구조물로서 A.D.1500년 이후 만들어진 것들이다(Harrison 1971: 289). 이 기둥들은 통속의 콘크리트 내용물들이 굳어져 버려진 것이 나중에 바다 속으로 쓸려 들어간 것이다. 콘크리트는 물과 섞이면 굳어지는데 나무통들이 썩어 없어진 뒤 건축물의 기둥 조각과 같은 모양으로 남겨진 것이다. 비미니의 벽, 도로, 기둥들은 아틀란티스의 잔재가 아니라 최근의 문화적 부산물과 자연현상의 결과물들인 것이다.

### 대서양의 지리적 환경

대서양 바다 속에 그 어떤 거대한 대륙이 잠겨있다는 증거는 어디에서도 찾아볼 수 없다. 사실 지질학의 판 구조론(plate tectonics)에서 보면 그러한 일은 불가능한 것이다. 지구의 표면은 단단한 껍데기라기 보다는 여러 개의 지각판으로 구성되어 있다. 이 지각판이 움직이면서 대륙이 조금씩 이동을 하게 된다. 현재 대륙의 모습은 과거와는 아주 달랐다는 사실을 알고 있다. 20억년 전에는 지구상의 대륙들이 모두 하나의 덩어리였는데 이것을 판개아(Pangaea)라고 부른다. 18억년 전 북반구에는 라우라시아(Laurasia)대륙이 남반구에는 곤드와나(Gondwana)대륙이 분리되었고 동반구와 서반구는 6억 5천만년 전쯤 대서양 해안 분지에서 형성되었다. 대서양은 이때부터 상승하기 시작하였고 유럽과 북미대륙은 계속 이동하여 서로 멀어지게 되었다.

샌프란시스코와 오클랜드 지역에서 1989년 10월 강력한 지진이 발생한 것도 대서양의 북미대륙을 따라 지각판이 계속 팽창한 결과로서 생긴 것이다. 산맥들은 수백만년에 걸쳐 대서양의 두 지각판이 충돌, 교차하면서 형성된 것이다. 이 교차 지점에서 물리적인 것들이 돌출되

그림 7.10_ 켈리포니아주에 위치한 데빌스 포스트파일 국립공원. (사진 위) 인공적으로 타일을 깔아 놓은듯한 모습이지만 화산폭발로 형성된 자연 암반이다. (사진 아래) 호주 남부 타르마니아 해변가의 바위들인데 직사각형의 석재로 만든 인공 건축물로 보이지만 침식작용으로 생긴 자연암반이다. 카리브해 비미니 해안에서 발견된 아틀란티스의 폐허라는 구조물도 지질운동에 의해서 형성된 것임이 밝혀졌다

지만 지각판이 바다 속으로 가라앉는 법은 없다.

    지질학적 원리는 간단하다. 플라톤이 언급한 아틀란티스가 있던 해저에 거대한 지각판은 존재하지 않는다. 현대 고고학과 지질학은 아주 명확한 증거를 제시할 수 있는데 대서양에 대륙은 없었으며 따라서 아틀란티스라고 부르는 위대한 문명 또한 존재하지 않았다.

 자주 받는 질문들

1. 아틀란티스 전설이 버뮤다 삼각지대(Bermuda Triangle)의 미스터리와 연관이 있는가?

북대서양 버뮤다 제도와 푸에르토리코(Puerto Rico), 남부 플로리다를 연결하는 삼각지대에서 선박과 비행기의 실종등 설명할 수 없는 미스테리한 일이 있어왔는데 이것에 대한 결론은 아틀란티스와 마찬가지이다. 작가인 로렌스 쿠체(Lawrence Kusche 1995)는 마의 삼각지대 안에서 일어난 주요한 실종 사건들을 조사 하였는데 이 신비한 사건들 대부분은 논리적인 설명이 가능한 사건들이었다. 실종사건의 원인 대부분은 기상의 악조건, 장비고장, 화물의 과도한 적재, 항해상의 실수등이었다.

버뮤다 삼각지대가 다른 유사한 지역과 비교해 보았을 때 실종된 선박이나 비행기의 수가 더 많다거나, 혹은 실종과 관련된 다른 어떤 직접적인 물적 증거도 없다. 아틀란티스는 지리적으로 버뮤다 삼각지대와는 아무런 관련이 없으며 아틀란티스와 버뮤다 삼각지대 사이의 유일한 관련성이란 양자가 모두 신화라는 점이다.

2. 태평양에도 사라진 대륙이 있는가?

태평양 바다에도 사라진 대륙의 전설이 있는데 이것을 뮤(Mu)혹은 레무리아(Lemuria) 대륙이라고 부른다. 뮤(Mu) 대륙은 완전한 신화일 뿐이며 태평양의 지질 구조 또한 자연 재해로 바다 속에 가라앉은 거대한 대륙이 존재할 수 없게 되어 있다.

# 제8장 선사시대의 E.T. : 고대의 우주 비행사

    1967년 이 논문이 처음 나왔을 때 사람들은 아주 놀라워 하면서도 무모하다는 인상을 받았다. 그의 주장은 이 우주가 생명으로 가득 차 있는데 그 생명들은 모두 고도의 지적 능력을 지닌 형태로 진화할 수 있고 정교한 기술력을 갖춘 문명을 창조할 수 있는 잠재적 가능성을 갖고 있다는 것이다. 그리고 이러한 문명들 중 일부는 우리 은하계를 탐험하면서 식민지를 개척할 수 있을 만큼 고도의 기술력을 갖고 있을 것이라는 주장이다.

    이 저자는 비록 외계의 문명이 존재하며 지구를 방문했었다는 직접적인 증거는 현재 없지만 그 가능성이 있다는 주장을 견지하고 있다. 인류가 오랜 세월 진화하는 동안 어느 시점에선가 외계의 지적 생명체가 지구를 탐험하였고 그들이 남긴 흔적들이 어디엔가 존재한다는 것이다(p.496). 즉, 고고학적 기록들을 살펴보면 유물들 중 외계인이 지구를 방문했었다는 확고부동한 증거들을 찾을 수 있을 것이라는 아주 놀랄만한 주장을 하고 있다. 스타트렉(Star Trek) 시리즈에 등장하는 스팍(Spock) 선장의 통신기, 스타워즈(Star Wars) 주인공인 루크 스카이워커(Luke Skywalker)의 광선검, 혹은 외계 생명체의 유골들이 있다고 주장하는 것이다.

    이러한 주장들은 실로 놀라운 것들인데 아마도 외계문명 고고학이라고 부를만 할 것이다. 그렇다면 누가 이러한 대담한 주장을 하는가? 유에프오(UFO) 열광자들? 우주의 비행물체, 외계인 납치, 외계인 침공을 믿는 사람들? 놀랍게도 이 주장은 유명한 과학자로서 많은 저서의 작가이며 이성주의자이면서 극단적인 회의론자라고 널리 알려진 칼 세이건(Carl Sagan 1963)이다 (Poundstone 1999; Sagan 1996).

## 신들의 전차

기술관련 학술지인 우주행성과학(Planetary and Space Science)에 발표한 세이건의 이 논문은 천문학자나 우주물리학자를 제외하고는 일반 대중들에게 특별히 주목 받지 못한 채 오랫동안 잊혀졌던 논문이다. 그러나 이 논문이 발표된지 5년 후 과거 어느 시점에선가 외계의 생명체가 지구를 방문했었는지도 모른다는 저자의 주장이 와전되어 고고학 유물들 중 외계인이 선사시대 지구를 방문하여 남긴 증거가 있다고 주장하는 사람들이 생겨나게 된 계기가 되었다.

고대 우주비행사(혹은 외계의 여행자)에 대한 논의는 유럽에서 처음 시작되었으며 1968년에 이르러서 널리 유행하게 되었고 독일에서 출판된 '미래에 대한 회상(Recollections of the Future)' 이라는 책이 같은 해에 미국에서 영문판으로 출간되었다. 스위스의 작가인 에릭 데니컨(Erick von Daniken)이 '신들의 전차(Chariots of the Gods)' 라는 다소 애매모호한 제목의 책을 출간하였는데 그는 외계의 지적 생명체가 선사시대 지구를 방문하여 인류문명 발달에 중요한 역할을 하였고 이것이 많은 고고학적 유물들 속에 선명히 기록되어 있다는 것이다.

데니컨의 '신들의 전차' 는 비록 그가 직접 인용을 하지는 않았지만 세이건의 주장을 인류학적 신화로 탈바꿈하여 상품화 하는데 큰 성공을 거둔 작품이다. 데니컨의 책에는 세가지 주요한 가설이 있다 (1970, 1971, 1973, 1975, 1982, 1996, 1997a, 1997b, 1998, 2000, 2002).

1. 지구상 대부분의 지역에 산재해있는 선사시대 동굴벽화, 도자기, 조각상등 삼차원적 표현물들 뿐 아니라 그림과 문학적 묘사에서도 선사시대 사람들은 외계인들이 지구를 방문했던 사실을 기록하고 있다.
2. 인류의 생물학적 진화는 외계생명체의 고도로 발전된 문명의 기술적, 과학적 간섭 없이는 이해할 수 없는 부분이 있다.
3. 일부 고대 유물들과 발명품들은 단순한 지식과 기술력을 갖고 있던 선사시대 사람들의 것이라고는 믿을 수 없을 만큼 발전되고 정교한 기술들에 의해서 만들어진 것이다. 이러한 기술들은 외계의 지적인 생명체들이 특별한 목적을 위해 인류에게 전해준 것이다.

그렇다면 이러한 가설들의 사실 여부를 살펴보기로 하자.

### 잉크블럿 가설 (The Inkblot Hypothesis)

데니컨의 첫번째 주장은 선사시대의 그림과 조각상, 초기 문자기록에 우주로부터 온 외계인의 존재가 기록되어 있다는 주장이다. 이것은 수천년 혹은 수만년 전에 외계인의 우주비행선이 불과 연기를 뿜으면서 지구에 착륙했었고 우주복을 입은 외계인이 아마도 스필버그의 이티(E.T.) 영화에서처럼 흙 샘플을 채집하고는 다른 생명체를 연구한 뒤 UFO를 타고 그들의 고향으로 돌아간다는 아주 흥미로운 주장이다. 이러한 장면들을 선사시대 사람들이 숲이나 바위 뒤에 몰래 숨어서 외계인들이 눈치재지 못하게 지켜본 뒤 집으로 달려가 다른 사람들에게 그들이 목격한 경이로운 '불을 내뿜는 신들의 전차'에 대해 이야기 한다는 것이다.

이것이 곧 데니컨이 자신의 책에서 제목으로 사용한 천상으로부터 내려온 '신들의 전차'로 묘사한 내용이다. 선사시대 사람들은 외계에서 온 신들의 은빛 피부(우주복)와 크고 둥근 머리(우주헬멧) 그리고 그들이 사용했던 놀랍고도 신기한 도구들(무전기, 레이저 등등)에 대해서 이야기 하였을 것이고 이것을 예술적 재능을 살려 동굴벽화와 질그릇에 기록하였다. 이들 기록은 다음 세대로 이어지면서 우주의 신들이 하늘(천국)로부터 주기적으로 지구를 방문한다는 생각이 확고하게 성립되었다.

선사시대 사람들은 결국 신들이 지구를 방문했던 경이로운 광경을 그림과 문자로서 기록하였다. 우리의 조상들은 신들이 돌아오기를 기다렸을 것이며 현재의 우리들 또한 매일 그들을 기다리고 있는지도 모른다. 이것이 사실이라면 우주에 대한 우리의 인식은 송두리째 바뀔 것이다. 그러나 불행하게도 이것을 입증할만한 확실한 증거는 그 어디에도 없다.

데니컨의 가설을 심리학에서는 잉크블럿(Inkblot) 현상이라고 부른다. 여러분들은 심리 검사에서 흔히 사용되는 잉크블럿(Inkblot)이라는, 정식 용어로는 로르샤흐(Rorschach) 검사라는 것을 잘 알고 있을 것이다. 잉크블럿 시험이란 종이 위에 잉크를 떨어뜨려 반으로 접은 뒤 펼치면 여러 가지 형상의 문양이 나타나는데 사람들이 이 그림을 보고 묘사하는 것으로 심리상태를 판정하는 법이다. 이 방법의 논리는 아주 간단한데 잉크블럿이 만든 형상들이 구체적이고 잘 묘사된 것이 아니기 때문에 여러분들이 이 그림을 보고 묘사하는 것이 곧 여러분들의 상상력을 나타내는 것이다. 따라서 여러분들이 잉크가 만들어낸 형상을 보고 묘사하는 내용이 바로 여러분들의 마음속에서 어떠한 일들이 벌어지고 있는가를 알 수 있는 단서를 제공하는 것이다. 즉 그것이 여러분들의 성격, 감정, 기타 여러 가지를 나타낼 수 있는 것인데 중요한 요점은 잉크블럿의 형상이 무엇으로 보이는가 하는 것은 전적으로 그림을 보는 사람의 마음에 달려있다는 것이다. 그림의 형상들은 특별한 의미를 갖고 있지 않으며 여러분들의 마음이 원하는 모습대로 그림을 보는 것이다.

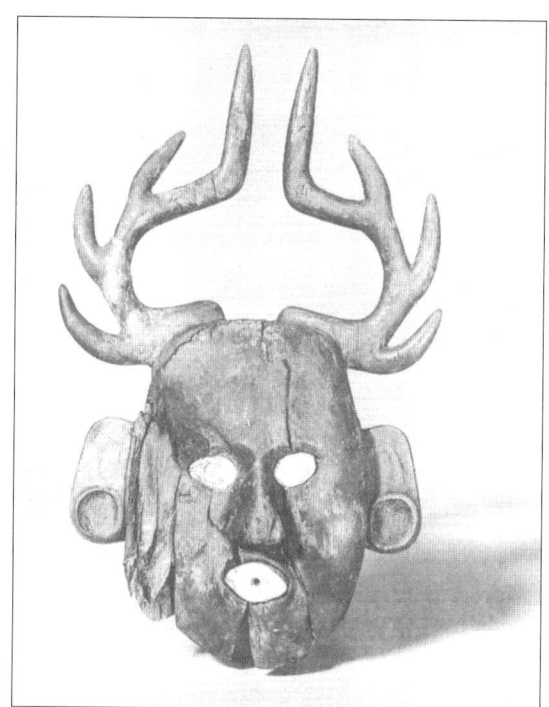

그림 8.1_ (사진 오른쪽) 오클라호마주 스피리오의 마운드에서 발견된 뿔 장식이 달린 마스크. (사진 아래) 콜로라도주에서 발견된 동굴벽화. 이 그림들은 모두 데니컨이 외계인의 안테나가 달린 헬멧이라고 주장한 것들이다. 그러나 마스크는 인디언 성직자가 사슴의 영혼과 관련된 의식에 사용한 것이며 동굴벽화는 원주민들의 신화를 그림으로 표현한 것이다.

제8장 선사시대의 E.T : 고대의 우주 비행사 309

본 데니컨의 가설과 주장들도 마찬가지로 잉크블럿 테스트와 유사하다. 비록 데니컨이 사실적인 형상을 묘사한다 하여도 이 형상들은 다른 문화에 속한 것이다. 그가 제시하는 그림이나 유물들은 그 문화 속에서 그들의 종교, 예술, 역사적 맥락을 이해 할 수 있을 때에만 올바른 해석을 내릴 수 있는 것이며 그러한 이해가 없다면 데니컨의 해석은 유물을 남긴 선사시대 사람들의 마음이 아닌 데니컨 자신의 마음을 표현한 것에 불과하다.

예를 들어 데니컨이 무선 안테나가 달린 우주복으로 해석한 그림을 보면 종교적 지도자가 사슴뿔 형상의 관을 쓰고 있거나 혹은 신화적 존재를 묘사한 것으로 해석하는 것이 더 쉽게 설명될 수 있다(그림 8.1). 데니컨이 벽화나 그림에서 우주인을 발견한 것은 그가 그러한 것을 보길 원했기 때문이며 그것이 실제 있어서가 아니다.

다른 예를 살펴보면 페루 남북 해안가에 위치한 사막지대에서 선사시대 사람들이 만든 나즈카(Nazca)라고 부르는 아주 복잡하고 경탄할만한 예술품이 있다(Kosok and Reiche 1949; McIntyre 1975; Reiche 1978). 그들은 사막의 표면 위에 아주 긴 선을 그어 다양한 각도로 교차시키면서 특이한 형상의 그림을 그려 놓았는데 이것들은 아주 거대한 규모로 형상화된 300여개의 물고기, 원숭이, 새, 뱀 등을 묘사한 그림이다(그림 8.2). 그림을 이루는 선들은 바위의 어두운 표면을 제거하고 그 아래 밝은 색의 사막모래가 드러나게 했는데 이 그림의 크기를 생각할 때 실로 놀라운 것이기는 하지만 고대인들의 예술적, 기술적 능력의 한계를 뛰어넘는 것은 아니다.

여러분들이 주목 해야 할 것은 이 그림들이 다른 행성에서 온 외계인이 레이저 광선이나 혹은 신비한 어떤 물질로 새겨놓은 것이 아니라 땅을 긁어서 만든 것이라는 점이다. 과학전문 작가인 죠 니켈(Joe Nickell)은 나즈카의 그림들을 재현하는 실험을 하였는데 6명의 사람이 석회가루를 사용하여 120m 길이의 나즈카 새 모양의 그림을 하루만에

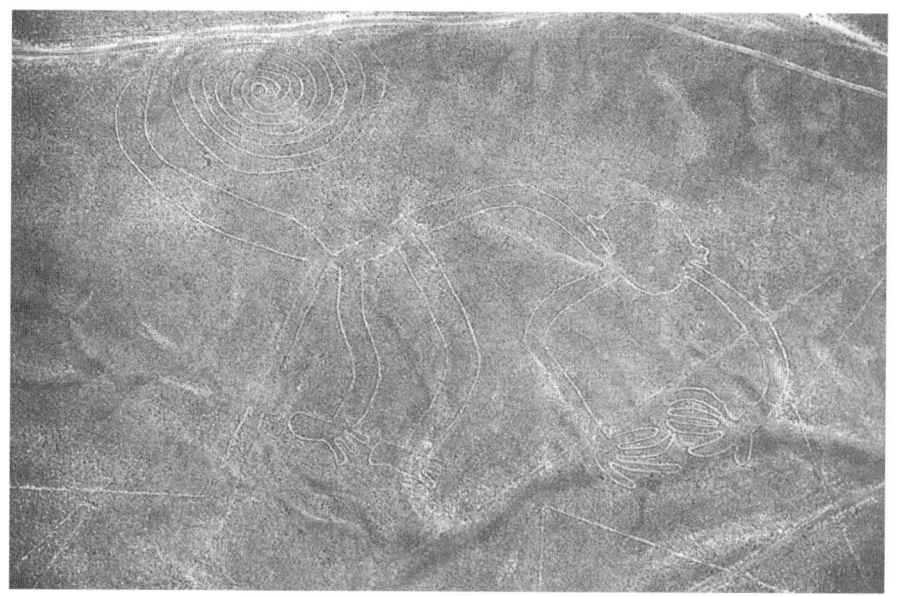

완벽하게 복제하는데 성공하였다. 동원된 장비는 밧줄과 각목 몇 개, 석회가루인데 이 석회가루는 경작지의 산성을 낮추는데 사용하거나 운동경기장에서 흰색 선을 표시하는데 사용하는 것이다(Nickell 1983).

그림 8.2_ 나즈카 평원의 그림들 중 하나로 원숭이를 묘사하고 있다. 나즈카 평원의 거대한 그림들은 다른 몇몇 지역에서도 발견되었는데 종교적인 의례와 관련이 있는 것이다. 이것은 분명 외계의 지적 생명체가 만든 것이 아니며 그들이 지구 표면에 거대한 크기의 원숭이, 거미, 뱀등을 그려야 할 이유 또한 없는 것이다.

데니컨은 원주민들이 어느 정도 논리성을 확보하기 위해 분명 수학적 좌표를 사용하여 설계도면을 만든 후 거대한 그림을 그렸을 것이라고 주장하였는데(Daniken 1970:17) 이 방법이 바로 니켈(Nickell)이 사용한 방법이다. 이 실험결과에 대해 데니컨은 어떻게 이야기 하는가? 우리를 실망시키지 않으려는 듯 데니컨은 원주민들이 그림을 그릴 때 그 어떤 비행물체로부터 작업지시를 받아 거대한 그림을 그렸을 것이라고 주장하였다. 즉 데니컨이 주장하는 것은 60km에 걸쳐 나즈카 평원에 선명하게 새겨진 거대한 그림들은 공중에서 알아볼 수 있게 만든 외계인들의 비행장이라는 것이다(p.17).

여기서 오컴(Occam)의 법칙을 다시 한번 적용해보자. 남미의 고대 원주민들이 나즈카의 그림을 그렸다면 이 지역에서 발견된 고고학적 증거들은 이 가설을 충분히 뒷받침 해 줄 수 있다. 반면에 데니컨의 주요 가설은 증명되지 않은 외계의 지적 생명체가 과거에 지구를 방문했었다는 가정 아래서만 성립될 수 있으며 그 외계인들은 이상하게 생긴 비행장을 건설하기 위하여 인간들에게 새, 거미, 원숭이, 물고기, 뱀등의 많은 표현들을 가르치지 않으면 안되었다. 이러한 가설들은 참으로 이상하고 불합리한 것들이며 오컴의 법칙*에서 본다면 그 대답은 너무나 명백한 것이다. 즉 이 가설을 시험해 보기 위해서는 그것을 뒷받침해 줄 만한 증거가 있어야 하는데 사막의 거대한 그림들과 동일한 형태나 예술적 표현들을 이 지역의 다른 유물에서도 찾아볼 수 있어야 한다.

*오컴(Occam)의 법칙(Occam's Razor) 중세 철학의 일반적인 원리인, 오컴의면도날(Occam's Razor)은, 윌리엄 오컴(William of Ockham, ca.1285~1349)이 자주 사용했기 때문에 그의 이름을 붙이게 된 것이다. 오캄의 면도날은 '복잡한 의견을 불필요로 하는 원리(the principle of unnecessity plurality)'이다. 현대에서는 '설명은 단순한 것일수록 뛰어나다', '불필요한 가정을 늘이지 마라' 등의 의미로 사용된다.

예를 들어 윌슨(Wilson 1988)이 최근에 페루지역에서 발견된 지표상의 대형 그림들에 대해 발표한 바 있다. 그의 연구에 따르면 고고학, 역사학 자료들을 분석해 볼 때 이 거대한 그림들은 가족이나 부족을 종교적으로 신성한 장소로 인도하는 길로서 상징된다는 것이다. 문화적, 역사적 맥락의 이해 없이는 이러한 것들이 신비한 수수께끼처럼 보일 수 있다. 그러나 이 지역 원주민들은 비교적 최근까지도 그들의 종교적 집회에서 이러한 의식을 행하였던 것이다(Bruhns 1994).

데니컨의 최근 저서인 '스핑크스의 눈(The Eyes of the Sphinx 1996)'이란 책의 내용을 잉크블럿 이론의 관점에서 분석해보자. 이집트 신들중 하나인 음악, 춤, 사랑을 주관하는 하토르(Hathor)신을 모시는 신전이 덴드라(Dendera)에 위치하는데 이 신전 지하 벽에 조각되어 있는 두 개의 이상한 모양의 물건에 대해 해석한 내용이 있다(그림 8.3).

이 신전 벽면에는 부조기법으로 여러 그림들이 조각되어 있는데 꾸불꾸불한 뱀이 꽃으로부터 기어 나오는 듯한 모습과 타원형의 관 모

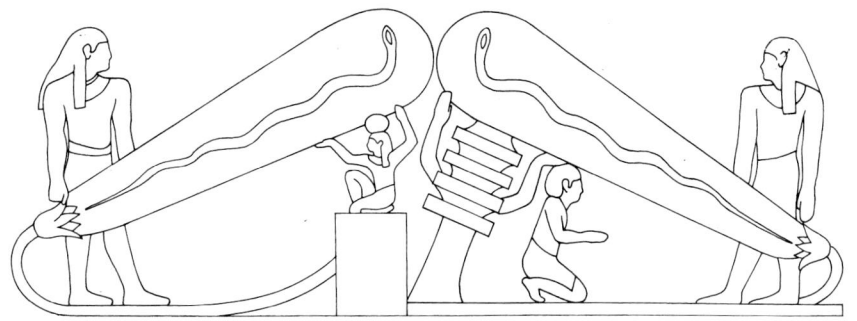

그림 8.3_ 이집트 덴데라의 하토르 신전벽화 그림. 데니컨은 이 벽화의 그림이 고대 이집트인들이 사용한 전구라고 주장하였으나 고대 이집트인들이 전기를 사용하였다는 그 어떤 증거도 발견된 바가 없다.

양의 물건이 서로 끝이 맞닿아 있는 조각이있다. 두 개의 커다란 가지와 같은 식물 속에 뱀을 가두어 서로 마주대하고 있는 형상은 분명 보기 드문 특이한 그림인데 이것이 무엇을 의미하는 것인가?

이 수수께끼에 대한 대답으로 데니컨은 이집트 예술가들이 신전의 어둡고 깊은 곳에서 작업하기 위하여 특별히 고안되었던 일종의 전기 장치라고 해석하였다. 그러나 학자들에 따르면 당시 이집트 사람들은 기름 등잔을 사용하였고 통로에는 횃불을 설치하여 길을 밝혔다. 이집트에서는 아마포 조각에 기름이나 동물지방을 흠뻑 적셔 새끼줄과 같이 꼰 뒤 심지로서 사용하는데 불을 붙이면 아주 밝은 빛을 내며 소금을 심지에 넣으면 그을음과 연기가 나는 것을 막을 수 있다. 고대 이집트인들은 피라미드 무덤과 지하실 방의 어둠을 밝히기 위하여 초를 만들어 통로에 설치해 두었는데 이 초들은 일정한 시간 동안 타도록 고안된 것이다. 피라미드나 무덤에서 공사를 하던 사람들은 초가 타내려 가는 동안 일을 하며, 초가 바닥까지 타내려 갔을 때가 바로 일을 교대하는 시간이다. 한편 이집트인은 아주 영리하게도 표면이 잘 연마된 금속제 거울을 정교하게 배치하여 반사되는 빛이 지하 깊숙한 곳 까지 비출 수 있도록 조명을 설치 하였는데 그 물적 증거들이 지금도 남아 있다.

그러나 데니컨은 이러한 사실을 인정하지 않고 신전 벽이나 천장

제8장 선사시대의 E.T : 고대의 우주 비행사

에 등잔을 태울 때 생긴 그을음이나 타고남은 재의 흔적이 없으며 금속제 거울에 반사되는 빛은 너무 약해서 지하 깊은 곳 까지 비출 수 없다고 주장하였다. 이 주장에 대해 과학자들은 등잔에 섞은 소금이 그을음을 막아주고 공사가 끝났을 때는 건물 표면들을 구석구석 깨끗이 청소를 하였을 것이라고 반박한다. 또한 금속제 거울의 반사성능 실험을 통해 어둠을 밝힐만한 충분한 빛을 제공할 수 있음을 입증하였다. 그러나 데니컨은 과학적인 실험을 무시하고 과학적 논리와 방법론을 부정하면서 가지 속에 뱀을 묘사한 그림이 고대의 전구라고 주장한다. 즉 꽃은 접속장치이며 뱀은 필라멘트이고 가지는 유리관이라는 것이다.

4,000년 전 고대 이집트에서 전기를 사용하였다? 이것은 참으로 대담한 가설이지만 이것이 입증되려면 과학적 검증을 반듯이 거쳐야만 하는 것이다. 즉, 고대 이집트에서 전구가 어디서 어떻게 발명되어 제조되고 사용되었는지 큰 맥락에서 설명되어야 한다. 이집트에서 소위 전구가 발명되어 사용되었다는 것을 입증하기 위하여 전제되어야 할 가설은 무엇인가? 이 주장이 사실이라면 고고학 발굴에서 어떠한 증거가 발견되어야만 하는가?

오늘날 우리가 사용하는 전구와 마찬가지로 수명이 다하거나 깨진 전구의 파편이 이집트의 유적을 발굴하였을 때 발견되어야 한다는 것이다. 깨지지 않은 완형의 전구, 깨어진 전구의 파편, 금속제 접속부위, 내구성 있는 필라멘트, 전원에서 전구를 연결해주는 전선줄과 같은 것들을 발견할 수 있어야 한다. 마지막으로 가장 중요한 것은 이 전구에 전기를 공급해주는 발전시설이 있었다는 확실한 증거가 필요하다.

고대 이집트에 전기를 생산하고 전구를 만들어 사용했던 고고학적인 증거가 있는가? 데니컨은 이라크에서 발견된 2,000년 전 유물을 통해 고대 사회에도 전기를 사용했었다는 주장을 하고 있지만 이것을 입증할만한 증거는 어디에도 없다(Eggert 1996). 덴드라(Dendera)의 하토르(Hathor) 신전 벽화에 대한 데니컨의 해석을 보면 그러한 증거들

그림 8.4_ 마야 팔랑케의 신전에서 발견된 석관 위에 새겨진 조각상. 데니컨은 이 그림이 우주비행사가 안테나가 달린 산소 마스크를 쓰고 로켓을 조종하면서 망원경을 통해 밖을 보고 있는 그림이라고 주장하였다. 그러나 고고학자들은 이것이 마야의 왕이 사후에 이승과 저승 사이를 여행하는 것을 묘사한 것으로 해석하고 있다.

이 존재하는지 의문점 조차 지적하지 않고 있다. 그는 분명 이집트인들이 전기시설을 갖고 있다고 주장하면서 최근에는 오히려 주관적인 상상력의 영역만 더 커진 모습을 보여준다.

선사시대 회화의 표현이나 초기 기록에서 묘사된 내용들은 종종 구별하기 힘들거나 애매모호한 경우가 많다. 보다 중요한 것은 이것들이 아주 다른 문화적 배경을 갖고 있으며 이에 대한 보다 심층 있는 연구를 하지 않는다면 그 문화적 맥락을 쉽게 알 수 없기 때문에 여러분들이 보고, 읽고, 그리고 원하는 것이 무엇이건 간에 잉크블럿과 같은 자의적인 해석이 나타날 수 있는 것이다.

즉, 데니컨의 책에 실려있는 그림들 중 어느 것이건 그림에 대한 설명을 읽지 않은 상태에서 여러분 스스로가 해석을 내린다면 그 그림이 외계인, UFO, 혹은 다른 무엇이건 여러분들은 데니컨과는 다른 해석을 할 것이다. 예를 들어 〈그림 8.4〉는 멕시코 동남부에 위치한 마야의 팔랑케(Palenque) 유적지에서 발견된 석관의 덮개 돌인데 여기에 조각되어 있는 모습이 무엇을 묘사한 장면일까? 데니컨은 이것이 우주선을 조종하는 우주복을 입은 외계인이라고 주장한다(1970:100-101). 결국 잉크블럿 이론의 관점에서 본다면 여러분이 처음 대하는 생소한 문화와 접했을 때 여러분이 원하는 그 어떤 이미지라도 만들어낼 수 있는 것이며 임의대로 해석할 수 있는 것이다. 그러나 이것은 과학적인 방법론이 아니다.

데니컨은 팔랑케 유적의 문화적인 맥락을 전혀 이해하지 못하였다. 그는 관에 조각되어 있는 지구괴물(Earth Monster)과 세이버(Ceiba)나무가 마야문화에서 무엇을 상징하는지 알지 못하였다. 데니컨이 신비한 장치라고 주장하는 것들은 귀걸이와 코걸이를 포함한 단순히 마야인들의 장신구를 나타낸 것인데 마야유물에 대한 지식이 없다면 데니컨은 분명 그것이 얼마나 중요한 것인지 이해를 하지 못하였을 것이다.

석관 위에 새겨진 인물은 마야의 왕이며 그 위쪽에 새겨진 것은 세이버 나무로 이승과 저승 사이의 삶을 나타내고 아래에 새겨진 것은 지구괴물로 죽음을 상징한다 (Robertson 1974; Sabloff 1989). 마야인들은 석관 덮개돌에 관속의 주인공을 묘사한 조각을 한 뒤 무덤에 묻는데 이것은 외계로부터 날아온 신비하거나 수수께끼 같은 UFO 현상과는 전혀 무관한 것이다. 이 무덤은 명백히 마야인들에 의해서 만들어진 것으로 A.D. 615년부터 사망할 때까지 고대 마야의 도시인 팔랑케를 통치한 지도자인 파칼(Parcal)의 무덤으로 A.D. 683년 웅장한 피라미드 지하에 묻힌 것이다(Schele and Freidel 1990) (그림 8.5).

다행스럽게도 마야의 전통에 따라 파칼은 피라미드무덤 정상부에 위치한 신전 벽면에 역대 왕들의 이름을 조각해 놓았고 파칼의 석관 위에는 후대 왕들의 이름을 새겨 놓았던 것이다. 때문에 우리는 그의 조상과 후손의 이름을 정확히 확인

그림 8.5_ 팔랑케의 통치자인 파칼의 신전. 파칼의 유명한 석관 뚜껑이 피라미드 정상에서 아래로 이어진 통로에서 발견되었다.

할 수 있으며 그의 통치기간 중에 어떠한 것들을 성취하였는지를 알 수 있다. 비록 그가 한때는 화려했던 도시국가의 강력한 지도자였으나 그의 관속에는 유골만이 남아있음을 우리는 알 수 있다. 그는 1,300여년 전에 사망하였는데 고고학과 역사학에 의해서 다시 부활할 수 있었다.

우리가 마야의 천문학, 문학, 역사를 이해하고 있다면 마야문화의 맥락 속에서 팔랑케 석관의 내용을 이해할 수 있다. 그러나 데니컨은 마야의 문화를 완전히 무시한 채 관 뚜껑에 새겨진 그림을 관념적으로 자의적인 해석을 하였던 것이다. 만일 여러분이 데니컨의 비논리적인 해석방법에 익숙해지면 고대 예술적 표현들을 자기 나름대로 해석하는 방법도 터득할 수 있을 것이다. 그것은 데니컨의 의식 속에서 종잡을 수 없이 제멋대로 해석하는, 오락으로서는 재미있는 작업일 수도 있다.

그러나 이것은 고고학이 아니라 일종의 자기 최면이다. 잉크블럿 이론은 단지 사람이 어떻게 사물을 생각하는지를 보여줄 뿐이다. "… 저 동굴벽화가 외계인 같지 않아? … 글쎄 내가 보기에도 정말 그런 것 같은데…." 그러나 동굴벽에 그려진 기묘한 그림이나 질그릇에 새겨진 특이한 형상들, 기괴한 조각품, 혹은 신비로운 계시를 적어놓은 고대의 비밀스러운 책들을 통해서는 외계인이 지구를 방문했었다는 것을 결코 증명할 수 없다.

### 호색한 외계인?

본 데니컨의 두번째 가설은 외계의 지적 생명체가 인류의 생물학적 진화에 대해 직접적이고 아주 중요한 역할을 수행하였다는 것이다. 이 논점에 대해서는 몇가지 반박하는 의견이 이미 제시된 바 있다. 미국의 한 공영방송 다큐멘터리 프로인 노바(Nova)에서 방영된 '고대우주비행사(The Case of the Ancient Astronauts 1978)'란 프로에서 데니컨의 주장에 대해 주목한 적이 있었다. 데니컨 자신은 인터뷰에서 결코 그러한 주장을 한적이 없다고 발뺌하였지만 그의 저서 '신들의 전차'에서 다음과 같은 시나리오를 제시한 바 있다.

아마도 수백만년 전에 고도로 발달된 기술력을 가진 우주의 여행자들이 처음으로 지구를 방문하였을 것이다. 그들은 지구에서 한 원시적인 생명체를 보았는데 아주 작은 두뇌를 가진 원숭이와 같은 모양을 하고 있었으나 많은 잠재력을 갖춘 생명이었다. 데니컨이 주장하기를 소수의 선택된 여자들(암컷들)이 외계의 여행자들과 성적관계를 갖고 임신을 하게 되었는데 이 덕분에 인류는 자연진화의 여러 단계를 뛰어넘어 진화하게 되었다는 것이다(1970:11).

만일 데니컨의 첫번째 가설을 잉크블럿 가설이라 부른다면 이 두 번째 가설은 '호색한 외계인 가설'이라 부르겠다. 이 가설에 따르면 우주의 외계인은 초속 299,338km의 속도로 여행하여 지구에 도착하였을 것이다. 이처럼 광대한 우주를 여행하는 외계의 생명체들을 데니컨은 남성으로만 묘사하고 있는데 그들은 우주선의 비좁은 공간 속에서 자유롭게 움직이지도 못하면서 최소한 4년 정도를 여행하여야 지구에 도착할 수 있다. 이것은 우리가 살고 있는 태양계에서 가장 가까운 혹성이 4광년 정도 떨어져 있기 때문이다. 즉 빛의 속도로 여행한다고 가정할 때 최소한 4년이 걸리는 여행거리인 것이다. 지구에 착륙한 외계인 친구들은 오랜 잠에서 깨어나 그들의 비행선으로부터 나와 알려져 있지 않은 태양계의 한 혹성에서 새로운 미지의 세계를 탐험한다.

그렇다면, 여러분들은 그들이 지구에 머무는 동안 어떠한 임무를 수행하였을 것이라고 생각하는가? 그들이 자신들의 후손을 지구에 남기기 위하여 인류의 암컷들을 찾아 다녔을까? 데니컨의 가장 열렬한 지지자들도 서로 다른 세계에서 온 두 종간의 짝짓기와 번식에 대한 데니컨의 주장에 대해서 만큼은 고민하지 않으면 안될 것이다. 예를 들어 고대 이집트 성직자인 마카라(Makara)의 미이라가 발견되었는데 그녀는 파라오인 핑젬(Pingdjem)의 딸로 B.C. 1075년 작은 미이라들과 함께 그녀의 무덤에 묻혔다. 이 작은 미이라들은 1972년 X선 촬영을 하기 전에는 그녀의 아이들 미이라로 추정되었다. 그러나 촬영결과 이것들은 배분(baboon)원숭이의 미이라였다. 이것은 그리 놀랄만한 일은 아닌데 고대 이집트인들의 경우 동물들도 미이라로 만들어 같이 매장한 사례가 빈번했기 때문이다. 대부분의 이집트 학자들은 이 배분원숭이가 마카라의 애완동물이었거나 인간 아들을 대신하여 상징적인 대용물로서 함께 묻힌 것으로 추측하였다.

그러나 데니컨(1996:63)은 이것에 대해 마카라가 실제로 사람과 배분원숭이 사이의 혼혈을 출산하였을 것이라고 주장하였다. 데니컨은 물론 사람과 원숭이 사이에서는 후손이 생겨날 수 없음을 잘 알고 있다. 따라서 이것은 바로 외계인의 유전적 실험에 의해서 만들어진 것이며, 이뿐만 아니라 외계인들은 지구상의 많은 종에 대한 유전적 실험을 해왔다고 주장한다.

데니컨은 고대 신화에 등장하는 많은 괴수들 즉, 페가수스(Pegasus), 스핑크스(Sphinx), 그리핀(Griffins)과 같은 기이한 동물들이 외계인들의 유전자 실험결과 만들어진 이종 생물간의 혼혈 잡종들이라고 주장한다. 그렇다면 외계의 지적인 생명체들이 무엇 때문에 이와 같은 기이한 생물학적인 실험을 하였단 말인가? 데니컨의 해석은 외계인들이 심심풀이로 이러한 실험을 했다는 입장이다(1996). "…외계인들은 그들의 소일거리를 찾았는데 특이한 생명체를 만드는 것을 즐긴 듯하다. 그리고 인간들이 이것들을 볼 때 얼마나 당황하고 놀라는지를 즐겁게 관찰하였을 것이다…." (1996:58)

칼 세이건이 정확히 지적하였듯이 고대 우주인 가설의 문제점은 그 어떤 다른 두 종이 (심지어는 우리들의 지구 안에서도) 서로 교배하여 후손을 생산할 가능성은 아주 희박하다는 것이다. 말과 당나귀와 같이 생물계에서는 아주 희귀한 경우도 있지만 서로 다른 종이 교배를 하여 후손이 생겼다 하더라도 두번째 세대에서는 생식불능의 상태로 남는 경우가 대부분이다. 서로 다른 생물학적 종이 우주의 혹성에서 독립적인 진화를 하다가 두 종이 만났을 때 후손을 생산할 수 있는, 즉 DNA가 서로 맞는다는 것은 확률적으로 거의 불가능한 일이다.

그러나 이것이 데니컨에 의해서 제기된 '고대 우주인' 가설이다. 세이건이 지적하였듯이 인류의 조상은 외계의 생명체보다는 피튜니아(petunia) 식물과 오히려 유전적인 결합이 가능하였을 것이다. 최소한 인간과 피튜니아는 모두 지구 위에서 진화한 생명체이다. 외계에서 온 우주인이 호색한이건 아니건 그들이 우리의 조상과 교배를 하여 현재의 우리를 만들지는 않았을 것이다.

### 우리들의 조상은 저능아?

데니컨의 마지막 주장은 고고학적 유물들을 살펴볼 때 고대인의 능력을 뛰어넘는 고도로 발전된 기술로 만들어진 유물들이 많다는 내용인데 이 가설은 한마디로 '우리들의 조상은 저능아' 라는 것이다 (Omohundro 1976). 데니컨의 주장은 우리의 조상이 너무 멍청해서 그들의 창의적 능력과 노동력만으로는 토목, 건축, 수학, 천문학, 동.식물학등을 이해할 수 없음을 고고학 자료를 통해서 입증할 수 있다는 주장이다.

데니컨은 고대 외계의 비행물체에 대한 증거나 고대 인디언 마을과 중국사원에서 발견된 레이저로 작동되는 어뢰가 있다는 물리적 증거들을 고고학자들이 숨기고 있을지도 모른다는 의견을 피력한 적이 있다. 그러나 이러한 유물이 실제 있는지의 여부를 논하기 전에 피라미드, 신전, 조각상과 같은 유적과 유물은 물론 선사시대의 문화적 성취라 할 수 있는 동식물의 재배와 사육, 금속기술의 발달, 특히 천문학의 발달과 같은 그가 참조할만한 고고학적 증거들은 아주 다양하고 풍부하다. 데니컨은 단순히 이러한 학문적 성과들을 믿지 못하고 선사시대 사람들이 다른 우주에서 온 외계인의 도움 없이 그러한 문화적 성취를 이룰 수 없다고 주장하는 것이다.

### 외계인의 달력

예를 들어, 데니컨의 저서인 '신들의 황금(Gold of the Gods 1973)'이란 책에서 과학전문 작가인 알렉산더 마쉑(Alexander Marshack 1972)의 가설을 인용한적이 있다. 마쉑은 유럽의 구석기 시대 유적지에서 발견된 상아와 사슴뿔에 조각된 한 유물을 30,000~10,000년전 것으로 추정되는 지구상에서 가장 오래된 달력이라고 주장한 바 있다. 데니컨은 이 주장에 대해서 평하기를 "…왜 석기시대 사람들이 천문의 움직임을 기록하는 수고를 할 필요가 있단 말인가? …일반적으로 당시에는 수렵과 채집을 통해 충분한 식량을 확보할 수 있었다.… 누가 그들에게 이러한 지식을 가르쳤단 말인가? 그 어떤 존재가 석기시대 사람들의 수준으로는 불가능한 훨씬 고난도의 기술인 천문을 관찰하는 방법을 가르쳤단 말인가? 아니면 우주로부터의 방문자를 기다리며 별들의 움직임을 기록해 둔 것이란 말인가?(1973:203-204)."

데니컨은 많은 질문을 던지면서 결국 외계의 지적 생명체가 선사시대 사람들에게 기술적 조언을 해준 흔적이 남아있다고 주장하고 있는 것이다. 이 유물은 프랑스 남부에서 발견된 30,000년 전 사슴뿔로 만든 것으로서 학자들간에 많은 논쟁을 불러 일으켰던 널리 알려진 자료들 중 하나이다(그림 8.6). 이 고대 유물에는 구불구불한 호를 따라 70여개의 정교한 모양이 새겨져 있는데 그 가운데에서 일정한 형상이 확인된다.

각각의 조각은 원의 한 부분을 나타내는 것 같은데 선을 따라가 보면 원이 점점 완벽한 모습으로 커지다가 다시 역순으로 작아지는 모습

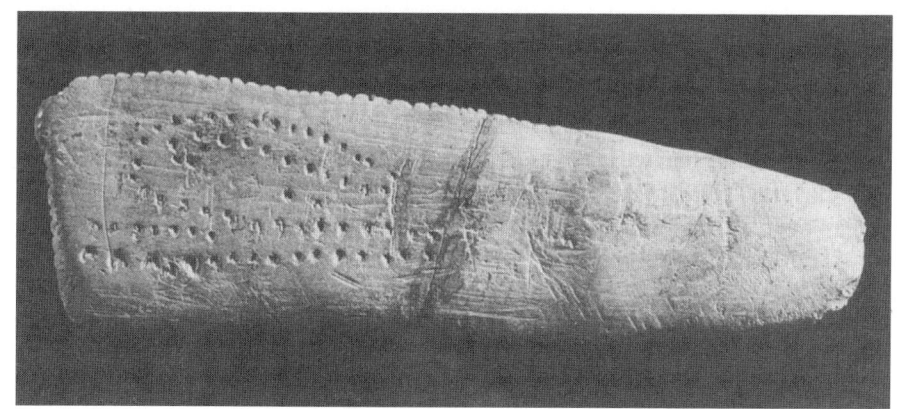

그림 8.6_ 30,000년 전 구석기 시대 동물 뼈로 만든 유물로 데니컨은 이것이 당시 인류의 지적 수준을 훨씬 뛰어 넘는 외계문명 기원설을 주장하였다. 그러나 이 유물은 프랑스 마브리 블랜차드에서 발견된 것으로 사슴뿔 위에 달의 변화를 새겨 넣은 것이다. 이 유물은 선사시대 우리들의 조상이 뛰어난 지적 능력을 소유하고 있음을 반증하고 있다.

을 보인다. 즉 이것이 마치 초생달에서 보름달 그리고 다시 그믐달로 변해가는 달의 주기운동과 같은 모습을 나타내고 있다는 것이다. 이것이 바로 마쉑의 가설인데 선사시대 사람들이 무엇을 기록한 것인지는 아직도 학자들간에 논의 중이다. 마쉑의 가설이 사실이라면 3만년 전 선사시대 사람들이 밤에 빛나는 신비한 빛에 대한 의문을 풀고자 하는 아주 놀랄만한 작업을 했다는 것을 아무도 부정할 수 없을 것이다. 이 유물을 통해 30,000~10,000년 전 인류가 달과 자연현상을 인식하고 관찰하였다는 것은 충분히 가능성이 있는 것이다.

그러나 중요한 점은 이 사슴뿔 유물을 외계인이 남긴 달력으로 볼 수 있는가 하는 점이다. 선사시대 사람들은 아주 영리하게도 밤을 비추는 달의 모양이 주기적으로 변하며 그 변화를 예측할 수 있다는 것을 알았을 것이다. 우리에게 중요한 것은 선사시대 사람들이 자연환경을 잘 이해하고 적응하지 않으면 안되었던 입장을 이해할 필요가 있다. 그들이 주변환경을 잘 관찰하여 많은 자연현상에 예측 가능한 주기가 있다는 것을 연구했다는 것은 그들의 생존과 직결되는 문제이다. 낮이 지나면 밤이 찾아오는, 끊임 없이 주기적으로 반복되는 사실은 쉽게 인식할 것이다. 봄이 지나면 여름이 오고 이어서 곧 가을, 겨울이 되었다가 다시 봄이 되는 순환 주기를 자연히 알 수 있는 것이다. 3만년 전 선사시대 사람들도 현대인과 동일한 크기의 두뇌를 갖고 있었으며 우리와 같은 수준의 지적 능력을 소유하고 있었다. 그들이 자연의 순환주기를 인식하듯 달의 변화 주기를 알고 있었음이 분명하며 천문의 변화를 관찰하여 선사시대 역법을 발명한 것은 대단한 문화적 성취이자 충분히 가능한 일이다.

그림 8.7_ (사진 왼쪽)이스터섬에서 수백개의 모아이 석상들이 발견되었는데 이는 소위 미개인이라고 부르는 사람들이 얼마나 뛰어난 지능과 기술 그리고 조직적인 사회적 힘을 갖고 있었는지 잘 보여준다. (사진 오른쪽) 채석장에서 미완성인 상태로 암벽에 남아있는 거대한 모아이. 이스터섬 원주민들은 암반에 모아이를 조각한 후 이를 분리한 뒤 옮겼는데 레이저를 사용한 것이 아니라 오직 석제 도구만을 사용하였다.

*태평양의 외계인*

이스터(Easter)섬은 육지에서 가장 멀리 떨어져 있는 섬으로 남미 해안에서 서쪽으로 3,200km, 사람이 살고 있는 섬으로부터 남동쪽으로 2,000km정도 떨어져 있다. 이스터섬에는 대략 A.D. 300년경 서쪽으로부터 폴리네시안(Polynesian)들이 이주하여 정착하였다. 이 섬에서는 883개의 모아이(Moai)라고 부르는 거대한 석상들이 발견 되었는데 실제 석상들의 숫자는 훨씬 더 많을 것으로 추정하고 있다(Van Tilburg 1987, 1994, 1995).

모아이는 응회암(tuff)이라고 부르는 비교적 부드러운 화산암을 조각하여 만든 아주 경이로운 조각상으로 이들 중 가장 큰 것은 높이가 20m가 넘으며 무게는 55,000kg, 대략 60톤 정도이다. 중간규모의 석상들은 5m높이에 무게 14톤 정도이며 가장 작은 석상들도 채석, 조각, 운반, 설치까지는 막대한 노동력을 필요로 하였을 것이다 (그림 8.7).

당연히 데니컨은 이스트섬의 석상들도 원주민들에 의해서 만들어진 것이라는 사실을 믿지 않았다. 데니컨은 그의 저서 '우주로부터 내려온 신들(Gods from Outer Space 1971)' 에서 이스터섬의 석상들 중 일부는 외계인들에 의해서 세워진 것이라고 주장하였다. 그렇다면 외계인들이 지구에 와서 이 석상들을 세운 이유는 무엇이란 말인가? 데니컨의 주장은 외계인들이 단순히 심심풀이로 석상을 만들었다는 것이다(p.118).

1955년 이래로 이스터섬에서는 지속적인 고고학적 발굴이 진행되어 왔다(Van Tilburg 1994). 이스터섬 채석장에서는 반쯤 완성된 석상을 발견하였는데 단순한 석제 망치와 끌등을 사용하여 채석장 바위에 모아이를 조각하였다. 이 석상들을 운반하였던 도로들도 확인되었으며 수송로 중간에는 운반 중 사고로 부러져 조각난 상태로 방치되어 있는 석상들도 발견되었다. 모아이 석상에 대한 채석, 조각, 운반, 설치 및 제작기법에 대한 사실적 실험이 있었는데 수일간에 걸쳐 6명의 사람들이 5m높이의 석상을 제작하였다. 이 석상을 목제 썰매와 밧줄을 사용하여 구 도로를 따라 운반하는데 성공하였고 섬 주민들이 지렛대와 밧줄을 이용하여 몇시간 만에 일으켜 세울 수 있었다(Heyerdahl 1958).

보다 최근에는 조앤 틸버그(Jo Anne Van Tilburg 1995)가 컴퓨터 기술을 활용하여 석상들이 어떻게 운반 되었는지를 실험해 보았다. 그녀의 분석에 따르면 썰매 위에 모아이를 얹은 뒤 길이 6m 지름 25cm의 커다란 나무기둥 두 개를 사용하여 버팀목을 계속 잇대어 가면서 운반할 수 있었다. 컴퓨터 계산에 의하면 이러한 방법으로 장거리 운반을 하는 것이 충분히 가능하며 지렛대와 V자형 쐐기, 이동 썰매등을 사용해 이 거대한 석상을 아후(ahu)라고 부르는 신성한 제단 위에 세웠던 것이다. 모아이는 분명 대단한 유물이며 인류의 창의력과 노동력이 성취할 수 있는 기술의 극치를 보여준다고 할 수 있다. 그러나 모아이는 미스터리가 아닌 고고학적 실체이며 진짜 미스테리는 왜 데니컨이 이러한 입증된 학문적 사실을 부정하는가 하는 것이다.

어떻게 사모아(Samoa), 하와이(Hawaii), 피지(Fiji), 이스터(Ister)섬과 태평양 일대 대부분의 섬들에 처음 사람이 살게 되었을까? 각 섬에서 확인된 고고학적 증거들을 살펴볼 때 태평양의 원주민들이 놀랄만한 선박 건조 기술과 항해술을 알고 있었음을 확인할 수 있다(Shutler and Shutler 1975; Terrell 1986). 컴퓨터로 실험해 본 결과 이 지역 원주민들이 바람의 방향, 조류의 흐름, 위치의 식별등을 어떻게 하였는지를 잘 보여주며 (Irwin 1993), 이러한 자료를 바탕으로 생각해 볼 때 태평양 군도의 초기 인류의 탐험과 이주에 대해서 보다 깊이 연구해볼 가치가 있을 것이다.

그러나 데니컨은 이러한 연구 결과를 부정하고 인류의 지적 능력, 인내심, 외부세계에 대한 호기심 등 많은 가능성들을 무시하였다. 이 섬의 원주민들은 어떻게 정착하게 되었는가? 처음에 이들이 어떻게 이 섬으로 이주할 수 있었는가? 이러한 질문에 대한 데니컨의 대답은 "…나는 초기 폴리네시안 사람들이 비행을 통해 이곳으로 이동하였다고 확신한다.(1973:133)"라는 황당한 설명이었다.

### 진정한 미스터리

데니컨의 황당함은 여기서 끝난 것이 아니었다. 그는 비상식적인 책을 쓰는데 만족하지 못하고 최근에는 우주비행사에 대한 신화를 전파하기 시작하였다. 데니컨은 디즈니랜드와 같은 놀이공원을 만드는데 관여하게 되었는데 이 놀이 공원은 데니컨의 어리석고 황당한 주장들로 가득찬 정말 미스터리한 장소이다. 데니컨의 말을 인용하자면 "…사람들은 진정한 의미에서 놀라는 것을 배우지 않으면 안된다…"는 그의 주장대로 데니컨은 자신이 원하는 것을 이미 성취했다고 말할 수 있다. 나는 진심으로 데니컨의 주장에 놀랐으며 인상 깊었다고 표현할 수밖에 없다.

데니컨은 몇몇 대기업들을 설득하는데 성공하였는데 코카콜라(Coca-Cola), 소니(Sony), 스왓치(Swatch), 후지쯔(Fujitsu) 등의 기업이 62,000,000\$ 을 투자하여 데니컨의 황당한 우주인 가설을 주제로 하는 소위 미스터리 팍(Mystery Park)이라는 놀이공원을 만들었다. 미스터리 팍은 유럽의 인기 휴양지 중의 하나인 스위스 중부 인터라켄(Interlaken)이란 도시에 위치해 있다. 이 공원은 7개의 주요 전시관으로 나뉘어져 있는데 각 전시관마다 데니컨이 주장해온 고대 세계의 미스터리들을 경험할 수 있다. 예를 들어, 한 전시관에는 이집트 피라미드와 마야 유적지인 치첸이차(Chichen Itza)의 깃털달린 뱀(Feathered Serpent)의 조각이 있는 피라미드를 나란히 복제하여 전시하고 있다.

각각의 전시관은 데니컨의 황당한 주장들을 나타내고 있는데 그 제목들을 살펴보면 마야, 오리엔트(이집트중심), 거석문화(스톤헨지), 외계인과의 조우, 도전, 나스카(남미중심), 비마나(Vimana; 고대인도) 등이다. 각 전시관은 영화, 모형, 유물 복제품등으로 꾸며놓았고 데니컨은 이 공원 안에 사무실과 도서실을 소유하고 있다. 이 공원의 마스코트는 미스티(Mysty)라고 부르는 기묘하게 생긴 외계생명체인데 이 마스코트를 어린아이들에게 공짜로 나누어주지 않는다면 기념품 가게의 미스티 인형 매출액을 더 늘릴 수도 있을 것이다.

이 공원의 전시관들은 아주 기괴하고 시대착오적인 전시품들을 늘어놓고 있다. 그렇다면 마야 전시관 안에 고대 중미 도시들과 마야의 석제 비문들을 늘어 놓고 이것들을 통해 우리에게 팔려는 것이 도대체 무엇인가? 신들의 악단인가?

작가인 에릭 파웰(Eric Powell)이 이 공원의 개관식에 참석하였다가 아주 심각한 사실을 지적한 바가 있다. 우울한 이야기지만 데니컨의 주장들이 이 공원 곳곳에 나타나 있는데 한마디로 '우리들의 조상은 멍청하다'라고 주장하고 있는 것이다. 파웰의 지적에 따르면 미스터리 공원의 놀라운 흥미거리의 근본 바탕은 고대 인류의 지적 능력이 보잘 것 없는 것이라는 가정 아래 그들의 위대한 창조력을 심각하게 모욕하는데 있다.

선사시대의 위대한 기술력과 지적 성취는 인류의 정신력과 노력의 산물이지 외계생명체의 가르침에 의한 것이 아니다. 그러나 파웰(Powell 2004:66)은 마야 전시관의 영화가 데니컨의 생각을 잘 보여주고 있다고 지적한다. 그 내용이란 외계의 생명체가 지구에 착륙하여 원시적인 지구인의 아이들을 그들의 혹성으로 데려가 피라미드 건축기술, 역법등을 가르쳐서 그들이 배운 지식을 다른 인류와 공유하도록 중남미 정글에 내려 놓았다는 내용이다. 결과적으로 원시적이던 인류의 문화수준을 지적인 문명수준으로 끌어올릴 수 있었던 것은 외계인의 도움이라는 것이다.

## 화성 고고학

만일 여러분들이 데니컨과 그의 지지자들이 이러한 논리를 주장하는 동기가 무엇인지 궁금하다면 의문의 폭을 조금 넓힐 필요가 있다. 이들은 외계 생명체들의 존재를 입증하는 고고학적 증거가 지구 뿐 아니라 화성에서도 발견된다고 주장한다. 1877년 이래로 화성에 생명체가 있을 가능성이 있다는 기대감이 계속되어 왔다. 1897년 천문학자인 지오바니 스키아퍼렐(Giovanni Schiaparell)이 화성표면에서 마치 운하처럼 보이는 선들이 관찰되었다고 발표하였다. 이어서 미국의 천문학자 퍼시벌 로웰(Percival Lowell)이 지오바니의 결론을 지지하는 의견을 전개하였는데 화성에서 관찰된 수로들은 바로 고대 화성인들이 식물재배를 위하여 만든 관개수로라고 주장하였다.

이후 나사(NASA)의 그 누구도 운하와 같은 드라마틱한 사건을 기대하지 못한 가운데 화성에 생명체가 있을지도 모른다는 것을 암시해 줄만한 것이 천체망원경을 통해 발견되었다. 1976년 미국 나사(NASA)가 무인탐사선인 바이킹(Viking)호를 화성궤도에 진입시키는데 성공한다. 바이킹 탐사선이 7월 20일 화성표면에 착륙선을 내려 보냈는데 거기에는 로봇을 탑재하고 있어 흙 샘플을 채취할 수 있었다.

화성에서 채취한 흙의 화학적 성분이 생명체가 살고 있는 지구의 것과 유사한지의 여부를 조사한 결과 화성에서 가져온 시료에는 생명의 흔적을 나타내는 명확한 증거를 찾을 수 없었다고 발표하였다. 세포나 생물분자를 발견하지 못했을 뿐 아니라 유사한 화학반응을 일으키는 것 또한 무생물적인 반응들 뿐이었다. 우리의 이웃 혹성에는 그 어떤 생명의 흔적도 없으며 우리가 살고 있는 지구만이 우리가 알고 있는 우주에서는 유일하게 생명체가 살고 있는 혹성이다.

그러나 모든 사람이 이러한 사실을 받아들이는 것은 아니며 일부 사람들은 비록 현재 화성에 생명체가 존재했었다는 과학적 증거가 없다고 하더라도 과거 언젠가 화성에 생존했던 생명체들이 깜짝 놀랄만

그림 8.8_ 소위 '화성의 얼굴'로 화성표면의 지형과 빛의 조화로 사람의 얼굴처럼 보이지만 이것은 화성의 지형이 만들어 놓은 자연 현상일뿐 인공적인 구조물이 아니다.

한 기념비적인 고고학적 유물을 남겨놓았을 것이라고 주장하였다(Dipietro and Molenaar 1982).

그러던 중 화성의 싸이도니아(Cydonia)라고 부르는 한 구역을 인공위성이 1600km상공에서 사진촬영을 하였는데 화성탐사선이 찍은 35A72번 사진에 빛의 그림자와 점들이 혼재되어 만들어낸 이미지가 외계생명체에 대한 고고학적 논란을 불러 일으키게 된다(그림 8.8).

그것은 소위 '화성의 얼굴(the Mars Face)'이라고 부르는 것으로 머리부터 턱까지의 길이가 1.6km 에 달하는 거대한 크기이다. 누구도 부정할 수 없이 이것은 사람 얼굴과 같은 형상을 하고 있는데 이러한 현상은 빛과 그림자의 우연한 조화로 설명이 가능하다. 이러한 모습은 바위의 형상, 구름, 동굴등 자연현상에서 사람이나 동물의 형상과 아주 닮은 모습을 찾아낼 수 있는 것과 마찬가지 원리이다.

이러한 형상들은 우리들의 마음속에 존재하는 형상이 자연물에서

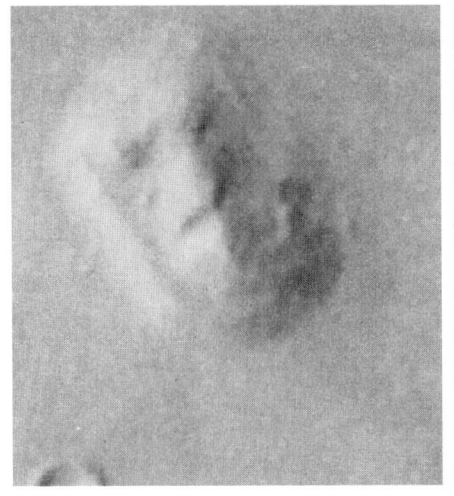 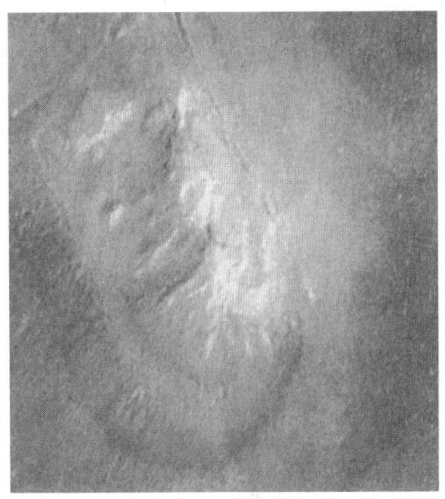

그림 8.9_ (사진 왼쪽)그림 8-8을 확대한 것으로 바이킹호가 1976년 사이도니아 지역을 촬영한 것이다. (사진 오른쪽) 1998년 4월 고해상도 카메라로 같은 지역을 촬영한 것인데 소위 '화성의 얼굴'이 자연지형임을 알 수 있다.

유사한 것을 찾도록 유도하는 것일뿐 실재 존재하는 것이 아니다. 마치 관광지에 있는 동굴을 안내인들이 '국회의사당(the Capitol Dome)' '햇볕아래 두개의 달걀(two Eggs Sunnyside up)' '뉴욕의 마천루(New York City Skyline)' 와 같이 명명하는 것과 마찬가지이다. 위스콘신(Wisconsin)주에 있는 바위얼굴은 전설적인 인디언 지도자인 '블랙호크(Black Hawk)'의 옆모습을 닮은 것으로 유명한데 고대인들의 지리적 형상에 대한 지식은 실제모습과 아주 똑같지는 않지만 인간의 상상력이 만들어낸 하나의 잉크블럿 현상을 잘 반영하고 있는 것이다.

대부분의 지질학자들은 '화성의 얼굴' 사진을 처음 보았을 때 잉크블럿 효과와 같이 묘사하는데 그렇다고 해서 그것이 어떤 의미가 있다는 것은 아니다(그림 8-9 왼쪽). 이 사진을 만들어낸 카메라의 화소와 해상도로는 지표상의 길이가 43m나 되는 거대한 피사체에 반응할 때 실제 모양을 정확하게 그려내는데 기술적인 한계가 있다(Malin 1995).

한편, 미흡하지만 대중들의 호기심을 풀어 줄만한 사이도니아(Cydonia)지역에 대한 사진이 1998년 4월 다른 화성 탐사선인

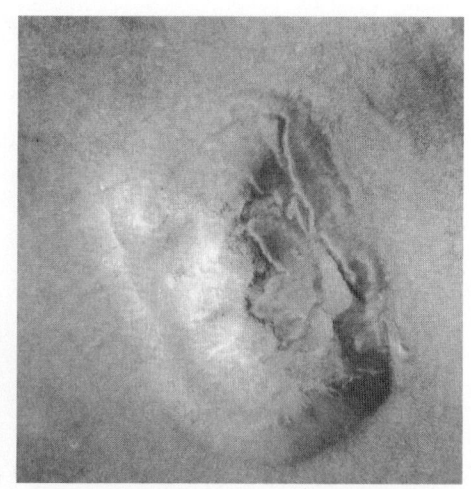

그림 8.10_ 2001년 4월 보다 고화질 해상도 카메라로 같은 지역을 촬영한 사진이다. 이 카메라는 지구상의 작은 빌딩을 식별할 수 있는데 이사진에서도 역시 화성의 얼굴은 보이지 않는다.

MGS(Mars Global Surveyor)에 의해 촬영되었다. 1998년에 사용된 카메라는 해상도가 첫번째 바이킹호가 사용했던 것보다 훨씬 더 정교한 것으로 화성표면의 4.3m 크기의 물체를 선명하게 식별할 수 있다. 이 사진을 보면 '화성의 얼굴'은 실제 얼굴 모습과는 전혀 다르며 침식된 구릉으로서 자연스럽게 만들어진 것임을 알 수 있다(그림 8.9 오른쪽).

2001년 4월 8일 같은 지역에 대한 MGS 사진이 전송되었는데 1998년 사진보다 해상도가 훨씬 선명한 것으로 화성표면의 1.56m 크기의 물체를 식별할 수 있다(그림 8.10). 나사(NASA)에 따르면 현재 카메라의 성능은 작은 건물크기 정도의 인공 구조물도 인공위성에서 식별이 가능하며 '화성의 얼굴'과 같은 1.6km 크기의 거대한 얼굴 조각상이라면 아주 선명하게 식별할 수 있다고 설명한다.

그러나 화성에서 그 어떤 인공적인 구조물도 사진에서 확인된 바가 없으며 '화성의 얼굴'은 고해상도 사진에서는 사라지고 없었다. 고해상도 사진에서는 침식된 구릉만이 확인되었는데 소위 눈이 위치했던 곳은 부정형으로 패인 지형이며 입 모양의 위치는 계곡을 형성하고 있었다.

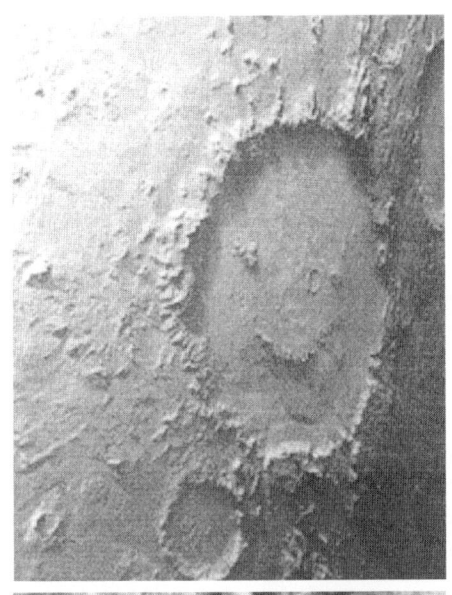
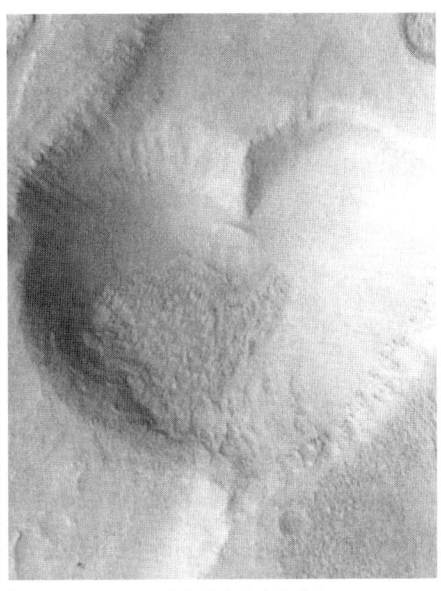

그림 8.11_ 자연지형이 마치 지적인 생명체가 인위적으로 만들어 놓은 것과 같은 형상은 지구뿐 아니라 화성에서도 역시 발견된다. (사진 위 왼쪽) 운석충돌로 생긴 지름 8km의 흔적으로 NASA에서는 태양계에서 가장 큰 '웃는 얼굴'이란 별명으로 부른다. (사진 위 오른쪽) 침식 작용으로 생긴 형상으로 발렌타인데이 하트모양으로 생겼다. (사진 아래) 화산폭발로 용암이 흘러내리면서 생겨난 형상으로 머펫쇼에 등장하는 커밋 개구리와 같이 생겼다.

 나사의 과학자인 제임스 가빈(James Garvin 2001)은 '화성의 얼굴'이라 부르는 구릉의 정상부까지는 아무리 쉬운 길이라도 그 어떤

제8장 선사시대의 E.T : 고대의 우주 비행사  333

우주 탐험가들도 쉽게 접근하기 힘든 지형임을 지적하였다. 화성에서 또다른 흥미 있는 지질학적 형상들이 발견되었는데 소위 '웃는 얼굴(happy face)'로 알려진 이것은 지름이 215km 크기의 운석충돌로 생긴 지형이다. 그 내부에 우연히 형성된 작은 분화구들의 튀어나온 모양이 눈과 같은 모습을 하고 있으며 휘어진 절벽의 협곡들은 마치 미소 짓는 입처럼 보이는 것이다(Gardner 1985 그림 8.11왼쪽).

1999년 6월 화성궤도의 카메라가 포착한 한 지형을 보면 직선으로 되어있던 (너비 2~3km 구릉의) 한쪽이 무너지면서 둥그런 만곡이 되었는데 그 모양이 아주 놀라울 정도로 발렌타인(Valentine)데이의 상징인 하트처럼 생겼다(그림 8.11 오른쪽 위). 마지막으로 내가 좋아하는 화성표면 사진들 중 하나는 화산의 용암이 흐르면서 만들어진 것인데 텔레비전 어린이 프로에 나오는 커밋(Kermit)개구리와 아주 닮았다(그림 8.11 아래). 그러나 아직도 이 머펏(Muppet)인형이 외계인의 문명과 관련이 있다는 주장을 누군가 하지 않는 것이 오히려 이상할 정도이다.

과학자들에게는 화성의 얼굴, 하트, 커밋 개구리와 같은 현상은 드문 것이지만 독특한 형상을 하고 있는 환경을 볼 때 인공구조물로 보이는 것들도 사실은 자연의 조화로 만들어진 것들이다. 그러나 '화성의 얼굴' 보다도 오히려 더 황당한 주장을 하는 사람들을 결코 말릴 수는 없을 것 이다.

작가인 리처드 호그런드(Richard Hoagland 1987)는 바이킹호가 찍은 여러장의 사진들을 살펴보고는 '화성의 얼굴'은 문자 그대로 외계의 혹성에 떠있는 빙산의 일각이라고 주장하였다. 호그런드는 '화성의 얼굴'이 화성의 많은 폐허 유적들 중의 하나일 뿐이며 고대 화성의 도시들은 거대한 피라미드와 요새, 도로, 그 밖의 많은 건축물들로 가득차 있었다고 주장하였다.

호그런드는 이것들이 가장 획기적인 고고학, 천문학상의 발견이라고 주장하였다. 1976년 바이킹호가 화성에 도달한 이후 미국은 세개의 다른 탐사선을 화성에 보냈는데 1997년에는 소우저너(Sojourner)호에 이어 스피릿(Spirit)과 어퍼튜너티(Opportunity)호라는 두개의 훨씬 더 정교한 탐사선을 보내 작은 이동 로봇을 2004년 1월 화성 표면에 착륙시켰다.

인류가 우주선을 고안하여 지구로부터 우주로 나아가 거칠고 위험한 환경을 극복하고 우리 태양계의 다른 행성에 안전하게 착륙하여 선명한 사진을 전송할 뿐만 아니라 로봇으로 바위에 구멍을 뚫고 시료를 채취하며 이것들에 대한 화학적 분석을 한다는 것은 실로 놀랄만한 인류의 기술적 성취인 것이다. 만약에 어느 한 화성의 생명체가 카메라 앞으로 걸어 나와 손을 흔들거나 혹은 평화적인 신호를 보내면서 나타났다면 실로 경이로운 경험이었을 것이다. 그러나 여러 차례에 걸친 화성 탐험에서 생명의 흔적을 목격하거나 생명체가 살았던 증거로 해석할만한 그 어떤 문화적 흔적도 찾아 볼 수 없다.

여러분들이 화성탐사와 관련하여 웹사이트에 들어가 본다면 화성의 다양한 원본 사진들을 직접 살펴 볼 수가 있다.* 이 사진들은 실로 놀랄만하고 경이로운 태양계에서 4번째 위치한 우리들 이웃 행성의 지질 환경을 아주 선명하게 보여주고 있는데 과거 생명의 흔적이나 지적 생명체, 인공적인 구조물이나 도로, 쓰레기더미, 운하 그 밖의 그 어떠한 것도 찾아 볼 수 없다. 화성은 하나의 죽은 행성이며 고고학적 발굴을 고려할만한 가능성을 갖고 있지도 않다.

*NASA화성관련 웹사이트
(http://marsrovers.jpl.nasa.gov/home/index.html)

### 데니컨(Erick von Daniken)이론의 문제점

데니컨은 끊임없이 우리 조상들의 지적 능력을 과소평가 하면서 인류 과거의 문화를 설명하는데 외계인의 존재를 계속 주장하고 있다.

데니컨이야 말로 고고학적 증거들이 보여주는 고대인들의 위대한 문화 창조능력을 받아들일 수 있는 지적 능력이 있는가 하는 점이 바로 두번째 의문점이라 할 수 있다.

내가 이미 언급하였듯이 데니컨의 주장에는 유럽중심적인 시각을 내포하고 있다. 이것은 여러분들이 그의 저서인 '신들의 전차'를 읽어본다면 정확히 알 수 있다. 데니컨 이론의 흥미로운 점은 그의 세번째 가설을 증명하기 위한 예들을 아프리카, 아시아, 북미, 남미등 세계 곳곳에서 인용하고 있으면서도 유독 유럽에 대해서는 침묵을 지키고 있다는 점이다.

신들의 전차를 분석해본 내 느낌은 데니컨이 고대인들의 문화적 성취에 아주 매료되어 있는 것이 사실이지만 그의 입장에서는 고도로 발달한 정교한 기술이 인간이 만들어 냈다고 생각하기에는 너무나 진보된 기술이라는 생각을 갖고 있는 것이다.

내가 조사한 바로는 데니컨이 그의 저서 '신들의 전차'에서 지구상의 각 대륙에서 인용한 구체적인 자료의 빈도수를 확인해 보면 다음과 같다.

| 지리적 분포 | 참고회수 | 비율 |
| --- | --- | --- |
| 아프리카 | 16 | 31 |
| 아시아 | 12 | 23 |
| 유럽 | 2 | 4 |
| 북미대륙 | 11 | 22 |
| 남미대륙 | 10 | 20 |
| 합계 | 51 | 100(%) |

이것을 보면 데니컨의 주요 연구 대상은 유럽이 아닌 다른 대륙들임을 알 수 있다. 그는 아주 놀랍게도 흑인, 아시안, 신대륙 원주민등 유색인종의 조상들이 성취한 고대 문명만이 외계인의 도움으로 이루

어진 것이라는 논리를 갖고 있다. 흥미롭게도 데니컨은 크노소스(Knossos)의 미노아(Minoan), 그리스의 파르테논(Parthenon)신전 로마의 콜로세움(Colosseum)은 그 어떤 외계인이 도움을 주었는지 관심을 전혀 보이지 않는다. 왜 이들 문명은 예외란 말인가?

이 문화 유적들도 데니컨이 언급한 아시아, 아프리카, 신대륙의 기념비적 유적들과 마찬가지로 훌륭한 것들이다. 크노소스 신전은 3,500년 이상 된 것이며 파르테논 신전 또한 2,500년, 로마의 콜로세움은 2,000년 이상 된 유적이다. 데니컨은 영국의 스톤헨지(Stonehenge)에 대해서는 이상할 정도로 침묵을 지키다가 보다 최근의 저서인 '신과의 통로(Pathway to the God)' 에서 간략히 언급하고 있다.

데니컨은 실로 성공적인 작가로서 '신들의 전차' 는 베스트셀러 목록에 항상 등장하는데 지금까지 대략 7백만부 정도가 팔렸다. 이 수치는 여러분들이 잘 알고 있는 세계적 베스트셀러 작품인 '안네의 일기(Anne Frank; the Diary of a Young Girl)' 나 '서부전선 이상 없다(All Quiet on the Western Front)' 와 같은 작품보다도 더 많은 것이다(So Big 1989).

데니컨의 저서들과 같은 엉터리 내용들이 왜 그렇게 인기가 있는지 연구해 볼 가치가 있을 것이다. 많은 사람들이 이집트의 피라미드, 멕시코의 유적, 고대 중국 문명에 호기심을 갖고 있다. 그러나 지적인 열세와 결점투성이의 존재인 현대 인류의 조상들이 어떻게 그러한 놀랄만한 문화적 유산을 남기게 되었는지에 대해서는 관심이 없다.

결국 오늘날의 이집트는 후진국이고 멕시코 원주민들은 가난하고 문맹이며 중국은 이제 겨우 막 선진국의 첨단 기술을 배우기 시작하였다. 즉, 이 정도 수준의 사람들의 조상이 어떻게 피라미드, 문자, 농사, 수학, 천문학등의 지식을 그들 스스로 습득할 수 있었겠는가? 데니컨은 바로 이 질문에 아주 쉬운 해답을 제시하고 있는 것이다. 이 사람들이 스스로 그러한 문화유산을 만든 것이 아니라 외계생명체의 평화 사절단이 지구를 찾아와 도와줬다는 것이다.

    만일 나의 판단이 옳다면 이러한 데니컨의 생각은 참으로 어리석은 것이다. 인류의 선사시대는 우리들 조상이 만들어 온 놀랄만한 문화성취의 기록들이다. 모든 사람들은 그들 조상들의 자랑스러운 과거를 갖고 있으며 고대 우주비행사라는 황당한 이야기로 우리 조상들의 업적을 손상시켜서는 안된다는 것이다.

 ──────── 자주 받는 질문들

1. 칼 세이건(Cal Sagan)은 데니컨(Daniken) 보다 앞서 과거 어느 시점에선가 외계의 여행자들이 우리들의 지구를 방문하여 탐험을 했던 흔적을 고고학적 기록에서 찾을 수 있을지도 모른다고 제안 하였는데 세이건도 사이비 과학자로 보아야 하는가?

세이건은 물론 사이비 과학자는 아니다. 그는 단지 많은 과학자들이 회의적으로 생각하는 자연계에서 일어날 수 있는 잠재적인 가능성에 대해서 언급한 것이다. 세이건은 물론 그의 가설을 증명하기 위해서는 학술적 증거들이 필요하며 당시로서는 확인된 바가 없음을 잘 알고 있었다. 그의 최근 저서인 '악령이 출몰하는 세계(the Demon-Haunted World 1996)'를 보면 그의 일생에 걸친 소망으로서 우주에는 우리만이 지적인 생명체가 아니며 지구만이 그러한 특권을 갖고 있는 행성이 아님을 증명하고자 하는 열망을 읽을 수가 있다. 그러한 그의 열망을 증명할 수 없는 것에 대해서 세이건은 실망했음이 분명하지만 그가 사람들을 현혹하려 한 것은 아니다. 고대사회에 외계인이 지구를 방문했었다는 증거가 없음을 세이건은 잘 알고 있었고 그 사실을 인정하였다.

한가지 놀라운 사실은 세이건의 생각이 처음 세상에 발표 된지 40년이 더 지나서 다시 부활했다는 점이다. 천문학자인 크리스토퍼 로즈(Christopher Rose)와 그레고리 라이트(Gregory Wright 2004)는 외계의 문명세계와 접촉할 수 있는 확률은 전파를 이용한 방법보다 물질적인 것을 우주로 보낼 때 더 가능성이 높다는 사실을 계산하여 발표하였다.

그들의 주장은 이 우주에 외계문명이 아주 오래 전부터 존재한다면 어떠한 물질을 다른 태양계로 보냈을 때, 그리고 그것이 다른 행성이나 유성에 착륙할 때 외계의 생명체가 그것을 발견하고 해독할 수 있기를 기대하는 것이 더 확률이 높다는 것이다. 이러한 기발한 생각에 대해서 과학 전문 작가인 워드러프 설리반(Wordruff T. Sullivan III 2004)은 이러한 물건을 우주로 보낸다면 언젠가는 '우주 고고학자'들이 이를 찾아낼 수도 있을 것이라고 언급한 바 있다.

이러한 계획은 이미 실행된 바가 있는데 파이오니어(Pioneer)탐사선에 물리적인 메시지를 담아 1972, 1973년에 태양계 밖으로 보냈으며 보다 정밀하게 제작된 메시지를 담은 보이저(Voyger) 탐사선이 1977년 우주로 보내진 바 있다. 여기에 실려있는 메시지는 '여기에 우리가 있다'라는 것을 알리기 위한 내용이다. 이 우주탐사선에 실려있는 메시지의 구성은 바로 칼 세이건(Cal Sagan)이 디자인 한 것이다.

## 2. 고대인들이 실제로 전기를 사용한 증거가 있는가?

지금까지 확인된 뚜렷한 증거는 없으나 약 2,000년 전 아주 원시적인 형태의 배터리가 이라크에서 발견되었다는 주장이 있었다. 이 물건이 어디에 사용된 것인지는 아무도 알지 못하며 이것이 발견된 1936년 당시 전기를 방출했다는 것은 사실이 아니다.

소위 바그다드(Baghdad) 배터리로 불리는 이 유물은 도자기 안에 동으로 만든 파이프모양의 관이 있었는데 이 속에는 철로 만든 막대가 끼워져 있었다. 이것의 복제품을 만들어 액체 전해물질을 넣어 시험했을 때 짧은 순간 전기를 발생한 적이 있다. 그러나 이 전기는 두 금속막대를 전해용액 속에 넣어 발생한 현상으로 고대유물 속에 그러한 용액이 채워져 있었는지는 알 수가 없다.

이 실험은 현대 과학적 지식을 응용하여 약한 전기를 발생시킨 것일 뿐 고대 이라크 지역에서 실제로 전기를 사용하였다는 것을 입증할 수 있는 증거는 아니다. 이 유물은 분명 특이한 물건임에는 분명하지만 고대인들이 전기를 사용했었다는 증거물은 아닌 것이다(Eggert 1996).

# 제9장 신비의 이집트

나는 이번 장에 서술할 내용을 생각하면서 고대 문명의 기념비적 건축물들 중 하나인 로마의 콜로세움(Colosseum)앞에 서 있다. 콜로세움은 실로 장엄한 아름다움과 효율적인 기능성을 동시에 갖춘 건축물로 이것이 2000년 전에 만들어졌다는 사실이 실로 놀랍기만 하다(그림 9.1).

로마의 베스파시아누스(Vespasian) 황제는 A.D. 72~80년 동안 콜로세움을 건설하는 것을 감독하였는데 이 고대 원형경기장의 둘레는 48.5m로 건축면적을 계산해 보면 오늘날 50층 높이의 건물로 환산해 볼 수 있다. 경기장의 내부는 세개층의 관람석으로 구성되어 있는데 대략 50,000명의 관중을 수용할 수 있다. 이 수치는 현대 야구경기장과 같은 규모인데 오늘날의 많은 경기장들과 같이 콜로세움의 지붕도 부분적으로나마 천으로 가릴 수 있도록 설계되어 8월달 로마의 뜨거운 태양으로부터 관중들에게 그늘을 제공하였을 것이다. 콜로세움은 주로 로마의 재판이나 검투사들의 경기, 맹수사냥등에 활용되었고, 때로는 경기장 바닥에 물을 채워 배를 띄운 뒤 해군 전투를 재현하기도 하였다.

## 인류는 언제부터 영리해지기 시작하였는가?

고대 기술의 산물인 콜로세움이나 스톤헨지, 이집트 피라미드와

그림 9.1_ 로마의 콜롯세움 경기장으로 A.D. 80년에 완성되었으며 50,000명의 관중을 수용할 수 있다. 이러한 거대 건축물은 고대인들이 언제부터 그렇게 영리해질 수 있었는가라는 의문을 떠올리게 한다.

같이 기념비적인 유적들은 현대인의 입장에서 봐도 실로 놀랄만한 문화유산들이다.

그렇다면 언제부터 고대인들이 이러한 것들을 만들 수 있을만큼 영리해졌는가? 어떻게 이들이 건축, 공학, 수학등 실용적인 기술들을 발전시켜 수천년 후에 우리들을 놀라게 만드는가? 이러한 천재적인 재능으로 놀랄만한 건축구조물을 만들면서 많은 복잡한 문제들을 해결한 사람들은 과연 누구인가? 또 어떻게 그들이 문제의 해결책을 찾을 수 있었는가? 과학자와 일반인들도 이러한 미스터리에 오랜 세월 의구심을 가져온 것이 사실이다.

4장에서 언급했던 그래프톤 스미스(Grafton E. Smith)는 바로 이러한 의구심을 던졌던 사람들 중 하나이다. 스미스의 지적인 유산은 필트다운 위조사건 때 그의 동료들과 함께 아마도 영원히 명예에 오점을 남겼는지도 모른다. 그가 필트다운 위조사건에 직접 가담한 증거는 없지만 가짜 화석에 대해서 가장 오랫동안 강력한 지지를 보냈던 사람이다.

필트다운 사건과 관련된 그의 동료들 사이에서 스미스의 중요한 역할은 그가 20세기 초 영국 인류학계의 전파주의 이론을 정립한 주요 인물들 중 한 사람이라는 점이다.

전파주의자들의 이론이란 사실 아주 단순하여 인류를 근본적으로 우둔하고 창의력과 상상력이 부족한 존재로 상정하고 있다. 이러한 생각을 바탕으로 스미스는 초기의 인류가 문화적으로 정체되어 있었으며 자신만의 능력으로는 아주 약간의 변화만을 가져올 수 있었다고 연역적인 추론을 하였다.

물론 스미스는 인류가 그럼에도 불구하고 어느 시점에서인가 문화적인 급속한 변화를 이루어왔음을 잘 이해하고 있었으며 이러한 변화를 하나의 예외적인 문화현상으로 설명하였다. 스미스를 비롯한 전파주의자들은 인류가 본디 문화적으로 우둔하며 이들 중 아주 특별한 극소수의 '천재'들에 의해서 새로운 기술들이 발명되어 이것이 세계각지로 전파된 것이라는 입장을 고수하였다. 전파주의자들은 문화적으로 일찍 꽃을 피운 소수의 집단을 우수한 유전자만을 전달받은, 그리고 그들이 태어난 지역의 지리적 특혜에 힘입어 일반적인 한계를 뛰어넘은 사람들로 묘사하고 있다.

스미스는 모든 인류문명의 근본이 되는 하나의 천재적인 문화가 바로 고대 이집트라고 보았던 것이다. 그의 이론에 따르면 대략 6,000년 전쯤 지구상의 모든 인류는 자연상태에서 원시적으로 생활하였으며 문화적인 정체를 보이고 있었다. 이 무렵 나일강 일대에 정착한 사람들이 아주 풍부한 물자를 바탕으로 놀랄만한 문화적 성취를 이루었다. 나일강 일대의 비옥한 땅을 이용하여 많은 시간을 필요로 하는 물자의 생산을 가능하게 하였고 이를 바탕으로 인간의 생활방식이 이전과는 아주 달라지게 되었다는 것이다. 스미스는 이때 이집트인들이 남는 시간과 문화적 잇점들을 이용하게 되면서 농사, 가축의 사육, 토기의 사용, 문자의 발명, 금속기술, 도시화, 거대 건축물등 핵심적인 기술들을 발명하였으며 문명생활이 가능하게 되었다고 보았다.

전파주의자들의 주장에 의하면 문명의 시작은 잔잔한 물위에 파문이 일듯 이집트로부터 전세계로 퍼져나가게 되었다. 스미스에게는 이집트인만이 유일하게 독립적으로 복잡한 문명으로의 진화를 경험했고 태평양 연안과 다른 지역은 이집트 문화와의 접촉을 통해 선진기술을 받아들임으로써 문명화가 가능하게 되었다는 것이다. 모든 길은 로마로 통한다는 말과 마찬가지로 스미스와 같은 전파주의자들의 시각에서는 모든 고대문명의 지적 유산은 이집트의 나일강 계곡에서 시작되었다는 것이지만 이집트만이 문명의 궁극적인 모태로서 모든 것을 포괄한다고 볼 수는 없었다.

일부 전파주의자들은 이집트 대신에 상투적으로 '안개 속에 가려진 고대문명'이 모든 문명의 근원이라는 주장을 펼쳐왔다. 이점은 7장에서 이미 언급한 바 있는 도넬리(Ignatius Donnelly)의 잃어버린 대륙 아틀란티스에 대한 이론으로서 그의 저서 '아틀란티스: 창세기 이전의 세계(Atlantis: the Antediluvians World 1882)'에서 이집트가 문명의 근원이 아니며 대신에 많은 지혜의 수혜자는 오직 하나, 기술적으로 가장 발전하였던 아틀란티스라는 것이다.

우리가 이미 보았듯이 도넬리가 이집트 대신에 대서양 한가운데를 지적하는 것이라면 데니컨은 인류문명의 궁극적인 기원과 기술적 성취의 근원을 하늘을 가리키는 것으로 전파주의자들의 시각을 우주로 확대한 것이다. 만일 인류가 선천적으로 우둔하고 창의력이 없는 존재라면 오랜 시간 놀랄만한 건축기술과 정교한 수학적 능력등은 결국 어디로부터 온 것이라는 말인가?

그 어떤 문명의 기원도 데니컨의 전파주의적 논리 속에서는 찾아볼 수 없는 것이며 고도로 발전한 이집트 문명도, 잃어버린 대륙의 문명도 없는 것이다. 대신에 데니컨에게는 인류사회란 외계로부터 온 평화 사절단의 자비로운 선행에 힘입어 기술적으로 발전한 존재일 뿐이다. 이러한 논쟁은 그래이엄 핸콕(Graham Hancock 1995)의 저서에 의해 더욱 불거지게 된다. 핸콕은 기념비적인 건축물들이 천체의 특정한 별자리에 맞춰서 섬세한 석공 기술에 의해 정확한 역법체계를 바탕으로 만들어졌다고 주장한다. 핸콕은 그의 저서에서 고대인들이 외계의 도움 없이 정교한 역법을 발전시켜 왔으며 거대한 건축물들을 건설할 수 있는 능력이 있음을 명확히 인식하고 있었다.

그러나 불행하게도 그는 합리적인 설명들을 모두 거부하고 고고학자와 역사학자들이 지금까지 알지 못했던 고도로 발전했던 고대문명이 아주 오래 전에 있었고 이 문명이 지금까지 알려진 모든 문명의 궁극적인 기원이라고 주장하였다. 그의 저서인 '신의 지문(Fingerprints of the Gods)'에서 핸콕은 극도로 정밀하게 계산된 역법(曆法)을 고대 마야인들이 사용하였다고 주장하면서도 그들 스스로의 능력으로 그러한 것을 발전시켜 왔다는 점에 대해서는 회의적인 태도를 보이고 있다.

핸콕의 주장은 마야인들이 그러한 역법을 발명한 것이 아니라 아주 오래된 고도로 발달했던 어떤 문명으로부터 '전수받았다'는 것이다. 그 고대문명이란 도넬리(Donnelly)의 아틀란티스와 동일한 개념으로 고고학자나 역사학자들이 지금까지 알지 못했던 아주 오래 전에 존재했던 고도의 기술력을 갖춘 사회로서 이보다 최근의 고대사회라고 표현할 수 있는 이집트, 메소포타미아, 마야 등의 문명으로 그 기술이 전파되어 발전했다는 것이다.

그의 이론이 성립하기 위해서는 잃어버린 고대 문명이 반드시 존재해야만 하기 때문에 핸콕은 고도로 정교한 마야의 역법(曆法)이 중미의 다른 지역과는 다르다는 점을 입증하려고 시도 하였다. 그러나 그는 마야의 역법이 그 어떤 외부의 문명으로부터 전파되었다는 증거를 제시하지는 못하였다. 핸콕은 방법론적인 면에서 스스로를 궁지에 몰아넣고는 어쩔 수 없이 마야의 다른 기술적 성취에 대해서도 일반적이고 특별할 것 없는 평범한 문화로 규정하고 있다. 즉 마야의 생활 방식을 단지 '반쯤 문명화' 된 수준으로 격하시켰다(Hancock 1995:158-161).

그는 이 모순적인 명제를 포기할 수 없었다. 왜냐하면 마야의 건축, 농업, 예술, 수학등의 놀랄만한 성취에 대해서 객관적인 분석을 통해 인정을 하게 되면 그들의 역법만이 외부 세계로부터 전파되었다는 가설이 설득력이 없을뿐더러 역법(曆法) 또한 마야인들이 성취한 많은 문화적 요소들 중의 하나임을 반증하는 것이기 때문이다.

실제로 마야의 다른 문화적 유산들을 자세히 살펴보면 마야의 역법(曆法)만이 특별하게 놀랄만큼 정교한 것이 아님을 알 수 있다. 이 역법(曆法)이 외부로부터 기원한다는 가설이나 역법(曆法)만이 다른 문화적 유산들과 비교해서 더 정교하다는 가설을 굳이 검증해 보아야 할 이유가 없는 것이다.

### 고대 이집트

고대세계의 문화적 성취들이 독자적인 발명의 산물인가 아니면 알려지지 않은 근원으로부터 전파된 것인가? 이 질문에 대한 아주 훌륭한 역사적 해답을 이집트 문명 이야기에서 발견할 수 있다. 대부분의 사람들은 최소한 이집트의 위대한 파라오인 투탄카먼(Tutankhamun)의 눈부신 보물들과, 경이로운 피라미드, 신비한 스핑크스(Sphinx)와 같은 이야기에 대해 알고 있을 것이다.

4,500여년 전에 기자(Giza)의 피라미드와 같은 놀랄만한 문명이 어떻게 발전할 수 있었는가? 이 신비감은 데니컨의 다음과 같은 주장이 과대 포장되면서 유행하기 시작하였다. "…만일 우리가 이집트 학자들이 우리에게 이야기하는 얄팍한 지식을 그대로 믿는다면 이집트 문명은 극적인 전환 없이 완성된 문화로서 어느날 갑자기 나타났다는 것이다(1970:74)."

그림 9.2_ 고대 이집트 문명을 대표하는 기자의 스핑크스. 이것은 인류의 지적 능력과 노동력에 의해서 건설된 것이며 외계인의 도움으로 만든 것이 아니다.

이 주장과 마찬가지로 핸콕도 "…인류사회가 천천히 힘겹게 발전해 왔다는 고고학적 증거들을 고려해 볼 때 고대 이집트문명은 올멕(Olmec)과 같이 어느날 갑자기 완성된 상태로 나타난다. 그리고 그 기술 수준들 또한 수천년 동안의 진화를 통해 가능한 문명이 하룻밤 사이에 그 근원도 없이 나타났다."라고 주장 하고 있는 것이다(1995:135).

어떠한 의미에서는 데니컨과 핸콕의 주장이 옳을 수도 있다. 만일 우리가 이집트나 그 밖의 다른 문명들이 어디로부터인가 완성된 상태로 이식된 것이라고 가정한다면, 그리고 그것이 단순히 알려진 문명, 또는 아틀란티스가 우주로부터 왔다고 가정한다면 우리는 진화과정 없이 한 문화가 갑자기 완성되어 나타난 것임을 기대할 수 있다.

그러나 중요한 것은 이집트 문명이 어느날 갑자기 완성된 형태로 나타났다는 것은 어느 면으로 보나 완전히 틀린 이야기이며 잘못된 설명이라는 점이다. 이집트를 연구하는 학자들이 200여년 전부터 현재까지 발굴을 해오고 있으며 이집트 문명의 진화과정을 아주 세세한 부분까지 재구성 할 수 있는 충분한 자료들이 있기 때문이다.

이 사실들을 데니컨과 핸콕은 부정하였지만 이집트 문명은 아주 오랜 기간 동안 힘겨운 과정을 거쳐 형성되어 온 것이다(Brewer and Teeter 1999; Clayton 1994;Kemp 1991;Shaw 2000). 어느날 갑자기 나타났다는 이 문명의 뿌리를 거슬러 올라가 보면 수렵채집을 하면서 이동생활을 하다가 나일강 일대에 정착생활을 시작한 대략 12,000년 전까지의 모든 흔적을 추적해 볼 수 있다(Butzer 1971).

와디 쿠바니야(Wadi Kubbaniya)에서 발굴된 유물들을 살펴보면 이 시기의 사람들이 나일강을 따라 작은 마을을 이루고 살아가면서 야생 밀, 보리, 렌즈콩, 이집트콩 등을 경작하며 생활했음을 알 수 있다(Wendorf, Schild and Close 1982). 이 마을에서 갈돌, 절구, 공이등 곡물을 추수하여 활용할 때 사용하던 도구들이 발견되었다. 그들은 야생동물과 물고기를 주식으로 하였는데 완전히 정착하여 '문명화' 되었다고 할 수준은 아니었으나 문명사회로 진행중이었다고 말할 수 있다. 이집트인들은 야생밀과 보리에 의존하기 시작하면서 농업혁명의 기초를 다졌고 이것이 이집트 파라오를 낳게하는 근본 토대가 되었다.

우리는 8,000년 전에 이집트인들이 나일강을 따라 작은 마을들을 이루며 야생식물과 가축들을 사육한 고고학적 증거들을 갖고 있다. 곡물의 재배와 가축의 사육은 보다 안정적이고 의존적인 그리고 보다 생산성이 높은 식량 공급을 제공해 준다. 이러한 변화를 바탕으로 시간이 지나면서 마을의 수가 증가하고 각 마을마다 인구가 늘어나게 되었음은 고고학적 증거들을 통해 확인 할 수 있다(Lamberg-Karlovsky and Sabloff 1995).

메림디(Merimde), 타사(Tasa), 바다리(Badari)등의 발굴 현장에서는 대략 7,000년 전 성공적인 곡물의 경작이 이루어졌음을 확인할 수 있다. 이 시기에는 밀과 보리의 재배가 늘어나고 소, 양, 돼지, 염소등을 사육하였다. 이러한 생산경제의 변화는 결국 이 마을들로 하여금 나일강을 중심으로 서로 경쟁하게끔 하는 원동력으로 작용하였다.

인공위성 사진을 보면 나일강 줄기인 녹색과 푸른색의 얇은 선들이 여러 갈래로 뻗어 가며 거대한 노란색의 사막을 관통하여 흐르고 있음을 볼 수 있다. 분명 나일강은 이집트 사람들과 동식물들에게는 '생명의 젖줄'이라 할 수 있는데 8,000~6,000년 전 사이에는 나일강을 따라 형성된 비옥한 땅을 두고 서로 경쟁하게 된다.

나일강가의 어떤 마을들은 아주 성공적으로 성장하여 풍부한 생산력을 확보하게 되는데 예를 들어 하이라콘폴리스(Hierakonpolis)란 마을은 수 에이커의 광활한 면적에 수백에서 수천명의 사람들이 살았을 것으로 추정된다(Hoffman 1979, 1983). 이곳에서는 아주 독특한 질그릇들도 생산되었는데 고고학자들이 나일강을 따라 여러 곳에서 질그릇을 만들던 가마터들을 발견하였다. 질그릇에 대한 수요가 늘어나면서 이 마을은 성공적으로 번창하였고 질그릇 가마를 소유한 사람은 커다란 부를 축적할 수 있었다.

하이라콘폴리스(Hierakonpolis)에서 우리는 처음으로 거대한 무덤을 볼 수 있는데 이 무덤에는 질그릇 공장들을 소유했던 부유한 영주가 누워있다. 그들의 무덤은 종종 암반을 파낸 뒤 그 위에 흙을 쌓아 올려 작은 피라미드를 만들어 시신을 안치하고 사후생활에 사용할 정교하게 잘 만든 부장품들을 그 주변에 함께 안치하였다.

그러나 비옥한 땅을 두고 처음에는 작은 마을들과 경쟁했던 하이라콘폴리스(Hierakonpolis)는 시간이 흐르면서 보다 큰 마을들과 영토와 부를 위한 경쟁을 시작하였다. 발굴된 고고학 자료들을 보면 5,200여년 전 이러한 경쟁이 종종 전쟁의 원인이 되었음을 알 수 있다. 백여년 후 하이라콘폴리스(Hierakonpolis)의 지배자인 나르머(Narmer)란 이름이 기록을 통해 전해지게 되었는데 그는 정복전쟁을 통하여 나일강을 따라 난립해있던 마을들을 모두 복속시켰다. 당시 나일강가의 대부분의 마을들이 부유하였으며 나르머(Narmer)와 그의 후계자들은 호사스러운 삶을 살다가 묻혔다. 결국 암반에 무덤을 만들어 작은 토제 피라미드를 쌓아 올리고 지도자를 묻는 것은 오랜 관습이 되었으나 파

**그림 9.3_** 데니컨은 이집트 피라미드가 어느 날 갑자기 출현한 것이라고 주장하였으나 이것은 명백히 틀린 생각이다. 이집트 피라미드는 외계의 지적 생명체가 만든 것이 아니라 이집트 내에서 오랜 기간 시행착오를 겪으면서 발전해온 것이다. 위의 사진은 사카라의 계단식 피라미드로 이것이 계단이 없는 석실분묘로부터 발전되어온 것이다.

**그림 9.4_** 파라오인 조세르의 피라미드를 설계한 의사, 건축가, 시인이자 성직자인 임호텝의 조각상. 그는 아틀란티스나 외계인의 모습이 아닌 평범한 이집트인의 외모를 갖고 있다.

라오에게는 만족할만한 것이 못되었는지도 모른다.

　즉, 피라미드는 데니컨이 믿는 것처럼 어느 날 갑자기 나타난 것이 아닙니다. 첫번째 세대의 이집트 파라오들은 아비도스(Abydos)라고 부르는 왕실 공동묘지에 묻혔다. 그들의 무덤은 메스터버(Mastabas)라고 불렀으며 진흙 벽돌로 만든 정사각형 모양의 1층 구조였다(O' Connor 2003). 무덤 위의 메스터버는 시간이 흐르면서 점점 규모가 커졌으며 한단으로 만들어 졌던 것이 그 위에 보다 많은 기단들을 쌓아 올리는 형태로 변화되었다. 피라미드 건축은 사카라(Saqqara)에 위치한 조세르(Djoser) 파라오를 위한 계단식 피라미드에 이르러 그 정점을 이루게 된다(그림 9.3).

　조세르는 2668~2649 B.C.동안 이집트를 통치한 파라오로서 고대 이집트의 제 3왕조를 시작한 인물이다. 고대 이집트인들은 그들의 역사를 상형문자로 기록해 놓았기 때문에 오늘날 조세르의 계단식 피라미드를 디자인한 사람의 이름이 임호텝(Imhotep)임을 알 수 있다. 임호텝은 아틀란티스나 외계에서 날라온 신비한 존재가 아니라 당시 이집트에서 역사적으로 잘 알려진 인물이다. 임호텝은 건축가일 뿐만 아니라 의사, 성직자, 시인이면서 파라오의 자문역할을 담당하였던 인물이다. 이집트 학자들은 그가 태어난 마을과 부모에 대해 정확히 밝혀냈으며 임호텝의 인물상도 발견하였는데 보통의 이집트인들과 같은 옷을 입고 있는 보통의 이집트인이지 결코 외계로부터 온 존재가 아니다(그림 9.4).

　임호텝이 조세르를 위하여 디자인했던 계단식 피라미드는 진흙과 돌로 만들어져 있으며 6층의 기단으로 높이가 60m에 이르는데 이것은 로마의 콜로세움보다도 높은것이다. 기단부는 13,200㎡로서 파라오를 위한 다층구조의 무덤이다. 조세르(Djoser)가 죽은 뒤 몇몇 파라오들은 아주 단명하였는데 2,613 B.C. 이후 스네프루(Sneferu)가 왕위를 물려받았다.

그림 9.5_ (사진 위) 초기 피라미드의 하나로 중앙부위가 붕괴되어있다. (사진 아래)대슈르의 벤트 피라미드로 조잡하게 축조되었다. 이것들은 피라미드가 외계의 지적 생명체가 만든 것이 아니라 일련의 기술적 진보과정을 통해 이루어진 것임을 보여주고 있다.

그는 미디엄(Meidum)이라고 부르는 사카라(Saqqara) 남쪽에 사후를 위한 건축물을 조성하였다(Perez-Accino 2003b). 스네루프의 기념물이 바로 또 다른 형식인 계단식 피라미드의 시작으로 7개의 단층으로 구성되었다. 그러나 스네루프는 피라미드 건설도중 8개의 단을 만들어 겉모양을 바꾸기로 결정하였다. 이것이 우리에게 보다 친숙한 모양인 편평하면서도 정삼각형 모양의 정상부가 뾰족한 92m 높이의 피라미드인 것이다.

이 공사는 일부만이 진행되다가 중단되었는데 무덤을 사카라와 가까운 미디엄(Meidum)북쪽의 대슈르(Dashur)로 옮기기로 결정되면서 미디엄의 피라미드는 결국 해체되었고 외부장식을 위해 사용되었던 연마된 석재들은 다른 건축물을 위한 자재로 재활용되었다. 오늘날 이 피라미드가 마치 건설현장에 버려지고 약탈당한 모습과도 같이 남아 있는 이유이다(그림 9.5 위).

이집트학자인 마크 레너(Mark Lehner 1997)는 미디엄의 피라미드가 진흙으로 만든 계단식 피라미드에서 오늘날 우리가 알고 있는 전형적인 석재 피라미드로 그 형태가 바뀌기 시작한 시초라고 설명한 바 있다. 스네르푸는 대슈르에서 새로운 피라미드를 건설할 것을 명령하였다. 이집트 계단식 피라미드의 경사도는 통상 72~75° 사이로 만들었는데 이 각도는 전체 피라미드의 구조를 유지 하기에는 너무 가파른 각도였기 때문에 스네프루(Sneferu)의 피라미드를 건설 할 때는 경사면을 54.5°로 수정하였다.

그러나 이 경사면의 각도는 건설 도중 피라미드 벽면에 심각한 하중을 주어 벽면의 중심이 어긋나는 문제를 발생시켰다. 이때 피라미드를 건설하던 기술자들은 피라미드의 네개의 단면이 기저부를 향해 43.5°가 되도록 각도를 바꾸게 되었다. 보다 안정감 있는 각도를 계산하여 스네프루(Sneferu)의 피라미드가 완성되었으나 이 기념비적인 건축물의 외모는 크게 바뀌게 되었고 오늘날 이것을 벤트(Bent)의 피라

그림 9.6_ 벤트 피라미드가 붕괴한 후 심각한 오류를 수정해 가면서 표준형이라고 할 수 있는 피라미드를 완성하였는데 이것이 레드 피라미드이다.

미드라고 부르는 것이다(그림 9.5아래).

마침내 B.C. 2,589년에 이르러 스네프루 피라미드 건설자들은 완벽한 형태의 피라미드를 건설할 수 있게 되었고(그림 9.8) 그들은 이때부터 경사면이 43°인 피라미드를 건설하여 그 각도를 유지하였다. 레드(Red)의 피라미드는 결과적으로 오늘날 우리가 알고 있는 모양의 네 개의 편편한 삼각형 단면이 연결된 높이 105m의 피라미드가 되었다.

이 피라미드들은 모두 놀랄만한 기념비로서 건축, 수학, 공학등을 이용한 당시 이집트인들의 잘 조직화된 사회적 힘과 기술 수준을 보여주고 있다. 다시 한번 강조하건데 피라미드는 어느날 갑자기 나타난 것이 아니라 오랜 세월 실패를 거듭한 가운데 기술자들이 문제를 적극적으로 해결해 나가면서 완성할 수 있었던 것이다.

피라미드의 진화 과정을 살펴보면 가장 오래된 피라미드는 기능상의 개선을 위해 높이를 조정 하는 것으로부터 시작하여 조세르(Djoser)

그림 9.7_ 피라미드 건축기술의 정교함을 보여주는 기자의 피라미드. 이들은 소위 피라미드 건축기술이 문제점들을 개선하면서 최고의 기술적 완성단계를 보여주고 있다.

의 계단식 피라미드가 완성되었던 B.C. 2649년에 높이 60m의 모양으로 발전되었다. 그 다음 형태의 피라미드는 스네프루(Sneferu)의 붕괴된 피라미드로 92m높이로 설계되었는데 이는 조세르의 피라미드보다 높이가 53% 증가된 것이다. 우리가 앞서 보았듯이 이 피라미드는 실패하였는데 아마도 급격한 높이의 변화가 전체적인 부조화를 초래하여 완성되지 못한듯 하다.

　스네프루(Sneferu)가 다음으로 시도한 것이 벤트(Bent)의 피라미드이다. 이 피라미드는 128m 높이로 설계되었는데 붕괴된 피라미드와 비교하여 40% 정도 높아진 것이다. 그러나 이것의 최종 높이는 훨씬 낮아졌는데 건축과정에서 기단부와의 균형유지를 위해 각도를 줄이지 않으면 안되었다. 그럼에도 불구하고 벤트(Bent)의 피라미드는 현재 105m의 높이를 자랑하고 있는데 이는 붕괴된 피라미드보다 14%높아진 수치이다. 스네프루(Sneferu)가 건설한 마지막 피라미드는 레드

(Red) 피라미드인데 벤트(Bent) 피라미드와 같은 높이로서 전형적인 피라미드의 모습을 갖추게 되었다.

피라미드의 건축기술은 쿠푸(Khufu) 파라오의 무덤을 건설하면서 완벽한 형태를 갖추었다고 할 수 있는데 기자(Giza)의 북쪽 다슈르(Dashur)에 위치해 있다(그림 9.7). 쿠푸의 피라미드는 B.C. 2,566에 완성되었는데 세개의 피라미드가 이 지역에 함께 건설되었다. 쿠푸(Khufu)의 아들인 카프라(Khafre)와 손자인 멘카라(Menkaure)의 피라미드가 그것이다.

이들 중 카프라(Khafre)의 피라미드가 가장 큰데 146.6m 높이의 거대한 크기로서 그의 아버지인 스네프루(Sneferu)의 레드(Red)피라미드보다 4% 높은 수치이다. 쿠푸의 피라미드는 고대 이집트 피라미드들 중 가장 높은 것일 뿐만 아니라 1880년대 미국의 와싱턴 기념비(Washington Monument)와 프랑스의 에펠탑(Eiffel Tower)이 건설되기 전에는 인류가 건설한 건축물 중 세계에서 가장 높은 것이었다.*

*속설에 의하면 이 피라미드는 달에서도 육안으로 볼 수 있다는 소문이 있었지만 이는 사실이 아니다.

고대 이집트에서 피라미드 건설은 시기적인 연속성을 분명히 보여주는데 B.C. 2,649 조세르의 계단식 피라미드에서 B.C. 2,566 쿠푸의 피라미드가 완성되기 까지 대략 80여년에 걸쳐 한 단계씩 그 형태가 변화해 온 것을 알 수 있다. 이 전 과정은 고고학과 역사학의 기록에 의해서도 확인할 수 있다. 즉, 피라미드가 어디선가 발전 혹은 완성된 후에 이집트에 소개되어 어느날 갑자기 나타난 것은 결코 아니다(그림 9.8).

피라미드는 이집트인들에 의해서 오랜 세월 동안 발전해 온 건축기술로 세워진 것이라는 사실에는 반론의 여지가 없다. 피라미드 건축기술은 아틀란티스나 외계의 지적 생명체 혹은 그 어떤 다른 곳으로부터 온 것이 아니다. 불행하게도 고대 이집트인들은 피라미드 속에 많은 금은보화가 함께 묻혀있다는 것을 알고 있었기 때문에 대부분의 피라미드들은 파라오가 묻힌 후 얼마 지나지 않아서 약탈당하였다. 결국 이

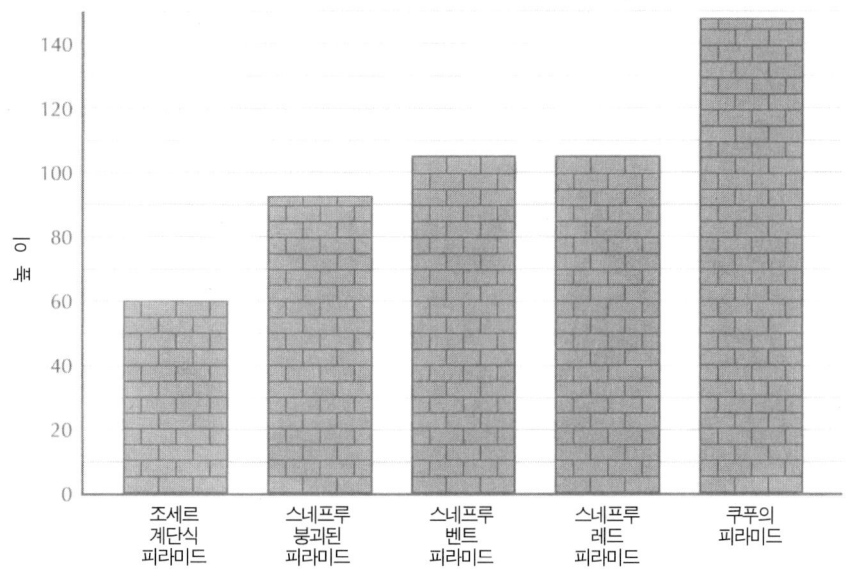

그림 9-8_ 위 도표는 80년동안 조세르의 계단식 피라미드에서 쿠푸의 피라미드까지 높이의 변화를 보여주고 있다. 피라미드의 높이가 오랜 세월 천천히 높아진 것은 그동안 피라미드 건축기술의 발전을 반영하고 있는 것이며 외계문명의 도움으로 어느날 갑자기 나타난 것이 아님을 보여준다.

집트인들은 피라미드를 건설하여 그곳에 파라오를 묻는 것을 포기하였고 무덤을 보호하기 위하여 비밀스러운 장소에 무덤을 만들기 시작하였다.

여러분들도 기억하시겠지만 과학에 있어서 하나의 가설을 입증하려 할 때 만일 그 가설이 '참' 이라면 그것에 대한 연역적 설명 또한 '참' 이어야 하며 만일 연역적 검증이 확인되면 보충적인 조사를 통하여 최종적인 결론을 도출할 수 있어야 한다. 이러한 조건을 모두 만족시켜야만 이 가설이 사실로서 입증될 수 있는 것이다.

이집트 피라미드에 대한 우리의 가설은 '고대 이집트인들이 그들의 기술, 지식, 창의력과 노동력을 사용하여 피라미드를 건설하였다' 라는 것이다.

만일 이 가설이 '참' 이라면 이를 시행할 수 있는 기술과 능력이 시간의 흐름에 따라서 천천히 발전해 온 것에 대한 고고학적 증거를 찾을 수 있을 것이다. 이집트 문명은 어느날 갑자기 생겨난 것이 아니라 1,200년 이상 지속적인 발전을 통해 이루어낸 것이라는 증거들이 있다.

- 정착농업의 시작
- 마을의 수와 인구의 증가
- 마을간의 경쟁
- 마을간의 차별화
- 부의 집중
- 무덤 크기의 증가
- 왕 혹은 파라오에 의한 권력집중

피라미드의 건축은 파라오를 위한 기념비로서 오랜 세월 시행착오를 거치면서 만들어졌고 이집트인들은 그들의 왕들에 대해 아주 정확한 역사적 기록을 남겨 놓았다. 소위 튜린의 왕실계보(Royal Canon of Turin)에는 300명의 파라오의 이름들이 기록되어 있다. 이것은 이집트 역사의 초기 지배자들에 대한 완벽한 기록으로 그들의 통치 기간은 물론 세부적인 연도와 날짜까지도 기록이 되어있다. 이 기록을 통해 나르머(Narmer) 파라오까지 이집트 왕가의 958년 간의 계보를 확인할 수 있다. 이들은 아틀란티스인도, 외계인도 아닌 아버지에서 아들로, 파라오에서 파라오로 그 혈통을 이어온 이집트인들인 것이다.

## 이집트인들은 피라미드를 어떻게 건설하였는가?

시대를 불문하고 그 어떠한 건축물이라 할지라도 그것이 비록 크고, 어렵고, 불가능해 보이는 것일지라도 궁극적으로는 개인이 성취할 수 있는 아주 소소한 작업들이 하나씩 조화를 이루며 수행됨으로써 가능한 것이다. 피라미드는 아주 특별한 건축물로서 세부적인 계획 아래 오랜

그림 9.9_ 기자의 석회암 채석장으로 여기서 채석된 석재들이 그레이트 피라미드를 건설하는데 사용되었다. 사진 뒤편에는 석재를 채취해낸 암벽들이 보이고 앞부분에는 정사각형 모양의 미완성 석재들의 잔해가 남아있는데 고대 이집트인들이 어떠한 방법으로 부재를 채취하였는지 잘 보여주고 있다. 이들은 단순한 동제 도구들을 사용하여 정육면체의 석회암 벽돌을 만들어 피라미드 건설에 사용하였다.

기간 동안 작업을 수행해 나갈 수 있는 거대하고 조직화된 노동력의 범위 안에서 이루어진 것이다.

피라미드의 건설은 몇 단계를 거쳐 수행되었는데 쿠푸(Khufu)피라미드의 경우 2,300,000개의 석회암 부재를 채석하여 공사현장으로 옮겨 사용하였다. 그들이 원하는 피라미드 모습을 만들기 위하여 수평과 수직방향으로 석재를 옮긴 뒤 마지막으로 방을 만들고 회랑과 복도를 완성하였다. 비록 우리가 시간을 거슬러 여행을 할 수는 없지만 피라미드 건설이 오랜 기간 진행되어 온 과정임을 볼 수 있으며 이집트인들이 남겨놓은 실체적 증거들을 볼 때 피라미드 건설이 구체적으로 어떻게 수행되어 왔는가를 알 수 있다.

예를 들어 그레이트 피라미드(Great Pyramid) 건설을 위한 석회암의 채석과 운반등의 전 과정을 학자들이 연구 복원해 낼 수 있었다. 고대 이집트인들이 채석장에서 석재를 캐내어 피라미드 건설에 사용하면서 남긴 수로, 구덩이, 홈줄등 도구의 흔적들을 석재 표면 위에서 아주 선명하게 찾아볼 수 있다(그림9.9). 오늘날 쿠푸 피라미드의 채석장에는 30m길이의 거대한 홈들이 파여져 있는데 면적으로 보면 2750000m³의 석재를 채취한 흔적이다. 우연의 일치인지는 모르나 그레이트 피라미드(Great Pyramid)의 건설을 위하여 2600000m³의 석재를 사용하였다(Jackson and Stamp 2003:50).

이들 피라미드의 위치는 분명히 건설 계획에 따라 석재를 채취할 수 있는 장소를 고려하여 선택되었는데 그레이트 피라미드의 경우 채석장으로부터 불과 300m정도 떨어져있다. 석재를 채취하는데는 동제 끌이 사용되었으며 석재뿐 아니라 목재를 다듬는데 사용하였던 끌과 나무망치도 발견되었고 이 밖에도 석재를 운반하는데 사용되었던 다양한 도구들이 발견되었다. 또한 고고학자들은 완벽하게 보존되어있는 측량도구들을 메디나(Deir el Medina)에서 발견

그림 9.10_ 데니컨은 고대 이집트인들이 어떻게 거대한 석재들을 운반하여 피라미드를 건설하였는지 고고학적 기록들을 세심하게 살펴보지 않았다. 아래 그림은 고대 이집트인들이 피라미드 건설 장면을 벽면에 그려놓은 것인데 6m높이의 거대한 석상을 썰매 위에 얹어 168명의 사람이 밧줄을 당겨 옮기고 있으며 한 사람은 썰매 앞에 서서 윤활유를 붓고 있는 모습이다.

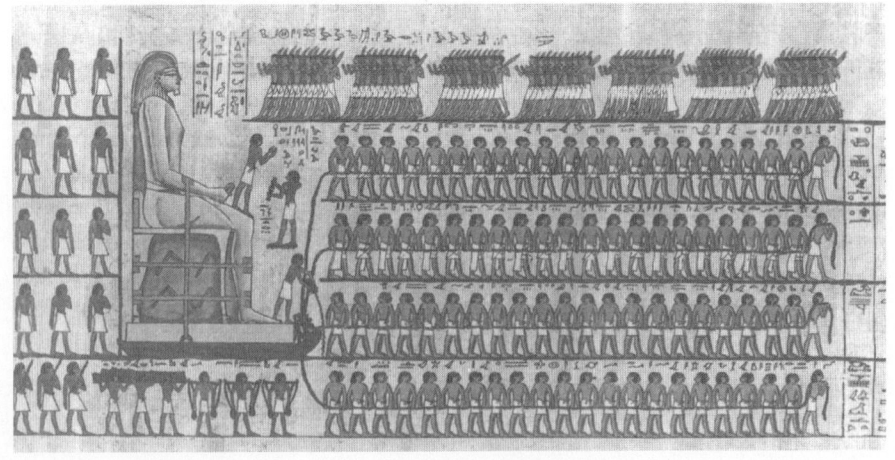

하였는데 이 도구들을 조사해본 결과 이집트인들은 피라미드의 설계도에 맞춰 아주 정확한 규격의 석재를 생산해 낼 수 있었음을 알 수 있다.

고대 이집트인들이 피라미드 축조를 위하여 거대한 석재를 운반하는 데는 몇가지 다른 방법이 사용 되었음을 알 수 있다(Arnold 1991). 각 석재에는 손잡이와 같은 돌기를 설치하여 밧줄을 걸 수 있게 하였는데 건물을 세운 뒤에는 보이지 않게 설계되어 있다. 또 다른 석재에는 움푹 패인 홈들이 있는데 이것은 지렛대를 걸 수 있게끔 만들어 놓은 것이다. 나무로 만든 도르레와 밧줄도 발견되어 이집트인들이 크고 무거운 물건들을 어떻게 옮겼는가를 알 수 있다.

고고학자들은 또한 나무로 만든 썰매모양의 운반 틀을 발견하였는데 무거운 석재나 완성된 조각상을 위에 얹어 이동하는데 사용하였던 것이다. 석재의 운반은 기차의 선로와 같은 미끄럼틀을 만들고 그 위에 운반 틀을 수직으로 설치하여 편평한 표면뿐 아니라 곡선의 길들을 따라 이동하면서 이루어졌다. 또한 운반 틀이 이동할 때 심한 마찰을 피하고 쉽게 움직이게 하기 위하여 식물성 기름이나 물을 윤활유처럼 미끄럼틀 위에 뿌려 운반하였다.

우리가 이러한 사실에 대해서 확신하는 이유는 무거운 석재들을 어떻게 옮길 수 있었는지를 당시 이집트인들이 그림으로 남겨 놓았기 때문이다. 예를 들어 3,900년 전 데후티호텝(Djehutihotep)에 위치한 무덤벽화에서 이 지역 지배자의 거대한 동상을 옮기는 장면을 그려놓았는데 그림에서 묘사된 동상과 사람들의 비율을 계산해보면 6m 높이의 거대한 조각상임을 알 수 있다(그림 9.10).

이 조각상은 무게가 57톤이 넘는 것으로 운반 틀 위에 묶어 176명의 사람이 각각 44명씩 네 개의 밧줄을 잡아당겨 운반하였다. 이 복원된 그림에서는 자세히 보이지는 않지만 그림 속의 사람들 오른쪽 뒤로 실제로는 한명씩의 사람들이 더 묘사되어 있다(Arnold 1991:61). 조각상 주변의 다른 그림들을 살펴보면 한 사람은 운반틀 위에 서있고 또 다른 사람은 운반틀 앞부분에 서서 단지로부터 무엇인가를 앞쪽에 붇고 있는데 이것은 분명 윤활유를 사용하는 장면이다.

우리는 고대 이집트인들이 어디서 석재를 채취하고 어떻게 그것을 피라미드 건축 현장으로 운반할 수 있었는지 명백한 증거를 갖고 있다. 그러나 가장 위대한 도전은 그들을 기다리고 있는 피라미드가 세워질 현장이라고 할 수 있다. 고대 이집트인들은 육중한 무게의 석재를 쿠프의 피라미드 정상까지 끌어올리기 위한 문제들을 어떻게 해결하였을까? 이것에 대한 솔직한 대답은 현재로서는 확인할 방법이 없다는 것이다. 왜냐하면 석재들을 들어 올리는 장치들이 크고 눈에 띄는 것이기 때문에 공사가 끝난 다음에는 바로 해체하였을 것으로 추정되기 때문이다.

그러나 지금까지의 연구결과에 의하면 이러한 건축 보조장치의 해체는 실제로 일어나지는 않았던 것으로 보인다. 예를 들어 신키(Sinki)라고 부르는 장소에 초기에 건설하다가 끝내지 못한 피라미드가 있는데 이집트인들이 이 피라미드 건설과정을 그림으로 남겨놓은 것이 있다. 이 그림을 보면 잡석으로 경사로를 만들고 그 위에 앞서 언급한 것과 마찬가지로 선로와 같은 것을 설치하여 석재를 정상부까지 운반하였다.

붕괴되어 버려진 피라미드의 잔해를 보면 크고 작은 각기 다른 넓이의 수송로의 흔적들이 남아있다. 어떤 경우에는 수송로를 피라미드 꼭대기까지 설치하여 석재를 끌어올릴 수 있게 하였고, 또 다른 경우에는 수송로를 피라미드 한 면에 지그재그 모양으로 설치하거나 피라미드의 네 면을 따라서 설치한 예도 있다(그림 9.11). 아마도 피라미드의 건설이 끝난 뒤 수송로는 제거되었을 것이다(Arnold 1991:83).

PBS 텔레비전의 다큐멘터리 노바(NOVA)에서 방영되었던 '최고(最古)의 피라미드(This Old Pyramid)'란 프로에서 고대 이집트 피라미드 건축기술에 대해 실험을 한 내용들이 있다. 이집트인들의 전통적인

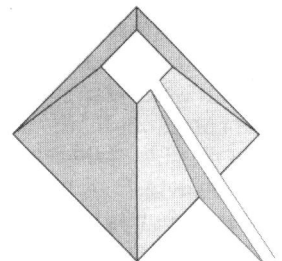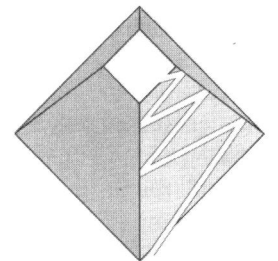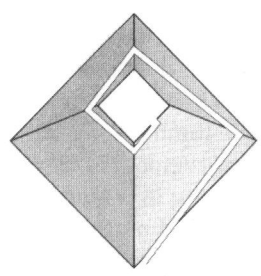

**그림 9.11_** 석재를 운반한 경사로를 어떻게 설치하였는지를 보여주는 세가지 모델; 피라미드의 한쪽면에 직선의 경사로를 설치하는 방법, 지그재그 모양으로 경사로를 설치하는 방법, 그리고 피라미드 네 면을 돌면서 경사로를 설치하였을 것으로 추정된다. 경사로의 정확한 모습을 복원하기는 힘들지만 이러한 경사로가 설치되었던 증거는 찾아볼 수 있다.

채석, 운반 및 석재를 들어올리는 기법을 한 고고학자와 메사추세츠주의 석공, 조각가, 그리고 이집트인 근로자들이 3주간에 걸쳐 작은 규모의 피라미드 하나를 건설하는데 적용해 보았다.

비록 완벽한 것은 아니지만 이 실험에 참가했던 사람들은 특별한 이견 없이 최선의 방법을 선택하여 작은 피라미드를 건설하면서 많은 기술적인 부분들을 성공적으로 실험하였다는 점에 동의하였다. 스튜어드 위어(Stuart Kirkman Weir 1996)는 이집트에서 가장 큰 규모인 쿠푸의 피라미드를 건설하는데 약 10,000명의 인원이 28년에 걸쳐 건설하였을 것으로 계산하였다. 이것은 실로 엄청난 규모의 노동력이지만 이러한 거대 건축물에서 일을 했던 한 개인의 흔적은 쉽게 지워지기 마련이다.

그러나 우리는 피라미드가 각각의 개인이 공동의 목표를 위하여 힘을 합쳐 이루어낸 결과라는 것을 상기할 필요가 있다. 가장 좋은 예는 탐험가인 하워드 바이스(Howard Vyse)가 1837년 쿠푸(Khufu)의 피라미드를 발견하여 내부가 공개되었던 사건이다. 바이스(Vyse)는 피라미드 내부의 중심부에 위치한 소위 '왕의 처소(King's Chamber)'라고 부르는 방의 천장에 매혹되었다. 이 방의 천장은 9개의 거대한 화강암 판들로 구성되어 있는데 바이스는 이 신비로운 방을 정밀히 조사하는 과정에서 이 방의 내부로부터 천장에 이르는 열려있는 공간이 있음을 발견하였다. 그는 무너져 내린 4개의 작은 방들이 아래위로 층을 이루어 있는 것을 발견하였는데 이것들은 분명 거대한 화강암의 막대한 무게에서 오는 하중을 분산시키기 위한 장치이다. 이 방들 중 가장 높은 곳에 있는 것은 그레이트 피라미드(Great Pyramid)를 건설한 사람들이 만든 것들 중에서 가장 감동적인 것이라 할 수 있다.

이 방의 천장에는 4,500년 전 인부들이 남겨놓은 기록이 있는데 누가 실제로 이 피라미드를 건설하였는지를 알 수 있다. "…우리는 우리들의 위대한 왕 크눔쿠푸(Khnum-Khuf)의 이름으로 이 피라미드를 완성한 것에 대해 자부심을 느낀다…"는 기록이 있는데 이것을 통해 쿠푸왕의 원래 이름을 알 수 있었다(Jackson and Stamp 2003:78). 이 작은 기록 속에 거대한 건축 공사에 대한 인간적인 정서가 잘 드러나 있다. 피라미드를 건설한 사람들의 정신세계와 실제 통치자가 누구인지, 그리고 이 거대한 도전에 대해 참여했던 사람들이 어떻게 생각하고 있었는지를 잘 보여주고 있는 것이다. 고고학에서 진정한 발견은 어느 한 순간 정지된 시간으로 남아있는, 비록 지쳐있지만 노동자들이 자부심과 성취감으로 기뻐하는 순간을 밀폐된 방에 남겨놓은 이와 같은 기록이다. 그들은 자신들이 남긴 글이 결코 세상에 알려질 것이라고는 상상조차 하지 못했을 것인데 이러한 기록들이 인류 과거에 대한 비상식적인 괴변보다 훨씬 더 신뢰할 수 있는 것이다.

### 투탄카먼(Tutankhamun)

나는 보험제도에 대해서 잘 모른다. 그러나 나는 보험회사들이 보험비율을 통계자료에 근거하여 산정한다는 것은 경험을 통해 알고 있다. 예를 들어 나이가 18세인 내 아들의 경우 안전운전에 대한 불합리하게 높은 보험료를 지불해야만 하는데, 이는 그가 소위 10대 청소년으로 분류되기 때문이다. 10대 청소년들은 통계적으로 볼 때 과속과 부주의한 운전으로 보다 높은 사고율을 나타내기 때문이다. 이러한 제도는 보험회사의 입장에서 본다면 합리적인 것으로 보이지만 결국 그들이 분류한 고객집단마다 다른 비율을 정함으로써 사업상의 손실을 피하려는 것이다.

어떤 사람들은 고고학자들도 꽤 높은 비율의 생명보험과 의료보험 비용을 내야 하는 집단으로 묘사하곤 한다. 고고학자들, 특히 이집트학자들은 무시무시한 저주가 내려있는 무덤들을 발굴함으로써 이들이 어느날 갑자기 미치거나, 의문사 하거나, 혹은 남은 여생을 생명보조장치에 의존하여 살아가게 된다는 것이다.

그러나 보험회사들은 단 한번도 고고학자들에 대한 생명보험과 의료보험 비율을 특별히 차별하여 산정한 적이 없다. 즉 고고학자들이 파라오의 저주나 기타 이유에 의하여 다른 직업의 사람들보다 높은 발병률이나 사망률을 보인다는 것을 인정하지 않는다는 것이다. 여러분들도 사실에 입각하여 조사해 본다면 그러한 저주가 존재하지 않는다는 결론을 얻을 수가 있을 것이다. 보험회사 직원들은 바보가 아니다. 만일 저주가 실제로 힘이 있어 고고학자들을 죽음에 이르게 한다면 분명히 통계적인 수치로 나타날 것이며 우리 고고학자들의 보험비율은 천문학적인 수치가 될 것이다.

보험회사들이 고고학자의 보험비율을 특별히 높이 산정한 적이 없는 것은 고고학자들이 무덤을 발견하고 발굴, 조사하는 과정에서 그 어떤 저주가 실제로 작용한다는 것을 인정하지 않기 때문이다. 그렇다면 무덤의 저주라는 생각은 어디로부터 비롯된 것인가? 이것은 잘 알려진 바 대로 이집트 파라오인 투탄카먼(Tutankhamun)의 무덤 발굴로부터 시작된 미스테리한 저주에 관한 것이다.

투탄카먼의 무덤으로부터 저주에 대한 신화가 시작되었지만 사실 이 무덤에는 그러한 저주가 없다. 투탄카먼의 무덤에 들어가는 것이 여

그림 9.12_ 고고학자들이 투탕카먼의 무덤을 열고 등불을 비춰보는 모습으로 가운데 앉아있는 사람이 호와드 카터이다.

러분들의 건강에 좋을 것인지의 여부에 대해서 논의해 볼 수는 있겠으나 파라오의 마지막 안식처인 무덤으로 들어가는 입구에 침입자에 대한 그 어떠한 저주도 기록된 것이 없다 (그림 9.12).

그럼에도 불구하고 투탕카먼의 존재하지 않는 끔찍한 저주에 대한 신화는 놀라울 정도로 인기가 있다. 대학생들을 대상으로 한 나의 최근 설문조사에 대한 결과를 1장에서 제시한 바가 있다. 이 설문조사에서 22%의 대학생들이 투탕카먼 무덤의 저주가 실제로 사람을 죽일 수 있다고 대답하였다.

사실 투탕카먼에 얽힌 왕실의 권력투쟁, 미스테리한 죽음등의 이야기는 파라오의 저주 이야기보다 훨씬 더 놀랍고 흥미롭다. 투탕카먼은 그러한 역사적 성격의 한 인물로서 현대의 풍자적인 이미지와 잘 들어맞는다. 투탕카먼의 아버지 아크나톤(Akhenaten)은 역사적으로 훨씬 더 유명한 인물이다. 그는 소위 고대 이집트의 강력한 성직자들 집단에 대항하여 아마르나 혁명(Amarna Revolt)을 이끈 지도자이다. 아크나톤은 전통적인 이집트의 신들을 바꾸어 놓았는데 아마도 이 신들을 대변하는 성직자들이 너무 강해졌기 때문일 것이다. 아크나톤은 혁명 후 전통적으로 중요한 신들을 교체하고 이전에는 하위의 신이었던 태양의 신 아튼(Aten)을 유일신으로 섬기기 시작하였다.

아크나톤의 이러한 행동은 다른 신들을 섬기는 성직자들 사이에서는 좋게 받아들일 수 없는 것이었다. 사실 아크나톤은 B.C. 1334년에 사망하는데 성직자들이 파라오로부터 잃어버린 권력을 되찾기 위하여 암살하였을 것이라는 학설이 유력하다. 이후 아크나톤의 아들인 투탄카튼(Tutankhaten)이 왕위를 물려받았으나 그의 나이 겨우 9살이었다. 그의 아버지가 사망한지 오래지 않아 그의 이름을 투탄카먼(Tutankhamun)으로 바꾼 뒤 아튼(Aten)신을 제거하고 이전의 이집트 신들 중 가장 강력한 주신인 아먼(Amun)신을 복위시켰다. 어린아이였던 투탄카먼은 명목상의

그림 9.13_ 투탄카먼왕의 피라미드에서 발견된 '소년 왕'의 의례용 황금 마스크로 고대 이집트 부장 유물들 중 가장 아름다운 작품으로 손꼽힌다.

왕위를 10년간 이어가다가 그 역시 B.C.1325년 미스터리한 원인으로 사망하였다. 많은 학자들은 투탄카먼 역시 그의 아버지와 마찬가지로 왕위를 둘러싼 권력투쟁에서 암살되었을 것으로 추정하고 있다(King and Cooper 2004).

투탄카먼은 이집트 역사에서 그다지 중요한 위치를 차지하는 왕은

아니며 역사에 남을만한 대규모 전쟁이나 국가간의 조약, 기념비적인 건축물 등과도 거리가 멀다. 그가 사망할 당시에는 나이 어린 소년에 불과하였으며 종교적, 역사적, 그리고 정치적 혼란 속에서 뚜렷한 역할 없이 희미하게 기억될 뿐이다(그림 9.13).

그는 10대의 나이에 비극적으로 사망하였으며 보다 낮은 계급의 귀족이 사용하던 무덤에 묻혔는데 그의 갑작스러운 사망 때문에 사후 안식처로서 파라오라는 신분에 걸맞는 피라미드를 건설할 시간적 여유가 없었던 것이다. 가장 중요한 점은 바로 그가 희미하게 기억되는 잊혀진 파라오라는 점인데 슬프고 짧은 생을 살았던, 역사에 의해 환영받지 못했던 소년 왕이었던 것이다.

한가지 큰 아이러니는 투탄카먼은 분명 중요하지 않은 잊혀진 존재였기 때문에 다른 왕들의 무덤이 항상 표적이 되어 약탈당했던 것과는 다르게 그의 무덤은 손상되지 않은 상태로 남아있었던 것이다. 1924년 이집트 연구가인 호와드 카터(Howard Carter)에 의해 투탄카먼의 무덤이 처음 발견되었을 때 전 세계의 주목을 받았으며, 고대 이집트 문명이 대중들의 관심 대상이 되어 이에 대한 호기심과 상상력은 오늘날까지도 쇠락하지 않고 있다.

그러나 아주 흥미롭고 단순한 사실은 투탄카먼의 무덤주변 그 어디에도 저주의 문구가 써있지 않다는 것이다. 저주에 대한 신화의 시작은 이 발굴을 후원했던 저명한 재력가인 카나본 경(Lord Carnarvon)이 투탄카먼의 무덤발굴 4개월 후 갑작스럽게 사망하면서 시작되었다. 이 사건은 당시 충격을 준 사건은 아니었는데 카나본경은 무덤을 발굴하기 이전부터 이미 늙고 병들어 있던 상태였기 때문이다. 카나본경은 병든 몸을 이끌고 이집트로 힘겨운 여행을 강행하여 자신의 후원금으로 발굴한 무덤의 입구를 처음 여는 순간에 이 세기적인 발견의 영광을 함께 하고자 하였던 것이다.

이 여행으로 인하여 카나본경은 병세가 악화되었는데 설상가상으로 현지에서 곤충에 물린 상처가 감염이 되면서 그를 급격하게 사망으로 몰고 갔던 것이다. 카나본경이 이집트의 수도인 카이로(Cairo)의 한 병원에 입원해 있을 당시 갑작스런 정전 사고가 마치 그의 죽음과 직접 관련이 있는것 처럼 이야기 되고, 영국에 있던 카나본경의 애완견이 사망한 것도 카나본경의 죽음과 관련있는듯 이야기 하였지만 이것들은 그의 죽음과는 아무런 관련이 없는 사건이었다.

그러나 파라오의 저주를 믿는 사람들은 무덤 발굴에 관여한 많은 사람들이 미스터리하게 죽었으며 그 원인을 소홀히 생각할 수 없는 것이라고 주장하였다. 무덤에 얽힌 저주가 실제 작용하는지의 여부는 보험회사에서 사용하는 통계적 방법을 적용해 보면 사실여부의 검증이 가능하다.

예를 들어 당시 발굴단장이었던 호와드 카터(Howard Carter)를 포함하여 23명의 사람들이 무덤 발굴에 직접 관여하였다. 고고학자들, 사진사, 현지 안내인들이 무덤발굴에 참여하였는데 이후 평균 24년을 더 생존하였으며 그들의 평균 사망 나이는 73세였다(Hoggart and Hutchinson 1995). 카나본경과 무덤에 함께 들어갔던 그의 딸은 이후로도 57년을 더 살았으며 저주의 첫번째 목표물이 되었을 무덤을 발견한 카터는 발굴 이후에도 16년을 더 살았는데 이 기간 동안에 발굴에 대한 훌륭한 논문들을 다수 발표하였다.

전염병 전문가인 마크 넬슨(Mark R. Nelson 2002)은 투탄카먼의 저주가 존재하는지의 여부에 대한 또 다른 통계적 조사를 하였다. 하워드 카터가 투탄카먼 피라미드 발굴과 관련하여 기록해 두었던 이집트 내의 44명의 미국인과 유럽인들의 명단이 있는데 이들 중 24명은 모두 무덤에 들어갔거나 혹은 무덤에서 발굴된 유물들과 접촉함으로서 소위 저주에 노출된 사람들이다. 카터의 명단에 있던 또 다른 20명의 사람들은 무덤에 들어가거나 유물과 접촉한적이 없는 사람들이다. 넬슨은 이 명단에 있는 두 집단의 사망한 나이를 조사하였는데 무덤에 들어

갔거나 혹은 유물에 접촉한 집단과 그렇지 않은 집단을 비교해 보았을 때 이들의 평균 수명에는 아무런 차이가 없이 장수를 누린 것으로 판명되었다.

이러한 내용은 무덤의 발견자나 발굴에 참여했던 사람들에게는 분명히 저주가 내린다는 명백한 증거로서 거론되었는데 이것은 한 다큐멘터리 프로에서 아무런 근거 없이 주장함으로써 확산되었다. 이 프로에서 호와드 카터는 발굴자들 중 가장 오래 생존하였음에도 불구하고 무덤의 저주로 인하여 그의 남은 여생을 그가 발굴한 자료의 정리에만 매달리면서 외롭고 불행하게 살아간 것으로 묘사되고 있다.

어느 한 고고학자가 저주로 인하여 20세기 최고의 발견이라 할 수 있는 유물들에 둘러 쌓여 자료를 분석하고, 논의하고, 논문을 쓰는데 일생을 보낼 수만 있다면 고고학자로서 최고의 명성을 얻을 수 있는 것이다. 이러한 저주를 거부할 고고학자는 아마 한 사람도 없을 것이다.

### 피라미드의 비밀

이 책에서 결론을 내릴 수 있는 문제는 아니지만 고대 이집트와 관련된 풀어야 할 그 어떤 미스터리도 사실상 존재하지 않으며 피라미드 내부의 비밀스러운 방 깊숙이 숨겨져 있는 비밀 또한 존재하지 않는다. 물론 고대 이집트에 관련된 아직 세상에 알려지지 않은 많은 흥미로운 이야기들이 있으며 학자들이 이러한 것들에 대해서 연구를 하고 있다.

최근 피라미드의 미스터리와 관련된 한가지 사건은 소위 그레이트 피라미드 내부의 통풍구(air shaft)에 관한 것이다(그림 9.14). 이 통풍구는 작은 사각형 모양의 터널로 피라미드를 관통하고 있는데 사람이 지나다니기에는 너무 좁고 작은 크기이며 가장 좁은 곳은 폭이 불과 11cm에 불과한 곳도 있다.

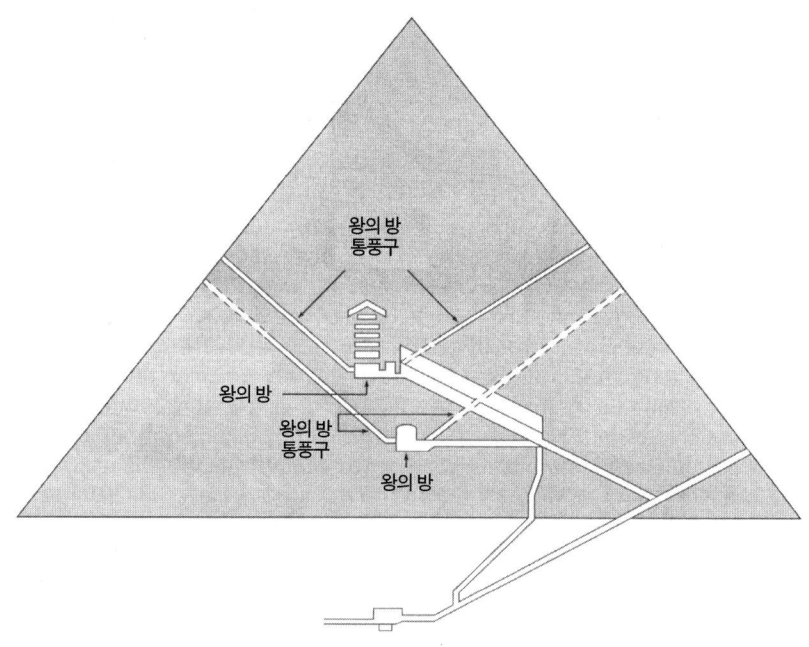

그림 9.14_ 그레이트 피라미드에 설치된 소위 통풍구인데 이것의 기능이나 의미는 알려진바 없다. 일부 학자들은 이것이 피라미드 건설 당시 노동자들의 원활한 산소공급을 위하여 설치한 것이라고 주장하기도 하며 다른 학자들은 파라오의 영혼이 특정한 별로 여행할 수 있도록 고안한 의례적인 목적으로 만든 것이라는 주장도 있다.

북쪽과 남쪽에 위치한 통풍구는 소위 '왕비의 방 (Queen's Chamber)' 라고 부르는 아래쪽에 위치한 방에 설치되어 있으며 또 다른 두 개의 통풍구는 '왕의 방(King's Chamber)' 이라고 부르는 위쪽 방에 설치되어 있다. '왕비의 방' 으로부터 뻗어 나온 통풍구는 피라미드 안에서 끝이 나는 반면에 '왕의 방' 에 설치된 통풍구는 피라미드 바깥 표면까지 관통하고 있어서 확실하지는 않지만 피라미드 외부의 석재 공사가 끝난 이후에도 통풍구는 열려 있었던 것으로 추정된다.

이 통풍구는 수십년간 이집트 학자들을 매혹시키면서 동시에 좌절시킨 것이기도 하다. 이 통풍구는 실제로 무엇을 위한 것인가? 왜 피라미드의 건설자들은 이러한 까다로운 구조물을 피라미드 안에 설치하였는가? 왕의 방에 설치된 통풍구는 외부의 신선한 공기를 피라미드 건설기간 동안 깊은 곳까지 운반하기 위한 장치였는가? 아니면 이 통풍구들이 천문학적으로 중요한 별들의 지점을 나타내기 위한 이집트의 역법 주기나, 혹은 파라오의 영혼을 위해 연결되는 그 어떤 특정한 별과의 통로역할을 하였던 것인가?

1990년대 초 공학자인 루돌프 갠텐브링크(Rudolf Gantenbrink)는 움직이는 작은 로봇을 제작하여 통풍구의 내부를 조사하였다. 이 로봇의 앞부분에는 카메라를 장착하여 화면을 통제본부로 전송할 수 있게 하였는데 카메라가 보내온 화면들은 섬뜩하고 음산한 분위기를 보여주지만 폐쇄 공포증을 유발할 정도의 답답함을 주는 것은 아니었다.*

*이 사진들은 http://www.cheops.org/에서 찾아볼 수 있다.

이 실험을 통해 귀중한 정보 몇가지를 얻을 수 있었는데 이 통풍구는 직선으로 연결되어 있지 않으며 각도가 휘어져 '왕의 방'과 '왕비의 방' 사이에서 특정한 별과 직선을 이룬다는 가설은 명백히 잘못된 것임을 알 수 있었다. 그렇다면 이 통풍구를 설치한 이유는 무엇인가? 우리는 아직 이 질문에 대한 확실한 결론을 내리지 못하고 있다.

카메라에 찍힌 통풍구 내부의 장면들 중 가장 놀랄만한 것은 1993년 3월 카메라를 장착한 로봇 하나가 '왕비의 방'에서 연결된 통풍구 남쪽에서 조사한 것이다. 유퍼트 2호(Upuaut-2)라고 명명한 이 로봇은 통풍구에서 59m를 이동하다가 석재 막음돌에 막혀 더 이상 진행을 하지 못하고 기능이 정지하였다. 이 석재 막음돌이 우리에게 한가지 단서를 제공하였는데 왜 피라미드 건설자들이 결국에는 막을 통풍구를 굳이 공을 들여 만들었는가 하는 것이다.

통풍구의 옆면을 따라가다 보면 거의 윗부분에서 바닥에 이르기까지 잘 다듬어진 돌로 막아 놓았는데 이 막음돌 밑에 감질날 정도로 살짝 열려있는 틈새를 볼 수 있다. 이 막음돌의 전면은 카메라 방향으로 놓여있는데 그 표면이 아주 부드럽고 광택이 날 정도로 잘 연마되어 있

그림 9.15_ 그레이트 피라미드 '왕비의 방'에 설치된 환풍구로 1993년 루돌프 갠텐브링크에 의해서 발견되었다. 이 환풍구를 카메라가 장착된 로봇으로 조사하였는데 왕비의 방으로부터 남쪽 방향으로 59m까지 이어지다가 석재 판석으로 막혀있는 것이 확인되었다.

다. 홍미롭게도 막음돌 표면에서 직각으로 두개의 동제 못이 반대방향으로 박혀있다(그림 9.15).

갠텐브링크(Rudolf Gantenbrink)와 다른 학자들은 이 석재 막음돌을 '문'으로 주장하기도 하였는데 이것이 문이라면 도대체 어디로 통하는 문이란 말인가? 이것을 본 사람들 대부분은 '다른 곳으로 통하는 비밀스러운 장소'가 있는 것이 아닌가 하는 의구심을 나타냈다.

만족할만한 결과를 가져오지는 못했지만 2003년 9월 기자(Giza)지역의 발굴 책임자인 자히 하와스(Zahi Hawass)와 내셔널 지오그래피(National Geography)사는 다른 로봇을 통풍구 안으로 보내 조사하였다. 이 로봇은 카메라뿐만 아니라 드릴도 장착하였는데 이 막음돌에 구멍을 뚫고 카메라와 조명시설을 넣어 촬영을 할 수 있었다.

이 작업 과정을 지켜보던 연구자들은 얼굴이 창백해질 정도로 긴장을 하였고 한 텔레비전 방송국은 이 장면을 실시간으로 방송하였는데 수많은 사람들이 로봇에 장착된 카메라 모니터에 초점을 맞추고 있었다. 이 막음돌 너머를 확인하는 순간은 마치 1924년 투탄카먼의 무덤을 처음 열 때와 마찬가지로 섬뜩하고 음산한 긴장된 순간이었다. 호와드 카터가 홀로 무덤 내부를 들여다 보고 그가 무엇을 보았는지를 발표하는 순간을 연상하게 하였다. 투탄카먼의 무덤을 처음 여는 순간 발굴 후원자인 카나본이 카터에게 조심스럽게 물었다. "…뭔가가 보입니까?" 이때 카터가 고고학계에 오래도록 남을 유명한 대답을 하였다. "…예. 아주 놀라운 것들 입니다!" (Buckley 1976:13).

그러나 불행하게도 이번 경우에는 질문은 같았지만 대답은 전혀 달랐다. 막음돌 너머로 "뭔가 보입니까?"라고 묻자 대답하기를 "…젠장할… 막음돌이 또있네!" 솔직히 이것은 참으로 실망스러운 좌절의 순간이었다. 그러나 이것은 그레이트 피라미드가 쉽게 그의 비밀을 드러내지 않는 환상적인 순간이기도 했다. 이 두번째 막음돌 너머에 무었이 있는지는 명확하지 않다. 한가지 분명한 것은 그레이트 피라미드에는 고고학의 입장에서 볼 때 아직 풀리지 않는 미스터리가 분명히 있으며 현대 기술력에 의해 멀지않은 장래에 그 비밀을 밝혀낼 수 있을 것이다.

 ───── 자주 받는 질문들

## 1. 피라미드는 노예들에 의해서 건설되었는가?

만일 여러분들이 구약의 출에굽기(Exodus)나 찰튼 헤스턴(Charlton Heston)이 모세(Moses)로 주연한 십계(The Ten Commandments)란 영화를 보면 억압받고 짐승처럼 생활하는, 소모품으로서 동원된 엄청난 숫자의 노예들이 피라미드를 건설하는 장면을 볼 수 있을 것이다.

그러나 이러한 내용은 전혀 사실이 아니다. 고대 이집트의 기록들이나 그 어떤 상형문자에도 피라미드 건설에 노예를 동원하거나 노동력을 위해 노예를 이용한 기록이 없는데 무엇보다도 이러한 내용을 담고 있는 소위 노예장부(spreadsheet)를 발견할 수가 없다. 예를 들어 노예를 이용하였다면 노예의 숫자, 출신지, 나이, 성명, 보유 기술등의 기록이 있어야 한다. 미국의 경우 남북전쟁 이전 남부지역의 흑인노예들에 대한 이러한 아주 상세한 기록들이 남아있다.

최근 고고학적 발굴 성과들을 살펴보면 피라미드 건설에 동원된 노동자들의 생활 조건이 이집트의 평민들과 비교해 보아도 수준차이가 없을 정도로 좋았다. 피라미드 건설 노동자들은 영양상태도 아주 양호하였으며 좋은 주거환경에서 생활하였고 그들이 사망하였을 때는 이집트의 중산층들이 묻히는 공동묘지에 안장이 되었다(Perez-Accino 2003c; Shaw 2003).

당시 사람들은 명백히 죽은 파라오의 영혼을 위하여 피라미드를 건설하고 유지하는 일을 돕는다면 많은 이득이 있다고 생각하였으며 피라미드 노동자가 되는 것이 식사와 생활 여건등 보다 나은 사회적 계층으로의 진입을 가능하게 했던 것으로 보인다.

## 2. 파라오의 미이라들이 아주 잘 보존되어 있는데 미래에 과학기술의 발달로 이들 미이라를 부활시키는 것이 가능한가?

에릭 데니컨(Erick von Daniken)은 이것이 가능하다는 주장을 한 적이 있는데(1970:81) 사실 불가능한 일이다. 미이라를 만드는 과정에서 이집트 성직자들은 심장, 폐, 간을 비롯한 대부분의 장기를 적출하고 마찬가지 방법으로 시신의 코를 통해 뇌를 모두 제거하여 카노프스 단지(Canopic jar)에 보관하였다.

이것은 현대 영국 박물관에 전시되어있는 이집트 성직자인 네스페르너브(Nesperennub)의 미이라를 단층촬영(CT)한 사진을 보면 쉽게 확인 할 수 있다. 단층촬영기술로 이 성직자의 관은 물론 미이라를 둘러싸고 있는 의류를 통과하여 그 내부를 아주 투명하게 비춰 볼 수 있다. 미이라에 대한 세밀한 조사를 통해서 내부의 장기들과 뇌는 미이라를 만드는 과정에서 모두 적출된 것이 확인되었다. 뇌를 어떻게 적출했는가는 아주 명확한데 미이라 코 안의 동공에 위치한 뼈가 뇌를 적출하는 과정에서 연장에 의해 모두 부러져 있다(Hopkin 2004). 이렇게 뇌와 장기가 없는 네스페르너브의 미이라가 과학기술의 힘으로 부활한다는 것은 분명 불가능한 것이다.

## 제10장 고고학과 신비주의

맥린동물보호구역(McLean Game Refuge)은 4,000에이커에 이르는 울창한 숲으로 이루어진 지역으로 깊은 계곡과 풍부한 수량의 강을 포함하고 있다. 1993년 이래로 우리 고고학 발굴단은 커네티컷(Connecticut)주 북부에 위치한 이 보호구역에서 20여곳의 선사시대 주거지를 발굴하였다.

땅속 깊이 묻혀있는 고대 유적지를 찾아내는 것은 마치 마술처럼 보이지만 이것은 결코 마술이 아니다. 고고학자들이 보호구역과 같은 장소에서 땅속에 묻혀 있는 고대 원주민의 마을과 생활 유적들을 찾아낼 때 어떻게 정확한 장소를 선택하여 선사시대 사람들이 살았던 물적 증거들을 찾아 낼 수 있는가?

한마디로 고고학자들은 경험을 통해서 이러한 장소를 찾아낼 수 있는데 이는 고대인들이 선호하는 주거지의 일반적인 자연조건이 있기 때문이다. 그 조건이란 신선한 물, 비교적 편평하고 건조한 땅, 식량, 땔감과 집을 짓는데 필요한 나무, 도구를 만들 수 있는 돌, 그릇을 만드는 진흙등 일상생활에 필요한 자원들이다.

물론 입지조건에 대한 가설은 검증을 해 볼 필요가 있는데 이러한 조건을 가진 환경 속에서 사람들이 만들고 사용하다가 잃어버리거나 폐기한 물질적 자료들을 찾을 수 있어야 한다. 우리는 10년이 넘는 기간 동안 고고학적 조사를 통하여 막대한 양의 정보를 수집 할 수 있었는데 4,000에이커에 이르는 면적의 지표면을 모두 벗겨낸 것은 물론 아니다. 이 보호구역의 생태적 환경을 훼손하지 않는 최소한의 범위에서 시간을 최대한 효율적으로 활용하여 고고학적 표본들을 수집할 수 있었다(Orton 2000; Shafer 1997).

1993년 이래로 많은 사람들이 발굴에 참가하여 지표면에서 10m 간격으로 지름 50cm의 구덩이를 삽으로 파는 방법으로 발굴지역 대부분을 조사하였다. 우리는 이러한 방법을 통해 다양한 주거환경과 자연적 지형들을 조사하였다. 고고학적 조사는 단순히 강 주변이나 노출된 지형만을 살펴보는 것이 아니다. 물론 지형을 둘러보는 것만으로도 많은 유적이나 유물을 찾을 수가 있지만 이러한 곳이 선사시대 사람들이 활동하던 유일한 공간인지의 여부를 확인할 수 없기 때문에 가능성 있는 모든 지역을 조사하는 것이다.

우리의 목표는 보호구역 내의 아주 다양한 모든 종류의 환경 조건들을 도출해보는 것이다. 그 어떤 지역도 지나치게 중요시 여기거나 혹은 소홀히 생각하지 않고 필요한 샘플을 수집하는 것이다. 이러한 방법을 통해 유물이 자주 발견되는 지형이나 자연조건들을 취합함으로써 유적과 유물을 발견할 수 있는 확률을 최대한 끌어올리려는 것이다. 우리가 발굴과정에서 파낸 흙을 32mm 눈금의 채로 걸러 미세한 유물들을 모두 찾아낸다. 이 작업을 통해 석재박편, 토기편, 뼈와 곡물등 선사시대 사람들이 활동했던 명백한 증거들을 찾아낼 수 있는 것이다.

이것은 마술이 아니라 사실은 아주 논리적인 작업이다. 많은 고고학적 발굴이 거친 환경 속에서 힘들게 진행되는 경우가 대부분이다. 고고학자의 등산용 가방 속에는 잡다한 도구들이 들어있고 삽, 곡괭이등의 장비로 낯설고 거친 환경에서 작업을 수행하여야 한다. 발굴현장에는 웨스트 나일(West Nile)이라는 바이러스를 옮기는 모기와, 고열과 신경장애를 일으키는 진드기, 독사와 옻나무등과 함께 질식할 것 같은 찌는듯한 무더위가 어우러진 최악의 조건에서 작업을 수행하여야만 한다.

그림 10.1_ 고고학적 발굴이란 상당한 시간을 필요로 하는 작업이다. 커네티컷주 그랜비에 위치한 파이어타운 메도우 현장에서 학생들이 파밍턴 밸리의 4,000년 전 유적을 발굴하고 있는 모습이다.

한가지 분명한 것은 수 천년 전에 사람들이 살았던 흔적을 처음 세상 밖으로 드러낼 때 이러한 고통에 대한 보상은 받고도 남음이 있다. 고고학자가 처음으로 아주 오래 전에 살았던 사람들이 남긴 유물을 접할 때 모기와 뱀 그밖에 우리를 괴롭혔던 그 많은 고통들을 잊을 수 있는 것이다. 2003년 여름 한 강가에 위치한 4,000년 전 유적지에서 캠프를 설치하고 발굴을 시작 하였다(그림 10.1). 이 지점에 2m× 2m 크기의 트렌치를 설치하여 64mm 눈금의 채로 흙을 걸러내는 아주 세심하고 치밀한 발굴 조사를 진행하였다.

만일 우리가 한 발굴현장에서 과거에 사람이 살았던 흔적을 기록으로 남기고자 한다면 발굴 과정 자체가 하나의 파괴행위임을 인식하고 상세하고 정확하게 기록하는 것이 필수적이다(Fagan 2000; Feder 2004; Sharer and Ashmore 2003; Thomas 1999). 우리는 선사시대 사람들의 생활방식을 가능한 완벽하게 재현해 낼 수 있기를 희망한다. 이렇게 함으로써 고고학자들은 발굴을 통해 발견하는 빈약한 정보로부터 이를 이해할 수 있는 방법론을 만들어 내야만 한다. 즉 '유물은 벙어리요 뼈는 침묵할 뿐이다' 라고 말하는 것이다.

석제 도구들을 현미경으로 세밀하게 조사해보면 이것들이 어떻게 만들어지고 사용되었는지를 알 수 있으며 인골에 대한 화학적 분석을 통해 선사시대 사람들의 식생활 습관을 알 수 있다. 물리학의 도움으로 유물들의 연대를 정확하게 알아낼 수 있으며 핵 반응 실험을 통해 원재료들이 어디로부터 왔는지를 추적할 수 있다. 곡물이나 식물들의 꽃가루나 혈액의 흔적들은 질그릇의 안쪽이나 갈돌의 표면에 묻어 수 천년을 존속할 수 있는데 이러한 생물학적 흔적을 복원하여 관찰함으로써 고고학적 정보를 보다 풍요롭게 할 수 있다. 또한 컴퓨터 프로그램을 통해 발굴지역 내의 유물분포지도를 작성할 수 있는데 이러한 정보는 인간 행동의 본질적인 모습들을 이해하는데 큰 도움을 준다. 고고학자들은 인류의 과거를 추적해 가는 형사와도 같은 존재들이다. 선사시대사람들이 남긴 정보의 조각들은 그들의 의도와는 상관없이 자신들의 생활을 재구성하는데 사용할 수 있는 것이다.

이러한 고고학적 조사에 특별히 쉬운 방법은 없는가? 단순히 지도를 한번 살펴보는 것만으로 영감을 통해 유적의 존재를 확인할 수는 없는가? 고대유적이 묻혀있는 지표면 위를 걸어가기만 해도 유물의 존재를 느끼는 것이 가능할까? 선사시대 사람들이 일상생활에서 사용했던 유물에 손을 대기만 해도 그들의 삶을 아주 생생하게 알 수 있는 방법은 없을까? 현재 사용하고 있는 고고학의 힘들고 지루한 연구방법을 벗어나 선사시대 문화를 복원할 수 있는 보다 손쉬운 방법은 없는 것인가?

모든 고고학자들은 정말 이러한 상상이 실현되기를 희망하지만 현실적으로는 불가능한 일이다. 그러나 한가지 희망적인 것은 고고학이 아닌 다른 분야의 과학기술이 발전하면서 새로운 고고학 연구 방법들이 시도되고 있다는 점이다.

## 신비주의 고고학

일부 사람들은 소위 인간의 초능력이 고고학적 조사에 적용될 수 있다고 주장한다(Goodman 1977; Jones 1979; Schwartz 1978). 텔레퍼시(telepathy)나 투시와 같은 초능력에 대해 과학적 분석을 한 책들은 주변에서 많이 찾아볼 수 있다(표 1). 초자연 현상에 대한 자세한 내용을 이 책에서 다루고자 하는 것은 아니지만 우리는 그러한 초능력들이 고고학 조사에 적용될 수 있는지의 여부를 시험해 볼 수는 있다.

여러분들도 기억하겠지만 한 사람의 예지능력이 초능력으로 인정 받으려면 이러한 현상이 존재한다는 가설이 반듯이 검증되어야만 한다. 선사시대 유물이 묻혀있는 장소를 초능력으로 알아 낼 수 있다면 이것을 발굴조사 과정에서 다루게 되는 동일한 분석방법으로 검증해 보아야 한다는 것이다. 만일 특정한 장소에 유구나 유물이 묻혀있는 것을 초능력으로서 예측이 가능하다면 그 지점을 파봄으로써 확인이 가능한 것이다. 여기서 한발 더 나아가 과거에 생활했던 사람들의 행동을 초능력을 사용하여 재구성 한다면 이러한 능력으로 발견된 고고학적 자료들이 검증될 수 있어야 한다.

이러한 검증을 통해 초능력이 아닌 다른 정보의 원인들을 통제하여야 사실이 입증될 수 있다. 여기서 오컴(Occam's razor)의 법칙을 적용해 보면 아주 명백하다. 만일 초능력에 의해 제공된 정보들이 길거리에서 읽을 수 있는 일상적인 내용의 것들이나 상식적인 수준의 일관성 없는 정보들이라면 오캄의 법칙은 우리가 신비주의적인 현상의 진위 여부를 받아들이기 이전에 가장 단순 명료한 설명을 받아들이는 것을 원칙으로 하고 있다. 그러나 여러분들이 앞으로 보게 될 신비주의적인 고고학 방법론들을 검증해보면 그러한 방법들을 적용할 수 없거나 혹은 얻어진 결과들이 무의미 한 것들이라는 사실을 알 수 있을 것이다 (Feder 1980b, 1995a).

### 신비주의 고고학의 근원

영국국교회는 1909년 배쓰(Bath)시 인근 글래스턴베리(Glastonbury)라는 지역에서 중세시대에 건립된 성 메리(St. Mary), 베네딕틴 수도원(Benedictine Abbey)을 매입하였다. 영국 교회는 이 지역의 건축가인 프레드릭 본드(Frederick Bligh Bond)를 고용하여 수도원의 폐허를 측량, 복원하여 관광안내 책자를 만들려고 하였다.

본드(Bond)는 오래된 역사 기록들을 조사하여 고고학적 발굴을 준비하면서 수도원의 건립 과정과 구조에 관한 상세한 정보를 수집하려고 노력하였다. 비록 본드가 교회로부터 필요한 자료를 다 얻지는 못하였지만 수도원에 대한 그의 고고학적 조사 기록에는 이곳에서 생활했던 수도사들의 사망 원인에 대해서도 언급하고 있다(Bond 1918). 뿐만 아니라 그의 조사 기록에는 역사상에 등장한 다른 질병들에 관한 기록도 있으며 덴마크 군인들과, 16세기 수도원 건설을 주도했던 대수도원장 애보트 비어(Abbot Beere), 그리고 심지어는 줄리어스 시이저(Julius Caesar)의 이름도 등장한다.

그런데 본드(Bond)는 여기서 한발 더 나아가 이 사람들의 영혼과 정기적으로 대화를 나누어 왔으며 이들이 발굴을 할 때 유적이 묻혀있는 장소를 알려 주었다고 주장하였다. 본드가 영혼들의 도움으로 유적을 발굴했다는 주장은 신비주의적 고고학의 유효성 여부를 검증하는 문제를 야기시켰다.

우선 본드(Bond)가 사전 조사를 통해 갖고 있는 지식이 특정한 장소를 발굴하는데 도움을 준 것인지, 혹은 영혼의 도움으로 발굴을 잘 할 수 있었던 것인지를 구별하는 것은 본질적으로 불가능하다. 예를 들어 본드는 어느 한 수도승의 영혼이 이 수도원의 에드거(Edgar)와 로레토(Loretto)라는 두 예배당의 위치와 거대한 탑의 초석이 있는 곳을 알려 주었다고 주장하였다.

그러나 본드는 중세 교회건축의 전문가였으며 현장 발굴 이전부터 수도원과 관련된 그림, 지도, 설계도등을 면밀히 조사한 사실이 있다. 비록 수도원 대부분의 구조물이 폐허로 남아있지만 많은 벽돌담과 기초석들은 지표면에 드러나 있다. 때문에 수도원에 대한 사전 조사를 통해 최소한의 지점만을 발굴하는 것이 가능하였을 것이다.

마셜 맥쿠식(Marshall Mckusick 1982:104)이 지적하였듯이 수도원의 고층탑은 본드가 사전에 역사적인 기록을 통해 위치를 확인한 것이 분명하다. 본드는 수도원의 설계도뿐만 아니라 지표상에 남아있는 구조물을 통해 탑의 위치에 대한 단서들을 찾아낼 수 있었을 것이다.

에드거와 로레토 예배당은 본드(Bond)가 조사를 시작하기 이전부터 그 지역 역사가들에 의해 잘 알려져 있었고 역사기록에 따라 위치를 어느 정도 파악하고 있었다. 예배당을 찾기 위한 이전의 작업들은 실패하였는데 따라서 본드는 실패했던 지점들을 다시 파볼 필요가 없었으며 대신에 그는 예배당이 남아 있을만한 가능성이 있는 지점만을 발굴한 것이다(Mckusick 1982:104).

고고학자인 스테판 윌리엄스(Stephen Williams 1991:288)가 지적하였듯이 "…문화란 정형화된 행동이며 중세 교회는 가장 형식화된 건축행위이다." 중세 교회건축의 공간 배치에 대해 잘 알고 있는 본드는 표면에 드러나 있지 않던 수도원의 잔해를 효율적으로 발굴할 수 있었다. 현대 고고학자들은 본드의 수도원 발굴 성과를 높이 평가하고 있는데 본드의 업적은 그의 지식과 경험에 의한 것일뿐 죽은자들의 영혼으로부터 도움을 받아 이루어낸 것은 아니었다(Mckusick 1982; Williams 1991).

스테판 오소위키(Stefan Ossowiecki)는 신비주의적 고고학에 관련된 사람이다. 오소위키는 1937-1941년 사이에 민족지 학자인 스타니슬라프 포나토우스키(Stanislaw Poniatowski)와 몇가지 실험을 하였다. 그 방법은 아주 간단한 것이었는데 토나토우스키는 오소위키에게 구석기 유물들을 보여 주었고 그는 소위 초능력을 사용하여 이 유물들이 발견된 장소, 시기, 사용한 사람들과 그들의 문화에 대해서 설명하였다.

이러한 실험 결과는 본드의 영혼에 대한 허황된 주장보다 그 결과가 더 분명 할 것이라고 생각하는 사람들도 있을 것이다. 그러나 오소위키의 실험은 그 결과를 검증하는 것이 불가능하였으며 이 실험에 대한 원본 기록마저 2차세계대전 중에 분실되었다. 초능력 연구가인 스테판 스왈츠(Stephan Schwartz 1978)가 오소위키의 부인으로부터 그 실험에 대한 기록을 입수하였으나 기록이 진품인지의 여부 또한 확인할 수 없었다.

### 초능력을 사용한 유적의 발굴

초능력을 사용하여 고고학 유적지를 발견할 수 있다고 주장하는 사람들이 있는데 오히려 유적의 발견은 특별한 방법에 의해서가 아니라 상식에 바탕을 둔 것이라는 점을 상기할 필요가 있다. 선사시대 인류와 현대인 모두 그들의 주거지를 아무데나 정하지는 않는다. 사람들이 주거지를 결정할 때 가장 중요하게 고려하는 사항은 환경의 입지적 조건으로서 물을 구할 수 있는 장소, 적으로부터 방어하기 유리한 지형, 흙의 종류, 식량의 확보, 도구를 만들기 위한 석재, 진흙, 목재, 광석 등 모든 생활 여건을 고려하여야 한다.

이러한 조건들을 잘 고려한다면 전문적인 고고학자가 아닌 사람들도 지도상에서 사람들이 살기에 가장 적합한 위치를 찾아 낼 수 있다. 내 강의시간에 학생들이 주거 환경에 대한 내용을 이해하고 난 뒤 커네티컷(Connecticut)주 일대의 지도를 보여주면서 유적이 있을만한 곳을 지적해 보라고 시키면 실제로 많은 학생들이 확인된 유적지를 지적하는 것을 알 수 있다. 따라서 만일 초능력자가 발견되지 않은 유적지를 정확하게 지적한다 하여도 우리는 이것을 일반적인 가능성에서 생각

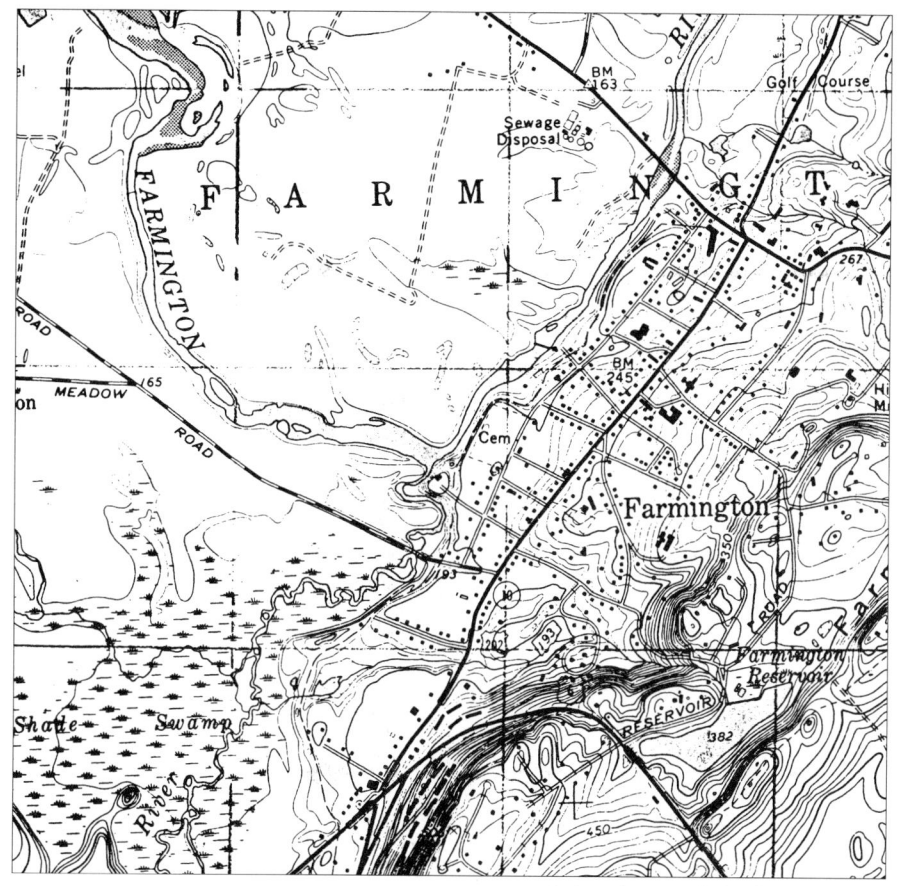

그림 10.2_ 고대 원주민들의 주거지를 찾는데는 자연환경을 이해하는 것이 중요하다. 커네티컷주의 뉴브리튼 쿼드랭글 지역의 1:24000 지도로 선사시대나 현대를 불문하고 인류의 거주지는 반드시 고려되어야 할 지리적 입지조건이 중요하다.

해봐야 한다. 즉, 초능력을 통해 유적지를 찾아냈다기 보다는 상식에 의하여 찾았을 가능성이 있는 것이며 이러한 사실의 진위 여부는 쉽게 검증하기 어려운 것이다.

스테판 슈워츠(Stephan Schwartz 1983)는 신비주의적 고고학을 이집트에서 시험한 바 있는데 스스로 초능력자라고 자칭하는 10명이 이집트 알렉산드리아(Alexandria) 항구의 바다 밑에서 유적지를 발견하였다. 그러나 이집트 고고학자들에 따르면 이러한 발견은 결코 놀랄만한 일이 아니며 이 항구 인근에서는 오래 전부터 잠수부들이 물속 진흙 바닥에서 유물을 건져 올렸다는 것이다.

고고학 현장에 초능력을 이용하였다는 예들 대부분이 평범한 사례로서 크게 주목할만한 결과가 없는 것이며 고고학 유적지를 찾는 것이라면 나 자신도 초능력자라고 주장할 수 있을 것이다. 나와 함께 발굴을 하는 학생들은 커네티컷주 북서부 주립공원(People's State Forest) 일대의 지도만을 보고 유물이 묻혀 있는 장소를 찾아내는 나의 능력을 초능력과 같다고 말하곤 한다 (Feder 2004).

한번은 지도상의 한 지점에 표시를 하고 유물이 발견될 것을 예견하였는데 다음주 실제로 유적이 발견되자 학생들이 모두 놀라워하였다. 그러나 이것은 그 어떤 초능력을 사용한 것이 아니며 거칠고 험준한 환경 속에서 편평하고 나즈막한 언덕과 가까운 주변에는 물이 흐르며 그 서쪽으로는 둔덕이 있어 바람을 막아줄 수 있는 사람들이 거주하기에 아주 좋은 장소를 고른 것이다. 이것은 초능력이 아닌 지금까지 축적된 고고학적 증거들에서 보이는 선사시대 주거지의 일반적인 형태를 갖추고 있는 지형을 찾은 것이며 게다가 운도 따라주었던 것이다. 즉 상식과 운이 유적지의 위치를 정확히 알 수 있는 근본 바탕인 것이다.

### 초능력을 이용한 발굴

제프리 굿먼(Jeffrey Goodman 1977, 1981)은 아리조나(Arizona)에서 잃어버린 대륙 아틀란티스로부터 이주해 온 사람들의 주거유적을 초능력을 사용하여 발견하였다고 주장하였다(7장 참조). 굿먼은 이 지점에서 조각상, 회화, 목재 및 가죽제품, 상형문자 기록들이 발견될 것이라고 예언하였다. 또한 아리조나 플래그스태프(Flagstaff)에서 지하에 터널을 만들어 말, 개 등의 가축들을 사육한 흔적과 옥수수, 보리, 호밀등의 곡물을 재배한 흔적들이 발견될 것이라고 예언하였다. 굿먼은

"…내 믿음은 플래그스태프에서 유물들이 발견됨으로써 입증될 것이다…"라고 주장하였다(1981:134). 만일 자신의 예언이 틀리다면 그 자신은 초능력자가 아니라고 공언하였는데 불행하게도 그가 지적한 장소에서 아무런 유적도 발견되지 않았다. 초능력을 사용한 유적의 발견은 실제 고고학 현장에서는 전혀 쓸모 없는 것임이 입증된 것이다.

### 초능력을 이용한 문화의 복원

고고학자인 마셜 맥쿠식(Marshall Mckusick 1982,1984)이 신비주의적 고고학의 문제점에 대해 잘 지적한 바가 있다. 초능력을 이용하여 선사시대의 문화를 복원한다는 것이 가능하다 하더라도 자신의 시대에 제한된 시각에서 볼 수 밖에 없다(1982:100). 초능력을 사용하여 과거의 생활을 재구성하였을 때 그들 자신이 갖고 있는 문화적 편견과 불일치 속에서 의견을 전개할 수밖에 없다. 즉 초능력자들이 지도상에서, 혹은 현장을 걸을 때 진동을 감지하거나, 유물을 만지기만 하여도 그것을 사용했던 사람들에 대해 알 수 있다거나 하는 주장은 신문이나 잡지 등의 대중매체에서 얼마든지 찾아볼 수 있는 이야기이다.

예를 들어 1930년대 스테판 오소위키(Stefan Ossowiecki)가 초능력을 사용하여 구석기 시대를 보았다고 주장하면서 선사시대 사람들을 묘사하였는데 학문적 입장에서 본다면 완전히 엉터리 같은 내용들이다. 오소위키는 후기 구석기인 멕덜리니안(Magdalenian)시기의 사람들이 작은 키에 큰 손과 낮은 이마를 갖고 있다고 주장하였는데 이를 두고 맥쿠식은 오소위키가 네안데르탈인의 일반적인 특징을 묘사한 것에 불과한 것이라고 지적하였다(Mckusick 1982:100). 게다가 네안데르탈인은 멕덜리니안 문화보다 10,000여년 전에 존재했던 인종이다. 오소위키는 튀어나온 앞이마에 키가 큰 모습 대신에 키가 작은 네안데르탈인으로 변형하여 묘사한 것이다. 오소위키의 주장은 명백히 초능력에 의한 것이 아니라 구석기 고고학에 대한 무지함에서 비롯된 것이다.

한편 스스로 초능력자이며 마법사라고 자칭하는 시빌 릭(Sybil Leek)이 신대륙의 바이킹 유적지를 초능력을 사용하여 찾을 수 있다고 주장하였다(Holzer 1969). 그러나 그녀는 전혀 엉뚱한 모양의 바이킹 배를 묘사하는가 하면 한번은 그녀가 바이킹 거주지에서 한 유령과 접촉하였는데 그 유령의 이름 스펠링 중 일부가 'kson' 임을 알 수 있었다고 주장하였다. 얼마 후 그녀의 꿈에 같은 유령이 다시 나타나 자신의 이름이 'E' 로 시작됨을 알려주었다고 주장하였다 (Holzer 1969: 118-126).

즉 그녀의 주장은 이 유령이 바로 역사기록에 등장하는 전설적인 바이킹 리프 에릭슨(Leif Eiriksson)이라는 것이다. 그러나 바이킹 유적지는 미국의 메사추세츠(Massachusetts)주가 아니라 캐나다 동부의 뉴펀들랜드(Newfoundland)에 위치한다. 또한 노르웨이의 탐험가들은 로마문자를 알고 있었고 그들 자신의 알파벳 표기법을 사용하였다.

꿈을 통해서 미래를 예언한다는 유명한 에드거 케이시의 초능력 또한 모두 실패로 끝나고 말았다. 케이시는 1920년대 필트다운 화석이 발견된 직후 다른 차원의 세계로부터 얻은 정보에 의하면 필트다운 화석이 바로 영국으로 이주한 고대 아틀란티스 사람들의 조상이라고 주장하였다(Mckusick 1984:49). 물론 에드거 케이시 당시에는 필트다운 인골이 가짜라는 사실을 몰랐던 시기였다. 1940년대 케이시는 1960년대 어느 시점에서인가 아틀란티스 대륙이 바다 속으로부터 다시 솟아오를 것이며 대부분의 대서양 연안들이 물속에 잠길 것이라고 예언하였다. 뉴욕시는 물속으로 가라앉을 것이며 오대호에서는 물이 멕시코 걸프만으로 흘러나가게 될 것이고 일본의 대부분은 물속으로 잠길 것이라고 예언하였다(Cayce 1968:158-159).

케이시가 활동하던 당시 그는 꿈을 통해 무려 14000여건의 예언을 하였는데 이들 중에 맞은 경우도 있으나 대부분은 틀린 예언이었다. 초능력을 사용해 복원한 문화의 내용이 검증되지 않는다면 학문적 자료로서는 쓸모없는 것인데 소위 초능력으로 얻게 된 정보는 세부적인 내용이 빠져있거나 틀린 경우가 대부분이다.

오소위키가 초능력을 통해 보았다는 선사시대 조상들의 성행위를 묘사한 글을 한번 살펴 보자…

"…그 남자는 여자에게 다가가 그녀의 젖가슴을 움켜 쥐고는 자신을 향해 거칠게 끌어 당겼다. 그리고 남자는 여자의 주변을 천천히 맴돌다가는..키스나 애무 따위도 없이…. 그녀가 먼저 그의 뒤쪽에서 그 남자의 목을 조르는 듯 낚아 채면서 남자를 넘어뜨렸다…. 그녀는 마치 말을 타는 자세로 남자 위에 올라 앉아 있고 남자는 그 여자를 온 힘을 다해 끌어 안았다. 그러나 그들의 성행위는 인간들의 그것과는 다른 원숭이들의 성행위와 같았다…. (Schwartz 1978:89-90)."

물론 이러한 성적 묘사는 공상에 불과하다. 현재 고고학과 인류학의 자료를 통해서는 선사시대 사람들의 세부적인 성행위까지 복원한다는 것은 불가능하다. 이러한 묘사가 사람의 흥미를 자극할지는 모르지만 과학적 복원은 분명 아닌것이다.

*신비주의 고고학에 대한 판결*

고고학자의 한 사람으로서 초능력을 사용한 고고학적 조사가 현실적으로 가능하기를 바란다. 그러나 한 사람의 과학자로서 이러한 방법은 불가능한 것이라고 단언할 수 있다. 지금까지 축적된 실험 결과를 볼 때 초능력을 사용한 고고학이란 실현 불가능한 허구에 불과하다.

지하수를 탐지하는 것은 아주 오래된 문화 행위라 할 수 있는데 추(錘)나, 나뭇가지를 이용해 수맥을 찾을 수 있고 사용하는 도구의 종류와 조사자의 능력에 따라서 땅속에 흐르는 물의 정확한 위치는 물론 깊이와 수량까지도 알 수 있다고 한다(Chamber 1969; Vogt and Hyman 1980). 최근에는 이 기술을 이용해 소위 고고학 유적지를 발견할 수 있다고 주장하기도 하는데 이 수맥 찾기의 기원은 수세기를 거슬러 올라가며 가장 오래된 기록은 1568년이다(Chambers 1969:35).

슈왈츠(Schwarts 1978: 108-35)는 영국의 제임스 엘리옷(James S. Elliot)의 수맥 찾기 능력에 대해 묘사한 바 있고 존경 받던 고고학자인 아이버 흄 (Ivor Noel Hume 1974:37-39) 또한 이러한 방법을 버지니아 주 윌리엄스버그(Williamsburg)에서 시험해 본 적이 있다. 베일리(Bailey 1983)와 브릭스(Briggs 1988)는 영국의 중세 교회를 발굴할 때 이 방법을 적용해 본 적이 있으며 굿먼(Goodman 1977)은 지도상에서 탐침을 이용하여 유적지를 찾는 방법에 대해 논의한 바가 있다.

대부분의 경우 탐침봉의 사용을 단순히 초능력을 확대하여 적용하는 기술로 인식한다. 그러나 일부 사람들은 탐침봉의 사용이 그 이유는 알 수 없지만 분명 일정한 과정을 통해 전자기적인 현상을 감응할 수 있기 때문에 땅속의 유물을 알아낼 수 있다고 주장한다. 엘리옷은 이러한 현상이 초능력은 아니라는 입장이며 흄(Hume 1974)은 오직 금속물질만이 탐침봉에 전자기를 통해 반응한다고 주장하였다. 미미하지만 인간의 활동이 전자기적 반응을 일으키는 것은 사실이며 이 현상을 실제로 고고학 유적지의 위치를 추정하는데 적용할 수 있는데 이것을 전자기장 측정법(Proton Magnetometry)이라고 부른다(Aitken 1970; Weymouth 1986). 이와 유사한 방법으로 흙의 전자기 저항을 측정하여 땅 속 건물의 초석이나 구조물의 위치를 탐색하는 방법도 있다(Clark 1970).

전자기장 측정법(proton magnetometer)은 흙에서 발생하는 전자기와 파장이 다른 과거에 형성된 자기장과의 구별이 가능하다는 점을 응용한 것이다. 예를 들어 금속물질, 불에 구워진 진흙, 과거에 형성된 구덩이등은 일반 흙과 구별이 가능하다. 과거에 한번 파낸 구덩이의 경우 다시 흙으로 채워졌을 때 주변의 흙과는 밀도가 다르기 때문에 전자기장의 전도율이 다르다. 예를 들어 고고학자인 데이비드 토마스 (David Hurst Thomas 1987)는 조지아(Georgia)주의 16-17세기 스페인 이주민들의 가장 중요한 정착지 중 하나인 산타 카탈리나(Santa Catalina) 지역을 발굴할 때 전자기측정법을 사용하여 아주 성공적인 발굴을 이끌어낸 바 있다.

전기저항조사방법(electrical resistivity surveying)의 경우 전자기의 흐름이 흙이나 바위를 통과할 때 이들의 밀도가 다르기 때문에 나타나는 파장의 차이를 이용한 방법이다. 땅속에 묻혀있는 건물의 벽이나 구덩이의 경우도 전자기가 흐를 때 주변을 둘러싸고 있는 흙과는 저항에 차이가 있기 때문에 그 파장의 결과가 다르게 나타난다. 이러한 차이를 유발하는 지점의 땅속에 유적이 있을 가능성이 높은 것이며 지도상에서 표시가 가능하다. 이 기술을 이용한 측정이 가능하지만 상당한 고가의 장비들이 필요하기 때문에 사용 하는데는 현실적인 어려움이 있는 것이 사실이다.

### 수맥 찾기에 대한 검증

탐침봉을 사용한 수맥 찾기에 대해 몇몇 과학적 검증을 시도한 예들이 있는데 미국수맥연구회(American Society of Dowsers)의 회원들이 실험에 참가한 적이 있다(Randi 1979, 1984; Martin 1983-84). 1990년 유럽 각국에서 온 19명의 수맥 탐사가들이 '독일 초자연현상 연구소(German Society for the Examination of Parascience)' 와 함께 실험에 참가하였다(Konig, Moll and Sarma 1996).

이 실험에는 미국 ABC 방송국의 한 시사프로인 '20/20' 도 함께 참가하였는데 수맥 탐사자들은 실험을 위해 고안된 과학적 방법론에 동의하였다. 이들 모두는 땅속에 흐르는 물의 위치를 실험조건 아래서도 쉽게 찾아낼 수 있다고 단언하였다.

이 실험은 물이 흐르는 파이프를 땅 속에 불규칙적으로 묻고 찾아내는 것이었는데 이 실험에서 대부분의 수맥 탐사자들은 물의 흐름을 발견하는데 완전히 실패하였다. 그들은 11,0000$(1억원)상당의 상금이 걸려있는 이 실험에서 탐침봉, 나무막대, 추 등을 사용하여 땅속에 묻혀 있는 파이프의 위치를 찾아내려 했으나 실패하였다.

이 상금은 단순히 수맥 찾기에만 제공되는 것이 아니라 UFO, 점성술, 초능력등 주어진 조건하에서 그 능력이나 존재를 증명하는 사람에게 주어지는 상금이다. 이 상금은 현재 백만불(10억원)로 상정되어 있고 '제임스 랜디 교육재단(James Randi Educational Foundation)' 이라는 단체에서 운영하면서 새로운 도전자를 기다리고 있다.*

만일 여러분들이 인터넷에서 볼 수 있는 초자연현상들을 모두 믿는다면 그것은 결코 합리적인 태도가 아니다. 탐침봉을 이용하여 발굴지역 내의 유적이나 유물을 찾는 방법이 고고학 연구에 있어서 보편적인 방법이

*만일 여러분들이 특별한 초능력이나 신비주의적 현상에 대한 증명에 자신 있다면 다음 인터넷 주소를 참고하기 바란다. (http://www.randi.org/research/index.html)

된다면 이는 참으로 특기할만한 사항일 것이다. 그러나 여러분들은 이러한 이야기를 읽거나 들을 때 그 내용을 쉽게 믿어서는 안된다. 고고학자들은 신빙성 없는 방법을 사용함으로써 동료들 사이에서 웃음거리가 되고 싶지 않을 것이다.

고고학자들 사이에서 탐침봉을 유적답사에 응용할 수 있다고 믿는 사람이 없는 것은 아니다. 내가 1983년 미국 내 고고학자들을 상대로 설문조사를 하였는데 이들 중 13.5%의 응답자가 탐침봉 사용을 실제 고고학 유적지 발굴에 응용할 수 있을 것이라고 대답하였다(Feder 1984).

그러나 대부분의 고고학자들은 이러한 방법이 실제로 적용 가능하다고 믿지는 않는데 탐침봉 사용을 지지하는 영국의 몇몇 고고학자들이 교회유적지를 조사하는데 시도한 경우가 있었다(Bailey,

Cambridge, and Briggs 1988).

이러한 지지자들 중 한 사람인 마틴 루슨(Martijn Leusen 1999)은 자신이 교회를 발굴할 때 초능력자라고 주장하는 사람들이 탐침봉을 사용하여 유적을 찾을 수 있도록 시험해 보았으나 그 결과는 실망스러운 것이었다. 루슨이 시도했던 것과 같이 탐침봉을 이용하여 땅속에 묻혀있는 폐허를 발견하였다 하더라도 이 결과가 실제로 그 어떤 초능력에 의해 발견한 것인지 아니면 교회가 세워진 역사를 조사한 지식을 바탕으로 발견한 것인지 구별할 수 있는 방법이 없다.

전자기 측정법을 처음 정립한 마틴 에이컨(Martin Aitken 1959)은 수맥탐사가인 영국의 래인(P. A. Raine)에게 전자기 탐사법을 사용하여 이미 발견한 땅속의 도자기 가마터를 다시 묻어 찾게 하였는데 실패하였다. 불에 구워진 진흙은 아주 강력한 전자기를 발생하는데 탐침봉을 사용한 방법이 이러한 유물을 찾아내는데 큰 효력이 없음을 입증한 것이다.

그렇다면 왜 탐침봉을 사용하여 수맥이나 유적을 찾을 수 있다고 주장하는 것인가? 이 질문에 대한 대답은 통계적 수치를 통해 알 수 있다. 호주(Australia)의 웨일즈(New South Wales)지방 정부가 행정구역 내에서 수천개의 우물을 파 사용한 기록을 갖고 있는데 이들 중 대부분은 소위 수맥 탐사가들이 찾아낸 우물들이다. 이들의 적중률은 놀랍게도 70% 이상인데 이는 열개의 구덩이를 팠을 때 일곱 군데에서 물길을 찾은 것이다(Raloff 1995: 91).

이 수치가 여러분들이 보기에는 신뢰감이 갈수도 있겠으나 일반적인 수맥 탐사법을 통한 적중률은 평균 83%에 이른다. 이 수맥 탐사가들은 경험을 통해 지형학과 지질학에 대한 지식이 풍부한 사람들이다. 로버트 파볼든(Robert Farvolden)은 온타리오에 위치한 '지하수탐사연구소(Waterloo Centre for Groundwater Research)'의 지질학자로 이 지구상 어디에건 지표상에서 물이 존재하는 지역에는 사람들의 거주지가 존재하며 이러한 거주지 주변에서는 어디를 파더라도 대부분의 경우 수맥을 발견할 수 있음을 지적하였다. 즉, 여러분들도 탐침봉을 이용하건, 지질학 정보나 초능력을 사용하건 대부분의 경우에 이러한 수맥을 찾아낼 수 있다는 것이다.

수맥 탐사가들이 탐침봉을 이용해 수맥을 찾아낼 수 있는 것과 마찬가지로 고고학 유적지를 찾아낼 수도 있는 것이다. 이것을 두고 마치 수맥 탐사가들이 대단한 능력이 있는 것처럼 생각할 수도 있으나 사실은 큰 의미가 있는 것이 아니다. 왜냐하면 고고학 유적지들도 수맥과 마찬가지로 여러분들이 생각하는 것 보다 훨씬 많은 곳에 산재해 있기 때문이다.

어떤 지역에서는 어디를 파건 고대 유물들을 발견할 수 있는 경우도 있다. 이러한 지역에서는 탐침봉을 이용하여 유적지를 찾는다면 놀라울 정도의 높은 적중률을 볼 수 있을 것이다. 그러나 이 뿐만 아니라 그 어떠한 방법을 사용하여도 결과는 마찬가지일 것이다. 따라서 탐침봉이나 기타 초능력을 이용한 방법이 고고학 연구의 한 방법이 될 수는 없는 것이다.

### 새로운 유적 탐사방법들

세계의 모든 고고학자들은 발굴작업을 할 때 삽, 트롤, 붓과 같은 전통적인 도구들을 사용한다. 땅속 깊이 묻혀있는 고대 무덤이나 건물들 대부분은 오랜 세월이 지나면서 파괴되기도 하지만 원형이 잘 남아있는 경우도 많은데 이러한 땅속 상황을 파보지 않고도 알 수 있는 방법이 있다(Kvamme 2003).

고고학자들은 초능력이나 탐침봉 혹은 그 어떤 능력을 사용하는 것이 아니라 최첨단의 기술을 응용하여 비파괴적인 방법으로 땅속에 묻혀있는 유물들을 볼 수 있다. 대표적인 예로 뷰어(Frederick Briuer),

씸스(Janet Simms), 그리고 스미스(Lawson Smith) 등 세명의 고고학자는 조지아(Georgia)주 베닝요새(Fort Benning)근처의 유파토아(Upatoi)에서 크릭 인디언(Creek Indian) 유적지를 전자기장 기술과 지하투시레이다(GPR: ground penetrating radar)를 사용하여 발굴하였다.

전자기장 측정법은 국지적인 지구 자기장의 변화를 측정하는 것인데 금속제 유물이나 건물의 잔해 혹은 농지의 경작이나 관개수로, 무덤을 파는 행위등으로 흙이 변형된 경우 자기장 주파수의 차이를 보이게 된다. 지상파 레이더 방법은 전자기파를 땅속으로 흘려 보낸 뒤 반사되는 주파수의 차이를 이용해 이미지를 그려내는 것인데 전자들이 통과하는 물체의 종류에 따라 다르게 반응함으로써 땅속에 있는 물질들의 형상을 그려낼 수 있는 것이다(Conyers 2004; Conyers and Goodman 1997).

이러한 방법들이 마치 탐침봉으로 수맥을 찾는 것과도 비슷해 보이지만 여기에는 근본적인 차이점이 있다. 전자기 측정법이나 지하투시레이다 방법은 과학적으로 입증된 자연현상을 응용한 방법으로 유파토아 마을의 한 지역을 측정하였을 때 6개의 무덤을 탐지할 수 있었다.

다른 예로는 플로리다(Florida)주의 키웨스트(Key West)지역에서 숲속의 바늘 찾기와도 같은 실험을 하였는데 플로리다 지방정부는 남북전쟁 직전 노예선이 침몰하면서 사망한 해안가 어디엔가 묻혀있을 소수의 흑인 무덤을 찾을 수 있기를 열망하였다. 문제는 많은 사람이 북적거리는 해변가에서 주변의 방해 없이 고고학적 조사를 어떻게 할 수 있는가 하는 것이었다.

덴버 대학(University of Denver)의 고고학자인 래리 커니어(Larry Conyers)와 그의 GPR 팀은 이 지역의 발굴문제를 해결하려고 시도하였다(Conyers 2003). 커니어의 GPR 사진은 마치 귀신의 형상처럼 기괴한 모습이지만 작고 희미하게 달걀모양의 점들이 붉은색과 녹색으로

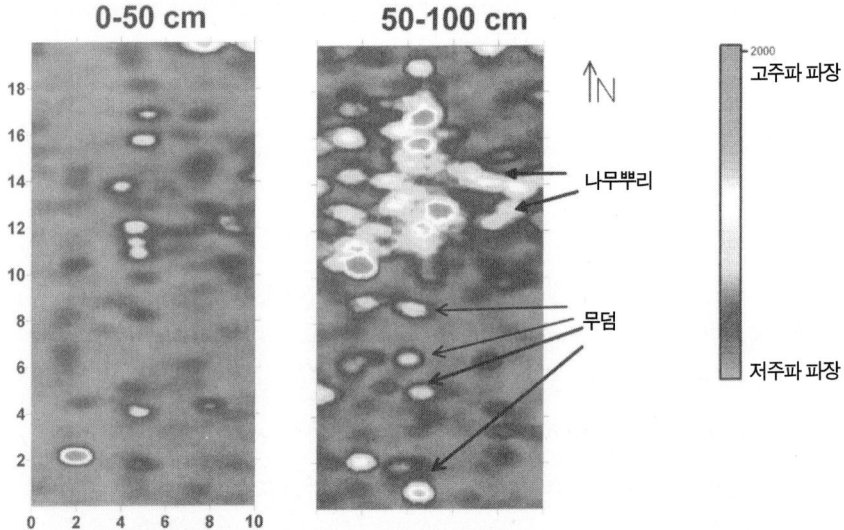

그림 10.3_ 플로리다 키 웨스트 해안가에서 레이더를 이용하여 무덤을 조사한 사진이다. 흙과 모래를 투과하여 땅 속의 고고학적 유물을 확인할 수 있다는 것이 마치 마술과도 같지만 이것은 과학기술을 응용한 것으로 달걀 모양의 둥근 점들이 무덤이다.

푸른 바탕 위에 나타나는 것을 볼 수 있다. 녹색과 붉은색 점들은 일정한 규칙성을 보이는데 이 점들이 군집을 이루면서 동시에 일직선상에 나타나 있다. 이 점들은 해변가 땅 속으로부터 반사된 전자파들이 그려낸 형상으로 그 깊이나 크기가 이들이 찾고 있는 무덤 크기와 거의 유사하였고 발굴결과 레이다에 나타난 점들이 실제 아프리카 노예들의 무덤임이 밝혀졌다.

노르웨이에서는 GPR 기술을 사용하여 땅속에 묻혀있던 바이킹 선박을 발견한 예가 있는데 노르웨이 첫번째 왕의 아버지인 A.D. 9세기 해프단(Halfdan the Black)의 무덤으로 밝혀졌다(Bjornstad 1998). 비파괴적인 방법을 통해 땅속의 모든 것을 들여다 볼 수 있다 하여도 고고학이라는 학문은 땅을 직접 파지 않고 할 수는 없는 것이다. 전자기 측정이나 레이더 기술이 얼마만큼 더 정확도를 개선하여 발굴현장에서 사용할 수 있는지는 아직 미지수이다. 그럼에도 불구하고 이러한 기술들이 머지않은 장래에, 이전에는 기대할 수 없었던 아주 놀라운 결과들을 제공해 줄 수 있을 것이다.

 자주 받는 질문들

1. 노스트라다무스(Nostradamus)가 20세기에 일어날 사건들을 아주 정확히 예언하였다고 주장하는데 이것이 사실인가?

노스트라다무스는 필명으로 본명은 노트르담(Michel de Notredame)이다. 그가 16세기에 미래에 일어날 많은 사건들을 정확히 예언했다고 주장하는데 사실은 그렇지 않다. 노스트라다무스는 의사이자 작가로서 프랑스에서는 그의 예언능력으로 인해 유명해진 사람이다. 노스트라다무스라는 이름은 그의 저서 '세기들(Centuries)'에서 사용되었는데 이 책에는 4행시 형식으로 구성된 100편의 예언시가 각각 9개의 다른 장으로 기록되어 있으며 대부분의 내용은 함축적이고 애매모호하여 이해하기 힘든 표현들이다.

여러분들도 한번쯤은 들어봤을 나폴레옹의 등장, 2차세계대전과 히틀러의 이름을 거의 400여년 전에 예언하였다는 주장들은 사실이 아니다. 노스트라다무스가 예언한 이 구절들을 살펴보면 알아들을 수 없는 말로 적혀있는데 예를 들어 Pau, Nay, Oloron은 프랑스 남서쪽 스페인 국경과 인접한 세 곳의 마을 이름이다. 그러나 호사가들은 이 세 단어가 바로 나폴레옹(Napoleon)이라는 이름을 암시하는 것이라고 주장한다.

히틀러(Hitler)의 이름도 마찬가지로 예언서의 본문에 히스터(Hister)라는 단어가 등장하는데 이것이 바로 히틀러(Hitler)를 지칭한 것이라고 해석하였다. 그러나 이러한 암시들이 노스트라다무스가 실제로 예언능력이 있다는 증거가 되는가? 이것은 사실이 아니며 로마시대의 지도를 보면 오스트리아 다뉴브강 하류지역의 지명이 히스터(Hister)이다. 노스트라다무스는 분명히 다뉴브강 하류 지역의 전쟁터에 포위되어 고립되어있는 한 군대를 지칭한 것이었다.

여러분들이 어떠한 이야기를 믿건 노스트라다무스가 미국의 9.11

테러를 예언하였다는 것도 사실이 아니다. 이 사건 직후 인터넷을 떠도는 주장들을 보면 '신의 도시(city of God)'가 바로 '뉴욕(New York)'이며 '무시무시한 천둥(great thunder)'이 바로 무역센터가 무너지면서 낸 굉음이고 '두 형제가 혼란 속에 무너진다(two brothers torn apart by chaos)'라는 구절이 쌍둥이 빌딩이 무너지는 모습을 묘사한 것이라는 주장이다.

한가지 우스꽝스러운 아이러니는 9.11테러를 묘사했다는 노스트라다무스의 이 예언은 사실은 그가 쓴 것이 아니라 닐 마셜(Neil Marshall)이라는 한 대학생이 9.11테러 몇년 전에 노스트라다무스의 예언시를 흉내 내어 쓴 것이다. 이 가짜 예언 시가 인터넷상에서 누군가에 의해 노스트라다무스의 예언 시로 둔갑해 돌아다니고 있었고 이것을 가지고 많은 사람들이 노스트라다무스의 예언 능력에 대해 떠들어댔던 것이다.

마셜은 자신이 노스트라다무스를 흉내 내어 쓴 예언시가 얼마만큼 확대 재생산되어 인터넷에서 돌아다녔는지 상상할 수 없었을 것이다. 시간이 지나면서 이 가짜 예언 시는 심지어 점점 더 무시무시한 내용으로 탈바꿈해 "두 강철 새가 하늘로부터 떨어진다(two steel birds falling from the sky)"란 구절이 새롭게 등장하였는데 두대의 비행기가 무역센터를 공격하는 것을 암시하는 내용으로 해석되었다. 그러나 이것은 9.11사건 이후 닐 마셜(Neil Marshall)의 가짜 예언시를 흉내 내어 만든 소위 가짜의 가짜 예언 시 이다. 즉 바넘(P. T. Barnums)이 카디프거인 위조사건에서 가짜의 가짜를 만든 것과 마찬가지 경우이다.

즉 노스트라다무스는 21세기 추종자들이 기대하는 것만큼 최근의 사건들에 대해 예언을 한 적이 없다. 불행하게도 이것은 아주 부끄러운 일로서 노스트라다무스는 진부하고 타락한 귀족들 사이에서 그 당시의 인터넷 점성술 싸이트와 같은 신비주의적인 유행풍조를 만들었으나 실제로 그의 예언이 정확히 맞은 것은 없다.

## 제11장 보수종교와 현대과학

　한 고고학자가 지구 어느 곳에선가 아주 놀랄만한 유적을 발견하여 세심하게 발굴작업을 하고 있다고 생각해 보자. 뭔가 수수께끼 같은 유물을 현미경으로 관찰하기도 하고 컴퓨터로 자료를 복사해 내기도 하며 그들이 발견한 결과를 깨닫게 된다. 그러나 놀랍게도 그들의 입장에서는 자신들의 연구 결과에 대한 그 어떠한 다른 설명은 있을 수 없다고 생각한다.

　예를 들어 고고학자들이 현장에서 발굴한 유물들을 볼 때는 그 유물을 사용했던 과거의 사람들이 생각했던 것과는 달리 실제보다 더 중요하고 대단한 것으로 생각할 수 있다. 이러한 유물에 대한 판단은 조사자들의 생각이 포함되어 있는 것이며 결국은 자신이 만들어낸 부정할 수 없는 '놀랄만한 진실'과 마주하게 되는 것이다. 과학자들은 기적에 대한 확고한 증거를 발견하게 되며 이를 간접적으로나마 신의 존재를 입증하는 것이라고 주장한다. 이러한 내용은 마치 영화의 주제가 될 수도 있을 것처럼 보인다. 그러나 고고학 연구에 있어서 상상의 부분은 영화 시나리오나 드라마 각본과는 본질적으로 다른 것이다.

　다행스럽게도 정도를 넘는 무리한 결론들은 고도로 훈련 받지 않은 일부 아마추어 연구자들에 의한 주장이 대부분이다. 물론 이 책은 한 사람의 신앙심이나 종교적 믿음을 평가하려는 것이 아니다. 어느 특정한 종교가 그들의 교리를 물리적으로 증명하기 위하여 고고학적 자료를 제시할 때 그것이 맹목적인 믿음에서 벗어나 엄밀한 과학적 관점에서 논의되어야 한다는 점을 지적하려는 것이다. 우리는 노아의 방주(Noah's Ark), 공룡시대의 인간 발자국, 토리노의 수의, 마야의 달력등과 같은 종교적 논쟁에 대해서 과학적 방법론과 연역적 논리에 의거하여 검증해 볼 필요가 있다.

### 과학적 창조주의

여러분들은 소위 1925년 테네시(Tennessee)주에서 있었던 스코프스(Scopes)의 황당한 재판에 대해서 들어본 적이 있을 것이다. 이 재판은 고등학교 교사인 존 스코프스(John Scopes)가 공립학교에서 1967년까지 존속되었던 종교법을 위반하고 다윈의 진화론을 가르쳤다는 죄목으로 기소된 사건이었다. 이 기념비적인 재판은 국제적인 주목을 받았는데 당시 저명한 변호사였던 클래어런스 다로우(Clarence Darrow)가 스코프스를 위하여 법정 변호사를 맡았고 세번이나 대통령 후보 선거에서 낙마한 윌리엄 브라이언(William J. Bryan)이 사건을 기소했던 검사였다.*

* 이 재판에 관련된 판결문과 기타 관련자료들은 다음 웹사이트에서 찾아볼 수 있다
(http://www.law.umkc.edu/faculty/projects/ftrials/scopes/scopes.htm.)

비록 스코프스가 100$의 가벼운 벌금형을 선고받았고 그는 끝까지 이 벌금을 지불하지 않았지만 이는 테네시주가 행한 가장 악명 높고 우스꽝스러운 재판이었으며 결국에는 과학과 진화론의 승리로 기록된 재판이었다.

과학자인 스테판 구드(Stephen J. Gould 1981,1982)는 이 사건이 재판에 기소될 사안조차도 아니라는 점을 지적한 바 있는데 결과적으로 진화론에 대한 찬반론자들 사이에 감정의 골만 깊어졌다. 그러나 정작 심각한 문제는 구태의연한 논쟁에 휘말리고 싶지 않은 출판사들이 진화론과 관련된 교과서의 출간을 회피함에 따라 수 세대에 걸쳐 미국 학생들이 생물학의 가장 중요한 핵심 이론들중의 하나인 진화론을 접할 수 있는 기회를 상실하게 되었다는데 있었다.

그러나 미국사회의 이러한 태도는 1950년대 이후 소련이 인류 최초의 인공위성인 스푸트니크(Sputnik)호를 지구궤도에 성공적으로 쏘아 올린 후 급격한 변화를 보이기 시작하였다. 미국이 과학의 모든 분야에서 세계 최고라는 자신감이 흔들렸고 초등학교부터 과학 교육과정에 대한 개혁작업에 착수하였다. 이후 진화론은 생물학 과목에서 다시 중요한 위치를 회복할 수 있었으나 근본주의 기독교인들은 그들의 종교적 신앙을 정면으로 반박하는 진화론에 대한 교육을 막으려는 시도를 계속하고 있다.

근본주의 기독교인들은 헌법의 보호 아래 종교가 진화론을 학교 밖으로 밀어낼 수 없음을 깨닫자 다른 시도를 하였다. 그들은 종교적 색채는 최대한 제거하고 과학의 모습으로 위장한 소위 '과학적 창조주의 (Scientific Creationism)' 이라는 개념을 만들어 냈다. 그들의 주장은 최근의 과학적 성과에 비추어 볼 때 대체로 10,000년 전에 그 어떤 지적인 힘에 의하여 우주가 자연스럽게 창조되었으며 동시에 인간도 최근에 창조되었다는 것이다. 또한 거대한 창조의 한 과정으로서 파괴현상도 일어났는데 그 중 하나로 전 세계적인 홍수가 있었다는 것이다(Gish 1973; Morris 1974,1977; White and Morris 1961).

비록 그들의 이론이 유대교의 구약성서와 별 차이가 없지만 과학적 창조주의자들은 이것이 기독교 교리에 바탕을 둔 것이 아니라 우주와 지구, 생명과 인간 영혼에 대한 또 다른 가설이라고 주장한다. 과학적 창조주의를 대표하는 기관으로는 '창조론 연구소(Institution of Creation Research)' 가 있는데 이곳은 이론서의 출판, 학교설립, 진화론자들과의 논쟁을 주도한다. 그들의 목적은 진화론을 학교 밖으로 몰아낸다기 보다는 과학적 창조주의를 학교에서 함께 가르치도록 하는데 있다. 즉 그들의 이론을 생물학, 지질학, 천문학, 인류학에서 가르쳐야 한다는 것이다.

한가지 지적해야 할 사항은 거의 대부분의 과학적 창조주의자들이 근본주의기독교인이라는 것인데 문제는 근본주의기독교파가 다른 모든 교파들을 대변할 수는 없다는 것이다. 즉 성경의 문구를 있는 그대로만 해석하는 근본주의자들의 교리는 대부분의 다른 기독교파들의 성경 해석과는 큰 차이가 있다.

기독교의 많은 신학자들은 과학적 창조주의가 아주 불합리한 신학적 교리이며 과학 이론이 아니라는데 공감하고 있다. 창조주의자들은 지금까지 그들의 이론을 합법적으로 공인받는데 실패하여 왔다. 미국 대법원은 과학적 창조주의가 과학적 모델이 아닌 종교적 교리를 재기술한 것에 불과하다고 판정하였으나 아칸소(Arkansas)주와 루이지애나(Louisiana)주의 경우 학교에서 창조론을 가르쳐야 한다는데 무게를 실어주었다(Scott 1987).

루이지애나주 법은 1987년 연방대법원판사 9명 중 7명이 과학적 창조주의는 유대교의 구약을 재기술한 것에 불과하며 공립학교 과학 교과과정에 채택할 수 없음을 판시하였다(Michael Shermer 1997). 그러나 이러한 판결로 근본주의자들이 진화론을 공립학교에서 몰아내려는 시도를 포기한 것이 아니었다(Schmidt 1996).

예를 들어 1995년 알라바마주 의회는 모든 공립학교의 생물학 교과서에 진화론이 완전히 증명된 이론이 아님을 기술하도록 지시하였다. 근본주의 기독교인들은 교과서의 진화론과 관련된 내용 중 식물, 동물, 인류의 기원등과 관련하여 이들 중 어느 것도 언제 생명이 처음 지구에 등장하였는지 정확히 밝혀진 바가 없으며 따라서 생명의 기원에 대한 진화론은 단지 이론으로 취급해야 마땅하다고 주장한다.

그러나 근본주의자들은 이론(theory)이란 단어를 왜곡되게 해석하여 학자들이 진화의 메커니즘에 대한 확실한 증거가 없는 것처럼 호도하고 있는 것이다. 즉, 현대 과학이 지구상에서 최초의 생명체가 어떻게 시작되었는지 확실하게 설명할 수 없다는 것을 마치 학자들이 일반적인 생명 현상에 대해서 모른다고 하는 것은 상식 밖의 주장이며 이는 지질학, 고고학, 고생물학등 현대 학문의 근간을 부정하는 것이다.

    1996년 연방대법원은 20대 13의 표결로 테네시주 의회에서 통과된 법안을 부결시켰는데 이는 공립학교 교사들이 진화론을 학문적 사실로서 가르치지 못하도록 제한한 법안이었다. 1996년 오하이오주 의회에서도 공립학교에서 진화론에 반대하는 이론들도 함께 가르치도록 상정한 법안을 부결시킨 바 있다. 비록 근본주의자들의 이러한 시도들이 실패로 끝나긴 하였지만 종교적 논쟁 때문에 학교 교사들이 생물학 수업시간에 진화론에 대한 심도 있는 논의를 회피하는 경향이 있다 (Schmidt 1996:421).

    근본주의 기독교인들은 천천히, 조용히, 그리고 밑바닥에서 부터 지역학교의 교사로 직접 나서고 있으며 기초교육에 충실히 하려면 철학교육을 강화해야 한다는 명분아래 그들의 종교적 교리를 공립학교 교과과정에 집어 넣으려고 끊임없이 시도하고 있다. 캔사스(Kansas)주 교육당국은 고등학교 과학 교과과정을 바꾸었는데 그 동안 진화론은 과학 교과목에서 다루는 7개의 주요 항목 중의 하나로서 모든 학생들이 필수과목으로 수강하도록 되어있었다. 그러나 교육위원회의 구성원이 바뀐 1999년 8월 캔사스 교육국에서는 생물학의 7개 필수과목을 6개로 줄이고 진화론을 선택과목으로 하였다. 이 결과 캔사스 지역의 많은 학부모들은 그들의 자녀들이 부실한 기초 과학을 배울 것을 우려하여 거세게 항의하였고 일선 과학자와 학교 교사들은 이러한 결정이 과학계를 공격한 것으로 간주하였다.

    캔사스(Kansas)주 교육국의 극우 기독교인들을 투표를 통해 다시 쫓아내는 데는 2년이라는 세월이 걸렸는데, 2001년 1월 투표에 의해서 진화론이 과학 과목 중 필수과목으로 다시 복귀될 수 있었다. 캔사스(Kansas)주는 2001년 이후 정상적인 과학교육이 이루어 질 수 있었지만 오하이오(Ohio)주 교육당국은 일선 교사들에게 진화론의 불확실성에 대해서 가르치도록 한 법안을 통과시켰다. 한편 오하이오주 교육당국은 진화론 자체를 교육과정에서 제외시키려는 시도 또한 무산시켰다. 즉 오하이오 교육국은 하나의 타협안으로서 일선 과학 교사들이 생명의 기원을 설명할 때 진화론의 불확실한 면을 언급하도록 한 것이다.

대부분의 학자들도 생명의 기원에 대한 진화론의 가설과 생물학적 변화의 중요한 메커니즘들을 설명하는데 있어서 많은 부분이 확실하게 밝혀지지 않은 점에 대해서는 동의하고 있다. 2002년 10월 오하이오 교육당국은 일단의 갈등을 극복한 후 진화론을 어떠한 조건도 없이 다시 학교 교과과정의 필수과목으로 복귀시켰다. 흥미로운 사실은 오하이오 교육국이 창조론자들의 '지적 계획(ID; intelligent design)' 이론을 학생들에게 이야기할 수는 있지만 시험내용에는 포함될 수 없다는 입장을 견지하였다는 점이다(Holden 2002a, 2002b).

그렇다면 창조주의자들이 주장하는 '지적 계획'이란 무엇인가? 이것에 대한 세부적인 논점들이 있지만 철학자인 닐 섕커(Niall Shanks 2004)의 주장에 따르면 '지적 계획'의 이론적 토대는 고대 그리스 철학에 바탕을 두고 있다. 즉 자연의 질서에서 보이는 복잡한 규칙성, 세부적인 외형적 형태들은 바로 그 어떤 지적인 존재에 의해서 창조된 것이라는 주장이다. 섕크는 이 주장의 심각한 문제점을 지적하였는데 우리가 알고 있는 자연 현상들 중 일정한 규칙성과 형식을 갖추면서 변화하는 것이 지적인 존재의 간섭과는 상관없이 나타나는 현상임을 창조론자들이 부정하고 있다는 것이다. 즉, 눈의 결정체 모양이나 해바라기 씨들이 원을 이루는 모양, 혹은 구름이나 무지개의 형상등은 화학, 생물학, 물리학적 요인에 의하여 직접적인 영향을 받는 것이며 지적인 의도나 간섭에 의해서 일어나는 현상이 아니다.

심지어는 '진화'라는 용어 자체도 문제 있는 단어로 취급하였다. 2004년 1월 조지아(Georgia)주는 중고등학교 교과과정에서 진화라는 단어를 쓰지 못하도록 하고 그대신 '시간상의 변화'라는 표현을 쓰도록 하면서 "…진화라는 단어는 혼란스러운 개념으로 많은 부정적인 반응을 초래할 수 있다…"라는 이유를 내세웠다(Jacobs 2004). 또한 지구를 지칭하는 표현들도 바꾸게 하였는데 이전에 교과서 제목으로 사용되었던 '지구의 오랜 역사'에서 단순히 '지구의 역사'로 표현되었다. 다행스러운 것은 조지아주의 2004년 2월 확정된 과학 교과과정에서 과학자들과 교사들의 의견이 반영되었다는 것이다.

과학적 창조주의 이론에 대해 분석한 많은 책들이 있다(McKown 1993, Strahler 1999) 고생물학자인 크리스 맥관(Chris McGowan 1984)은 과학적 창조주의를 정면으로 반박하였으며 작가인 마이클 셔머(Michael Shermer 1997)는 창조론자들의 25가지 주장에 대해 조목조목 반론을 제기하였다. 바바라 포레스트(Barbara C. Forrest)와 폴 그로스(Paul R. Gross)의 저서 '창조주의자들의 트로이 목마(Creationism's Trojan Horse 2003)'는 과학적 창조주의 이론에 대한 날카로운 분석을 담고 있다.

기독교 성경에 기록된 내용을 학문적으로 증명할 수 있다고 제시된 물적 증거들로 널리 알려진 것들이 동시에 과학적 창조론의 증거로 자주 제시되곤 한다. 이러한 물적 증거들 중 노아의 방주가 실재한다는 주장과 인류와 공룡이 비교적 멀지 않은 과거에 함께 창조되었다는 이론에 대해서 한번 살펴보기로 하겠다.

### 노아의 방주(Noah's Ark)

구약에 등장하는 노아의 홍수 이야기는 B.C. 500~450 사이에 쓰여진 것으로 추정되지만 이와 유사한 내용의 홍수 전설은 이미 B.C. 1,800 중동지역에서는 널리 유행하던 전설들 중 하나이다(Cohn 1996). 이들 대부분의 홍수전설은 그 내용이 동일한데 즉 '화가 난 신(神)이 인간들에게 복수를 하기 위하여 거대한 홍수를 일으켜 세상을 멸망시킨다'는 내용이다. 이때 지구상에서 유일하게 정직하고 바른 사람인 노아(다른

그림 11.1_ 노아의 방주에 동물들을 태우고 있는 그림. 지질학, 생물학, 고생물학, 고고학 증거들을 살펴볼 때 노아의 방주는 역사적 사실이 아니다.

필사본에서는 지우수드라(Ziusudra), 아트라하시스(Atrahasis), 우트나피쉬팀(Utnapishtim)등의 이름으로 등장한다)가 신으로부터 경고를 받고 방주를 만들어 식물과 동물들을 실었다는 내용이며 구약보다 더 오래된 다른 번역본을 보면 비가 그친 후 육지를 찾기 위해 비둘기가 아닌 까마귀를 보낸 것으로 묘사되어 있다(그림 11.1).

    이 내용을 비교해보면 구약의 홍수이야기가 최초의 전설이 아니라 다른 지역에서 유행하던 신화를 유대인들이 받아들여 각색한 것임을 알 수 있다. 이러한 사실을 바탕으로 홍수전설을 종교적인 관점이 아닌 연역적 방법으로 추론해 보기 위해서 다음과 같은 질문을 해볼 수 있을 것이다.

1. 구약에서 묘사한 노아의 방주는 실제로 존재하였는가?
2. 노아의 가족들과 각기 한쌍의 동물들을 방주에 실어 종족을 보존할 수 있었는가?
3. 당시 대규모 홍수가 있었던 지질학적 증거는 있는가?
4. 대규모 홍수와 관련된 고고학적 증거는 있는가?
5. 노아의 방주가 존재했었다면 현재에도 그 잔해가 남아있을 것인가?
6. 홍수가 전 지구상에 걸친 것이 아닌 일부 지역에 국한된 홍수였으며 이 사건에 대한 이야기가 다른 지역으로 전해지면서 유대인들이 특별히 의미 있는 신화로서 받아들인 것은 아닌가?

1. 노아의 방주는 실제로 만들어 졌는가?

로버트 무어(Robert A. Moore 1983)와 마크 이삭(Mark Isaak 1998)은 홍수 전설을 세밀히 조사한 바 있는데 그들의 연구 결과에 따르면 당시의 기술로 노아의 방주를 만든다는 것은 불가능 하다는 결론을 내렸다. 구약에 따르면 방주는 300큐빗(cubit) 길이에 50큐빗의 넓이로 기록되어 있는데 1큐빗을 46cm로 환산하면 137m 길이에 23m 넓이가 된다. 이것은 실로 거대한 크기로서 이정도 규모의 선박은 1940년대 이전에는 만들 수 없었으며 19세기 이후 미국 해군에 의해 건조된 대형군함이 처음이라 할 수 있다. 즉 이러한 거대한 크기의 배를 몇몇 노아의 가족들이 만들 수 있었다는 것은 불가능한 일인 것이다.

노아의 방주가 만들어졌다는 5천년전 중동지역의 선박 건조기술에 대해서는 이미 잘 알려져 있다. B.C. 3,100~2,890 사이의 것으로 추정되는 이집트 지역에서 발굴된 통나무를 사용하여 만든 선박이 지금까지 발견된 것들 중 가장 오래된 것이다. 이 선박의 크기는 23m×2m 크기로 구약에서 묘사된 노아의 방주와 비교하면 1.5%정도의 크기이다. 지금까지 이 선박보다 더 큰 크기의 선박이 중동 지역에서 발견된 예는 없다.

### 2. 노아의 가족들이 지구상의 각 동식물들을 한쌍씩 방주에 실었다는 것이 가능한가?

노아와 그의 가족들이 지구상의 모든 동물들을 모아 방주에 태우는 것은 불가능한 일이다. 노아가 자신이 살던 지역으로부터 18,000km 이상 떨어져 있는 전혀 알지 못하는 다른 대륙을 여행하며 동물들을 모아오기란 불가능 하였을 것이다. 신대륙 동물인 라마(llamas)나 알파카(alpacas)와 같은 동물이나 캥거루나 코알라와 같은 호주대륙 동물들을 어떻게 데려와 방주에 태울 수 있었겠는가?

구약에 따르면 노아의 방주에는 25,000종의 조류, 15,000종의 포유류, 6,000종의 파충류, 2,500종의 양서류와 1,000,000종의 곤충류가 그리고 소위 '깨끗하지 못한 종'은 각 한 쌍씩 '깨끗한 종'은 7쌍씩 방주에 태워 1년을 보냈다고 기록되어 있다(Schneour 1986:312).

그러나 방주에 타고 있던 몇몇 사람들이 이 동물들에게 물과 식량을 제공하고 배설물을 처리하기란 불가능해 보인다. 동물의 생활 또한 각 동물당 1큐빅(cubic)미터가 안되는 넓이의 공간이 제공되었을 것인데 코뿔소, 코끼리, 기린과 같은 거대 동물들의 생활 공간과 먹이는 더더욱 심각한 문제였을 것이다(Schneour 1986:313). 게다가 창조주의자들은 공룡이 노아가 살았던 시기에 함께 존재했었고 공룡들 또한 노아의 방주에 실려 생존할 수 있었다고 주장한다(Taylor 1985a). 그러나 몸집이 12m×30m 크기에 30톤이 넘는 공룡들이 방주 속의 비좁은 공간에 들어갈 수가 있었겠는가?

21세기 대부분의 동물원들은 각 동물들의 식생활 여건을 자연상태와 가깝게 유지하면서 번식을 시키는데도 큰 어려움을 겪고 있는데 노아는 어떻게 이러한 문제를 해결할 수 있었는가?

마지막으로 한 종의 멸종은 그 종의 마지막 개체가 사망함으로써 사라지게 되는데 개체 수가 특정 숫자 이하로 떨어지면 멸종이 가속화 된다. 예를 들어 팬더가 자연상태에서 종을 유지하기 위한 최소한의 숫자는 1,000마리 정도로 계산하고 있다(Dolnick 1989).

만일 노아의 홍수 전설이 사실이라면 팬더를 비롯한 다른 많은 종들이 홍수 이후에 한쌍 혹은 7쌍 만으로 생존했다는 것인데 현대 유전학적 입장에서 보면 이러한 소수의 개체만으로는 멸종할 수밖에 없는 것이다.

### 3. 홍수에 대한 지질학적 증거는 존재하는가?

그다지 오래되지 않은 과거에 대규모 홍수가 있었던 증거는 존재한다. 그러나 세계 각지에서 확인된 지질학적 정보들을 볼 때 구약에 등장하는 전지구적인 규모의 홍수는 존재하지 않는다. 지구 표면에 광대하게 펼쳐져 있는 자연 지형들은 아주 오랜 시간 동안 점진적인 침식. 풍화 작용을 통해 형성된 것이며 거대한 재난에 의해서 하루아침에 형성된 것이 아니다. 물론 6억 5천만년 전 거대한 운석이 지구에 충돌함으로써 공룡을 비롯한 많은 생명들이 멸종된 사실이 있다.

예를 들어 고생물학자들은 생물층위학이란 연구를 통해 각 지층에 따른 화석과 생명군의 변화를 잘 인식하고 있다. 소위 생물학적 층위란 것은 단순히 지질학상의 지층 구조만을 나타내는 것이 아니라 각 층위에서 발견되는 동.식물들의 화석까지도 포함하는 것이다. 이 흔적들은 혼재되어 아무 지층에나 무작위로 분포하는 것이 아니며 분명한 규칙성을 갖고 나타난다. 즉 보다 오래된 생명체가 속한 지층은 아래쪽에 분포하며 최근의 지층과 화석은 보다 위층에서 발견되는 것이다. 이것은 오랜 세월에 걸쳐 점진적으로 형성된 것임을 보여주는 것이며 최근의 천재지변에 의해서 형성된 것이 아님을 나타낸다.

만일 멀지 않은 과거에 전지구적인 홍수가 일어나 모든 동식물들을 파괴하였다면 그들의 잔해는 홍수로 인하여 생긴 침전층에 묻혔을 것이다. 공룡과 인류, 삼엽층과 주머니쥐, 나무늘보와 고양이, 오스트랄로피테커스와 네안데르탈인들이 모두 홍수 이전에 동일한 시대에 존재했었다면 홍수 때 함께 멸종하였을 것이다. 그렇다면 이들의 잔해는 동일한 지층에서 발견되어야 하는 것인데 물론 고고학자들은 이러한 잔해들을 동일한 지층에서 발견한 예가 없다.

식물의 화석은 앞서 언급한 동물의 화석보다 오래된 지층에서 발견되며 단세포 생명체의 화석은 다세포 생명체의 화석보다 훨씬 더 오래된 지층에서 발견된다. 파충류의 화석은 포유류의 화석보다 오래된 지층에서 발견되며 공룡이 발견되는 지층에서는 인류의 흔적이 함께 발견된 적이 없으며 보다 더 오래된 지층에서 발견된다.

창조론자들은 그들의 이론을 반증하는 이러한 강력한 증거들을 인식하여야만 하며 또한 고대의 연대기적 사건 뿐만 아니라 실제 홍수 때 각 동물마다 땅속에 침전되어 묻히는 형태가 다른 점에도 관심을 기울여야 할 것이다. 예를 들어 파충류는 포유류보다 일반적으로 아래층에서 발견되는데 이것은 파충류가 포유류보다 물에 잘 떠내려가지 않기 때문이다.

이러한 논리적이고 과학적인 문제점들 뿐만 아니라 창조론자들의 심각한 오류는 300여년전 존 우드워드(John Woodward 1695)가 저술한 '지구의 자연사 소론(an Essay Toward a Natural History of the Earth)'란 책의 내용을 아무런 비판 없이 지금까지도 인용하여 사용하고 있다는 점이다.

4. 대홍수와 관련된 고고학적 증거는 존재하는가?
만일 전지구적인 홍수가 5,000~6,000년 전에 일어나 노아의 방주에 실린 8명의 사람과 동.식물 외에 모든 생물들이 멸종했다면 이 시기의 고고학적 유물들은 세계 도처에 넘쳐날 것이다. 인류의 역사 또한 아주 분명한 단절의 시점을 볼 수 있을 것이며 우리는 황폐화된 대 홍수 당시의 인간 거주지들을 볼 수 있을 것이다. 또한 우리는 인류문화의 진화선상에서도 아주 분명한 단절을 볼 수 있을 것이며 발전된 예술, 건축, 과학기술은 대홍수와 함께 모두 파괴되었을 것이다.

문명의 진화라는 관점에서 본다면 홍수 이후에 이 모든 것들을 새롭게 시작하였을 것이고 이러한 변화들은 고고학적 유물들을 통해 확인할 수 있을 것이다. 여러분들이 핵전쟁 이후 아주 소수의 사람들만이 살아남고 인류문명은 모두 파괴되었다고 상상해 볼 때 이 핵전쟁 이전과 이후에 고고학적인 관점에서 남겨진 유물들이 어떠한 차이를 보일 것인지는 명확한 것이다.

대홍수 이전과 이후도 고고학적인 관점에서 마찬가지로 생각해 볼 수 있을 것이다. 대홍수를 믿는 사람들에게는 불행한 사실이지만 모든 것이 다 파괴된 이후에 8명의 인간이 고대문명을 재건하기란 불가능한 것이며 지구상에 그 어떠한 고고학적 흔적도 남길 수 없었을 것이다. 고대 이집트, 메소포타미아, 중국, 신대륙 문명들 모두 그들의 문화 발전상에서 그 어떠한 단절도 보이지 않고 있다. 현재 지구상에 존재하는 문화들을 살펴볼 때 그들의 인구 전체가 멸종의 위협을 받았거나 전지구적인 대홍수의 흔적들이 존재하지 않는다. 즉 고고학적 기록에 근거하여 볼 때 구약에 묘사된 거대한 홍수는 존재하지 않는다.

### 5. 노아의 방주는 존재하는가?

터키의 산맥 어디엔가 거대한 선박의 잔해가 존재하는가? 이곳 어딘가에 노아의 방주가 남아있을까? 오랜 세월 동안 근본주의기독교와 관련 있는 많은 사람들이 터키의 아라라트(Ararat)산에서 방주의 잔해를 찾고 있다(LeHaye and Morris 1976). 이들 중에는 미국의 우주비행사인 제임스 어윈(James Irwin)도 있는데 아직 주목 할만한 유물이 발견된 적은 없다. 이 지역의 한 크루드인이 5182m 산 정상에서 거대한 방주를 목격하였다고 주장한 적이 있다. 이 이야기는 1916년 러시아인들이 방주를 발견하였다는 소문으로 와전되었고 이는 다시 구 소련정권이 방주의 잔해들이 찍힌 사진들을 감추고 있으며 방주를 목격한 사람들을 처형시켰다는 소문으로 확대 되었다. 이와 비슷한 속설로는 1960년대 한 미국인이 노아의 방주를 발견하였다는 주장이 있다. 스미스소니언재단과 내셔널지오그래픽사가 극비의 탐험을 통해 노아의 방주를 발견하였으나 정부가 진화론을 유지하기 위해 압력을 행사하여 이 발견은 세상에 알려질 수 없었다는 주장이다(Sallee 1983:2).

이러한 주장에 대한 첫번째 질문은 그렇다면 왜 사람들은 알려진 장소에 다시 가서 방주를 찾지 않는가 하는 것이다? 그러나 방주를 목격한 사람들은 방주를 발견하였다고 주장한 장소를 다시 찾지 못하였다. 방주가 존재한다는 다른 믿을만한 증거라는 것들은 사진과 동영상인데 이들 또한 이해할 수 없는 이유로 갑자기 사라지거나 바위나 자연 형상들을 착시에 의하여 잘못 인지한 경우가 대부분이다.

1959년 프랑스의 탐험가인 페르난드 나바라(Fernand Navarra)가 방주를 발견하여 목재 샘플을 채취하여 왔다고 주장하였다. 그러나 이 목재에 대한 방사성탄소연대측정 결과 노아의 홍수시대인 5,000년 전이 아닌 A.D. 6~9세기 사이의 것으로 판명되었다(Taylor and Berger 1980).

### 6. 노아의 홍수 이야기는 그 지역의 실제 사건으로부터 영감을 얻은 것인가?

2000년 9월 한 신문의 머리기사에 충격적인 내용이 실렸는데 "…대홍수에 대한 새로운 증거…" "…대홍수 이전의 유물을 발견하다…"라는 제목이었다. 물론 이 머리기사에서 표현한 것들은 1955년 뉴잉글랜드의 홍수나 1993년 미국 중서부의 재앙적인 대홍수를 의미하는 것이 아니다. 이 내용은 소위 "노아의 홍수 증거 찾기"란 인터넷 사이트에 실려있는 주장들이다 (Ballard and the Black Sea 1993).

아주 숨가쁘게 느껴지는 한 머리기사가 웹사이트에 실렸을 때 집중적인 관심의 대상이 되었던 것은 이 탐사계획을 지휘하는 사람이 타이타닉호의 잔해를 발견한 저명한 해저탐험가인 밥 밸러드(Bob Ballard)였기 때문이다. 밸러드는 지질학자인 윌리엄 라이언(William Ryan)과 월터 피트먼(Walter Pitman 1998)의 가설을 검증해 보았다.

이들의 가설이란 홍적세(Pleistocene)동안 바다의 해수면이 전 세계적으로 낮아졌다는 반박할 수 없는 사실에 바탕을 둔 것으로서 지중해와 흑해의 해수면이 해저의 고지대에 의해 보스포러스(Bosporus)해협, 마르마라(Marmara)해협, 다르달레스(Dardanelles)해협과는 완전히 분리된 바다였으나 지금은 해수면이 높아져 모두 하나의 해수면이 되었다는 것이다(그림 11.2).

즉 홍적세가 끝나고 빙하가 녹자 해수면이 전체적으로 높아졌다는 것이다. 신대륙과 구대륙을 연결했던 베링 해협 근처에서도 같은 과정으로 거대한 홍수가 일어났는데 이때 지중해의 해수면이 상승하면서 고지대를 넘어 흑해의 분지로 유입되었다는 것이다(5장 참조). 대부분의 지질학자들은 이 사건이 10,000여년 전에 시작하여 점진적으로 서서히 이루어졌다는데 동의하고 있다(Aksu et al. 2002).

당시 흑해의 해수면이 현재의 해수면보다 18m정도 낮았다는 것인데 흑해의 물이 고지대를 넘어 유입되는 모습은 폭포수의 장관을 이루었을 것이지만 재앙을 불러 올만한 규모는 아니었다. 이 파고의 높이는 전술한 바와 같이 18m 정도였는데 이것을 51m 높이의 캐나다 나이아가라 폭포와 비교해 보면 그 크기나 위력을 짐작할 수 있을 것이다 (Schiermeier 2004).

그러나 라이언과 피트먼은 이 해수면의 변화가 7,500여년전 갑작스런 천재지변으로 일어났으며 지중해의 해수면이 고지대의 높이에

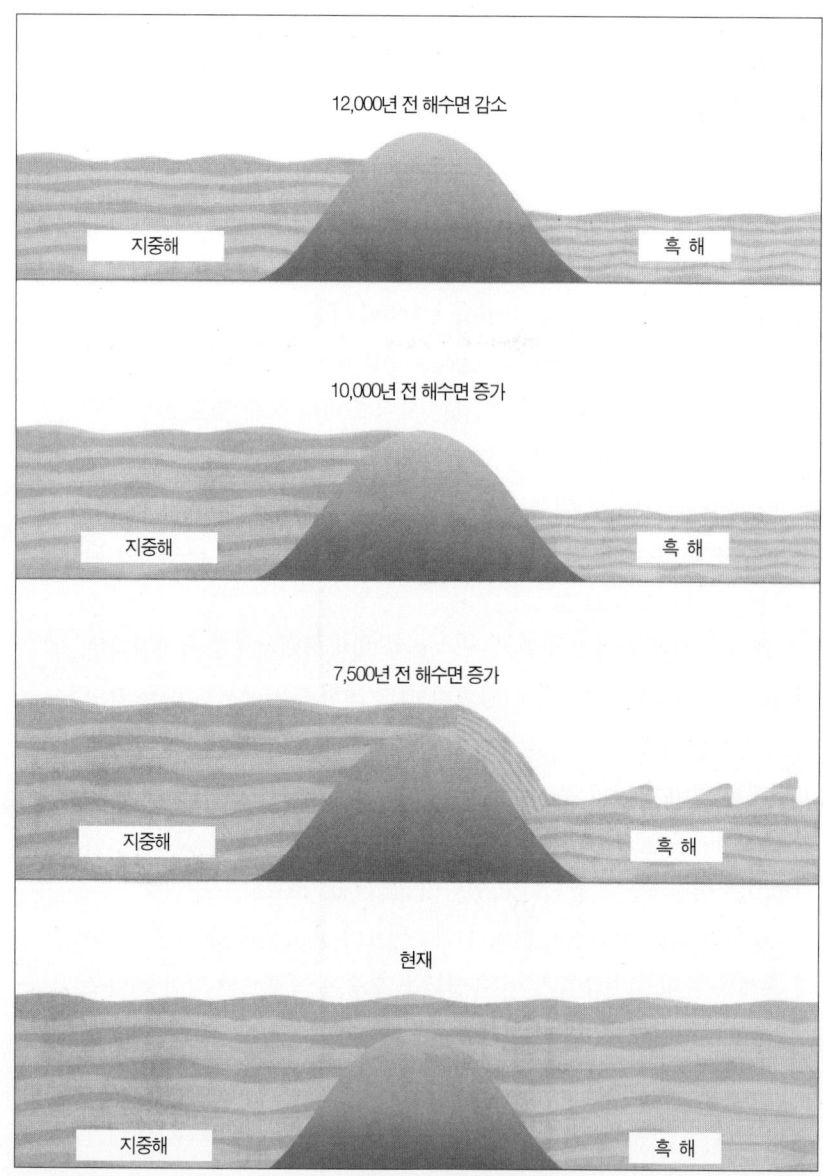

**그림 11.2_** 지중해와 흑해 사이의 고산지대를 중심으로 해수면의 변화를 간략히 표시한 그림이다. 빙하시대 지구 전체의 해수면이 충분히 낮아졌을 때 지중해와 흑해는 완전히 분리되어 있었다. 해수면이 상승했을 때 지중해의 물이 고산지대를 넘어 흑해로 유입되었는데 라이언과 피트먼은 이 현상이 당시 큰 재앙을 불러왔을 것이며 노아의 홍수 전설에 영향을 미쳤을 것이라고 주장한다.

이르렀을 때 흑해쪽의 해수면은 18m가 아니라 50~150m정도 낮았을 것이라고 주장한다(Schiermeier 2004). 이들의 가설에 따르면 당시 흑해로 쏟아져 내린 물의 양은 실로 엄청난 것으로서 나이아가라 폭포의 200배 정도의 양이었을 것이라고 주장한다. 이 물이 홍적세 이후에 낮은 해수면이었던 흑해쪽으로 가파르게 쏟아져 내리면서 해수면이 높아졌고 불과 수년만에 지중해와 연결되었을 것이라는 주장이다. 그리고 이러한 대 홍수는 예기치 못하게 빠른 속도로 흑해주변 해안가에 존재하였던 인류문명을 황폐화시키고 멸종시켰다는 것이다.

라이언과 피트먼은 바로 이 역사적 사건이 노아의 홍수 전설의 모태가 되었을 것이라고 생각하였다. 다만 이것은 전 지구적인 재난이 아닌 흑해 주변에 국한되어 일어났던 재난으로서 인근의 모든 것을 파괴하였다는 주장이다. 그들이 말하는 홍수는 구약에서 묘사된 홍수는 아닌것으로 이것이 자연상태에서 일어났던 실제 역사적 사건이라면 흥미로운 일이 아닐 수 없다. 최근 지질학자인 마크 시덜(Mark Siddall)은 흑해 연안에서 일어났던 대규모 홍수에 대한 실험을 통해 이 가설을 지지하였으나(Schiermeier 2004) 그 결론은 아직 내려지지 않은 상태이다 (Aksu et al. 2002).

밸러드의 연구팀은 음파탐지기, 카메라등을 장착한 잠수정을 동원하여 거대한 홍수가 흑해 일대를 파괴한 보다 긍정적인 증거를 찾고 있다. 만일 그들이 흑해 연안에서 7500년 전 파괴된 많은 주거지들의 잔해를 찾아낼 수 있다면 최소한 과거에 그러한 홍수가 실제 일어났었다는 것을 증명할 수는 있을 것이다. 그러나 이러한 증거를 찾는다 하더라도 흑해일대의 대홍수가 구약에서 묘사된 홍수와 어떻게 연관성을 갖는지를 설명하기는 어려운 일이다. 밸러드의 조사팀은 7500년 전 보다는 훨씬 늦은 시기의 선박 잔해를 흑해 연안 90m 해저에서 발견하였다. 그러나 연대측정 결과보다 최근에 좌초된 선박으로 7500년 전 재앙과는 무관한 잔해로 밝혀졌다(Mitchell 2002).*

\* 이들의 조사는 지금도 계속되고 있으며 그 내용은 내셔널지오그래피 웹사이트에서 찾아볼 수 있다.
(http://www.nationalgeographic.com/blacksea/)

    한때 세상의 주목을 받았던 노아의 방주는 이에 대한 많은 조사들이 아무런 성과 없이 끝나자 지금은 그 열기가 식은 상태이다. 그러나 문제는 이러한 조사가 객관적이고 과학적인 입장에서 이루어진 학문적인 조사라기 보다는 종교적 교리를 증명하기 위한 수단으로서 이용된다는 사실이다. 방주 조사팀원 중 한 사람은 "…나의 동기는 성경이 신의 말씀임을 세상에 보여주기 위한 것이며 성경의 이야기가 허구가 아닌 사실임을 입증하려는 것이다…."라고 주장하였다(Sallee 1983:1).

    노아의 방주와 홍수에 대한 증거를 찾고자 하는 열망들은 지금도 계속되고 있다. 1993년 2월 '선 인터네셔널 픽쳐(Sun International Pictures)'라는 영상제작회사가 '세기의 발견;노아의 방주 (The Incredible Discovery of Noah's Ark)'란 필름을 CBS 방송국에 판매하여 방송한 적이 있다. 그러나 이 프로그램의 문제는 고생물학, 고고학, 역사학 분야에서 학문적으로 검증되지 않은 내용들을 제멋대로 인용하고 있다는 점이며 내용의 상당부분은 노아의 방주를 목격했다고 주장하는 사람과의 인터뷰로 채워져 있다.

    소위 방주의 목격자인 조지 잼멀(George Jammal)은 1984년 아라라트산 정상부에서 빙벽등산을 하던 도중 어느 한 동굴로 들어가게 되었는데 그곳에서 방주를 목격하였다는 것이다. 그의 또 다른 동료인 블라디미르(Vladimir)는 동물들의 마구간이 설치 되어있는 거대한 선박을 사진에 담았으며 잼멀은 그 선박의 일부를 채취하여 왔다는 주장이다. 그러나 불행하게도 블라디미르는 눈사태를 만나 사망하였고 사진이 담겨있던 카메라도 분실하였다는 것이다. 잼멀은 "…이 나무조각은 신으로부터의 선물이다…"라고 주장하면서 방주의 잔해라는 것을 대중들에게 선전하였다.

    그러나 잼멀의 주장에는 한가지 중대한 오류가 있었다. 종교에 별 관심이 없던 잼멀이 1985년 미국 캘리포니아주의 "창조론 연구소(Institute of Creation Research: ICR)"라는 단체와 접촉하면서 연구소 사람들에게 자신이 노아의 방주를 발견하였다는 주장을 한다. 그러나 그의 편지를 대충이라도 읽은 사람이라면, 그리고 약간의 의심만 하였더라면 그의 주장이 가짜임을 금방 알아차릴 수 있었을 것이다.

결국 이 재단이 잼멀(Jammal)과 애셜리안(Asholian), 블라디미르(Vladimir Sobitchsky), 하이티안(Allis B. Hitian)으로 구성된 탐험대를 지원하였는데 어떠한 이유로 지원하였는지는 분명히 밝히고 있지 않다(Lippard 1994). 선인터네셔널의 관계자들이 방주에 대한 특별제작을 하면서 ICR에 잼멀을 소개하였다. ICR은 잼멀이 그 어떠한 증거하나 조차 제대로 제시하지 못하는 엉터리 같은 이야기에 큰 관심을 보였다고 하였다. 잼멀의 친구이며 신학자인 제럴드 러리(Gerald Larue)에게는 잼멀이 노아의 방주 이야기를 어떻게 꾸며냈는지를 이야기한 것으로 알려져 있다. 우연의 일치인지는 모르지만 러리가 이전에 선인터네셔널과의 인터뷰에서 잼멀이 방주에 대한 조작된 이야기를 계속하는데 일조를 한 의심을 받고 있다는 점에 대해 불쾌감을 나타낸 적이 있었다.

잼멀은 터키를 여행한 적도 없으며 사진도 없고 블라디미르란 인물도 존재하지 않는다. 그렇다면 잼멀이 신성시 하면서 공개한 방주의 잔해들은 어떻게 된 것인가? 잼멀이 제시한 유물에 대해서 선인터네셜 측은 한번도 과학적인 검증을 시도한 바가 없다. 조사결과 이 잔해는 캘리포니아 소나무 조각을 오래된 것처럼 보이기 위하여 물에 불린 뒤 잡스러운 것들과 섞어 두었다가 테리야키 양념소스를 발라 전자레인지에 구워서 만든 것으로 밝혀졌다.

잼멀과 관련된 의혹들은 프로그램 제작자에 의해 해명되었어야 마땅하다. 잼멀의 여권을 간단히 조사만 해 보았어도 그가 터키로 여행한 출입국의 기록이 전혀 없는 것을 확인하여 사태를 일찍 수습할 수 있었을 것이다. 잼멀과 러리의 주장에 대해서 사람들이 조금만 의심하여 그 나무조각의 냄새만 맡아보았어도 그들의 조작을 쉽게 알 수 있었을 것이다. 즉 방주의 일부라는 나무조각에서 왜 동양의 고기양념 냄새가 나는지 말이다.

만일 이 프로그램 제작자들이 아주 명백하고 의도적으로 조작된 내용들에 의해 속았다면 그들은 그 어떠한 것도 믿어서는 안된다. 이러한 문제들에 직면하였을 때 CBS는 다소 절름발이 식의 대응을 하면서 "…그 프로는 다큐멘터리가 아닌 오락프로였다…"라고 발뺌하였다. 이러한 태도는 '선(Sun)' 이라는 타블로이드 신문이 대중에게 보여줬던 비상식적인 행동을 합리화 시키는 것과 다를 바가 없는 것이다. CBS가 '과학' 이라는 이름으로 이러한 저질의 다큐멘터리를 만들었다는 것이 슬플 따름이다.

## 시간의 발자국

약 6억 5천만년 전 거대한 공룡들이 대륙에 번성하고 있었는데 일부 근본주의 기독교인들은 공룡이 활동하고 멸종했던 시기를 부정하면서 이 우주는 단지 6,000년 전에 신에 의해서 창조되었다고 주장하고 있다. 1,650년 아일랜드의 주교인 제임스 어서(James Ussher)는 신이 B.C. 4,004년 이 우주를 창조하였다고 선언하였다. 일부 근본주의자들은 이것을 지금도 사실로 받아들이고 있으며 인류와 공룡이 노아의 대홍수 이전 같은 시기에 공존했었다고 주장한다.

이러한 주장은 헐리우드 영화인 플린트스톤(The Flintstone)에서는 가능한 일인지 모르지만 고생물학, 인류학, 동물학등 많은 분야에서 오랜 세월 축적해 온 과학적 결과들을 전면 부정하고 있다. 그동안 축적된 지층, 화석, 유물에 대한 연구는 물론 과학적 연대측정등 부정할 수 없는 수많은 증거들에 바탕을 둔 과학적 결과들은 최초의 인류가 등장

그림 11.3_ 아리조나의 한 상점에서 과학자인 버드가 발견한 인류의 발자국이 새겨진 암석. 그는 텍사스 글랜 로즈의 펄럭시 강 일대에서 공룡의 화석들을 조사하였다.

하기 6억년 전에 공룡이 멸종하였다는 사실을 입증하고 있다.

많은 창조론자들은 이러한 과학적 사실을 부정하고 인류와 공룡이 공존하였다는 증거로서 텍사스 글랜 로즈(Glen Rose)의 펄럭시 강(Paluxy River)에서 발견된 발자국 화석을 제시하고 있다(Morris 1980). 이 발자국 화석은 1939년 과학자인 롤란드 버드(Roland Bird 1939)에 의해 세상에 알려지게 되었다 그러나 이것이 공룡의 발자국 화석 옆에 사람의 발자국 형상을 새겨 수집가에게 팔았던 가짜임이 곧 판명되었다(그림 11.3).

그러나 이후에 제칠일안식일교회(Seventh Day Adventist Church)는 홍보 책자에서 이것이 위조된 것이 아닌 진품이며 펄럭시 강 일대에 이러한 발자국들이 더 존재한다고 주장하였다 (Burdick 1950). 이와 유사한 주장들이 창조론자들의 홍보책자에 실리면서 구약의 홍수이야기를 입증하는 자료로서 인용되기 시작하였다(Whitcomb and Morris 1961).

1960~1980년대까지 창조론자들은 이 일대에서 공룡과 인류가 공존하였다는 증거를 찾기 위한 다양한 조사작업을 진행하였다. 글렌로즈의 한 동일한 지층에서 공룡과 인류의 흔적을 동시에 찾는다면 분명이들이 같은 시대에 공존하였음을 입증할 수 있는 것이다. 이러한 창조론자들의 연구결과는 존 모리스(John Morris 1980)의 "놀라운 공룡들과 그를 알았던 사람들(Tracking Those Incredible Dinosaurs and the People Who Knew Them)"이란 책으로 출판되었다. 그의 이론에 따르면 펄럭시강 일대에는 3개의 서로 다른 지층이 존재하는데 첫째, 분명한 공룡의 발자국이 존재하는 층 둘째, 분명히 조작된 거대한 인간의 발자국이 새겨져 있는 층 셋째, 길고 좁은 애매모호한 화석들이 발견된 층이 있다고 하였다.

형질인류학자인 러리 갇프레이(Laurie Godfrey 1985)는 이 화석의 인간 발자국이 분명 인위적으로 조작된 것이며 대공황 기간 중 이 지역 어느 사람에 의해서 거래된 가짜라고 지적하였다. 이 발자국은 해부학적으로도 인간의 발 구조와 차이가 있고 인간이 걸을 때 나타나는 운동현상의 흔적과도 부합하지 않는다.

세번째 화석군도 해석상의 혼란을 야기하고 있는데 이곳의 발자국들도 다른 층위의 화석들과 마찬가지로 선명하지 않은 모양으로 사람의 발자국과는 형태상의 차이가 있으며 이것이 인류의 것이라고 보기에는 너무 크다(Cole, Godfrey,and Schafersman 1985; Edwords 1983; Godfrey 1985; Kuban 1989a). 흥미로운 것은 대부분의 창조론자들은 이 발자국들이 인간의 것이며 모양과 크기가 다른 것은 침식작용 때문이라고 주장하면서 현재는 희미하지만 그들이 처음 발견하였을 당시에는 사람 발자국의 형상이 분명했다고 주장한다(Taylor 1985b).

갇프레이(Godfrey 1985)는 타원형의 발자국들이 두발로 걷는 공룡의 발자국들은 물론 다른 발자국 흔적들과도 겹쳐져 오랜 세월 침식, 풍화작용을 겪은 것임을 지적하였다(그림 11.4). 대부분의 흔적들은 그 형태가 희미하여 심지어는 창조론자들 사이에서도 발자국의 길이, 넓이등의 크기와 왼쪽 혹은 오른쪽 발인지의 여부에 대해서도 의견의 일치를 보지 못하고 있다.

이 발자국들이 인간의 것이라는 그 어떤 해부학적 특징도 발견할 수 없으며 발자국의 흔적들도 인간이 직립보행을 할 때 나타나는 운동역학과는 동떨어진 모양을 나타내고 있다. 갇프레이가 지적하였듯이 인간은 보행시 다른 동물들과는 뚜렷이 구별되는 아주 독특한 발자국을 남긴다. 인간은 땅 위를 걸을 때 발 뒤꿈치가 먼저 땅에 닿고 이어서 발바닥의 바깥면을 거쳐 엄지발가락 아래 부분 그리고 엄지발가락의 순으로 중심이 이동한다. 그러나 펄럭시 강가에서 발견된 발자국들은 이러한 인간의 고유한 특징들을 전혀 보이지 않고 있다는 것이다. 최근 몇 년 사이 대부분의 창조론자들은 1986년 이전에 발견된 화석에 대한 그들의 생각을 바꾸게 되었다(Morris 1986; Taylor 1985b).

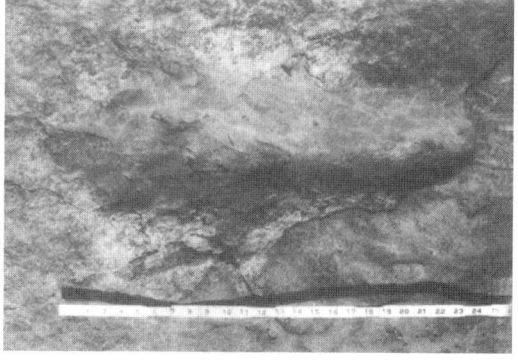

그림 11.4_ 창조론자들은 플럭시 강 일대에서 인류의 발자국과 공룡의 발자국이 같은 층위에서 발견되었다고 주장한다. 그러나 이것은 공룡의 발자국 화석들을 잘못 해석한 것으로 세발의 공룡발자국과 인류의 발자국은 확실히 구별될 수 있다.

쿠번(Kuban 1989b)은 표면에서 발견된 발자국 화석에 대해 사실은 최근 사람에 의해서 만들어진 것이 풍화작용으로 변형된 것임을 지적하였다. 이 발자국이 아주 오랜 세월 뒤 발견된다면 인간이 진화해 온 증거로서 귀중한 가치를 부여할 수 있겠으나 지금까지의 조사 결과를 볼 때 펄럭시강 일대에서 공룡과 인류가 동시대에 존재했었다는 그 어떠한 증거도 발견된 바 없다.

### 다른 모습의 창조론

창조론자들에는 근본주의 기독교인들만 있는 것은 아니다. 예를 들어 많은 보수 유대교인들도 마찬가지로 진화론을 부정하면서 우주의 기원이 5,765년 전 이라는 창조론을 신봉하고 있다. 정확하게 일치하지는 않지만 이 연대 또한 어셔(Ussher)가 주장한 연대와 거의 동일하다.

서로 다른 창조론은 역시 다른 시간의 단위를 제시하는데 힌두교의 경우 수십억년 전 우주가 창조되었으며 인류를 포함한 지구의 자연환경이 진화의 과정 없이 현재와 같은 모습으로 창조되었다고 주장한다. 이러한 반 진화론적인 시각에서 쓰여진 두 권의 책이 바키베단타(Bhaktivedanta Institute) 연구소의 해어 크리쉬나(Hare Krishnas)에 의해 출간되었다(Cremo and Thompson 1993,1994). 이 책에는 그들의 믿음을 반영한 주장들과 함께 과학자들의 보이지 않는 음모에 대해서도 주장을 펼치고 있는데 크레모와 톰슨은 '금지된 고고학' '숨겨진 역사' 등의 용어를 그의 책에서 사용하고 있다(Feder 1994a, Lepper 1995a).

창조론을 믿는 사람들은 신화와 과학의 근본적인 차이점을 종종 무시하곤 한다. 창조신화는 과학적 가설이 아니며 실험, 개선, 수정등의 과정을 통해 사실에 가깝게 결론을 도출한 것이 아니다. 신화란 것은 실제 역사와는 무관한 결과물이다. 신화의 목적은 그 어떤 사실을 과학적, 객관적으로 묘사하는 것이 아니라 사람들에게 의미나 교훈을 전달하는데 있다. 이것을 잘 표현한 말이 있는데…

"…신성한 글귀란 단순히 이 세상이 신에 의해서 창조되었음을 선언하고 동시에 진실로서 가르치는 것으로 이것을 기록한 사람의 시각에서는 곧 우주의 진리이다…그러나 신성한 기록이란 천국이 처음 어떻게 생겨났으며 천국에서 구체적으로 어떠한 일들이 일어나는 지는 설명하지 않는다……" (Lieberman and Kirk 1996:3).

이 글은 무신론자나, 과학자, 혹은 인본주의자가 한 이야기가 아니다. 이 말은 여러분들이 믿기 어렵겠지만 평생을 기독교 성직자로서 살아온 교황 요한 바오로 2세(John Paul II)가 쓴 글이다. 종교와 과학이 서로를 반목한다면 이것은 양자 모두에게 상처를 남기게 될 것이며 종교는 바로 이러한 점을 고민해야 할 것이다. 이것은 마치 과학자가 이 우주의 생명체가 어떻게 진화 하였는가에만 관심을 두고 그 진화의 원인이 무엇인가를 규명하지 않는 것과 마찬가지인 것이다.

### 토리노의 수의

앞서 2장에서 인식론에 대해 설명할 때 과학은 단순한 과정을 거쳐서 성립되는 것이 아니라는 점을 강조한 바 있다. 과학자들은 단순히 몇몇 가설을 쉽게 만드는 것이 아니며 검증되지 못한 가설들은 폐기하고 확실한 객관적 검증을 거친 가설만을 채택한다.

그러나 토리노의 수의(Shroud of Turin)는 잘못 적용된 가설들로 인해 혼란을 야기시킨 경우이다. 이 수의는 4.3m×1.2m 크기로 소위 예수의 시신에 사용했던 것이라고 주장하는데 이를 뒷받침 하는 것이 수의에 새겨진 십자가에 못박혀 죽은 사람의 형상이라는 것이다(그림 11.5). 즉 수의에 새겨진 형상은 평범한 사람이 아니라 예수가 부활하면서 기적에 의해 새겨진 것이라는 주장이다(Stevenson and Habermas 1981a, 1981b; Wislson 1979).

1978년 과학자들이 '토리노 수의 조사단(Shroud of Turin Research Project: STURP)'을 구성하여 연구 결과를 발표하였다 (Weaver 1980). 이 조사단은 72개의 화물상자에 실려온 최첨단 장비를

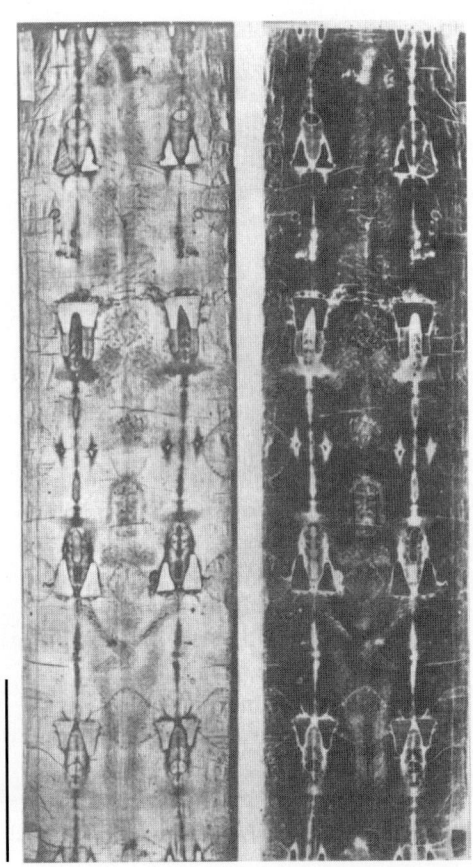

그림 11.5_ 토리노의 수의로 일부 사람들은 이것이 예수의 장례식때 사용했던 진품이며 예수가 부활하면서 기적에 의해 새겨진 것이라고 주장한다. 그러나 역사적 기록과 방사선탄소연대측정등 과학적 조사결과 14세기에 제작된 것으로 밝혀졌다.

이용하여 5일 동안 집중 조사를 실시하였다. 그러나 이 조사는 동원된 첨단 장비를 제대로 활용하지도 못한, 질적인 면에서 근본적인 문제가 있는 실패한 조사였다. 보다 심각한 문제는 대부분의 조사자들이 이탈리아의 성당에 보관되어 있는 수의가 초자연적인 현상에 의하여 일어난 것이라는 선입견을 갖고 있었다는데 있다(McCrone 1997; Mueller 1982).

그들의 과학적 방법론에도 문제점이 있었는데, 그들은 첨단장비를 이용해 수의에 새겨진 형상의 원료를 물감이나 기름, 얼룩등 몇몇 가능성에 두고 시험하였으나 아무런 뚜렷한 결론을 얻지 못하였다. 그들은 이 현상이 그 어떤 설명할 수 없는 방사능 노출에 의하여 그을리면서 생긴 것이라고 결론 내렸다(Stevenson 1977). 따라서 STURP가 비록 공식적으로 수의의 형상이 기적에 의해서 새겨진 것이라는 결론을 내린 것은 아니었지만 멀러(Mueller1982)가 지적한 것처럼 시신에서 방사능이 방출되었다면 그것이야말로 기적이라고 할 수 있을 것이다. STURP의 참여자들 중 스티븐슨과 하버마스(Stevenson and Habermas 1981a)는 이 형상이 기적에 의하여 만들어진 것이라고 믿으며 신약에 묘사된 가시왕관, 상처, 자상의 흔적등과 일치하는 바로 예수의 모습이라고 주장하였다.

그러나 조 니켈(Joe Nickell 1987)은 수의에 새겨진 형상이 어떻게 만들어진 것인가에 대한 가설을 제시한 바 있다. 이 방법은 옷감 위에 물감을 칠하여 조각의 음각과 양각을 대비시키듯이 인물의 형상을 그리는 방법인데 이 방법을 통해 토리노의 수의에 흑백 대비가 분명하게 드러난 인물화를 표현한 기법이 사용되었음을 설명할 수 있다. 이 기법은 물감을 손으로 문질러서 그림을 그린 것으로 추정되는데 700여년 전부터 유럽 예술가들이 사용하던 방법이다. 이 기법으로 토리노 수의를 복제하여 그렸을 때 그 모양이 놀라울 정도로 유사하였으나 수의가 진품이라고 믿는 사람들은 당연히 이 실험 결과를 부정하였다 (그림 11.6).

수의에 대한 다른 방법의 조사가 검시 전문가인 랜덜 브리스와 에밀리 크레이그(Randall Bresee and Emily Craig 1994)에 의해서 시도된 바 있다. 그들은 의료용으로 쓰이는 탄소분말을 사용하여 수의에 새겨진 형상과 아주 흡사한 결과를 도출할 수 있었다. 니켈(Nickell)이 사용한 방법은 물감이 의류조직에 너무 깊은 곳까지 침투한다는 것이 문제점으로 비판 받아 왔으나 브리스와 크레이그의 방법은 토리노의 수의와 아주 동일한 형상을 만들어낼 수 있었다.

월터 맥크론(Walter McCrone 1996)은 이들보다도 훨씬 더 간단한

그림 11.6. 토리노의 수의를 신봉하는 사람들은 이 얼굴형상을 일반적인 방법으로는 만들어낼 수 없다고 주장한다. 그러나 조 니켈(왼쪽 1987)과 월터 스탠포드(오른쪽 1996)는 토리노의 수의에 새겨진 모습을 놀라울 정도로 같은 모습으로 재현하는데 성공하였다.

방법을 동원하였다. 그는 예술가인 월터 스탠포드(Walter Stanford)에게 산화철을 묽게 처리한 물감으로 동일한 종류의 천 위에 그림을 그려줄 것을 부탁하였는데 이것은 자신이 토리노의 수의에서 발견한 성분에 기초한 것이다. 흑백으로 대비되어 표현되는 기법은 옷감에 흡수되는 물감의 농도와 관계가 있는데 다음 그림은 토리노의 수의에 새겨진 형상을 삼차원 표현 기법으로 스탠포드와 맥크론이 재현한 것이다(그림 11.6).

맥크론의 복제 그림은 토리노의 수의를 육안으로 볼 때와 아주 똑같은 모양이다. 뿐만 아니라 맥크론 (McCrone 2000)이 고배율의 현미경(400×1500)으로 두 형상을 촬영하여 비교하였을 때도 거의 동일하였다. 그렇다면 수의의 형상은 칠하기, 손가락으로 문지르기, 붓으로 그리기, 분말 사용하기등의 기법들 중 하나로 그려진 것일까? 사실 이러한 질문은 그리 중요한 것이 아니다. 토리노 수의에 새겨진 형상은 기적에 의해서만 가능한 일이라는 창조론자들의 주장과는 달리 아주 다양한 기법을 통해 동일한 형상을 그려낼 수 있는 물건임이 입증되었다는 점이 바로 핵심이라 할 수 있다.

### 토리노 수의에 대한 검증

만일 수의에 새겨진 형상이 기적에 의해서 이루어진 것이라면 이것은 물론 과학적 설명의 한계를 넘어야만 하며 우리는 이것에 대한 방법론을 역사적인 맥락에서 살펴볼 필요가 있다. 만일 토리노의 수의가 예수를 매장할 때 사용했던 것이라면, 그리고 수의에 새겨진 형상이 예수가 부활하면서 그 어떤 신성한 에너지의 힘에 의해서 생겨난 것이라면 우리는 다음과 같은 사실들을 발견해야만 한다.

1. 예수가 살던 당시 유대인들이 그들의 장례식에서 수의를 일반적으로 사용하였는가?
2. 수의에 새겨진 형상이 초기 기독교인들이 묘사한 예수와 동일하며 이 수의가 예수의 신성을 증명하는 것으로서 사람들을 개종시키는데 사용되었는가?
3. 토리노의 수의가 신약에서 묘사한 예수의 장례식에 사용되었던 수의라면 역사적 추적이 가능한가?
4. 토리노의 수의는 예수와 동일한 시기의 연대측정 결과를 나타내는가?

우리는 이러한 가설들을 검증해 봄으로써 토리노의 수의에 대한 진위여부를 판단해 볼 수 있다.

1. 수의는 유대인들의 장례풍습에서 전통적으로 사용되었는데 이 이야기는 예수가 십자가에 처형되는 장면으로부터 시작한다.

여러분들이 예수의 신성에 대하여 어떠한 시각을 갖고 있건 부정할 수 없는 역사적 사실이 있다. 예수는 2,000여년 전 유대인들 사이에서 구세주라고 주장하던 몇몇 사람들 중 하나이다.

당시 이스라엘을 점령하고 있던 로마의 입장에서 예수는 종교적, 정치적인 문제를 야기시키는 위험 인물이었다. 당시 로마는 직간접적으로 그들의 통치에 저항하는 세력들을 혹독하게 다루었는데 당시 공개된 장소에서 십자가에 못박아 처형했던 것도 로마의 통치에 저항하는 세력들에게 강한 공포심을 주기 위한 것이었다.

예수는 유대인으로서 유대인 장례풍습에 의해 매장되었을 것이다. 요한복음서에는 분명히 "예수는 유대인의 풍습대로 매장되었다"라고 적고 있다(19:40). 당시 유대의 장례풍습은 얼굴과 머리의 털을 제거하고 시신을 정성스럽게 닦아낸 뒤 전신에 기름을 바르고 시신을 천으로 감싼 뒤 매장한다. 유대의 율법에 따르면 매장은 일반적으로 사망 직후부터 24시간 이내에 시행된다. 신약에 따르면 예수를 십자가에서 내려 동굴로 옮긴 뒤 입구를 바위로 봉인하였다. 이후 예수는 부활하였고 그의 시신은 동굴에서 사라졌다.

인류학적 시각에서 유대인의 매장풍습을 분석해보면 예수의 시신을 매장할 때도 수의를 분명 사용하였을 것이다. 그렇다면 그 수의는 어떤 모양의 것을 어떻게 사용하였는가? 구약의 기록을 보면 시신을 감쌌던 수의는 한장만을 사용한 것이 아니라 몸과 얼굴부위를 다른 천으로 감쌌던 것을 알 수 있다. 요한복음서에도 예수의 몸과 얼굴부위를 각각 다른 천을 사용하여 감싼 것으로 기록되어 있다.

토리노 수의의 형상에는 여러 곳에 혈흔이 남아있는데 이 수의가 진품이라고 믿는 사람들은 이 혈흔이야 말로 신약에 묘사되어 있는 예수의 상처에서 생겨난 것임을 입증하는 것이라고 주장한다. 그러나 문제는 만일 이 혈흔들이 정말 예수의 몸을 감쌌을 때 생겨난 것이라면 예수의 몸은 장례식에서 깨끗하게 닦지 않았다는 것이고 이것은 유대인의 율법에 어긋나는 것이다. 시신을 매장 전에 깨끗하게 닦는 풍습은 당시 안식일에도 예외적으로 행해졌던 것으로 유대인 문화에서는 반듯이 지켜야 하는 절대적인 관습이었다. 예수는 유대인들의 안식일이 시작할 무렵 금요일 저녁에 처형되었다. 그렇다면 예수의 시신을 수의로 감쌌을 것이고 예수의 몸은 분명 수의로 감싸기 이전에 장례절차에 따라 그 몸을 깨끗이 한 뒤였을 것이다.

    토리노의 수의가 진품이라면 이 수의의 형태나 스타일 또한 2,000년 전 중동에서 사용되었던 것들과 동일하거나 연관성이 있어야 한다. 그러나 모직물 전문가들에 따르면 토리노의 수의는 삼나무 문양이 들어가 있는 아주 독특한 것으로서 당시 이집트나 팔레스타인 지역에서는 전혀 찾아볼 수 없는 종류이다(Gove 1996:243). 결론적으로 토리노의 수의와 신약에서 묘사된 수의는 전혀 다른 종류의 것이다.

### 2. 토리노의 수의에 새겨진 예수 형상에 대해 복음서에서 언급한 예가 있는가?

    요한복음서에는 비록 간략하지만 수의에 대한 묘사가 있는데 "… 예수의 시신을 가져다가 천으로 감쌌다… 제자가 무덤에 들어갔을 때 예수의 시신은 사라졌지만 수의는 그 자리에 남아 있었고 예수의 얼굴부위를 덮었던 수의는 함께 있지 않고 서로 엉킨채 다른 곳에 놓여 있었다(19:40) (20:7)…"

    이러한 묘사는 당시 유대인들의 장례풍습과 분명 일치하지만 토리노의 수의는 이것과 많이 다르며 복음서에서는 수의와 관련된 기적을 표현하고 있지 않다. 당시에 예수의 형상이 수의에 나타났다면 사람들에게 알려졌을 것이고 이러한 내용은 기록으로 남았을 것이다. 요한복음서에는 예수의 시신을 덮었던 수의에 대해서도 분명히 언급하고 있으나 신약 어디에도 수의에 새겨진 예수의 형상에 대해서는 그 어떠한 언급도 없다. 즉 당시에 토리노의 수의에 새겨진 형상이란 없었던 것이다.

3. 토리노의 수의를 단서로 예수의 무덤을 찾을 수 있는가?

토리노의 수의와 신약에서 언급하고 있는 수의가 서로 일치하는 점이 있는가? 예수의 수의에 대한 언급은 다른 이야기에서도 전해지고 있지만 토리노의 수의와는 큰 차이가 있다. A.D. 877년경 부터 예수를 감쌌던 2.5m 정도 크기의 수의에 대해서 언급하고 있지만 수의에 새겨진 예수 형상에 대한 기록은 그 어디에도 없다. 예수의 얼굴 형상이 기적적으로 어디엔가 나타났다는 언급은 있지만 예수의 몸 전체에 대한 언급은 그 예가 없다.

잘 알려진 이야기들 중 하나는 4세기 메소포타미아지역 에데사(Edessa)의 예수 형상에 대한 이야기이다. 예수가 천으로 얼굴을 닦자 그 천에 예수의 얼굴이 새겨졌는데 이 천에 병든자들을 치유하는 기적의 힘이 있다는 것이다. 여기서 인용한 예수의 얼굴이 새겨진 에데사의 천은 수건정도의 크기로 4.3m 망토 크기의 토리노 수의와는 분명 다른 것이다. 즉 에데사의 전설은 토리노의 수의와는 전혀 다른 내용이다.

토리노의 수의에 대한 최초의 언급은 A.D. 1353년경에야 등장한다. 예수 사망 당시와 1353년 사이에는 이러한 수의가 존재했었다는 그 어떤 기록도 보이지 않는다. 이것은 이해 할 수 없는 것으로 만일 기적으로 예수의 형상이 새겨진 수의가 존재했었다면 1,300년이 넘도록 한 번도 언급되지 않았을리가 없다. 즉 토리도의 수의는 14세기 이전에는 존재하지 않았다는 것이다.

1353년 이후 토리노 수의에 대한 기록은 분명한 편이다. 이 내용은 조 니켈(Joe Nickell 1987)의 저서 '토리노 수의에 대한 조사(Inquest on the Shroud of Turin)' 에 상세히 기술되어 있다. 1353년에 리레이(Our Lady of Lirey)란 이름의 교회가 설립되었는데 몇년 뒤 교회의 납골당에 예수의 진품 수의를 소장하고 있다고 선전하기 시작하였다. 이 교회는 곧 순례자들과 신도들에게 돈을 받고 수의를 관람시키며 수의의 모양이 새겨진 기념품을 판매하기도 하였다(Nickell 1987:11).

여러 복음서에도 예수의 수의에 대한 기록이 많지 않았기 때문에 교황청에서도 이 수의에 대하여 회의적이었다. 헨리 프와티에(Henri de Poitiers) 주교는 이 수의에 대한 조사를 명령하였고 1359년 그 결과가 교황에게 보고되었는데 결론적으로 이 수의는 리레이(Lirey)교회가 돈을 목적으로 만들어낸 가짜임이 밝혀졌다. 이 뿐만 아니라 교회는 사람들을 이용하여 가짜 환자들과 불구자들이 수의를 보는 순간 기적으로 치유되는 사기극을 연출하기도 하였다. 이 사기극에 동참하였던 한 예술가는 수의에 새겨진 형상이 기교있게 그려진 조작된 그림이며 기적에 의해서 생긴 것이 아니라고 고백하였다(Nickell 1987:19).

교황 클레멘스(Clement) 7세는 이 수의가 물감을 칠해 만든 가짜로서 불을 켜지 않고 어두운 상태에서 향을 피우며 대중들 앞에서 전시하였고, 귀중한 유물이라고 주장하면서도 지키는 사람 없이 운반하였으며, 전시도중 이 유물이 예수의 진품이 아니라 인위적으로 조작하여 만든 가짜라는 고백이 있었다고 공식 발표하였다(Nickell 1987:17). 그러나 리레이(Lirey)교회측은 이러한 내용을 부인하면서 순례자들과 신도들을 계속 끌어들였다. 이후 이 수의는 상품이 되어 1453년 까지 여기저기 팔려 다니다가 1578년 이탈리아 토리노에 오게 되었고 16~20세기까지 대중에게 전시되었던 것이다.

4. 토리노 수의의 제작연대는 언제인가?

토리노의 수의는 이것이 비록 기적에 의한 것이 아니라 조작에 의하여 만들어진 것이라 하더라도 2천년이 된 유물이라고 많은 사람들이 믿어왔다. 그러나 최근 조사에 의하면 토리노의 수의는 예수시대에 제작된 것이 아니라 비교적 최근에 만들어진 것임이 밝혀졌다.

수의에 대한 과학적 조사를 위해 세 곳의 각기 다른 연구소에서 방사성 탄소연대측정을 하는 것에 대해 교회측이 동의하였다. 조사방법은 토리노의 수의에서 우표크기의 샘플을 잘라내어 세 군데의 각기 다른 연구소로 보낸 뒤 입자를 가속하여 분광기로 측정하는 방법인데 아주 작은 크기의 시료만 있으면 연대측정이 가능하다(Gove 1996).

한 직물 전문가가 일부 손상된 수의의 부위에서 시료를 채취하였고 연구소에서는 시료를 분석하는 전 과정을 비데오 테이프에 기록하여 증거로 제시하였다. 각각의 연구소에는 토리노 수의에서 채취한 시료와 유사한 두개의 다른 시료를 더하여 세개의 시료를 연대측정 하게 하였다. 즉 세곳의 실험실에서 각각 세개의 시료를 연대측정 하였는데 이렇게 함으로써 실험자들이 어느 것이 토리노의 수의인지 알지 못하게 하여 실험 결과를 조작할 수 없도록 하였다.

방사선탄소연대측정 결과 세 연구실에서 모두 시료가 A.D. 1260~1380년 사이에 만들어진 것이라는 연대가 산출되었다(Damon 1989; Nickell 1989; Vaughan 1988:229). 이 연대측정 결과는 예수가 생존했을 당시의 것이 아니라 이 수의가 역사상의 기록에 처음 등장했던 13세기와 그 시기가 일치한다. 연대측정 방법이 정확한 것인지 일반인들이 의구심을 가질 수도 있겠으나 이러한 과학적 측정 방법은 아주 정확한 것이며 측정 결과를 부정할 이유는 없다. 일부 사람들은 이 시료가 오염되었다고 주장하지만 저명한 방사선탄소연대측정 전문가인 해리 고어(Harry Gore)는 2000년 전 의류가 14세기 것으로 측정결과의 오류가 나오려면 시료의 1/3혹은 2/3정도가 오염이 되어야 한다고 지적하였다(Gore 1996:265). 이 정도의 오염상태는 육안으로도 분명히 볼 수 있는 정도이며 토리노의 수의는 연대측정을 하지 않아도 중세시대의 유물임을 알 수가 있다. 그러나 수의의 진위 여부에 대한 논란은 오히려 연대측정 이후에 더 가열되었다.

식물학자인 대닌(Avinoam Danin)과 바루크(Uri Baruch: 1998)는 수의에서 채취한 꽃가루 분석을 통해서 이 수의가 예루살렘(Jerusalem)

근처에서 제작된 것이라는 결론을 제시함으로써 수의가 진품이라는 주장에 무게를 실어주었다. 이 분석 결과에 따르면 수의를 제작한 옷감이 14세기 세간에 알려지기 이전에 이스라엘 지역을 거쳐서 들어왔다는 것인데 이것은 수의가 만들어진 연대와는 무관한 것이다. 오직 방사선탄소연대측정과 같은 과학적 방법만이 절대연대를 측정할 수 있으며 그 결과는 13~14세기로서 2,000년 전 예수시대가 아님이 분명하다.

일부 사람들은 이 수의가 14세기에 제작된 것은 인정하지만 수의에 새겨진 형상은 기적으로 새겨진 것이라는 믿음을 갖고 있다. 예를 들어 작가인 프로즈햄(John Frodsham 1989:328)은 토리노의 수의가 예수 사망 당시 사용했던 수의는 아니지만 토리노의 수의에 새겨진 형상은 14세기 기적에 의하여 만들어진 것이라고 주장하고 있다. 그는 토리노 수의에 새겨진 형상이 흑사병이 유럽을 휩쓸 당시 열성적으로 구원을 갈망하던 사람들에게 신이 응답으로서 나타낸 기적이라고 믿고 있다.

이것은 흥미로운 가설이기는 하지만 흑사병으로 죽어가던 수많은 유럽인들에게 신이 축복을 내린다면 수의에 자신의 형상을 새기는 것보다는 흑사병을 없애주는 것이 더 마땅할 것이다. 토리노 수의와 관련된 것들 중 가장 엽기적인 주장은 수의에 새겨진 얼굴이 소위 '화성의 얼굴'과 연관성이 있다는 주장인데 비록 이 웹사이트 운영자는 직접적인 결론을 회피하고 있지만 양자 사이의 놀랄만한 유사성을 부각시키고 있다.*

*이와 관련된 내용은 다음 웹사이트에서 볼 수 있다.
(http://www.aadm.com/cydonia/shroudfonMars.html)

### 선사시대에 대한 새로운 해석

미국 아리조나주 세도나(Sedona)라는 곳에서는 맑고 청명한 하늘과 아름다운 조화를 이루고 있는 붉은색의 바위산들을 볼 수 있다. 지상에 노출되어 있는 거대한 암반으로부터 생긴 깊은 그늘아래 침식작

그림 11.7_ 미국 아리조나주 세도나의 암벽에 원주민들이 그린 벽화.

용으로 생긴 엷은 분홍색 립스틱 색깔의 변화무쌍한 모양의 바위산들이 펼쳐져 있다.

　이 세도나 지역은 과학으로는 설명할 수 없는 그 어떠한 영적인 힘이 존재한다는 소문을 따라서 신비주의를 추구하는 많은 사람들이 몰려들고 있는 장소이다. 세도나의 신흥종교가들은 이 신비로운 힘이 이 지역의 붉은 암반으로부터 방출된다고 믿고 있다. 이 지역 일대에는 아리조나의 원주민들이 선사시대부터 남긴 유적들도 산재해 있다. 세도나의 신흥종교가들은 신성한 장소와 치유능력이 있는 지점들을 끊임없이 연관 지어 이야기 하지만 회의론자들은 아름다운 바위형상과 건축학적으로 뛰어난 원주민들의 유적이 조화를 이루고 있기 때문이라고 생각한다(그림 11.9).

그림 11.8_ 미국 남서부지역 원주민들이 절벽아래 건설한 주거지로 인디언들의 정교한 건축기술을 볼 수 있다. 일부 신비주의자들은 세도나의 팔라키 유적지가 신비한 에너지의 근원이라고 주장하는데 이에 대한 그 어떠한 과학적 근거는 없다.

세도나 지역을 여행하는 사람은 누구나 '지혜의 여행(Earth Wisdom Tours), 신비의 여행(Mystic Tours), 혹은 '다른 차원으로의 여행(Crossing Worlds Journey)' 등의 이름으로 장식한 차를 타고 주변 관광을 할 수 있다. 이 지역에서 고고학 유적지는 관광상품으로서 아주 중요한 명소로 취급된다. 여행 안내책자를 보면 '…여러분들은 까마득한 세월을 지나 현재까지도 이곳에 존재하는 에너지를 느낄 수 있을 것이다…' '…우리들의 여행은 고대의 비밀스러운 지식을 볼 수 있는 신비로운 치유 여행이 될 것을 약속한다…' 라는 문구들을 볼 수 있다.

세도나 계곡 절벽 위에 위치한 팔라키(Palatki)와 호난키(Honanki) 라는 아주 중요한 두 곳의 고고학 유적지가 있다(그림 11-8). 팔라키 주

제11장 보수종교와 현대과학　437

거지는 비록 주변의 유적들 보다는 최근의 것들이기는 하지만 A.D. 1150~1300년 사이의 유적지이며 호난키 문화는 팔라키 문화가 끝날 무렵에 시작된 문화이다. 이 두 유적지는 '신성한' 혹은 '신비한' 장소로 묘사되고 있는데 한 웹사이트 운영자는 이곳 세도나를 '거대한 에너지 저장고의 심장부'라고 묘사하고 있다.*

\* 이와 관련된 내용은 다음 웹사이트에서 볼 수 있다.
(http://www.visionsofheaven.com/journeys-sedonadocs/sedPalatki.html)

이 고고학 유적지 일대가 환상적인 장소로 묘사되어 우리들의 주의를 끌거나, 경외심을 불러 일으키거나 혹은 사람들이 정신적 중요성을 인식하여 고대 유적지에 대한 것을 더 알고 싶어 하는 것이 문제의 핵심은 아니다. 신대륙 인디언들의 입장에서 심각한 문제는 이러한 신비주의적인 목적으로 찾아오는 돈 많은 백인들이 낭만주의적인 태도로 자신들의 종교적 믿음과 문화적 의미들을 백인들의 피난처로 여기는 것에 대하여 불쾌하게 생각하며 일부 인디언의 경우 아주 적대적인 태도를 보이기도 한다는 점이다.

예를 들어 타오(Tao)와 주니(Zuni)인디언인 릭 로맨씨토(Rick Romancito)는 이 신비주의자들이 인디언들의 모든 것을 매혹적인 것으로 묘사하는 것에 대해서 불만스럽게 생각하고 있다. 그는 백인들이 여러 부족의 믿음체계들을 제멋대로 섞어 인디언들 사이에서는 한번도 존재한 적이 없는 기이한 인디언 종교를 만든다고 비난하였다(Romancito 1993).

로맨씨토는 "…백인들이 마치 수퍼마켓에서 물건을 고르듯이 여러 인디언들의 종교에서 자신들이 원하는 영적 개념들만을 골라서 사용하고 있다…"라고 힐난하였다(Romancito 1993). 로맨씨토는 특히 이들 신비주의자들이 인디언들을 토착적인 영적 지식의 저장 창고처럼 여기는데 넌덜머리를 내면서 자신들이 영적 스승이라고 부르는 존재는 결국 지적 선택을 위한 도구에 불과한 것처럼 여긴다고 비난하였다. 로맨씨토는 인디언 종교에 대해서 신비주의적인 면만을 부각시키는 것은 '술취한 인디언' '실패한 야만인' 이라는 백인들의 선입견과 마찬가지라고 비난한다. 신비주의자들은 로맨씨토가 자신들에 대해서 지나치게 부정적인 에너지를 가진 사람으로 생각할지도 모르지만 그의 비판에 귀를 기울일 필요가 있을 것이다.

## 기성 종교와 신흥 종교

1885년 어느날 워보카(Wovoka)라는 파이유트(Paiute) 인디언이 환영을 보았는데 신이 자신에게 나타나 앞으로 새로운 세상이 열릴 것임을 계시하였다고 주장하였다. 워보카는 신이 자신들의 부족에게 새로운 춤을 가르칠 것을 지시하였는데 많은 여러 부족의 인디언들이 하나가 되어 춤을 추게 되면 기적이 일어날 것이라고 주장하였다. 그 기적이란 병을 앓거나 불구인 인디언들은 치유가 될 것이며 과거에 죽은 인디언들도 모두 부활하여 함께 춤을 추게 된다는 것이다. 이 춤은 끊임없이 공중으로 퍼져나가 온 땅을 휩쓸고 지나갈 것이며 모든 백인들의 마을은 흔적도 없이 파괴될 것이라고 한다. 거대한 홍수가 휩쓸고 지나가면 백인이 없는 땅에 인디언들이 다시 돌아와 먹을 것이 넘쳐나고 질병이 없는 영원한 지상낙원이 시작된다는 것이 그 계시의 내용이다(Kehoe 1989; Mooney 1892~1893).

이것이 소위 유령 춤(Ghost Dance)인데 인류학의 관점에서는 일종의 부흥운동(revitalistic movement)이다. 유령 춤과 같은 사회운동은 사람들이 그들의 삶이 심각한 위협을 받거나, 혹은 한 사회가 절박한 위기상황에 처했을 때 일반적으로 나타난다. 즉 전통적인 신이나 종교가 더 이상 힘이 되어줄 수 없다고 생각할 때 새로운 혁명적인 믿음체계를 만들거나 초기의 순수한 믿음으로 돌아가 문제를 해결하려는 것이다.

유령 춤의 경우 인디언들이 백인들에 의해 식민지화 되면서 자신들의 문화가 멸절될 위기에 처하자 그들의 절박한 위기상황을 타개하고자 하는 노력에서 출현하였다. 이것은 군사적인 방법이 아니라 순수한 종교적 부흥에 의지하려는 것이다. 즉, 워보카(Wovoka)의 계시는 인디언들에게는 마지막 탈출구였으며 북미 대륙 전역에 퍼져있던 수많은 부족들의 인디언들이 워보카의 계시를 믿고 유령 춤에 동참하였다.

수세기 전 이러한 종교적, 신앙적 운동들이 현대세계에서도 존재한다. 근본주의 기독교와 회교도들은 현대사회를 영적으로 병든 세계로 규정하고 모든 사람들이 자신들의 유일신을 섬겨야 이 세상이 치유된다고 믿는다. 현대의 신비주의자들도 영적인 안식처를 제공받기 위하여 불안정한 기성종교들이 세상의 문제를 해결할 수 없다고 믿고 선전한다. 워보카와 인디언들의 삶이 모두 파괴되는데 직면했던 것처럼 오늘날에도 많은 사람들이 핵무기에 의하여 문명세계가 하루아침에 파괴되거나 환경오염, 빈곤, 마약, 질병, 테러리즘등에 의해 문명이 서서히 붕괴되어가는 것에 공포심을 느끼고 있는 것이다.

과학은 인류가 직면한 문제를 해결하는데 아주 미약한 힘을 갖고 있는 존재로 인식될 뿐만 아니라 오히려 이러한 문제들을 야기시키는 주범으로 까지 간주되고 있다. 인류가 직면한 모든 문제를 간단히 신에 대한 근원적인 믿음을 회복함으로써 해결할 수 있다고 믿거나, 예전부터 지구에 종종 찾아왔던 신과 같은 능력을 갖고 있는 몇 광년 떨어진 곳의 외계 생명체가 문제를 해결해 줌으로서 우리를 구해줄 것이라는 믿음으로 위안을 삼는 것이다. 고고학적 기록들이 이러한 믿음들을 뒷받침 해줄 수 있다면 더할 나위 없이 이상적일 것이다.

인류학적 시각에서 본다면 근본주의 기독교인들이나 신비주의자들 모두 21세기의 부흥운동이라고 볼 수도 있을 것이다. 그러나 사람들에게 절대적인 믿음을 강요함으로써 희망을 주는 것이 이 시대 사람들의 영적인 문제를 해결해 주는 방법은 결코 아닐 것이다.

왜 많은 인디언들이 유령 춤을 받아들였는지 하는 것은 쉽게 이해할 수 있다. 그들의 현실생활은 절망적이었고 이 새로운 종교가 그들에게 구원을 제시하였기 때문인데 이것은 당연한 것이다. 인류학자인 알리스 키호(Alice Kehoe 1989)에 따르면 유령 춤은 1890년 12월 29일 인디언 지도자인 '부상당한 무릎(Wounded Knee)'이 이끌던 부족민들 중 여자와 어린아이들을 포함하여 300명 이상이 학살당한 이후에도 끈질기게 그 명맥을 유지하였다(Brown 1970).

비록 그들의 '유령 옷(ghost shirts)'이 인디언 전사들을 개틀링(Gatling) 기관총으로부터 보호해 주지는 못했지만 그들은 유령 춤이 약속한 힘을 의심 없이 믿었으며 이것은 강력한 종교로서 20세기까지 계속되고 있다. 신비주의자들은 비록 부유한 사람들일지라도 그들의 삶에 있어서 항상 불안과 공포심을 느끼고 있기 때문에 비상식적인 논리에도 영향을 받는 것이며 현대 사회에서도 마찬가지로 동일한 현상이 일어나고 있는 것이다.

근본주의자들과 세도나의 신비주의자들은 아마도 이러한 메시지를 달가워하지 않을 것이다. 그러나 중요한 것은 부흥운동을 하건 성경의 문구를 해석하건, 고고학적 기록의 놀랄만한 비밀을 드러내거나 혹은 아름다운 계곡에서 해탈을 추구하건 이것들이 현실세계의 문제를 해결하는데 실질적인 도움을 주지 않는다는 것이다.

# 자주 받는 질문들

## 1. 과학자들은 모두 무신론자인가?

많은 과학자들이 무신론자인 것은 사실이지만 물론 모두는 아니다. 1991년 갤럽(Gallup)조사에 의하면 87%의 미국인들이 신을 믿으며 9%는 무신론, 3%는 양자 어디에도 속하지 않는다고 대답하였다(Gallup and Newport 1991). 1996년 조사에서는 미국의 과학자들 중 40%는 신을 믿는다고 대답하였고 45%는 신을 믿지 않으며 15%는 양자 어느 쪽도 아니라고 대답하였다(Larson and Withan 1997).

일반 대중들 중 절반이 넘는 숫자의 사람들이 신을 믿는다고 대답하였지만 과학자들은 일반 대중들보다 무신론자가 많고 소수의 과학자들만이 인격체로서의 신을 믿는 것이 사실이다.

## 2. 종교와 진화론이 화해할 가능성은 없는가?

그러한 가능성은 점차 커지고 있다. 교황 요한바오로(John Paul) 2세와 주요 신교도파, 미국 유대교 랍비연합회(Conference of American Rabbis) 등이 최소한 신이 창조한 생명들이 진화를 할 가능성이 있음을 인정한다는 성명서를 발표한 바 있다. 즉 고대세계의 과학적 증거들과 지구의 변화, 동식물들이 변화해 왔다는 증거를 받아들인 것이다(Lieberman and Kirk 1991).

# 제12장 과거에 대한 진짜 미스터리

인류의 과거는 어느 한 순간도 경이로움과 신비로움, 호기심과 놀라움이 멈춘 적이 없다. 과거에 어떠한 일이 일어났었는지, 과거의 생활이 어떠하였는지를 밝히기 위해 현재의 시점을 살고 있는 우리들은 많은 방법을 동원하여 과거를 재구성하고 이해하는데 노력하고 있다. 아마도 이러한 과거의 이야기가 사기, 신화 혹은 불가사의한 것일지라도 이 책에서 이야기 한 것들처럼 대중들이 쉽게 받아들이는 것은 바로 과거가 가진 흥미와 매력 때문일 것이다.

내가 방금 이 책의 제목을 인용하여 이야기 한 것처럼 마운드빌더, 아틀란티스, 고대우주비행사등은 더 이상의 미스터리가 아니라 단순히 인류의 문화유산을 잘못 해석하여 혼동을 초래한 결과인 것이다. 인류 과거에 대한 거짓 미스터리를 제거하기란 현실적으로 쉽지 않다. 그러나 세상에는 아직도 과거에 어떠한 일이 일어났는지 많은 사람들의 호기심을 끌만한 미스터리가 세가지 있는데 바로 유럽의 고대 동굴벽화, 마야 문명, 그리고 유럽의 거석문화이다.

## 유럽의 동굴화가들

여러분들은 이러한 장면을 한번 상상해 볼 수 있을 것이다. 어둡고 침침한 동굴 속 좁은 통로를 지나서 바위 벽에 있는 등잔불이 깜박일

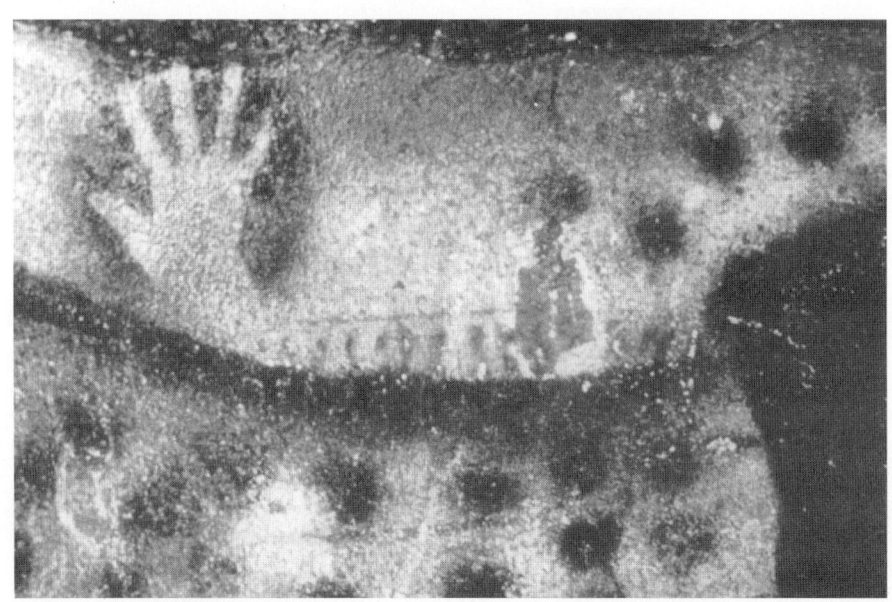

그림 12.1_ 구석기시대 한 예술가가 남긴 20,000년 전 사인. 프랑스 피치멀 (Peche-Merle)의 동굴벽화로 동굴 벽에 손을 대고 갈대 대롱을 통해 주변에 물감을 뿌리는 것이다.

때 마다 그림자가 춤을 춘다. 한 젊은 여자가 있는데 크고 유연한 그녀의 팔 근육에는 엷은 그을음이 묻어있고 그녀의 입은 어두운 색의 물감을 머금고 있다. 그녀는 한 손의 손바닥을 바위에 대고 다른 한 손에는 속이 빈 갈대를 든채 바위를 겨냥하고 있다. 그녀는 입에 물감을 머금고 있다가 수 차례 뿜어 내는데 물감이 안개와 같이 공중에 퍼지면서 갈대 끝에 묻어난다. 이때 물감의 일부가 그녀의 손에 묻어나지만 대부분은 동굴 벽에 대고 있던 그녀의 손바닥 주변을 물들이고 바위에서 손을 떼었을 때 그녀의 손바닥 자국이 선명히 남는다. 우리는 우리의 마음의 눈으로 그녀의 놀랄만한 예술적 창의력을 볼 수 있는데 벽에 남겨진 손 자국은 2,000년 전 한 예술가가 남긴 서명인 것이다(그림 12.1).

그녀의 옆에는 키가 크고 가슴이 넓은 한 남자가 있는데 얼굴에는 그의 연륜을 나타내는 듯 깊이 패인 주름살이 있다. 그는 끝이 닳아빠

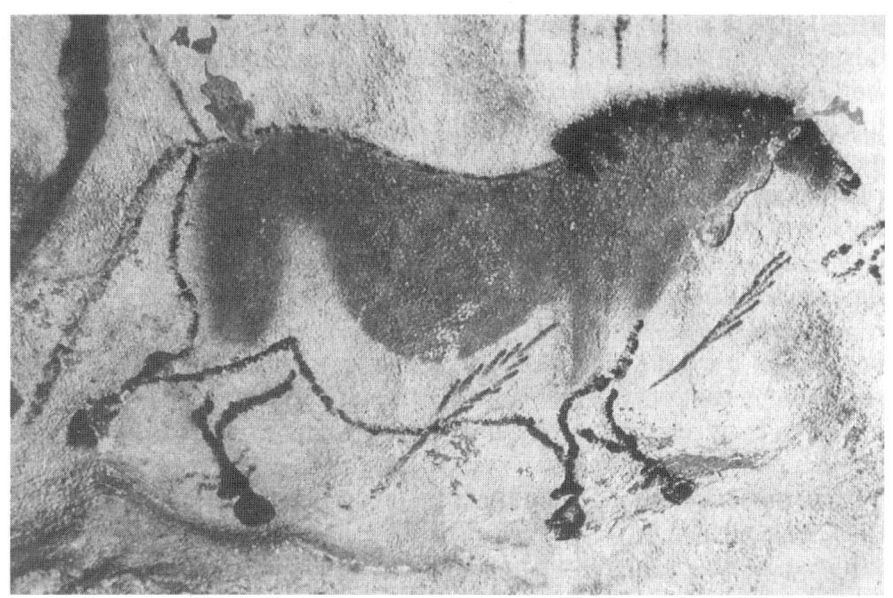

그림 12.2_ 프랑스 라스코 동굴벽화의 소위 '중국 말'이란 별명의 그림으로 20,000년 전 작품이다.

진 나뭇가지로 동굴 벽에 붉은 칠을 두텁게 하고 있는데 그가 관찰한 기억의 깊은 곳에 있는 것들을 다시 불러내어 그의 짧은 인생 동안 발전시켜 온 예술적 재능을 지금 동굴 안에서 발휘하고 있는 것이다.

동굴 벽화에서는 야생마 한마리가 자유롭게 돌아다니다가 사냥꾼과 마주치자 네 다리로 땅을 박차며 질주하기 시작한다. 말은 사냥꾼으로부터 필사적으로 도망가려 하지만 날카로운 화살촉이 가죽을 뚫고 들어오면서 말의 배는 붉은 색으로 깊게 갈라지고 결국은 쓰러져 피를 흘린다. 말이 쓰러지는 순간 사냥꾼과 그의 동료들은 말의 몸통 깊숙이 창을 찔러 넣고 말은 곧 조용해지면서 숨이 끊어진다.

순간 사냥꾼은 전율하면서 말의 영혼이 하늘로 돌아갔다고 생각한다. 사냥꾼은 그의 입 속에서 아직도 온기가 느껴지던 말고기의 맛을 기억한다. 이 말이 생명을 잃음으로써 사냥꾼과 그의 동료들은 삶을 이어간다. 이것이 그가 이해하는 이 세상에서 일어나는 삶과 죽음의 방식이다. 비록 더 이상의 삶을 살수 없고 오랜 죽음 속으로 들어갔지만 또 다른 세계에서의 삶이 있다. 세상의 전설과 마법들은 그 말의 생명을 신비하고 경이로운 물감으로 다시 창조하여 기억한다. 힘줄과 근육 그리고 피와 뼈로 이루어진 창조물은 이제 물감의 색채로서 다시 창조되어 살아난 것이다.

그 말은 더 이상 얼음에 둘러 쌓여 있는 서유럽의 평원을 가로질러 달리지는 못하지만 고삐에 매여 피를 흘리던 자신의 운명을 벗어나 이제는 어두운 동굴 깊은 곳에서 바위의 표면 위에 다시 살아나 영원히 울부짖으며 달릴 것이다. 이 벽화 속의 말은 20,000년이라는 세월을 넘어 환생하였고 비록 물감과 기억의 마술로서 다시 생겨났지만 그의 생명력은 영원히 지속될 것이다(그림12-2).

### 동굴벽화에 대한 설명

이 장면은 20,000년 전 소위 구석기 시대라고 부르는 선사시대를 묘사해 본 것이다. 그 사람은 하나의 상징적인 인물로서 선사시대 생활을 세계적으로 유명해질 벽화로 남겼는데 이러한 그림은 서유럽의 선사시대 동굴에서만 300점이 넘게 발견되었다(Chauvet, Deschamps and Hillaire 1996; Clottes and Courtin 1996; Clottes and Lewis-Williams 1998; Ruspoli 1986; Saura Ramos 1998; White 1986).

벽화들은 중세의 동물 우화집처럼 시간이 정지된 화면으로 라스코(Lascaux), 알타미라(Altamira), 샤베(Chauvet), 코스케르(Cosquer), 니오(Niaux) 동굴의 벽면에 그려져 있다. 그림에 사용된 오렌지, 노랑, 빨강, 갈색의 물감은 산화철에서 추출한 것이며 검은색 물감은 망간에서 추출한 것으로 이러한 동굴 벽화들은 고대인들의 생활상을 놀라울 정도로 생생하게 보여주고 있다.

말과 사슴, 털이 많은 매머드, 야생물소와 들소, 코뿔소등이 고대 예술가들에 의해 상세히 묘사되어 있다. 벽화 속의 동물들은 단순히 정지한 형태가 아닌 유연한 움직임으로 묘사되고 있다. 라스코 동굴벽화의 붉은 말은 날아오르는 창을 피해 도망치는 모습이며, 루피냐크(Rouffignac) 동굴벽화에서는 두 마리의 매머드가 서로 싸우며 우위를 다투고 있다. 라스코 동굴벽화에는 죽어가는 들소의 몸에 두 개의 창이 박혀 매달려 있다. 샤베(Chauvet) 동굴벽화에는 아름다운 갈기를 갖고 있는 네 마리의 말이 풀을 뜯고 있는 동안 주변에서는 육식동물들이 이들을 노리고 있는 아주 긴장감 있는 장면이 지난 2만년 동안 영원한 침묵을 지키며 있다.

어떤 동굴에서는 벽화에 그려져 있는 동물들의 뼈가 같은 장소에서 발견되어 당시 살았던 사람들이 동물들을 사냥하고 요리했던 흔적을 볼 수 있다. 사슴과 같은 온순한 동물들은 동굴벽화에 묘사된 것과 같이 중요한 식량의 원천이었을 것이며 벽화에 나타나는 빈도수를 감안한다면 이들이 얼마나 경제적인 면에서 중요한 비중을 차지하였는지를 알 수 있다(Rice and Paterson 1985, 1986).

그러나 고대 예술가들이 먹이감으로 사냥한 동물들만 벽화에 남겨 놓은 것이 아니라는 것을 고고학적 증거들을 통해 확인할 수 있다. 곰, 사자 기타 맹수들도 벽화에서 찾아 볼 수 있는데 이러한 맹수들은 종종 동굴의 중심부에서 떨어진 아래쪽, 꾸불꾸불한 바위길 통로에 그려져 있는 경우가 대부분이다. 프랑스 남동부 샤베(Chauvet)동굴에는 곰과 사자를 비롯하여 50마리의 코뿔소와 말, 소, 코끼리 등 300마리 이상의 동물들이 그려져 있었다(Chauvet, Deschamps, and Hillaire 1996; Hughes 1995).

물론 동물들만이 구석기 시대 예술가들의 관심 대상은 아니었다. 추상적인 디자인과 기하학적인 문양, 사람들의 손도장, 상상의 동물들도 동굴벽화에서 발견되며 드물게는 당시 사람들의 모습을 그린 것도 찾아 볼 수 있다. 이들 중에는 흥미롭게도 자화상으로 추측되는 그림들도 있는데 종종 다른 사람들을 희미하게 처리해 주변사람들과 구별되게 그려 넣기도 하였다.

동물들과 함께 사실적으로 묘사되어 있는 우리의 조상들은 그들의 시대를 공유하고 있었다. 동굴벽화 뿐만 아니라 '구석기 시대의 예술'은 미스터리로 남아있다. 우리의 까마득한 선사시대 조상들은 어떠한 동기에서 이러한 예술적 행위를 하게 되었는가? 이것이 단순히 아름다움을 위한 미적 감각에 의한 것인가?(Halverson 1987) 아니면, 동굴벽화가 단지 최고의 예술작품들을 전시하는 오늘날의 미술관이나 박물관 같은 역할을 하였는가? 우리는 오늘날 이 아름다운 작품들 속에서 예술적 정취를 감상할 수 있지만 당시 사람들도 미적인 감각을 의식하고 작품을 그렸을까?(Conkey 1987) 동굴벽화에는 단순히 겉으로 보이는 것 이상의 복잡한 의미가 숨겨져 있는 것은 아닌가?(Halverson 1987:68)

동굴벽화에 사냥하는 동물들을 묘사한 것은 일종의 동종주술(同種呪術)인가 아니면 동물들의 영혼을 포획하기 위한, 혹은 사냥의 성공을 기원하기 위한 주술적 행위인가?(Breuil 1952), 아니면 오늘날의 사냥 기념품처럼 실제로 사냥에 성공한 동물들을 역사와 같이 사실 그대로 기록해 둔 것인가?(Eaton 1978) 혹은 이 그림들을 통해 일종의 상징체계의 한 부분으로서 남성과 여성의 형상을 뚜렷하게 구별하기 위한 것인가?(Leroi-Gourhan 1968) 혹은 동굴벽화에 동물들을 그려 넣는 행위가 환경압박에 따른 인류집단간의 영토적 경계를 나타내는 것인가?(Conkey 1980; Jochim 1983) 그렇다면 물결무늬, 사각형이나 기하학적 그림들은 무엇을 나타내는 것인가?

윌리엄과 도슨(J.D. Lewis-Williams and T. A. Dowson 1988)은 흥미로운 가설을 하나 제안하였는데 그들은 이 그림들이 인간의 시각적인 신경체계가 진화하면서 의식의 변화를 가져오게 되어 감각적인 예술행위로 나타난 것이라고 주장한다. 인간이 보는 일종의 환영들은 인류의 시신경의 구조가 변화하는 과정속에서 일반적인 특징이 되면서 생긴 결과라는 것이다. 즉 여러분들도 눈을 비벼보면 일종의 환영을 볼 수 있을 것이다. 특히 불면증일 때, 금식중이거나 모닥불을 한동안 응시한 경우, 환각증세를 일으키는 약을 복용하거나 할 때 우리는 환영을 볼 수 있다. 동굴벽화는 바로 구석기시대 샤먼들이 그들의 시각적 체계에서 본 것을 형상으로 나타낸 것이며 따라서 동굴벽화를 종교적 행위의 산물로 보아야 한다는 주장이다.

한편, 몇몇 선사학자들은 동굴벽화의 예술적 의미에 초점을 두고 있는데 클롯과 월리엄(Jean Clottes and David Lewis-William 1998)의 저서인 '선사시대의 샤먼; 동굴벽화 속의 마술과 계시(The Shamans of Prehistory; Trance and Magic in the Painted Caves 1998)'에서 동굴벽화에 대한 세부적이고 독창적인 분석을 볼 수 있다. 그러나 이러한 논쟁에 대한 확실한 결론은 없으며 앞으로도 쉽지 않을 것이다. 이러한 관점에서 구석기시대의 동굴벽화를 통해 당시 인류의 예술적 능력을 확인할 수 있는 유산으로 아틀란티스의 유민이나 외계의 생명체가 남긴 것이 분명 아님을 알 수 있다. 이것은 우리의 과거 조상들이 남긴 훌륭한 문화유산으로서 인류 고대문명의 풀리지 않는 진짜 미스터리 중 하나인 것이다.

## 마야문명

치첸 이차(Chichen Itza), 욱스말(Uxmal), 티칼(Tikal), 코판(Copan), 새일(Sayil), 팔렝케(Palenque)와 같은 이름들은 발음 그 자체부터가 우리에게는 뭔가 신비하게 들린다. 이들은 고대 마야문명의 도시 이름들로 천년 전에 지금의 과테말라(Guatemala), 혼듀라스(Honduras), 엘살바도르(El Salvador), 벨리즈(Belize)와 멕시코 유카탄 반도 일대에서 번성했었다(그림 12.3).

지난 수십년간의 고고학적 조사결과 신대륙 원주민들의 놀랄만한

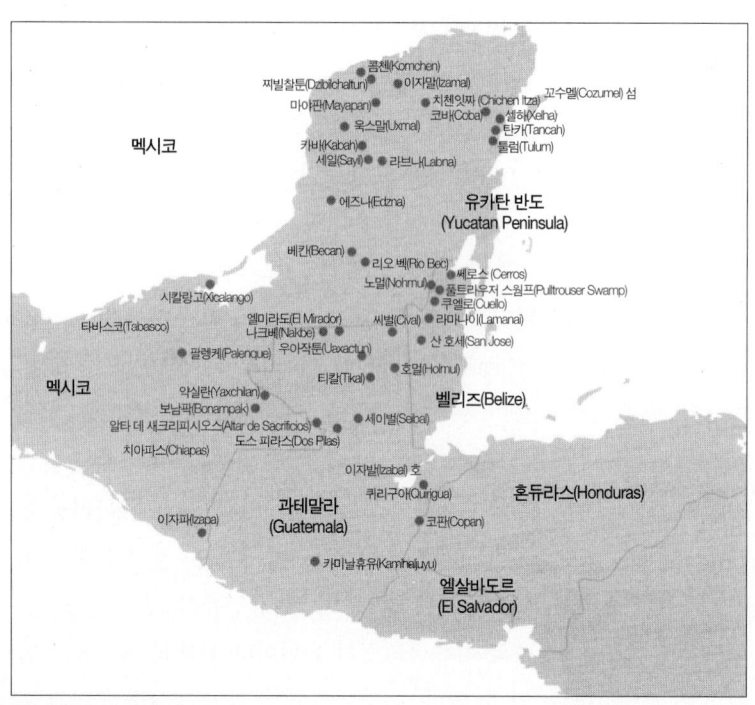

그림 12.3_ 멕시코 동부 유카탄 반도 일대의 지도. 벨리즈, 과테말라, 혼듀라스, 엘살바도르 일대에 마야문명의 가장 중요한 종교적 중심지와 주요 마을들이 위치해 있다.

문화적 성취에 대하여 밝혀진 바가 많다(Sabloff 1989,1994). 마야의 건축공학적 성취는 지구상의 그 어떤 고대문명과 비교해 보아도 부족함이 없다. 욱스말(Uxmal)의 타원형으로 생긴 마법사의 피라미드는 아주 놀랄만한 건축학적, 공학적 기술을 보여주고 있다(그림12.4). 새일(Sayil)에 위치한 지배자의 궁전(Governor's Palace)에는 88개의 방과 거대한 기둥 그리고 석조 계단들이 있는데 마찬가지로 경이로운 기술력을 보여준다. 팔렝케(Palenque)신전의 조각 장식이나 치첸 이차(Chichen Itza)의 엘 카스틸로(El Castillo), 티칼(Tikal)의 재규어 신전등은 마야문명의 화려했던 건축기술을 증명해 주고 있다.

마야인들은 건축공학 기술 뿐만 아니라 그들 자신의 상형문자를 만들어냈는데 이것은 회화적이면서도 아주 훌륭한 양각기술로 조각된

그림 12.4_ 멕시코 유카탄 반도의 욱스말에 위치한 마야의 피라미드. 이집트 피라미드와는 달리 마야의 피라미드는 신전의 정상까지 이르는 계단이 설치되어 있다.

그림 12.5_ 치첸이짜에 위치한 천문대라는 별명의 엘 카라콜. 이 건물은 놀랄만한 건축기술을 보여주고 있는데 탑 에는 몇 개의 창문이 있으며 마야의 천문학자들이 별들을 관찰했던 것으로 추정하고 있다.

제12장 과거에 대한 진짜 미스터리 451

일종의 교과서이다. 마야 문자를 해독한 최근의 연구 성과를 보면 서유럽의 역사와 같이 마야인의 시각에서 마야의 역사를 연구하는데 필수적인 단서를 제공하고 있다(Coe 1992; Montgomery 2002; Schele and Freidel 1990). 마야인들은 아주 정확한 수학자이며 '0'의 개념도 발전시켰다. 그들은 또한 발전된 천문학 기술을 가지고 있었는데 치첸 이차(Chichen Itza)에 천문 관측소를 건설하기도 하였다(그림12.5). 천문학과 수학에 대한 그들의 천재성은 마야인들로 하여금 아주 정확한 두 종류의 역법체계를 만들도록 했는데 이것은 오늘날 우리가 사용하는 것보다 훨씬 더 정밀한 것으로 마야인들의 놀라운 기술력을 볼 수 있다.

### 마야에 대한 이해

독자 여러분은 마야문명이 외계인의 도움으로 건설되었다는 데니컨의 아주 우스꽝스러운 주장을 기억할 것이다. 마야문명은 지금까지도 계속 연구되고 있지만 그들의 역사와 기원에 대한 그 어떠한 미스터리나 수수께끼 같은 사실이 존재하는 것은 아니다.

마야문명의 기원은 2800년 전으로 거슬러 올라갈 수 있는데 처음에는 작은 마을을 이루고 살았으나 2300년 전에는 비교적 큰 마을들이 형성되었다. 남쪽 지역에는 나크베(Nakbe), 엘 미라도(El Mirador), 라마나이(Lamanai), 쎄로스(Cerros), 키벌(Cival), 티칼(Tikal) 등이 있으며 북쪽 지역에는 디비찰튼(Dzibichaltun)과 콤첸(Komchen) 등이 있었는데 이들이 성장하여 거대한 석재 구조물과 공공 건물들을 건설하였다.

쎄로스(Cerros)같은 유적은 강 입구의 만에 위치하여 무역의 중심지가 되었는데 이곳에서 흑요석, 옥, 수공예품, 원석등이 거래되었으며 이것들은 지배계층의 권력을 유지하고 증대시키는데 이용되었다(Sabloff 1994). 마야의 어떤 마을들은 도시로 발전하여 독자적인 왕국의 수도가 되었는데 이들은 동일한 종교적 세계관과 경제체계를 갖고 있었다. 높은 생산성을 갖고 있던 옥수수농사는 인구증가에 필요한 식량을 제공하였으며 마야의 지배계층은 대형 피라미드와 신전을 건설하도록 명령할 수 있는 권력을 소유하였다. 이들의 발전은 높은 인구집중과 기념비적인 건축물은 물론 전문가들에 의해서 만들어진 훌륭한 예술작품들을 통해서도 확인되는데 지금까지 축적된 자료들을 분석해보면 마야문명의 초기 도시화와 거대 건축물의 건설은 2,300년 전부터 시작되었다.

최근 키벌(Cival)지역에서 발굴한 결과를 살펴보면 이 지역이 마야문명 초기에 가장 큰 규모의 도시였던 것으로 밝혀졌다(Skidmore 2004). 키벌에는 약 10,000여명의 사람들이 살았을 것으로 추정되는데 거주지역의 중심부분은 흙을 다져서 만든 성벽으로 둘러 쌓여 있다. 이 고대 도시에는 또한 800m 길이의 의례 장소가 있고, 정상부가 편평한 5개의 피라미드로 둘러 쌓여 거대한 광장을 형성하고 있다. 도시 중심에 위치한 의례장소에서 고고학자인 에스타라다 벨리(Francisco Estrada-Belli)는 진흙을 조각하여 만든 높이 3m 너비 5m크기의 거대한 얼굴 조각상 두개를 발견하였다. 이 조각상들을 도시가 번성하였을 당시 33m높이의 피라미드 꼭대기에 끌어올려 세워놓았던 것이다 (Lovgren 2004).

에스트라다 벨리에 따르면 이 조각상의 반쪽은 사람, 다른 반쪽은 재규어의 모습으로 새겼는데 한쪽 눈은 옥수수대를, 다른 한쪽 눈은 뱀의 이빨 모습을 조각해 넣었다. 도시 중심부의 광장에서는 고고학자들이 120개의 잘 다듬어진 푸른색 옥으로 만들어진 돌들과 5개의 옥(玉)제 도끼를 발견하였는데 푸른색 옥은 마야인들이 신성시 했던 돌이며 그들의 주식인 옥수수를 상징하는 의례와 관련이 있다.

농사는 옥수수를 주로 경작하였는데 마야 경제의 근간을 이루었다. 웹스터(David Webster 2002:86)의 분석에 따르면 옥수수가 마야인들 식량의 60% 이상을 차지한 것으로 계산하였다. 마야 대부분의 지역에서는 화전을 일구어 농사를 지었는데 숲의 나무를 베어내고 불을 질러 농사지을 땅을 확보하였으며 단기간 농사를 지은 뒤 휴면상태로 버려두면 자연히 원상대로 숲이 회복되어 일정기간 후 다시 사용하는 방식이다. 이것은 현재 마야지역 원주민들이 사용하는 방법이기도 한데 고고학자들의 연구에 따르면 이것 뿐만 아니라 여기에 몇가지 농업 기술을 더하여 사용하였다.

이들 원주민들은 비탈진 경사에는 계단식 농법을 사용하며, 늪 지역에서는 간척을 통해 경작지를 확보하고, 집 근처에는 텃밭을 일구며, 주거지 인근의 밀림에서는 나무 열매등을 수확하였다(McKillop 1994; Turner and Harrison 1983). 당시 사회적인 필요에 의하여 마야인들은 다양한 농업 기술에 의존하였고 고도의 집약적 농사를 통해 도시에 거주하는 많은 사람들의 식량을 공급할 수 있었다.

우리가 일반적으로 이야기하는 고전적인 마야문명이란 A.D. 250년경 코판(Copan), 팔렝케(Palenque), 티칼(Tikal), 카라콜(Caracol), 라마나이(Lamanai) 등에서 확인되는데 이 도시들은 신전과 피라미드, 궁전을 갖추고 있었다. A.D. 1350년까지 과테말라의 티칼은 최소한 40,000명 이상의 인구가 살고 있었으며 도시 외곽에도 수천명의 인구가 살았을 것으로 추정된다. 티칼의 주민들은 아주 훌륭한 공예품과 예술품을 생산하는데 주력하였다. 이들 중 많은 유물들은 마야의 지배계층 무덤에서 발견되었는데 이것은 상류계층의 사회적 신분과 부(富)를 나타내는 것이다.

남쪽 지역의 도시들 중 라마나이(Lamanai)에서는 토착 세력의 지배가 계속되었는데 A.D. 800년 이후 마야의 남쪽지역에 위치한 거대한 도시들은 피라미드와 신전을 더 이상 건설하지 않았으며 그들의 인구는 급격하게 줄어들었다. 즉 마야의 지리적인 중심이 남쪽에서 북쪽과 동쪽으로 이동하였는데 이곳에 거대 도시인 치첸 이차(Chichen Itza)와 욱스말(Uxmal)이 있었으며 후에 마야판(Mayapan)이라는 도시가 발전하여 번성하였다(Webster 2002).

### 마야 멸망의 미스테리

스페인 사람들이 신대륙에 도착하였을 때 마야는 수세기 전과 비교하여 아주 다른 모습을 하고 있었다. 남부지역의 거대 도시들은 버려져 있었고 북쪽에 위치한 마야의 도시들은 대부분 쇠퇴일로에 있었다. 스페인 사람들의 기록을 보면 많은 인구가 집중하여 살고 있는 도시에서는 정교한 기술로 농사를 짓고 있었고 거대한 신전들과 잘 정돈된 광장이 있었던 것으로 보인다.

그러나 마야에 대한 이러한 묘사는 고고학적 발굴을 통해 확인된 자료와는 일치하지 않는 점이 있다. 스페인 사람들이 마야의 도시와 처음 조우하였던 1500년대 초의 모습과의 차이점은 마야 역사상의 큰 미스터리 중 하나이다. 이 거대한 마야문명이 멸망하게 된 주된 이유는 무엇인가? 마야 전문가인 데이비드 웹스터(David Webster 2002)는 마야문명이 갑작스럽게 붕괴했다고 이해하는 것은 큰 오해라는 생각을 갖고 있다. 그에 따르면 마야문명의 붕괴원인은 예상치 못하게 발생한 마야의 역사적 사건들 때문이라는 것이다.

마야문명은 A.D. 950년까지 계속되었는데 몇몇 도시들의 붕괴는 지리적으로 볼 때 마야 영토내의 서쪽에서 집중적으로 일어났던 현상이다. 즉 웹스터는 마야문명의 갑작스런 붕괴는 사실 소규모의 붕괴가 계속적으로 연이어서 일어난 결과이며 이러한 현상은 마야 역사에서 되풀이되며 일어났다는 것이다. 웹스터의 관점에서 보면 마야문명은 인구증가와 척박한 땅에서 화전농업이 자연과 아주 섬세하고 민감한 균형을 이루는 가운데 유지된 것으로 판단된다. 사실 이 균형이란 것은 마야의 역사에서 몇번 위기를 맞으면서 연속적인 붕괴로 이어졌다.

화전 농업은 열대 밀림지역에서는 아주 효율적인 농법이다. 그러나 마야사회의 급격한 인구 증가는 농지를 보다 집약적이고 효율적으로 이용할 필요를 야기시켰다. 화전농업은 대략 한 가구당 20에이커의 경작지가 필요할 만큼 막대한 넓이의 땅을 필요로 하며 땅의 영양분을 급속하게 고갈시키기 때문에 다시 비옥한 경작지가 되려면 오랜 기간 휴경지로 남겨두어야 한다. 마야의 농경지가 한동안 휴작기를 거쳐 다시 영양분을 회복할 때는 보다 많은 식량을 빨리 생산하지 않으면 안되었고 궁극적으로는 아이러니 하게도 땅의 생산성이 급격하게 떨어지게 되는 것이다.

보다 집약적인 농업기술로는 계단식 농법, 늪지의 개간, 텃밭 가꾸기, 나무열매 수확등이 있다. 예를 들어 마야인들은 습지에 복토를 하거나 농사를 짓기에 부적당한 홍수 퇴적층을 해마다 간척하여 농사를 지었다. 벨리즈(Belize)에 위치한 풀트라우저 스웜프(Pulltrouser Swamp) 현장에서는 늪을 개간하여 수분이 풍부한 농토로 바꾸어 해마다 많은 양의 곡물을 생산한 것을 확인할 수 있었다(Turner and Harrison 1983). 그러나 이 현장에서 확인된 집약적 농사만으로는 마야사회가 식량공급 문제를 어떻게 해결하였는지를 설명하는데 충분하지 않다. 식량난을 극복하기 위하여 마야의 도시들은 보다 공격적인 농지확장정책으로 이웃한 도시들과 갈등을 빚었다. 즉 농토부족 문제를 빠른 시일 내에 해결하기 위하여 전쟁이란 수단을 선택하게 되었다. 마야 인구의 급격한 증가 속에 농업 생산성이 떨어지자 영토의 확장이 보다 절실하게 되었고, 그 결과 전쟁이 마야 지역에서 일상처럼 자주 일어나게 된 것이다. 당시 마야 인구의 80~90%를 차지하였던 농민들의 삶은 피폐하게 되었는데 이는 농사뿐만 아니라 보병으로서 전쟁에 동원되었기 때문이다(Webster 2002:140).

웹스터에 따르면 마야의 농업 생산성은 계속 떨어지고 농지확보를 위한 전쟁은 계속 증가하였다. 이것을 위하여 농민들의 노동력과 목숨을 필요로 하였는데 왕이 이 문제를 해결 할만한 능력이 없다는 생각이

주민들 사이에 확산되면서 왕에 대한 신뢰가 약화되고 주민들의 물질적 정신적 고통은 더 커지게 되었을 것이라는 주장이다.

마야 사회에서 농부와 군인들이 사라져버리자 마야문명은 더 이상 생존할 수 없었을 것이다. 웹스터는 이것을 가르켜 '행동으로 보여준 투표'의 결과라고 표현하였는데 당시 대다수의 마야 농민들 입장에서는 왕이 그들의 농토를 넓히는데 아무런 도움을 주지 못한다고 판단되자 지배자들로부터 벗어나 멀리 이주해 버렸다는 주장이다.

이러한 현상이 벌어지자 마야의 왕은 그의 가장 소중한 자산이라고 할 수 있는 시민들을 잃게 되었다. 이것은 A.D. 950년 이후 마야의 대부분 도시에서 일어난 현상이다. 마야 사회에서 일어난 연속적인 붕괴는 A.D. 950년경에 일어났는데 이 사건들의 일부는 정확한 설명이 가능하다. 인구의 급속한 증가에 따라 이에 필요한 식량과 자원들이 공급되지 못하였고 급속한 토질의 쇠퇴와 끊임없는 전쟁으로 인한 손실이 붕괴의 주된 원인이 되었다.

마야사회가 피라미드와 신전을 건설하기 시작할 때는 새로운 왕조의 지배 아래 곡물의 생산량을 늘리고 사회 정비를 통해 이전의 침체기에서 벗어나 일시적인 회복을 꾀하고 있었던 시기이다. 스페인 사람들이 도착하기 전인 16세기 초까지 마야 사회가 다른 새로운 도시와 화려한 신전, 피라미드를 건설할만한 사회적인 저력을 갖고 있었는지에 관해서는 영원히 그 진실을 모를 수도 있을 것이다. 그러나 마야의 몰락은 더 이상의 미스터리는 아니며 인류학적인 연구를 통해 구체적인 사실들을 밝혀내는 도전들만이 남아있는 것이다.

### 스톤헨지(Stonehenge)

1996년 여름, 내가 십대 청소년일 때 나에게 호기심과 경이로움을 주었던 장소로 짧은 순례여행을 계획하였다. 내 가족과 함께 영국에서

2주간의 휴가를 보내게 되었는데 런던에서 스톤헨지까지의 여행이었다. 우리 가족은 미국 뿐 아니라 세계 각지에서 오는 관광객들과 담소를 나누면서 여행을 하고 있었다.

소위 문화의 국제화, 세계화의 결과인지는 모르지만 스톤헨지를 찾는 세계 각지에서 온 관광객들은 아주 유사한 옷차림을 하고 있었다. 이들은 운동화에 청바지, 만화영화와 컴퓨터 게임의 주인공들이 그려진 티셔츠, 기업의 상표가 장식된 모자를 쓰고 있었다. 그러나 한 여자는 으깨어진 호박그림이 그려져 있는 티셔츠를 입고 머리부터 발끝까지 검은색 옷을 입은 특이한 옷차림을 하고 있었다. 검은색 부츠와 느슨한 검은색 바지, 검은 티셔츠와 긴 벨벳, 그리고 두건이 있는 망토를 쓰고 있었다. 그녀는 눈을 감은 채 구석에서 한치의 움직임도 없이 서 있으면서 낮은 목소리로 입술을 작게 움직이며 일종의 주문을 외우고 있었다. 나는 그녀가 어떤 사람인지 호기심이 생기기 시작하였다. 그녀는 아마도 고대 켈트족의 드루이드(Druid)교 승려의 환생인지도 모르겠다는 생각이 들었다. 그녀는 참으로 기묘한 모습이었지만 우리는 여행 중에 이런 특이한 장면들을 많이 목격하였다.

우리는 스톤헨지와 같은 거석문화 유적지들을 방문하였는데 관광 안내 책자를 보면 크기는 다소 다르지만 수백개의 유사한 기념물들이 있으며(Burl 1995), 이러한 아름다운 유적지가 영국 전역에 300여곳이나 있는 것으로 알려져 있다(Cope 1998). 우리는 스톤헨지의 원형 구조물 가운데 앉아서 명상을 하는 사람들을 종종 볼 수가 있었는데 이들은 아마도 고대문명의 신비한 장소에서 특별한 에너지를 얻기를 희망하는 것 같았다. 에이브버리(Avebury)란 작은 마을은 거석들로 둘러쌓인 지역으로 기념품 가게에서는 치료용 수정, 피라미드 목걸이와 동으로 만든 수맥 탐침봉을 팔고 있었는데 소위 고대문명의 신비한 에너지를 찾기 위한 도구들이다.

고대 영국의 거석문화 유적지들은 신비주의자들이 즐겨 찾는 장소

| 그림 12.6_ 스톤헨지는 기념비적인 건축물로 고대인들의 뛰어난 창의력을 보여주고 있다.

| 그림 12.7_ 4,000년 전 스톤헨지의 복원도. 거대한 사암을 사용하여 탑을 쌓듯 상석과 기단석을 서로 정확하게 연결하여 축조하였다.

들 중 하나인데 고대 유적의 영험한 기운을 통해 피난처와 구원을 찾으려고 영국의 스톤헨지로 몰려드는 것이다. 매년 6월 말 하지 때는 스톤헨지에서 소위 이교도 의식을 행하는데 이때 지방경찰은 이들이 흥분 상태에서 나체로 돌아다니거나 거석 기념물 위에 올라가는등의 행위

제12장 과거에 대한 진짜 미스터리 459

로부터 유적을 보호하기 위하여 이들과 충돌할 때가 있다. 다행스럽게도 요즘에는 역사적 전통에 대한 반발로서 자신들의 세계관에 입각하여 지나치게 고대 종교를 재조명 하려는 폭력적 행위는 급격히 낮아졌다.

그렇다면 스톤헨지는 실제로 무엇인가? 스톤헨지는 고대의 신비한 에너지를 방출하던 장소인가? 이것 또한 고고학계의 커다란 미스테리일 것이다. 나의 10살 난 아들이 스톤헨지를 가리켜 한마디로 '경이롭다' 라고 하였는데 이것은 아주 적절한 표현이라 할 수 있겠다.

4,900년 전 농부들이 지름이 100m정도 되는 완벽한 원을 이루는 도랑을 팠는데 이것이 스톤헨지 건설의 시작이다. 4,500년 전 스톤헨지를 건설한 사람들은 청석이라고 부르는 화산석을 웨일즈(Wales)지방의 남서쪽에 위치한 프레세리(Preseli)산으로부터 가져왔는데 이는 20km가 넘는 거리이다. 이들은 광장 가운데 반원 모양의 도랑을 이중으로 파고 무게가 4,000kg이 넘는 청석을 16km 이상 끌고 와서 하역용 가축이나 기계적인 장치 없이 석재들을 완벽하게 일으켜 세웠다. 스톤헨지 건설초기에는 말뚝을 박아 형체를 구현하였으나 이것이 앞으로 어떠한 모습이 될지를 예고한 것이었다.

수백년이 지난 뒤 청석들은 겨우 반원을 그리며 세워질 수 있었는데 스톤헨지의 주요 건설과정을 현재 발굴을 통해 확인할 수 있다. 4,400년 전 스톤헨지 건설자들은 초기형태의 모습을 건설하기 시작하였는데 북쪽의 에이브버리(Avebury)로부터 30km 떨어진 곳으로부터 30개의 사암 석재를 운반해 왔다. 사암의 일종인 청석은 무쇠와 같이 단단한 돌로 놀랍게도 3m높이에 25,000kg이 나가는 거석들이다. 30개의 석재 기둥들은 원을 이루며 서있는데 최초에 만든 반원의 도랑과는 30m정도 떨어져 있다(그림 12.6; Ruggles 1996).

석재 기둥 위의 30개의 상석은 각각의 무게가 5,500kg로 연속적인 원형 구조물의 꼭대기에 얹어져 있는데 각각의 상석은 인접한 석재에 구멍을 파내어 서로 연결하였다. 상석 바닥에는 두개의 파여진 홈이 있는데 각각의 상석은 외면과 내면의 곡선 모두 원호와 일치하도록 조각되어 있다. 석재가 형성하고 있는 부드러운 원형의 곡선은 정확하게 함께 연결되어 있는데 이것들을 '경이롭다' 라고만 표현하기에는 부족함이 있다(그림 12.7).

원형구조물 안에는 3종류의 돌로 이루어진 3층 구조물이 5개의 사암석재 원안에 서 있다. 거대한 말발굽 모양의 석조 구조물들은 스톤헨지를 건설한 사람들에 의해 만들어진 것들 중 가장 거대한 크기이다. 각 구조물은 지상 8m 지하 2m 깊이에 묻혀 있는데 이들 중 가장 큰 석재는 무게가 45,000kg (50ton)이며 부재인 상석은 무게가 9,000kg(10ton)에 이른다. 이들 중 상석들은 7.3m 높이 위에 석재들과 짝을 이루어 서 있다(Chippindale 1983; Wernick et al. 1973). 다른 작은 규모의 원형 석조 구조물들은 사암석재 구조 안에 포함되어 있다. 소위 힐스톤(heelstone)이라는 석재는 73,000kg(80ton)의 무게로 원형구조물의 중심으로부터 북동쪽으로 80m 떨어져 위치해 있다.

### 스톤헨지는 무엇인가?

스톤헨지는 분명 흥미를 자아내는 경이로운 유물이다. 고대사회에서 단순한 생활을 영위하던 농부들이 스톤헨지와 같은 거대한 건축물을 어떻게 만들어 낼 수 있었는가? 그들은 어디서 어떻게 석재를 구해서 그 먼 거리를 옮겨올 수 있었는가? 그들은 어떻게 이 스톤헨지를 생각해 내고 건설할 수 있었는가? 하지만 이러한 의문들 중에서도 가장 중요한 질문은 왜 그들이 스톤헨지를 건설하였는가 하는 것이다.

스톤헨지에 대해서 미스테리한 시각으로 보는 것은 우리들의 오해에서 비롯된 점도 있다. 우리는 고대인들이 창의적이고, 독창적이며, 영리한 사람들이라고 생각하지 않는다. 그러나 분명히 스톤헨지를 비

그림 12.8_ 영국의 스윈사이드(사진 위)와 케슬러리그(사진 오른쪽 아래)의 거석 기념물들. 롱메그(사진 다음장 아래)의 거대한 석조 기념물과 스코틀랜드의 오크니 아일랜드에 위치한 스테네시(사진 다음장 오른쪽 위) 거석 기념물. 스윈사이드는 50여개의 케슬러리그는 38개의 석재로 이루어져 있는데 지름이 30m가 넘는다. 롱메그는 원래 70개로 이루어진 소위 '그녀의 딸들'이라는 별명의 거대한 석조기념물이며 스테네시 스톤의 석재들 중 가장 큰 것은 높이가 9m에 이른다.

롯한 유럽 여러 지역에서 발견되는 수천개의 거석 유물들과 같이 정교한 건축물을 건설한다는 것은 쉬운 일이 아니라는 점이다(그림 12.8).

만일 우리가 현재의 선입관을 떠나서 지난 5,000년간 인류가 남긴

고고학적 기록들을 살펴본다면 인류의 정교한 문화성취 능력을 알 수 있다. 우리는 잃어버린 대륙이나 고대의 우주비행사와 같은 허황된 논리로 거석문화의 건설자들과 고대인들의 문화적 성취를 설명할 필요가 없는 것이다. 스톤헨지가 어떻게 건설되었는가 하는 질문에는 명백한 해답들을 갖고 있다. 그들은 불을 사용하거나 날씨의 변화를 이용하거나, 혹은 망치질을 통해서 암반으로부터 자신들이 원하는 모양으로 석재를 채취하여 사용하였을 것이다. 석재들은 나무로 만든 썰매 위에 얹

제12장 과거에 대한 진짜 미스터리 463

그림 12.9_ 스톤헨지의 작업 복원도. 목재 기단을 설치한 후 상석을 끌어올린 뒤 사암제 기단석 위에 올린 것으로 추정된다.

어 밧줄로 끌어 당겼을 것이며 빠른 이동을 위해 둥근 통나무들을 잇대어 바퀴처럼 사용하였을 것이다.

과학 다큐멘터리인 노바(NOVA Lost Empires 1997)에서 스톤헨지의 석재들을 어떻게 옮겼는지를 실험한 내용이 있다. 정사각형 모양으로 통나무 두 개를 땅 위에 선로와 같이 평행으로 놓고 나무썰매를 제작하여 그 위에 올려 놓은 뒤 50톤 무게의 시멘트로 만든 유물을 얹어 운반을 시도하였다. 2백명이 채 안되는 인원이 선로에 윤활제를 뿌리며 끌어당겼을 때 엄청난 무게의 석재를 비교적 손쉽게 옮길 수 있었다. 석재를 똑바로 일으켜 세울 때는 지렛대를 사용하였을 것이며 상석을 올릴 때는 선반을 설치하여 지렛대와 함께 사용하였을 것이다(그림 12.9).

이러한 거대 건축물의 성취는 실로 놀라운 것이며 피라미드 건설과 마찬가지로 많은 사람들이 공동의 목표를 위하여 헌신적인 노력을 했을 때 이루어 낼 능력이 있음을 입증하는 것이다. 왜 스톤헨지와 같은 거대 건축물을 건설하였는가 하는 질문에 대해서는 수많은 가설들이 제시되었다(Chippindale 1983).

### 스톤헨지가 원형으로 건설된 이유는 무엇인가?

스톤헨지에 대한 기이한 가설들 중 하나는 신석기시대의 대표적인 예술품이라 할 수 있는 이것이 소위 크럽서클(crop circle)과 관련이 있다는 주장이다. 크럽 서클 현상은 1980년대 이후 영국을 중심으로 많은 예들이 급격하게 증가하였는데 때로는 아주 아름답고 복잡한 기하학적인 문양으로 밀을 납작하게 쓰러뜨려 모양을 만든다. 캐나다, 미국, 호주를 비롯한 몇몇 지역에서는 밀이 아닌 다른 곡물 밭에서 발견되기도 한다(그림 12-10)(Jim Schnabal: Round in Circles 1994).

크럽서클(crop circle)은 곡물의 줄기를 납작하게 눌러 미스테리한 형상을 만드는데 회오리바람이 돌면서 혹은 지구 에너지의 소용돌이가 만들어 냈을 것으로 추측되기도 하지만 가장 인기 있는 가설은 UFO 관련 설이다. 외계에서 날라온 비행선이 밀밭 위를 선회하면서 비행선 아래쪽으로 에너지를 방출하여 기하학적인 모양들을 만들어 낸다는 것이다.

일부 크럽서클(crop circle)의 열렬한 신봉자들이 이렇게 생각하는 이유는 스톤헨지가 둥근 원형으로 생긴 이유가 바로 고대 영국의 농부들이 그들의 밭에서 하늘을 날아다니는 미스테리한 물체가 크럽서클(crop circle)을 만드는 것을 본 뒤 이 현상을 모방하여 스톤헨지와 거석 기념물들을 만들었다는 것이다.

그러나 이러한 설명에는 많은 문제점들이 있고 크럽서클(crop circle)이 외계인의 작품이 아니라는 사실을 쉽게 알 수 있다. 1980년대를 거치면서 크럽써클(crop circle)의 문양은 점차 복잡해지고 한편 우스꽝스러워지기까지 하였다. 한가지 특별하고 흥미로운 메시지는 그림이 아닌 '우리는 혼자가 아니다' 라는 문구의 작품이었다.

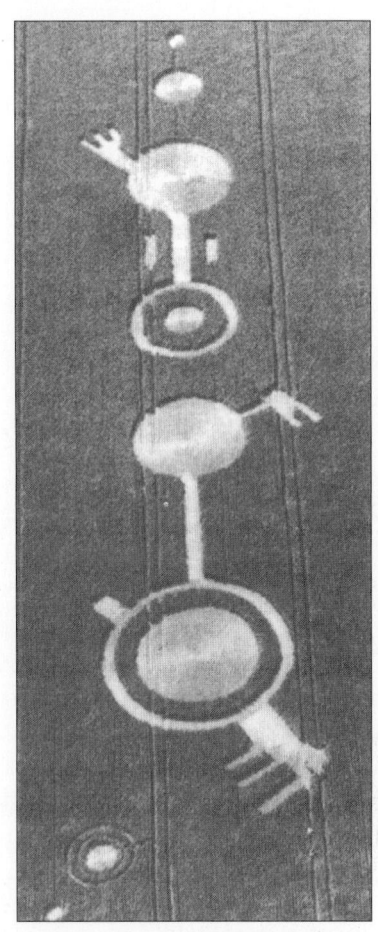

그림 12.10_ 1990년 7월 영국의 윌트셔에서 발견된 크럽서클. 크럽서클은 처음 장난기 많은 사람들이 시작한 것으로 알려져 있으며 이들 중에는 자신들이 어떻게 이것을 만들었는지 구체적으로 시연해 보인 예도 있다. 즉 크럽서클은 인간이 만든 작품이며 외계인이 만든 것이 아니다.

데이비드 컬리(Dave Chorley)와 더그 바우어(Doug Bower)는 1991년 9월 자신들이 크럽서클(crop circle)을 만들었다고 고백하였을 때 크럽서클(crop circle) 현상은 한동안 잠잠해 졌다. 컬리와 바우어는 어떻게 크럽서클(crop circle)을 만드는가 시범을 보였는데 그들이 만든 첫번째 크럽써클(crop circle)은 바우어가 소유한 그림액자 가게에서 현관문을 잠그는 철제 빗장을 사용하였다.

그들이 깊은 밤 막대를 갖고 들판에 나가 한쪽에 중심점을 정하고 막대를 밀밭에서 원을 그리면서 돌자 막대 넓이로 원이 하나 만들어 졌다. 이어서 똑같은 동작을 첫번째 원에 잇대어 반복하자 다시 막대 넓이만한 원이 생겨났다. 이러한 방법을 통해서 컬리와 바우어는 지름 9m의 원형 크럽써클(crop circle)을 30분만에 만들 수가 있었다(Schnabel 1994:268).

후에 그들은 다시 1.2m 크기의 나무 널판지를 사용하였는데 나무 판 양쪽 끝에 끈을 달고 이것을 양손으로 잡으면서 한쪽 발을 판에 얹어 중심을 잡는다. 그리고는 간단히 밀대를 판자로 밟으면서 앞으로 나가면 밀대가 쓰러지면서 모양이 만들어 지는 것이다. 이 작업을 하는 동안 그들은 야구모자를 기준 삼아 그들이 만든 선이 똑바른지, 원의 형태가 완벽한지, 혹은 기하학적 문양이 정확한지를 가늠하였다.

컬리와 바우어가 텔레비전 카메라 앞에서 크럽서클(crop circle)을 어떻게 만드는지를 시범 보였는데 이것은 크럽서클(crop circle)이 UFO나 지구의 신비한 에너지에 의해서 만들어진 것이라고 주장하던 사람들에게 큰 타격을 주었다. 누군가 고의로 조작하여 만들었을 가능성에 대해 인식하지 못하고 있던 크럽서클(crop circle) 전문가들이 현장에 초대되었다. 그들은 곧 이 크럽서클(crop circle)이 진짜이며 그 어떤 인간의 능력을 뛰어넘는 것이라고 주장하였는데 이는 말할 것도 없이 크럽서클(crop circle)에 대한 그들의 절대적인 믿음에 큰 상처를 입었다. 이러한 사실들을 볼 때 스톤헨지가 크럽서클(crop circle)과 관련이 있다는 가설은 부정해도 좋을 것이다.

## 고대의 천문학은 어떤 수준이었는가?

스톤헨지에 대한 이론들 중 아마도 가장 흥미 있는 것은 천문학자인 제럴드 허킨스(Gerald Hawkins 1965)가 제안한 가설일 것이다. 허킨스는 스톤헨지가 일종의 천문학적인 컴퓨터로서 지평선상에서 태양의 일출과 일몰의 위치를 추적할 뿐만 아니라 달의 운동과 심지어는 일식의 움직임도 측정할 수 있다고 주장하였다. 허킨스는 스톤헨지를 거대한 천체관측기구로 보았으나 스톤헨지의 중심에서 360° 사방의 지평선을 보는 데는 한계가 있으며 석재 기둥에 가려서 많은 부분이 관측 불가능하다.

그러나 허킨스의 가설은 컴퓨터 시뮬레이션을 통해 모든 가능성 있는 지평선상의 접점들을 시험에 보았을 때 스톤헨지의 중심에서 지평선 사이 외부의 다른 석조물들과 천문학적인 연관성이 있음이 입증되었다. 특히 스톤헨지의 중심에서 북동쪽을 바라 볼 때 허킨스는 이것이 태양의 일출과 일치한다고 주장하였다. 많은 사람들이 생각하는 것처럼 태양은 항상 동쪽에서 떠서 서쪽으로 지는 것이 아니다. 사실 태양의 위치는 일년을 주기로 매일 조금씩 이동을 하면서 바뀐다.

북반구에서는 해가 뜨는 위치가 봄부터 매일 북쪽으로 조금씩 이동하는데 가장 북쪽에 도달할 때가 여름의 시작 첫째 날이다. 구체적으로 방위각이 위도의 위치에 따라 다르며 태양이 가장 북쪽에서 떠오른 이후에 태양은 매일 조금씩 남쪽으로 이동하면서 떠오르게 된다. 가을의 첫째날인 춘분점에 태양은 동쪽에서 떠오르며 이후 태양은 조금씩 남쪽으로 이동하면서 뜨고 가장 남쪽에 위치했을 때가 겨울의 첫째날인 동지이다.

태양이 다시 방향을 바꾸어 조금씩 북쪽으로 이동하면서 다시 봄이 되는 첫날의 지점에 도착하는 것이 '춘분'이다. 태양은 분명 북쪽으로 운동을 계속하면서 정확하게 일년 전 움직이기 시작했던 바로 그 지점에 오게 되는 것이다. 북반구의 그 어떠한 지점에서도 태양의 출몰과 일몰간의 길이가 가장 긴 날이 '하지'이다. 스톤헨지가 위치한 위도에서 북쪽 끝은 51°이며 스톤헨지의 중심에 서서 나침반을 보면 힐스톤(heelstone)이 서있는 위치도 정확히 51°도이다. 즉 하지날 힐스톤 위로 해가 떠올라 51°상에 위치할 때 스톤헨지의 위도와 정확하게 일치하게 되는 것이다.

이것이 우연의 일치일까? 일찍이 18세기에 스톤헨지를 조사하였던 윌리엄 스터클리(William Stukeley)는 스톤헨지가 여름철 일출과 관계가 있다는 것을 인식하였다. 허킨스는 스톤헨지의 이러한 특징이 우연의 일치가 아니며 달과 태양의 움직임에 따라 특정한 지점을 가르키는 기능을 갖고 있다고 주장한다. 허킨스는 스톤헨지가 처음에는 단순한 형태로 시작하였을 것이며 비록 거대한 크기이지만 계절에 따른 천체의 변화를 측정하는 달력과도 같은 기능을 하였을 것이라고 주장한다. 특히 식량생산을 위해 농사를 짓던 사람들은 계절의 변화에 민감하였을 것이고 2,000년 넘게 진화를 거듭하면서 오늘날 우리가 보는 모습이 되었을 것이라는 주장이다. 그러나 허킨스의 일식과 월식현상에 지나치게 치중한 이러한 주장에 대해서 의구심을 제기하는 학자들도 많다(Atkinson 1966).

### 스톤헨지는 왜 만들었을까?

대부분의 연구자들은 스톤헨지를 어떻게 건설하였는가는 더 이상의 미스터리가 아니라는데 동의하고 있다. 스톤헨지를 왜 건설하였는가 하는 문제 역시 우리가 현재의 우리자신을 살펴본다면 더 이상의 미스터리는 아닐 것이다. 인류의 문화적 특징은 거대한 공공 건축물을 건설하는 것인데 스톤헨지의 건설자들도 다르지 않았을 것이다. 세대를 거듭하면서 그들은 미래를 위해 현재의 시간과 역량들을 투자하였을 것이고 오히려 그들의 지적 능력과 상상력이 우리와 다르지 않았다는 것이 놀라울 따름이다.

우리가 5천년 전을 돌아볼 때 당시 인류를 원시적이고 기이한 이방인으로 보는 것은 우리들의 심각한 오해이고 착각이며 이러한 편견이 오히려 우리들로 하여금 과거에 대한 미스터리를 만들어 내게 하는 것이다. 우리가 스톤헨지의 건설자, 동굴벽화를 그린 구석기시대의 화가, 마야문명을 건설한 사람들을 돌아 볼 때 무엇이 우리를 놀라게 만드는가? 그것은 바로 그들의 친밀함이다! 우리 자신들과 마찬가지로 이들 고대인들이 성취한 것들을 보면 근심, 노력, 시간, 기술등 그들 삶의 많은 것을 반영하고 있다.

우리는 오늘날 이러한 기념물들을 보면서 계속 경이로워 한다. 와싱턴의 메리힐(Maryhill)은 물론 포틀랜드(Portland), 오레곤(Oregon)에는 콘크리트로 스톤헨지의 복제유물들을 만들어 놓았고 네브래스카(Nebraska)주의 얼라이언스(Alliance)에는 골동품 자동차를 사용하여 만든 카헨지(Carhenge)도 있다.

스톤헨지는 하나의 거대한 성당이며, 콜롯세움이고, 위대한 신전이자 마천루인 것이다. 이것은 인류가 무엇을 성취할 수 있는가를 증명해주는 것이다. 이러한 유적들은 인간 개인은 보잘것 없는 존재일 수 있으나 힘을 모아 함께 만들어낸 유산들은 영원할 수 있다는 우리 인류의 독특한 생각들을 담고 있는 것이다. 이러한 관점에서 볼 때 해마다 수백만명의 관광객과 학자들이 이곳 스톤헨지를 찾게 되었다는 점에서 스톤헨지의 건설자들은 우리들의 주의를 끄는데 아주 성공했다고 할 수 있다. 스톤헨지의 건설자들이 불멸의 유산을 만들기 위해서는 다른 방법이 없었을 것이며 이것은 미스터리가 아니라 과거에서부터 현재까지 계속되고 있는 놀랄만한 연속성인 것이다.

### 결론: 과거에 대한 이해

과거는 명백히 존재하지 않는다. 신대륙의 가장 오래된 거주지나 문명의 기원, 구약의 이야기들에 대한 진실성 논란, 혹은 이 책에서 논의되었던 그 어떠한 과거도 모두 사라지고 없는 것이다. 이러한 관점에서 볼 때 우리 모두는 무엇인가를 발명하지 않으면 안되거나 혹은 현재에서도 과거에 대한 이미지를 만들어 내야만 하는 것이다.

그럼에도 불구하고 과학자나 역사가들은 과거에 실제로 일어났던 사건을 정확하고 사실에 가깝게 복원하기를 희망한다. 우리는 이것이 가능하다고 믿는데 왜냐하면 비록 과거는 사라졌지만 그들이 남긴 흔적들은 현재의 시점에도 남아 있기 때문이다. 따라서 가능성 있는 많은 과거의 모습들이 재구성 될 수도 있다. 그러나 유물들이 줄 수 있는 정보들은 종종 모호하며 뚜렷하지 않고 해석하기 어려운 것들도 많다.

어떠한 분야를 공부하건 모든 과학자들은 우주와 행성들, 생명체와 인간성에 대한 생각을 할 때 이러한 것들을 인식할 수 있을 것이다. 이 책을 통해서 여러분들에게 하고 싶었던 이야기는 비록 수많은 다른 가능성들이 있다 하더라도 모든 과거가 재구성될 수 있거나 혹은 설명될 수 있는 것은 아니라는 점이다. 궁극적으로 우리는 우리가 얻고 싶은 과거를 찾게 되는 것이며 모든 세대마다 철학자, 작가, 학자들은 과거에 대해 설명할 때 그들의 관념 속에 대중들의 요구와 기대를 무의식적으로 반영하려 하는 것이다. 구약속의 거인들과 그들의 애완용 공룡, 커다란 두뇌와 원숭이 턱을 가진 조상, 잃어버린 대륙과 문명, 미스터리한 인종들과 고대우주비행사등은 바로 그러한 사람들의 칵테일 판타지아인 것이다.

그러나 나는 이 책을 통해 우리는 과거를 보다 더 잘 이해할 수 있고 그렇게 노력하는 것이 미래를 위해 더 바람직한 것이라는 점을 여러분들에게 보여주고자 하는 것이다. 우리는 지질학, 고생물학, 고고학, 역사학등 여러 학문분야의 연구를 통해 그동안 축적된 자료를 긴밀하게 연결함으로써 허구와 망상으로 치장된 것이 아닌 보다 정확한 과거의 모습을 복원할 수 있는 것이다. 마지막으로 나는 여러분들이 이 책을 통해 정확하게 복원된 보다 진실된 과거의 이야기들이 신화와 미스터리로 치장된 허구의 이야기보다 훨씬 더 흥미로울 수 있다는 점을 알게 되었으면 하는 소망이다.

# 자주 받는 질문들

### 1. 어떻게 고대인들은 스톤헨지나 마야의 도시들과 같은 고도의 건축기술을 알 수 있었는가?

인류는 두뇌의 용량과 모양을 근거로 볼 때 195,000년 전에는 본질적으로 현대인과 동일한 형태를 보이고 있다. 인류는 전세계에서 각 시대마다 아주 놀랄만한 문명을 건설하여 왔다. 비록 21세기 서구의 문화는 지금까지 세상이 보지 못했던 최첨단의 기술력을 보유하였으나 이것은 우리가 솔즈베리 평원(Salisbury Plain)이나 중남미의 열대지역 사람들보다 더 영리하기 때문이 아니다. 마찬가지로 오래 전 선사시대 사람들이 기술적으로 아주 발달한 문명을 건설하였다는 것 또한 우리가 생각하는 것만큼 놀랄만한 일은 아닐 것이다.

### 2. 유럽의 동굴벽화, 마야문명, 스톤헨지등 인류의 문화유산을 살펴볼 때 고고학적인 관점에서 그 어떤 미스터리한 점이 있는가?

물론이다! 인류 고대유물에 대한 연구는 아주 역동적인 연구분야이며 오래된 질문에 대한 해답을 찾으면 또다시 새로운 의문점이 생기는 것이다. 최근에 확인된 네안데르탈인의 미토콘드리아 DNA가 왜 그렇게 중요한 것인가? 왜 미국 남서부에서 새롭게 발견된 만연했던 전쟁과 식인행위에 대한 증거들이 중요한 것인가? 최초의 신대륙 이주민은 언제 어떻게 건너왔을까?

세상에는 아주 많은 의문점들이 있으며 이것들은 항상 미스터리인 것이다. 우리는 이러한 질문들에 대답하기 위하여 학문적인 새로운 연구방법들 적용해 보면서 끊임없이 새로운 시도를 할 것이다.

# References

Achenbach, J. 1999. *Captured by Aliens: The Search for Life and Truth in a Very Large Universe*. New York: Simon and Schuster.

Adovasio, J. M., J. Donahue, and R. Stuckenrath. 1990. The Meadowcroft Rockshelter radiocarbon chronology-1975-1990. *American Antiquity* 55:348-353.

Aitken, M. J. 1959. Test for correlation between dowsing response and magnetic disturbance. *Archaeometry* 2:58-59

_____. 1970 Magnetic location. In *Science in Archaeology*, ed. D. Brothwell and E. Higgs, pp. 681-694. New York: Praeger.

Aksu, A. E., P. J. Mudie, A. Rochon, M. A. Kaminski, T. Abrajano, and D. Yasar. 2002. Persistent Holocene outflow from the Black Sea to the Eastern Mediterranean contradicts Noah's Flood hypothesis. *GSA Today* 12(5):4-10

Albers, A. 1999. Mystical Journeys: Sedona Special Places, Palatki Ruins. http://www.visionsofheaven.com/journeys-sedonadocs/sed Palatki.html.

Allen, J. M. 1999. *Atlantis: The Andes Solution*. New York: St. Martin's Press.

Altman, R. I. 2004. First,…recognize that it's a penny: Report on the "Newark" Ritual Artifacts. The Bible and Interpretation. http://www.bibleinterp.com/articles/Altman_Newark.htm.

Applebaum, E. 1996. Holy stones. *Jewish News*. August 23:47-51

Arnold, B. 1992. The past as propaganda. Archaeology 45(4):30-37

Arnold, D. 1991. *Building in Egypt: Pharaonic Stone Masonry*. Oxford: Oxford University Press.

Arsuaga, J. L. 2002. *The Neanderthal's Necklace: In Search of the Fast Thinkers*. New York: Four Walls Eight Windows Press.

Arthur, J. 1996. Creationism: Bad science or immoral pseudoscience. *Skeptic* 4(4): 88-93

Ashe, G. 1971. Analysis of the legends. In *Quest for America*, ed. G. Ash, pp. 15-52. New York: Praeger.

Atkinson, R. J. C. 1966. Moonshine on Stonehenge. *Antiquity* 40:262-274

Atwater, C. 1820. *Description of the Antiquities Discovered in the State of Ohio and Other Western States*. Transactions and Collections of the American Antiquarian Society. New York: AMS Press (reprinted in 1973 for the Peabody Museum of Ethnology and Archaeology, Harvard University).

Bailey, R. 1983. Divining edge: Dowsing for medieval churches. *Popular Archaeology*, Feb.:5.

Bailey, R. N., E. Cambridge, and H. D. Briggs. 1988. *Dowsing and Church Archaeology*. Wimborne: Intercept.

Bakeless, J. 1964 *The Journals of Lewis and Clark*. New York: Mentor Books. Ballard and the Black Sea: The Search for Noah's Flood. 1999.
http://www.nationalgeographic.com/blacksea/

Barrett, T. H. 2002. 1421:*The Year China Discovered the World* by Gavin Menzies: A Review.
http://www.kenspy.com/Menzies/review2.html.

Barton, B. S. 1787. *Observations on Some Parts of Natural History*. London.

Bartram, W. 1791. *The Travels of William Bartram*. 1928 reprint. New York: Dover.

Baugh, C. 1987 *Dinosaur*. Orange, Calif.: Promise Publishing.

Bellantoni, N. 2002. The Pachaug Forest artifact hoax. *Connecticut Preservation News* 25(5):3.

Berlitz, C. 1984 *Atlantis: The Eighth Continent*. New York: Fawcett Crest.

Bermúdez de Castro, J. M., J. L. Arsuaga, E. Carboneli, A. Rosas, I. Matinez, and M. Mosquera. 1997. A hominid from the Lower Pleistocene of Atapuerca, Spain: Possible ancestor to Neandertals and modern humans. *Science* 276:1392-1395.

Bird, R. T. 1939. Thunder in his footsteps. *Natural History* 43(5):254-261, 302.

Bird, S. E. 1992. *For Enquiring Minds: A Cultural Study of Supermarket Tabloids.* Knoxville: University of Kentucky Press.

Bjornstad, T. 1998. Sinking Viking ship. *Archaeology* 51(1):25.

Blavatsky, H. P. 1888-1938. *The Secret Doctrine.* Wheaton, III.: Theosophical Publishing House (6 volumes).

Blinderman, C. 1986. *The Piltdown Inquest.* Buffalo: Prometheus Books.

Bond, F. B. 1918. *The Gate of Remembrance.* Oxford: Blackwell.

Bortolini, M. C., et al. Y-chromosome evidence for differing ancient demographic histories in the Americas. *American Journal of Human Genetics* 73: 524-539.

Bower, B. 1990. Minoan culture survived volcanic eruption. *Science News* 137:22.

Bresee, R., and E. Craig. 1994. Image formation and the Shroud of Turin. *Journal of Imaging Science and Technology* 34:59-67.

Breuil, H. 1952. *Four Hundred Years of Cave Art.* Montignac, France: Centre d' Études et de Documentation Prehistorique.

Brewer, D. J., and E. Teeter. 1999. *Egypt and the Egyptians.* Cambridge: Cambridge University Press.

Briuer, F., J. Simms, and L. Smith. 1997. Site Mapping, Geophysical Investigation, and Geomorphic Reconnaissance at Site 9 ME 395 Upatio Town, Fort Benning, Georgia. *U.S. Army Corps of Engineers, Miscellaneous Paper* EL-97-3.

Brown, D. 1970. *Bury My Heart at Wounded Knee.* New York: Bantam.

Bruhns, K. O. 1994. *Ancient South America.* Cambridge World Archaeology. Cambridge: Cambridge University Press.

Buckley, T. 1976. The discovery of Tutankhamun's tomb. In *The Treasures of Tutankhamun,* edited by K. S. Gilbert, J. K. Holt, and S. Hudson, pp. 9-18. New York: The Metropolitan Museum of Art.

Burdick, C. 1950. When GIANTS roamed the earth: Their fossil footprints still visible. *Signs of the Times,* July 25:6, 9.

Burl, A. 1995. *A Guide to the Stone Circles of Britain, Ireland, and Brittany.* New Haven: Yale University Press.

Butzer, K. 1976. *Early Hydraulic Civilization of Egypt: A Study in Cultural Ecology.* Chicago: University of Chicago Press.

Byrne, M. St. Clere (ed.). 1979. *The Elizabethan Zoo: A Book of Beasts*

Fabulous and Authentic(selected from Philemon Holland's 1601 translation of Pliny and Edward Topsell's 1607 *Historie of Foure-Footed Beastes and his 1608 Historie of Serpents*). Boston: Nonpareil Press.

Cahill, T. 1987. The Vinland map revisited: New compositional evidence on its inks and parchment. *Analytical Chemistry* 59:829-833.

Cardiff Giant, The. 1869. *Harper's Weekly*, p. 776.

Cardiff Giant, The. 1898. *Ithaca Daily Journal*, Jan. 4. Ithaca, N. Y.

Carlin, G. 1997. *Brain Droppings*. New York: Hyperion.

Carroll, R. T. 2003. *The Skeptic's Dictionary: A Collection of Strange Beliefs, Amusing Deceptions, and Dangerous Delusions*. Hoboken, N. J.: John Wiley.

Case of the Ancient Astronauts (television program). 1978. *Nova*. Boston: WGBH.

Castleden, R. 1998. *Atlantis Destroyed*. London: Routledge.

Cayce, E. 1968. *Edgar Cayce on Atlantis*. New York: Hawthorn Books.

Chambers, H. 1969. *Dowsing, Divining Rods, and Water Witches for the Millions*. Los Angeles: Sherbourne Press.

Chang, J., L. D. Elam-Evans, C. J. Berg, J. Herndon, L. Flowers, K. A. Seed, and C. J. Syverson. 2003 Pregnancy-related mortality surveillance-United States, 1991-1999. *Morbidity and Mortality Weekly Report* 52(SS-2)1-8.

Charpak, G., and H. Broch. 2004. *Debunked: ESP, Telekinesis, and Other Pseudoscience*. Baltimore: Johns Hopkins.

Chauvet, J. M.,É. B. Deschamps, and C. Hillaire. 1996. *Dawn of Art: The Chauvet Cave*. New York: Abrams.

Chippindale, C. 1983. *Stonehenge Complete*. Ithaca: Cornell University Press.

_____. 1990. Piltdown: Whodunit? Who cares? *Science* 250:1162-1163.

Clark, A. 1970. Resistivity surveying. In *Science in Archaeology*, ed. D. Brothwell and E. Higgs, pp. 695-707. New York: Praeger.

Clark, R. J. H., and K. L. Brown. 2004. The Vinland Map: Still a 20th-century forgery. *Analytical Chemistry* 76(8): 2423.

Clarke, D. 1978. *Analytical Archaeology*. New York: Columbia University Press.

Clayton, P. A. 1994. *Chronicle of the Pharaohs: The Reign-by-Reign Record of the Rulers and Dynasties of Ancient Egypt*. London: Thames and Hudson.

Clottes, J., and J. Courtin. 1996. *The Cave Beneath the Sea: Paleolithic Images at Cosquer*. New York: Abrams.

Clottes, J., and D. Lewis-Williams. 1998. *The Shamans of Prehistory: Trance and Magic in the Painted Caves*. New York: Abrams.

Coe, M. D. 1992. *Breaking the Maya Code*. London: Thames and Hudson.

Cohen, D. 1969. *Mysterious Places*. New York: Dodd, Mead.

Cohn, N. 1996. *Noah's Flood: The Genesis Story in Western Thought*. New Haven: Yale University Press.

Cole, J. R. 1979. Inscriptionmania, hyperdiffusionism, and the public: Fallout from a 1977 meeting. *Man in the Northeast* 17:27-53.

―――. 1982. Western Massachusetts "Monk's caves": 1979 University of Massachusetts field research. *Man in the Northeast* 24: 37-70.

Cole, J. R., L. Godfrey, and S. Schafersman. 1985. Mantracks: The fossils say no! *Creation/Evolution* 5(1):37-45.

Collina-Girard, J. 2001. L'Atlantide devant le Detroit de Gibralter? Myth et geologie. Comptes Rendus de l'Academie des Sciences (2a) 333:233-240.

Collins, A. 2002. *Gateway to Atlantis*. New York: Carroll and Graff.

Conkey, M. 1980. The identification of prehistoric hunter-gatherer aggregation sites: The case of Altamira. *Current Anthropology* 21(5): 609-639.

―――. 1987. New approaches in the search for meaning? A review of research in "Paleolithic art." *Journal of Field Archaeology* 14:413-430.

Conyers, L. B. 2003. Ground Penetrating Radar in Archaeology. http://www.du.edu/~lconyer/graves.htm.

―――. 2004. *Ground Penetrating Radar for Archaeology*. Walnut Creek, Calif.: AltaMira Press.

Conyers, L. B., and D. Goodman. 1997. *Ground Penetrating Radar: An Introduction for Archaeologists*. Walnut Creek, Calif.: AltaMira Press.

Cope, J. 1998. *The Modern Antiquarian: A Pre-Millennial Odyssey Through Megalithic Great Britain*. London: Thorsons.

Cowen, R. 1995. After the fall. *Science News* 148:248-249.

Crawford, G.W. 1992. Prehistoric plant domestication in East Asia. In *The Origins of Agriculture: An International Perspective*, ed. C. W.

Cowan and P. J. Watson, pp. 7-38. Washington, D.C.: Smithsonian Institution Press.

Cremo, M. A., and R. L. Thompson. 1993. *Forbidden Archaeology: The Hiddden History of the Human Race*. San Diego: Govardhan Hill.

_____. 1994. *The Hidden History of the Human Race*. San Diego: Govardhan Hill.

Daegling, D. J. 2004. *Bigfoot Exposed: An Anthropologist Examines America's Enduring Legend*. Walnut Creek, Calif.: AltaMira Press.

Dall, W. H. 1877. On succession of shell heaps of the Aleutian Islands. In *Contributions to American Ethnology*, Volume 1:41-91. Washington, D. C.: U.S. Department of the Interior.

Damon, P. E. 1989. Radiocarbon dating of the Shroud of Turin. *Nature* 337:611-615.

Daniel, G. 1977. Review of American B.C. by Barry Fell. *New York Times Book Review Section*, March 13:8ff.

Danin, A., and U. Baruch. 1998. Floristic indicators for the origin of the Shroud of Turin. Retrieved from the World Wide Web: http://www.shroud.com/papers.htm.

Darwin, C. 1859. *On the Origin of Species by Means of Natural Selection*. 1898 reprint. New York: Appleton.

_____. 1871. *The Descent of Man*. 1930 reprint. London: C. C. Watts.

Darwin Theory Is Proved True. 1912. *New York Times*, Dec. 22.

Dawson, C., and A. S. Woodward. 1913. On the discovery of a Paleolithic human skull and mandible in a flint bearing gravel overlying the Wealden (Hastings Beds) at Piltdown, Fletching (Sussex). *Quarterly Journal of the Geological Society* LXIX: 117-151.

Deacon, R. 1966. *Madoc and the Discovery of America*. New York: Braziller.

Deagan, K., and J. M. Cruxent. 1997. Medieval foothold in the Americas. Archaeology 50(4):54-59.

_____. 2002. *Archaeology at La Isabela: America's First European Town*. New Haven: Yale University Press.

de Camp, L. S. 1970. *Lost Continents: The Atlantis Theme in History, Science, and Literature*. New York: Dover.

Deloria Jr., V. 1995. *Red Earth, White Lies: Native Americans and the Myth of Scientific Fact*. New York: Scribner's.

Dembski, W. A. 1999. *Intelligent Design: The Bridge Between Science and*

*Theology*. Downer' s Grove, Ill.: Intrauniversity Press.
Derenko, M. V., T. Grzybowski, B. A. Malyarchuk, J. Czarny, D. Miscicka-Sliwka, and I. A. Zakharov. 2001. The Presence of mitochondrial haplogroup X in Altatians from south Siberia. *American Journal of Human Genetics* 69:237-241.
de Tapia, E. M. 1992. The origins of agriculture in Mesoamerica and South America. In *The Origins of Agriculture: An International Perspective*, ed. C. W. Cowan and P. J. Watson, pp. 143-171. Washington, D. C.: Smithsonian Institution Press.
Dillehay, T. D. 1989. *Monte Verde: A Late Pleistocene Settlement in Chile, Vol. 1: Paleoenvironment and Site Context*. Washington, D. C.: Smithsonian Institution Press.
_____. 1997. The Battle of Monte Verde. Sciences. Jan./Feb.: 28-33.
_____. 2000. *The Settlement of the Americas: A New Prehistory*. New York: Basic Books.
Dillehay, T. D., and M. B. Collins. 1988. Early cultural evidence from Monte Verde in Chile. *Nature* 332:150-152.
Dincauze, D. 1982. Monk' s caves and short memories. *Quarterly Review of Archaeology* 3(4): 1, 10-11.
DiPietro, V., and G. Molenaar. 1982. *Unusual Martian Surface Features*. Glen Dale, Md.: Mars Research.
Dirty-digger scandal spreads to 42 sites nationwide. 2001. *Mainichi Shimbun*, October 7, 2001.
Dixon, E. J. 1999. *Bones, Boats, and Bison: Archaeology and the First Colonization of Western North America*. Albuquerque: University of New Mexico Press.
Dolnick, E. 1989. Panda paradox. Discover, Sept.:71-76.
Donnelly, I. 1882. *Atlantis, the Antediluvian World*. 1971 reprint. New York: Harper.
Donohue, D. J., J. S. Olin, and G. Harbottle. 2002. Determination of the radiocarbon age of parchment of the Vinland Map. *Radiocarbon* 44(1):45-52.
dos Santos, A. N. 1997. Atlantis: The Lost Continent Finally Found. http://www.atlan.org/
Downey, R. 2000. *Riddle of the Bones: Politics, Science, Race, and the Story of Kennewick Man*, New York: Springer-Verlag.
Doyle, A. C. 1891-1902. *The Celebrated Cases of Sherlock Holmes*. 1981

reprint . London: Octopus Books.

Drawhorn, G. 1994. *Piltdown: Evidence of Smith-Woodward's Complicity.* Paper presented at the annual meeting of the American Association of Physical Anthropologists.

Du Pratz, L. P. 1774. *History of Louisiana.* London: Printed for T. Becket.

Dutch, S. 2003. The Piri Reis Map.
http://www.uwgb.edu/dutchs/PSEUDOSC/PiriRies.HTM.

Eaton, R. 1978. The evolution of trophy hunting. *Carnivore* 1(1): 110-121.

Edwords, F. 1983. Creation/evolution update: Footprints in the mind. *Humanist* 43(2):31.

Eggert, G. 1996. The enigmatic "Battery of Baghdad." *Skeptical Inquirer* 20(3):31-34.

Elvas, Gentleman of. 1611. *The Discovery and Conquest of Terra Florida by Don Ferdinando de Soto and Six Hundred Spaniards, His Followers.* The Hakluyt Society. 1907 reprint. New York: Burt Franklin.

Fagan, B. M. 1977. Who were the Mound Builders? In *Mysteries of the Past*, ed. J.J. Thorndike Jr., pp. 118-135. New York: American Heritage Press.

_____. 2000. *In the Beginning: An Introduction to Archaeology.* 8$^{th}$ ed. New York: Prentice-Hall.

Faulkner, C. 1971. *The Old Stone Fort.* Knoxville: University of Tennessee Press.

Fears, J. Rufus. 1978. Atlantis and the Minoan Thalassocracy: A study in modern mythopoeism. In *Atlantis: Fact or Fiction*, ed. E. S. Ramage, pp. 103-134. Bloomington: Indiana University Press.

Feder, K. L. 1980a. Foolsgold of the gods. *The Humanist*, Jan./Feb.:20-23.

_____. 1980b. Psychic archaeology: The anatomy of irrationalist prehistoric studies. *Skeptical Inquirer* 4(4):32-43.

_____. 1981. Waste not, want not: Differential lithic utilization and efficiency of use. North American Archaeologist 2(3):193-205.

_____. 1984. Irrationality and archaeology. *American Antiquity* 49(3):525-541.

_____. 1987. Cult archaeology and creationism: A coordinated research project. In *Cult Archaeology and Creationism: Understanding Pseudoscientific Beliefs About the Past*, ed. F. Harrold and R. Eve, pp. 34-48. Iowa City: University of Iowa Press.

_____. 1990. Piltdown, paradigms, and the paranormal. *Skeptical Inquirer* 14(4): 397-402.

_____. 1994a. Review of *Forbidden Archaeology: The Hidden History of the Human Race* by Richard A. Cremo and Richard L. Thompson. *Geoarchaeolgy* 9(4): 337-340.

_____. 1994b. The Spanish *entrada*: A model for assessing claims of pre-Columbian contact between the Old and New Worlds. *North American Archaeologist* 15: 147-166.

_____. 1995a. Archaeology and the paranormal. In *Encyclopedia of the Paranormal*, ed. G. Steiner. Buffalo: Prometheus Books.

_____. 1995b. Ten years after: Surveying misconceptions about the human past. CRM (*Cultural Resource Management*) 18(3): 10-14.

_____. 1997. Indians and archaeologists: Conflicting views of myth and science. Skeptic 5(3):74-80.

_____. 1998. Perceptions of the past: Survey results-how students perceive the past. *General Anthropology* 4(2): 1, 8-12.

_____. 1998-99. Archaeology and Afrocentrism: An attempt to set the record straight. *A Current Bibliography on African Affairs* 29(3): 199-210.

_____. 2004. Linking to the Past: A Brief Introduction to Archaeology. New York: Oxford University Press.

_____. 2005. Skeptics, fence-sitters, and true believers: Student acceptance of an improbable prehistory. In *Archaeological Fantasies: How Pseudoarchaeology Misrepresent the Past and Misleads the Public*, ed. G. Fagan. Oxford: Routledge.

Feder, K. L., and M. A. Park. 2001. *Human Antiquity: An Introduction to Physical Anthropology and Archaeology*, 4th ed. Mountain View, Calif.: Mayfield.

Feldman, M. 1977. *The Mystery Hill Story*. North Salem, N. H.: Mystery Hill.

Fell, B. 1976. *America B. C.: Ancient Settlers in the New World*. New York: Demeter Press.

_____. 1980. *Saga America*. New York: Times Books.

_____. 1982. *Bronze Age America*. New York: Times Books

Fernandez-Armesto, F. 1974. *Columbus and the Conquest of the Impossible*. New York: Saturday Review Press.

Fiedel, S. J. 1999. Artifact provenience at Monte Verde: Confusion and contradictions. *Discovering Archaeology* 6(Nov./Dec.): 1-12.

Fitzhugh, W. 1972. *Environmental Archaeology and Cultural Systems in Hamilton Inlet, Labrador: A Survey of the Central Labrador Coast from 3000 B.C. to the Present*. Smithsonian Contributions to Anthropology, No. 16. Washington, D. C.: Smithsonian Institution Press.

Flem-Ath, R., and R. Rlem-Ath. 1995. *When the Sky Fell: In Search of Atlantis*. New York: St. Martin's Press.

Forrest, B. C., and P. R. Gross. 2003. *Creationism's Trojan Horse: The Wedge of Intelligent Design*. New York: Oxford University Press.

Foster, J. W. 1873. Prehistoric Races of the United States of America. Chicago: S. C. Griggs.

Fowler, M. 1974. *Cahokia: Ancient Capital of the Midwest*. Addison-Wesley Module No. 48. Menlo Park, Calif.: Cummings.

_____. 1975. A Precolumbian urban center on the Mississippi. *Scientific American* 233(2): 92-101.

_____. 1989. *The Cahokia Atlas: A Historical Atlas of Cahokia Archaeology*. Studies in Illinois Archaeology 6. Springfield, Ill.: Illinois Historic Preservation Agency.

Franco, B. 1969. *The Cardiff Giant: A Hundred Year Old Hoax*. Cooperstown, N. Y.: New York State Historical Association.

Friedlander, P. 1969. *Plato: The Dialogues*, Volume 3. Princeton: Princeton University Press.

Frodsham, J. D. 1989. The enigmatic shroud. *The World & I*, June: 320-329.

Frost, F. 1982. The Palos Verdes Chinese anchor mystery. *Archaeology*, Jan./Feb.: 23-27.

Fuson, R. 1987. *The Log of Christopher Columbus*. Camden, Maine: International Marine.

Galanopoulos, A. G., and E. Bacon. 1969. *Atlantis: The Truth Behind the Legend*. Indianapolis: Bobbs-Merrill.

Gallup Jr., G. H., and F. Newport. 1991. Belief in paranormal phenomena among adult Americans. *Skeptical Inquirer* 15:137-146.

Gantz, T. 1993. *Early Greek Myth*. 2 vols. Baltimore: Johns Hopkins.

Gardner, M. 1985. Notes of a psi-watcher: The great stone face and other nonmysteries. *Skeptical Inquirer* 10(1):14-18.

Garvin, J. 2001. The "Face on Mars" trail map.

http://science.nasa.gov/headlines/y2001/ast24may_1.htm?list540155.
Gee, H. 1996. Box of bones "clinches" identity of Piltdown paleontology hoaxer. *Nature* 381:261-262.
Gibbons, A. 1996. The peopling of the Americas. *Science* 274:31-33.
Gibson, J. 2000. *The Ancient Mounds of Poverty Point*. Gainesville: University of Florida Press.
Gilovich, T. 1991. *How We Know What Isn't So*. New York: Free Press.
Gish, D. 1973. *Evolution? The Fossils Say No*. San Diego: Creation Life.
Goddard, I., and W. Fitzhugh. 1979. A statement concerning America B.C. *Man in the Northeast* 17:166-172.
Godfrey, L. 1985. Footnotes of an anatomist. *Creation/Evolution* 5(1): 16-36.
Godfrey, W. 1951. The archaeology of the Old Stone Mill in Newport, Rhode Island. *American Antiquity* 17:120-129.
Goodman, J. 1977. *Psychic Archaeology: Time Machine to the Past*. New York: Berkley.
_____. 1981. *American Genesis*. New York: Berkley.
Goodwin, W. 1946. *The Ruins of Great Ireland in New England*. Boston: Meader.
Goodyear, Albert C. 1999. Results of the 1999 Allendale Paleoindian expedition. *Legacy* 4(1-3):8-13.
Gottfried, K., and K. G. Wilson. 1997. Science as a cultural construct. *Nature* 386: 545-547.
Gould, S. J. 1980. The Piltdown conspiracy. *Natural History*, Aug.:8-28.
_____. 1981. A visit to Dayton. *Natural History*, Nov.:8ff.
_____. 1982. Moon, Mann, and Otto. *Natural History*, Jan.:4-10.
Gove, H. E. 1996. *Relic, Icon or Hoax? Carbon Dating the Turin Shroud*. Philadelphia: Institute of Physics.
Gradie, R. F. 1981. Irish immigration to 18th century New England and the stone chamber controversy. *Bulletin of the Archaeological Society of Connecticut* 44:30-39.
Greene, J. 1959. *The Death of Adam: Evolution and Its Impact on Western Thought*. Ames, Iowa: Iowa State University Press.
Gross, P.R., and N. Levitt. 1994. *Higher Superstition: The Academic Left and Its Quarrel with Science*. Baltimore: Johns Hopkins.
Haas, J. 1982. *The Evolution of the Prehistoric State*. New York: New York University Press.
Halverson, J. 1987. Art for art's sake in the Paleolithic. *Current Anthropology*

28:63-71.
Hamilton, R. A. 2004. CGA instructor believes Atlantis is no longer lost. *New London Day* (Connecticut), Nov. 19, 2004.
Hancock, G. 1995. *Fingerprints of the Gods*. New York: Three Rivers Press.
_____. 2003. *Underworld: The Mysterious Origins of Civilization*. New York: Three Rivers Press.
Hanke, L. 1937. Pope Paul III and the American Indians. *Harvard Theological Review* 30:65-102.
Harlan, J. 1992. Indigenous African agriculture. In *The Origins of Agriculture: An International Perspective*, ed. C. W. Cowan and P. J. Watson, pp. 59-70. Washington, D. C.: Smithsonian Institution Press.
Harris, M. 1968. *The Rise of Anthropological Theory*. New York: Crowell.
Harrison, W. 1971. Atlantis undiscovered-Bimini, Bahamas. *Nature* 230:287-289.
Hattendorf, I. 1997. From the collection: William S. Godfrey's Old Stone Mill archaeological collection. *Newport History* 68(2):109-111.
Hawkins, G. 1965. *Stonehenge Decoded*. New York: Dell.
Haynes, C. V. 1988. Geofacts and fancy. *Natural History*, Feb.:4-12.
Hearn, Lafcadio. 1876. The Mound Builders. In *The Commercial*, Cincinnati, Ohio.
Hempel, C. G. 1966. *Philosophy of Natural Science*. Englewood Cliffs, N. J.: Prentice-Hall.
Henningsmoen, K. 1977. Pollen-analytical investigations in the L' Anse aux Meadows area, Newfoundland. In *The Discovery of a Norse Settlement in America*, ed. A. S. Ingstad, pp. 289-340. Oslo, Norway: Universitetsforlaget.
Henry, D. O. 1989. *From Foraging to Agriculture: The Levant at the End of the Ice Age*. Philadelphia: University of Pennsylvania Press.
Hertz, J. 1997. Round church or windmill? New light on the Newport Tower. *Newport History* 68(2):55-91.
Heyerdahl, T. 1958. *Aku-Aku*. New York: Rand McNally.
Hoagland, R. C. 1987. *The Monument of Mars: A City on the Edge of Forever*. Berkeley: North Atlantic Books.
Hoffman, C. 1987. The Long Bay Site, San Salvador. *American Archaeology* 6(2): 96-101.
Hoffman, M. 1979. *Egypt Before the Pharaohs*. New York: Knopf.
_____. 1983. Where nations began. *Science* 83 4(8):42-51.
Hoggart, S., and M. Hutchinson. 1995. *Bizarre Beliefs*. London: Richard

Cohen Books.
Holden, C. 2002a. Darwin retains seat in Ohio. *Science* 298:739.
_____. 2002b. Ohio the next Kansa? *Science* 295:963.
_____. 2003. Structural failure. *Science* 290: 1083.
Hole, F. 1981. *Saga America: Book review. Bulletin of the Archaeologcal Society of Connecticut* 44:81-83.
Hole, F., K. Flannery, and J. A. Neely. 1969. *Prehistory and Human Ecology of the DehLuran Plain: An Early Village Sequence from Khuzistan, Iran.* Ann Arbor: University of Michigan Press.
Holzer, H. 1969. *Window to the Past.* Garden City: Doubleday.
Hopkin, M. 2004. Return of the mummy: An ancient Egyptian has a virtual life at London's British Museum. *Nature* 430:406.
Howard, R. W. 1975. *The Dawn Seekers.* New York: Harcourt Brace Jovanovich.
Huddleston, L. 1967. *Origins of the American Indians: European Concepts, 1492-1729.* Austin: University of Texas Press.
Hughes, R. 1995. Behold the Stone Age. *Time* 145(6):52ff.
Hutchines, R. M.(ed.). 1952. *The Dialogues of Plato,* trans. B. Jowett. Chicago: William Benton/ Encyclopaedia Britannica.
Incredible Discovery of Noah's ark, The. 1993. Sun International Pictures.
Ingstad, A. S. 1977. *The Discovery of a Norse Settlement in America.* Oslo, Norway: Universitetsforlaget.
_____. 1982. The Norse settlement of L'Anse aux Meadows, Newfoundland. In *Vikings in the West,* ed. E. Guralnick, pp. 31-37. Chicago: Archaeological Institute of America.
Ingstad, H. 1964. Viking ruins prove Vikings found the New World. *National Geographic* 126(5):708-734.
_____. 1971. Norse site at L'Anse aux Meadows. In *The Quest for America,* ed. G. Ashe, pp. 175-198. New York: Praeger.
_____. 1982. The discovery of a Norse settlement in America: In *Vikings in the West,* ed. E. Guralnick, pp. 24-30. Chicago: Archaeological Institute of America.
Ingstad, H., and A. S. Ingstad, 2000. *The Viking Discovery of America: The Excavation of a Norse Settlement in L'Anse aux Meadows, Newfoundland.* St. John's, Newfoundland: Breakwater Books.
Irwin, G. 1993. *The Prehistoric Exploration and Colonisation of the Pacific.* Cambridge: Cambridge University Press

Isaak, M. 1998. Problems with a Global Flood. http//www.talkorigins.org/faqs/ faq-noahs-ark.html.

Iseminger, W. R. 1996. Mighty Cahokia. *Archaeology* 49(3):30-37.

Ives, R. 1956. An early speculation concerning the Asiatic origin of the American Indians. *American Antiquity* 21:420-421.

Jackson, K., and J. Stamp. 2003. *Building the Great Pyramid* Buffalo: Firefly Books.

Jackson, N. F., G. Jackson, and W. Linke Jr. 1981. The "trench ruin" of Gungywamp, Groton, Connecticut. *Bulletin of the Archaeological Society of Connecticut* 44:20-29.

Jacobs, A. 2004. Georgia takes on "evolution." *New York Times*, January 30, 2004.

Jacobsen, T. W, 1976. 17,000 years of Greek prehistory. *Scientific American* 234(6)76-87.

James, G. G. M. 1954. The Stolen Legacy. New York: Philosophical Library.

James, P. 1998. *The Sunken Kingdom: The Atlantis Mystery Solved*. London: Ramboro Books.

Jaroff, L. 1993. Phony arkaeology. *Time*, July 5, p. 51.

Jochim, M. 1983. Paleolithic cave art in ecological perspective. In *Hunter-Gatherer Economy in Prehistory: A European Perspective*, ed. G. Bailey, pp. 211-219. Cambridge: Cambridge University Press.

Johanson, D., and M. Edey. 1982. *Lucy: The Beginnings of Humankind*. New York: Warner Books.

Johnson, E. B. 1994. Not all tabloids are created equal, but they sure sell. *National Forum* 74(4):26-29.

Jones, D. 1979. *Visions of Time: Experiments in Psychic Archaeology*. Wheaton, Ill.: Theosophical Publishing House.

Jones, G. 1982. Historical evidence for Viking voyages to the New World. In *Vikings in the West*, ed. E. Guralnick, pp. 1-12. Chicago: Archaeological Institute of America.

_____. 1986. *The Norse Atlantic Saga*. New York: Oxford University Press.

Jordan, P. 2001. *Neanderthal*. London: Sutton.

Josenhans, H., D. Fedje, R. Pienitz, and J. Southon. 1997. Early humans and rapidly changing Holocene sea levels in the Queen Charlotte Islands-Hectate Strait, British Columbia, Canada, *Science* 277:71-74.

Josselyn, J. 1674. *An Account of Two Voyages to New England Made During the Years 1638, 1663*. 1865 reprint. Boston: W. Veazie.

Kaminer, W. 1999. *Sleeping with Extraterrestrials*. New York: Pantheon.
Kehoe, A. B. 1989. *The Ghost Dance: Ethnohistory and Revitalization*. New York: Holt, Rinehart, and Winston.
_____. 2005. *The Kensington Runestone: Approaching a Research Question Holistically*. Long Grove, Ill.: Waveland Press.
Keith, A. 1913. The Piltdown skull and brain cast. *Nature* 92:197-199.
Kemp, B. J. 1991. *Ancient Egypt: Anatomy of a Civilization*. New York: Routledge.
Kennedy, K. A. R. 1975. Neanderthal Man. Minneapolis: Burgess Press.
King, M. R., and G. M. Cooper. 2004. *Who Killed King Tut? Using Modern Forensics to Solve a 3,300-Year-Old Mystery*. Buffalo: Prometheus Books.
Koch, D. 2003. Rewriting history with a grand theory. *Skeptical Inquirer* 27(6):57-58.
König, R., J. Moll, and A. Sarma. 1996. The Kassel dowsig test. *Swift* 1(1):3-8.
Kopper, P. 1986. *The Smithsonian Book of North American Indians Before the Coming of the Europeans*. Washington, D.C.: Smithsonian Books.
Kosok, P., and M. Reiche. 1949. Ancient drawings on the desert of Peru. *Archaeology* 2(4):206-215.
Kossy, D. 2001. *Strange Creations: Aberrant Ideas of Human Origins from Ancient Astronauts to Aquatic Apes*. Los Angeles: Feral House.
Krings, M. A., A. Stone, R. W. Schmitz, H. Krainitzki, M. Stoneking, and S. Pääbo.
_____. 1997. Neandertal DNA sequences and the origin of modern humans. *Cell* 90(1):19-30.
Kuban, G.. 1989a. Retracking those incredible mantracks. *National Center for Science Education Reports* 94(4):13-16.
_____. 1989b. Elongate dinosaur tracks. In *Dinosaur Tracks and Traces*, ed. D. D. Gillette and M. G. Lockley, pp. 57-72. New York: Cambridge University Press.
Kuhn, T. 1970. *The Structure of Scientific Revolutions*. Chicago: University of Chicago Press.
Kühne, R. W. 2004. A location for "Atlantis"? *Antiquity* 78(300).
Kusche, L. 1995. *The Bermuda Triangle Mystery Solved*. Buffalo: Prometheus Books.
Kvamme, K. L. 2003. Geophysical surveys as landscape archaeology.

*American Antiquity* 68:435-457.
Lafyette wonder, The. 1869. Syracuse Daily Journal, Oct. 20. Syracuse, N. Y.
Lamberg-Karlovsky, C. C., and J. A. Sabloff. 1995. *Ancient Civilizations: The Near East and Mesoamerica*. Prospect Heights, Ill.: Waveland Press.
Larson, E. J., and L. Witham. 1997. Scientists are still keeping the faith. *Nature* 386:435-436.
Lee, D. 1965. Appendix on Atlantis. In *Plato*, pp. 146-167. New York: Penguin.
Lefkowitz, M. 1996. *Not Out of Africa*. New York: Basic Books.
LeHaye, T., and J. Morris. 1976. *The Ark on Ararat*. San Diego: Creation Life.
Lehner, M. 1997. *The Complete Pyramids: Solving the Ancient Mysteries*. London: Thames and Hudson.
Lepper, B. T. 1992. Just how holy and the Newark "Holy Stones?" In *Vanishing Heritage: Notes and Queries About the Archaeology and Culture History of Licking County, Ohio*, ed. P. E. Hooge and B. T. Lepper, pp. 58-64. Newark, Ohio: Licking County Archaeology and Landmarks Society.
_____. 1995a. Hidden history, hidden agenda. *Skeptic* 4(1):98-100.
_____. 1995b. *People of the Mounds: Ohio's Hopewell Culture*. Hopewell, Ohio: Hopewell Culture National Historical Park.
_____. 1995c. Tracking Ohio's Great Hopewell Road. *Archaeology* 48(6):52-56.
_____.1998a. Ancient astronomers of the Ohio Valley. *Timeline* 15(1):2-11.
_____.1998b. Great Serpent. Timeline 15(5):30-45.
_____. 2001. Paleolithic archaeological frauds. *Current Research in the Pleistocene* 18: vii-ix.
_____. 2002. *The Newark Earthworks: A Wonder of the Ancient World*. Columbus: Ohio Historical Society.
_____. 2005. *Ohio Archaeology: An Illustrated Chronicle of Ohio's Ancient American Indian*. Wilmington, Ohio: Orange Frazer Press.
Lepper, B. T., and J. Gill. 2000. The Newark Holy Stones. *Timeline* 17(3):16-25.
Leroi-Gourhan, A. 1968. The evolution of Paleolithic art. *Scientific American* 209(2):58-74.
Lewis-Williams, J. D., and T. A. Dowson. 1988. The signs of all times. *Current Anthropology* 29(2):201-217.
Lieberman, L., and R. C. Kirk. 1996. The trial is over: Religious voices for evolution and the "fairness" doctrine. *Creation/Evolution* 16(2):1-9.

Lippard, J. 1994. Sun goes down in flames: The Jammal ark hoax. *Skeptic* 2(3):22-23.

Lippert, D. 1997. In front of the mirror: Native Americans and academic archaeology. In *Native Americans and Archaeologists: Stepping Stones to Common Ground*, ed. N. Swindler, K. E. Dongoske, R. Anyon, and A. S. Downer, pp. 120-127. Walnut Creek, Calif.: AltaMira Press.

Long, G. 2004. *The Making of Bigfoot*. Buffalo: Prometheus Books.

Lovgren, S. 2004. Masks, Other Finds Suggest Early Maya Flourished. National Geographic News. http://news.nationalgeographic.com/news/2004/05/0504_040505_mayamasks.html.

Luce, J. V. 1969. *Lost Atlantis: New Light on an Old Legend*. New York: McGraw-Hill.

MacCurdy, G. 1914. The man of Piltdown. *Science* 40:158-160.

MacNeish, R.S. 1967. *An interdisciplinary approach to an archaeological problem*. In *The Prehistory of the Tehuacan Valley: Volume 1-Environment and Subsistence*, ed. D. Byers, pp. 14-23. Austin: University of Texas Press.

Magnusson, M., and H. Paulsson (trans.). 1965. *The Vinland Sagas*. New York: Penguin.

Malin, M. 1995. The "Face on Mars." http://barsoom.msss.com/education/facepage/face.html.

Manifort Jr., R. C., and M. L. Kwas. 2004. The Bat Creek Stone revisited. *American Antiquity* 69:761-769.

Marden, L. 1986. The first land fall of Columbus. *National Geographic* 170(5):572-577.

Marinatos, S. 1972. Thera: Key to the riddle of Minos. *National Geographic* 141:702-726.

Marshack, A. 1972. *The Roots of Civilization*. New York: McGraw-Hill.

Martin, M. 1983-84. A new controlled dowsing experiment. *Skeptical Inquirer* 8(2): 138-142.

Matthews, L. H. 1981a. Piltdown Man: The missing links. *New Scientist* 90:280ff.

_____. 1981b. Piltdown Man: The missing links. *New Scientist* 91:26-28.

McCrone, W. C. 1976. Authenticity of medieval document tested by small particle analysis. *Analytical Chemistry* 48(8):676A-679A.

_____. 1982. Shroud image is the work of an artist. *Skeptical Inquirer* 6(3):35-36.

_____. 1988. The Vinland map. *Analytical Chemistry* 60:1009-1018.

_____. 1990. The Shroud of Turin: Blood or artist's pigment? *Accounts of Chemical Research* 23:77-83.

_____. 1996. *Judgement Day for the Turin Shroud*. Chelsea, Mich.: McCrone Research Institute.

_____. 1997. Letter dated Sept. 10.

_____. 2000. The shroud image. *Microscope* 48(2): 79-85.

McDougall, I., F. H. Brown, and J. G. Fleagle. 2005. Stratigraphic placement and age of modern humans from Kibish, Ethiopia. *Nature* 433:733-736.

McGhee, R. 1984. Contact between native North Americans and the medieval Norse: A review of the evidence. *American Antiquity* 49:4-26.

_____. 2000. A new view of the Norse in the New World. *Discovering Archaeology* 2(4):54-61.

McGovern, T. 1980-81. The Vinland adventure: A North Atlantic perspective. *North American Archaeologist* 2(4):285-308.

_____. 1982. The lost Norse colony of Greenland. In *Vikings in the West*, ed. E. Guralnick, pp. 13-23. Chicago: Archaeological Institute of America.

McGowan, C. 1984. *In the Beginning···A Scientist Shows Why the Creationists Are Wrong*. Buffalo: Prometheus Books.

McIntosh, G. C. 2000. The *Piri Reis Map of 1513*. Athens: University of Georgia Press.

McIntyre, I. 1975. Mystery of the ancient Nazca lines. *National Geographic* 147(5): 716-728.

McKillop, H. 1994. Ancient Maya tree-cropping. *Ancient Mesoamerica* 5:129-140.

McKown, D. B. 1993. *The Mythmakers Magic: Behind the Illusion of "Creation Science"* Amherst, N. Y.: Prometheus Books.

Mckusick, M. 1976. Contemporary American folklore about antiquity. *Bulletin of the Philadelphia Anthropological Society* 28:1-23.

_____. 1979. Some historical implications of the Norse penny from Maine. *Norwegian Numismatic Journal* 3:20-23.

_____. 1982. Psychic archaeology: Theory, method, and mythology.

*Journal of Field Archaeology* 9:99-118.

_____. 1984. Psychic archaeology from Atlantis to Oz. *Archaeology* Sept./Oct.:48-52.

_____. 1991. *The Davenport Conspiracy Revisited*. Ames: Iowa State University Press.

McKusick, M., and E. Shinn. 1981. Bahamian Atlantis reconsidered. *Nature* 287:11-12.

McNaughton, D. 2000. A world in transition: Early cartography of the North Atlantic. In *Vikings: The North Atlantic Saga*, ed. W. W. Fitzhugh and E. I. Ward, pp. 257-269. Washington, D. C.: Smithsonian Institution Press.

Meltzer, D. J. 1993a. Pleistocene peopling of the Americas. *Evolutionary Anthropology*, pp. 157-169.

_____. 1993b. *Search for the First Americans*. Smithsonian: Exploring the Ancient World. Washington, D. C.: Smithsonian Books.

_____. 1997. Monte Verde and the Pleistocene peopling of the Americas. *Science* 276:754-755.

Menzies, G. 2002. 1421: *The Year China Discovered America*. New York: Perennial.

Michigan Historical Museum. 2004. Digging Up Controversy: The Michigan Relics.
http://www.sos.state.mi.us/history/michrelics/index.html.

Millar, R. 1972. *The Piltdown Men*. New York: Ballantine Books.

Miller Jr., G. S. 1915. The jaw of Piltdown man. *Smithsonian Miscellaneous Collections* 65:1-31.

Milner, G. R. 2004. *The Moundbuilders: Ancient Peoples of Eastern North America*. London: Thames and Hudson.

Mitchell, J. S. 2002. The truth behind Noah's Flood. *Scientific American Frontiers*. http:// www.pbs.org/saf/1207/features/noah.htm.

Montague, A. 1960. Artificial thickening of bone and the Piltdown skull. *Nature* 187:174.

Montgomery, J. 2002. *How to Read Maya Hieroglyphs*. New York: Hippocrene Books.

Mooney, J. 1892-93. *The Ghost-Dance Religion and the Sioux outbreak of 1890*. 1965 reprint. Chicago: University of Chicago Press.

Moore, R. A. 1983. The impossible voyage of Noah's ark. *Creation/Evolution*

XI:1-43.
Morris, H. 1974. *The Troubled Waters of Evolution*. San Diego: Creation Life.
_____. 1977. *The Scientific Case for Creation*. San Diego: Creation Life.
_____. 1986. The Paluxy River Mystery. *Impact* No. 151. El Cajon, Calif.: Creation Research institute.
Morris., J. 1980. *Tracking Those Incredible Dinosaurs and the People Who Knew Them*. San Diego: Creation Life.
Mueller, M. 1982. The Shroud of Turin: A critical approach. *Skeptical Inquirer* 6(3):15-34.
Nantambu, Kwame. 1996-97. Egypt and European supremacy. *A Current Bibliography on African Affairs* 28(4):357-379.
NASA. 2001. Unmasking the "Face on Mars." http://science.nasa.gov/headlines/y2001/ast24may_1.htm?list540155.
Nelson, M. R. 2002. The mummy's curse: Historical cohort study. *British Medical Journal* 325:1482-1484.
Neudorfer, G. 1980. *Vermont Stone Chambers: An Inquiry into Their Past*. Montpelier: Vermont Historical Society.
Newport, F. 1997. What if government really listened to the people. The Gallup Organization. Retrieved from the World Wide Web: http://www.gallup.com/poll/fromtheed/ed9710.asp
News. 1912. *Nature* 92:390
Nickell, J. 1983. The Nazca drawings revisited. *Skeptical Inquirer* 7(3)36-44.
_____. 1987. *Inquest on the Shroud of Turin*, 2$^{nd}$ ed. Buffalo: Prometheus Books.
_____. 1989. Unshrouding a mystery: Science, pseudoscience and the cloth of Turin. *Skeptical Inquirer* 13(3):296-299.
Nisbet, M. 1999. New poll points to increasing paranormal belief. Retrieved from the World Wide Web: http://www.csicop.org/articles/poll/index.html.
NoëlHume, I. 1974. *Historical Archaeology*. New York: Knopf.
Noorbergen, R. 1982. *Treasures of the Lost Races*. New York: Bobbs-Merrill.
Normile, D. 2001. Japanese fraud highlights media-driven research ethic. *Science* 291:34-35.
_____. 2001. Questions arise over second Japanese site. *Science* 294:1634.
Nuland, S. B. 2003. *The Doctors' Plague: Genes, Childbed Fever, and the Strange Story of Ignac Semmelweis*. New York: Norton.

Oakley, K. P. 1976. The Piltdown problem reconsidered. *Antiquity* 50(March):9-13.

Oakley, K. P., and J. S. Weiner. 1955. Piltdown Man. *American Scientist* 43:573-583.

O' Connor, D. 2003. Origins of the pyramids. In *The Seventy Great Mysteries of Ancient Egypt*, ed. B. Manley, pp. 45-49. London: Thames and Hudson.

Odess, D., S. Loring, and W. W. Fitzhugh. 2000. Skraeling: First peoples of Helluland, Markland, and Vinland. In *Vikings: The North Atlantic Saga*, ed. W. W. Fitzhugh and E. I. Ward, pp. 193-205. Washington, D. C.: Smithsonian Institution Press.

Oestreicher, D. M. 1996. Unraveling the *Walam Olum*. *Natural History* 105(10):14-21.

O Hehir, B. 1990. *Barry Fell's West Virginia Fraud*. Unpublished manuscript.

Oldest boat of pharaohs found. October 31,2000. Retrieved from the World Wide Web: http://www.discovery.com/news/briefs/20001031/hi_royal boat.html.

Omohundro, J. T. 1976. Von D?niken's chariots: A primer in the art of crooked science. *Zetetic* 1(1): 58-67.

Ortiz de Montellano, B. 1991. Multicultural pseudoscience: Spreading scientific illiteracy among minorities: Part I. *Skeptical Inquirer* 16(1):46-50.

_____. 1992, Magic melanin: Spreading scientific illiteracy among minorities: Part II. *Skeptical Inquirer* 16(2): 162-166.

Ortiz de Montellano, B., G. Haslip-Viera, and Warren Barbour. 1997a. Robbing Native American cultures: Van Sertima and the Olmecs. *Current Anthropology* 38:419-441.

_____. 1997b. They were not here before Columbus: Afrocentric diffusionism in the 1990s. *Ethnohistory* 44:199-234.

Orton, C. 2000. *Sampling in Archaeology*. Cambridge: Cambridge University Press.

Osborn, H. F. 1921. The Dawn Man of Piltdown, Sussex. *Natural History* 21:577-590.

Ovchinnikov, I., A. Götherström, G. Romanova, V. Kharitonov, K. Lidén, and W. Goodwin. 2000. Molecular analysis of Neanderthal DNA from the northern Caucasus. *Nature* 404:490-492.

Paleolithic Man. 1912. *Nature* 92:438.

Paleolithic skull is missing link. 1912. *New York Times*, Dec. 19.
Pauketat, T. R. 1994. *The Ascent of Chiefs: Cahokia and Mississippian Politics in Native America*. Tuscaloosa: University of Alabama Press.
Pauwels, L., and J. Bergier. 1960. *The Morning of the Magicians*. 1964 reprint. New York: Stein and Day.
Pearsall, D. 1992. The origins of plant cultivation in South America. In *The Origins of Agriculture: An International Perspective*, ed. C. W. Cowan and P. J. Watson, pp. 173-205. Washington, D. C.: Smithsonian Institution Press.
Pellegrino, C. 1991. *Unearthing Atlantis: An archaeological Odyssey*. New York: Random House.
Perez-Accino, J. R. 2003a. The Great Pyramid. In *The seventy Great Mysteries of Ancient Egypt*, ed. B. Manley, pp. 61-66. London: Thames and Hudson.
_____. 2003b. The multiple pyramids of Snofru. In *The Seventy Great Mysteries of Ancient Egypt*, ed. B. Manley, pp. 57-60. London: Thames and Hudson.
_____. 2003c. Were the pyramids built by slaves? In *The Seventy Great Mysteries of Ancient Egypt*, ed. B. Manley, pp. 54-56. London: Thames and Hudson.
Peterson, M. A. 1991. Aliens, ape men, and whacky savages. *Anthropology Today* 7(5):4-7.
Phillipson, D. W. 1993. *African Archaeology*, 2$^{nd}$ ed. Cambridge: Cambridge University Press.
Plait, P. 2002. *Bad Astronomy*. New York: John Wiley.
Poundstone, W. 1999. *Carl Sagan: A Life in the Cosmos*. New York: Henry Holt.
Powell, E. 2004. Theme park of the Gods? *Archaeology* 57(1):62-67.
Powell, J. F., and J. C. Rose. 1999. Report on the osteological assessment of the "Kennewick Man" skeleton. National Park Service. Retrieved from the World Wide Web:
http://www.cr.nps.gov/aad/Kennewick/powell_rose.htm.
Pringle, H. 1997. Death in Norse Greenland . *Science* 275:924-926.
Putnam, C. E. 1886. The Davenport Tablets. *Science* 7(157):119-120.
Quinn, D. B.(ed.) 1979. *New American World: A Documentary History of North America to 1612*. New York: Arno Press.
Raloff, J. 1995. Dowsing expectations: New reports reawaken scientific controversy over water witching. *Science News* 148:90-91.

Ramenofsky, A. F. 1987. *Vectors of Death*. Albuquerque: University of New Mexico Press.
Randi, J. 1975. *The Magic of Uri Geller*. New York: Ballantine Books.
―――. 1979. A controlled test of dowsing abilities. *Skeptical Inquirer* 4(1):16-20.
―――. 1981. Atlantean road: The Bimini beach-rock. *Skeptical Inquirer* 5(3):42-43.
―――. 1984. The great $110,000 dowsing challenge. *Skeptical Inquirer* 8(4):329-333.
―――. 1993. *The Mask of Nostradamus*. Buffalo: Prometheus Books.
Reiche, M. 1978. *Mystery on the Desert*. Stuttgart: Heinrich Fink.
Rice, P., and A. Paterson. 1985. Cave art and bones: Exploring the interrelation-ships. *American Anthropologist* 87:94-100.
―――. 1986. Validating the cave art-archaeofaunal relationship in Cantabrian Spain. *American Anthropologist* 88:658-667.
Richardson, S. 2000. Vanished Vikings. *Discover* 21(3):64-69.
Richardson, S. C. 1999. *A Study of Student Beliefs in Popular Archaeological Claims*. Southampton, England: University of Southampton.
Roach, J. 1999. Everest climbs to new heights. National Geographic Society. Retrieved from the World Wide Web:
http://www.ngnews.com/news/1999/11/111299/everest_7303.asp.
Robertson, M. G. 1974. *Primera Mesa Redonda de Palenque*. Pebble Beach, Calif.: Robert Louis Stevenson School.
Romancito, R. 1993. American Indians and the New Age: Subtle racism at work. *Skeptical Inquirer* 18:97-98.
Rose, C., and G.. Wright. 2004. Inscribed matter as an energy-efficient means of communication with an extraterrestrial civilization. *Nature* 431:47-49.
Ross, A., and P. Reynolds. 1978. "Ancient Vermont." *Antiquity* 52:100-107.
Rowe, J. H. 1966. Diffusionism and archaeology. *American Antiquity* 31:334-337.
Ruggles, C.1996. Stonehenge for the 1990s. *Nature* 381:278-279.
Ruspoli, M. 1986. *The Cave of Lascaux: The Final Photographs*. New York: Abrams.
Russell, M. 2003. *Piltdown Man: The Secret Life of Charles Dawson & the World's Greatest Archeological Hoax*. Gloucestershire: Tempus.
Russians seek Atlantis off Cornwall. 1997. BBC News.
http://news.bbc.co.uk/2/hi/uk_news/43172.stm.

Ryan, W., and W. Pitman. 1998. *Noah's Flood: The New Scientific Discoveries About the Event That Changed History*. New York: Touchstone.

Sabloff, J. 1989. *The Cities of Ancient Mexico:Rreconstructing a Lost World*. New York: Thames and Hudson.

──────. 1994. *The New Archaeology and the Ancient Maya*. New York: Scientific American Library.

Sagan, C. 1963. Direct contact among galactic civilizations by relativistic interstellar spaceflight. *Planetary Space Science* 11:485-498.

──────. 1996. *The Demon-Haunted World: Science as a Candle in the Dark*. New York: Random House.

Sallee, R. 1983. The search for Noah's Ark continues. *Houston Chronicle*, Aug. 20, Section 6:1-2.

Sanford, R., D. Huffer, and N. Huffer. 1995. *Stonewalls and Cellarholes: A Guide for Landowners on Historic Features and Landscapes in Vermont's Forests*. Waterbury, Vt.: Vermont Agency of Natural Resources.

Saunders, J. W., R. D. Mandel, R. T. Saucier, E. T. Allen, C. T. Hallmark, J. K. Johnson, E. H. Jackson, C. M. Allen, G. L. Stringer, D. S. Frink, J. K. Feathers, S. Wiliams, K. J. Gremillion, M. F. Vidrine, and R. Jones. 1997. A mound complex in Louisiana at 5400-5000 years before the present. *Science* 277:1796-1799.

Saura Ramos, P. A. 1998. *The Cave of Altamira*. New York: Abrams.

Schele, L., and D. Freidel. 1990. *A Forest of Kings*. New York: William Morrow.

Schick Jr., T., and L. Vaughn. 1999. *How to Think About Weird Things: Critical Thinking in the New Age*, 2$^{nd}$ ed. Mountain View, Calif.: Mayfield.

Schiermeier, Q. 2004. Noah's flood. *Nature* 430:718-719.

Schledermann, P. 1981. Eskimo and Viking finds in the High Arctic. *National Geographic* 159(5):575-601.

──────. 2000. Ellesmere: Vikings in the far north. In *Vikings: The North Atlantic Saga*, ed. W. W. Fitzhugh and E. I. Ward, pp. 248-256. Washington, D. C.: Smithsonian Institution Press.

Schmidt, K. 1996. Creationists evolve new strategy. *Science* 273:420-422.

Schnabel, J. 1994. *Round in Circles: Poltergeists, Pranksters, and the Secret History of Crop Watchers*. Buffalo: Prometheus Books.

Schneour, E. 1986. Occam's razor. *Skeptical Inquirer* 10(4):310-313.

Scholz, M., L. Bachmann, G. J. Nicholson, J. Bachmann, I. Giddings, B. Rüschoff-Thale, A. Czarnetzki, and C. M. Pusch. 2000. Genomic differentiation of Neanderthals and anatomically modern man allows a fossil DNA-based classification of morphologically indistinguishable hominid bones. *American Journal of Human Genetics* 66:1927-1932.

Schoolcraft, H. R. 1854. *Historical and Statistical Information Regarding the History, Condition, and Prospects of the Indian Tribes of the United States*. Part IV. Philadelphia: Grambo.

Schwartz, S. 1978. *The Secret Vaults of Time: Psychic Archaeology and the Quest for Man's Beginnings*. New York: Grosset and Dunlap.

⎯⎯⎯. 1983. *The Alexandria Project*. New York: Delacorte Press.

Scott, E. C. 1987. Antievolutionism, scientific creationism, and physical anthropology. *Yearbook of Physical Anthropology* 30:21-39.

Secrets of Lost Empires: Stonehenge (television program). 1997. *Nova*. Boston: WGBH.

Selling it: Monkey business. 2000. *Consumer Reports* 65(9):67.

Severin, T. 1977. The voyagers of "Brendan." *National Geographic* 152(6):770-797.

Shafer, H. J. 1997. Research design and sampling technique. In *Field Methods in Archaeology*, ed. T. R. Hester, H. Shafer, and K. L. Feder, pp. 21-40. Mountain View, Calif.: Mayfield Publishing.

Shanks, N. 2004. *God, the Devil, and Darwin*. New York: Oxford University Press.

Shapiro, H. 1974. *Peking Man: The Discovery, Disappearance, and Mystery of a Priceless Scientific Treasure*. New York: Simon and Schuster.

Sharer, R., and W. Ashmore. 2003. *Archaeology: Discovering Our Past*. New York: McGraw-Hill.

Shaw, I. (ed.) 2000. *The Oxford History of Ancient Egypt*. London: Oxford University Press.

Shaw, J. 2003. Who built the pyramids? *Harvard Magazine* July/ August:43-49, 99.

Shermer, M. 1997. *Why People Believe Weird Things*. New York: W. H. Freeman.

Shermer, M., and A. Grobman. 2000. *Denying History: Who Says the Holocaust Never Happened and Why Do They Say It?* Berkeley: University of California Press.

Shorey, P. 1933. *What Plato Said*. Chicago: University of Chicago Press.

Shutler, R., and M. Shutler. 1975. *Oceanic Prehistory*. Menlo Park, Calif.: Cummings.

Silverberg, R. 1989. *The Moundbuilders*. Athens, Ohio: Ohio University Press.

Skelton, R. A., T. Marston, and G. O. Painter. 1995. *The Vinland Map and the Tartar Relation*. New Haven: Yale University Press.

Skidmore, J. 2004. Cival: A Preclassic Maya Site in the News. *MesoWeb*. http://www.mesoweb.com/reports/cival.html#.

Smith, B. D. 1995. *The Emergence of Agriculture*. New York: Scientific American Library.

Smith, G. E. 1927. *Essays on the Evolution of Man*. London: Oxford University Press.

So big: The all time mass market best sellers. 1989. *Publishers Weekly*, May 26:531.

Solheim, W. 1972. An earlier agricultural revolution. *Scientific American* 226(4):34-41.

Spanuth, J. 1979. *Atlantis of the North*. London: Sidgwick and Jackson.

Spence, K. 2003. What is a pyramid for? In *The Seventy Great Mysteries of Ancient Egypt*, ed. B. Manley, pp. 50-53. London: Thames and Hudson.

Spence, L. 1926. *The History of Atlantis*. 1968 reprint. New York: Bell.

Spencer, F. 1984. The Neandertals and their evolutionary significance: A brief history and historical survey. In *The Origins of Modern Humans: A World Survey of the Fossil Evidence*, ed. F. Smith and F. Spencer, pp. 1-50. New York: Alan R. Liss.

_____. 1990. *Piltdown: A Scientific Forgery*. Oxford: Oxford University Press.

Spencer, F., and C. Stringer. 1989. Piltdown. In Radiocarbon dates from the Oxford AMS system: Archaeometry Datelist 9, ed. R. E. M. Hedgtes, R. A. Housley, I. A. Law, and C. R. Bronk. *Archaeometry* 31:207-234.

Spennemann, D. 1996. *Current Attitudes of Parks Management and Ecotourism Students II: Popular Opinions About the Past*. Albury, NSW, Australia: Charles Stuart University.

Squier, E. G., and E. H. Davis. 1848. *Ancient Monuments of the Mississippi Valley: Comprising the Results of Extensive Original Surveys and Explorations*. Smithsonian Contributions to Knowledge, Volume 1. New York: AMS Press(reprinted in 1973 for the Peabody Museum of Archaeology and Ethnology, Harvard University).

Stevenson, K. (ed.). 1977. *Proceedings of the 1977 United States Conference of Research on the Shroud of Turin, March 23-24, 1977,* Albuquerque, New Mexico. New York: Holy Shroud Guild, Bronx.

Stevenson, K. E., and G. R. Habermas. 1981a. *Verdict on the Shroud.* Ann Arbor, Mich.: Servant Publications.

―――――. 1981b. We tested the Shroud. *Catholic Digest,* Nov.: 74-78.

Steward, T. D. 1973. *The People of America.* New York: Scribner's.

Stiebing, W. 1984. *Ancient Astronauts, Cosmic Collisions, and Other Popular Theories About Man's Past.* Buffalo: Prometheus Books.

Stokstad, E. 2000. "Pre-Clovis" site fights for recognition. *Science* 288:247.

Stone Giant, The. 1869. *Syracuse Standard,* Nov. 1. Syracuse, N. Y.

Stowe, S. 2001. Archaeological hoax raises query: Why? *New York Times,* March 4, Section 14CN, p. 3.

Strahler, A. N. 1999. *Science and Earth History: The Evolution/Creation Controversy.* Amherst, N. Y.: Prometheus Books.

Stuart, G. 1993. New light on the Olmec. *National Geographic* 184(5):88-115.

Sullivan, W. T. III. 2004. Message in a bottle. *Nature* 431:27-28.

Sutherland, P. D. 2000a. The Norse and Native North Americans. In *Vikings: The North Atlantic Saga,* ed. W. W. Fitzhugh and E. I. Ward, pp. 238-247. Washington, D. C.: Smithsonian Institution Press.

―――――. 2000b. Scattered signs: The evidence for native/ Norse contact in North America. Paper presented at Vikings, The North Atlantic Saga, Washington, D. C.

Swauger, J. L. 1980. Petroglyphs, tar burner rocks, and lye leaching stones. *Pennsylvania Archaeologist* 51(1-2):1-7.

Tarzia, W. 1992. The linguistic behavior of cult archaeologists: Literary approaches to diffusionist texts. Paper delivered at the symposium *Alternative Archaeology: A World of Wonder.* Halifax, Nova Scotia.

Tattersall, I., and J. Schwartz. 2000. *Extinct Humans.* New York: Westview Press.

Taylor, A. E. 1962. *A Commentary on Plato's Timaeus.* Oxford: Clarendon Press.

Taylor, H. 2003. The religious and other beliefs of Americans 2003. The Harris Poll #11.
http://www.harrisinteractive.com/harris_poll/index.asp?PID=359.

Taylor, P. 1985a. *Young People's Guide to the Bible and the Great Dinosaur Mystery.* Mesa, Ariz.: Films for Christ Association.

―――――. 1985b. *Notice Regarding the Motion Picture "Footprints in Stone."* Mesa, Ariz.: Films for Christ Association.

Taylor, R. E., and R. Berger. 1980. The date of Noah's Ark. *Antiquity* 44:34-36.
Terrell, J. 1986. *Prehistory in the Pacific Islands*. Cambridge: Cambridge University Press.
This Old Pyramid (television program). 1993. *Nova*. Boston: WGBH.
Thomas, C. 1894. *Report on the Mound Explorations of the Bureau of Ethnology*. Washington, D. C.:BAE (reprinted 1985 by Smithsonian Institution Press).
Thomas, D. H. 1987. The archaeology of Mission Santa Catalina de Guale: Search and discovery. *Anthropological Papers of the American Museum of Natural History* 63(2):47-161.
_____. 1999. *Archaeology: Down to Earth*, 2$^{nd}$ ed. New York: Harcourt Brace Jovanovich.
_____. 2000. *Skull Wars: Kennewick Man, Archaeology, and the Battle for Native American Identity*. New York: Basic Books.
Tobias, P. V. 1992. Piltdown: An appraisal of the case against Sir Arthur Keith. *Current Anthropology* 33(3):243-260.
Trento, S. 1978. *The Search for Lost America: Mysteries of the Stone Ruins in the United States*. New York: Penguin.
Turner, B. L., and P. Harrison (eds.). 1983. *Pulltrouser Swamp: Ancient Maya Habitat, Agriculture, and Settlement in Northern Belize*. Austin: University of Texas Press.
Turner, C. G.. 1987. Telltale teeth. Natural History, Jan.:6-10.
van Kampen, H. 1979. The case of the lost panda. *Skeptical Inquirer* 4(1):48-50.
van Leusen, M. 1999. Dowsing and archaeology: Is there something underneath? *Skeptical Inquirer* 23(2):33-41.
Van Sertima, I. 1976. *They Came Before Columbus*. New York: Random House.
Van Tilburg, J. A. 1987. Symbolic archaeology on Easter Island. *Archaeology* 40(2):26-33.
_____. 1994. *Easter Island: Archaeology, Ecology, and Culture*. Washington, D. C.: Smithsonian Institution Press.
_____. 1995. Moving the Moai: Transporting the megaliths of Easter Island: How did they do it? *Archaeology* 48(1):34-43.
Vaughan, C. 1988. Shroud of Turin is a fake, official confirms. *Science News* 134(15):229.
Vescelius, G.. 1956. Excavations at Pattee's Caves. *Bulletin of the Eastern States Archaeological Federation* 15:13-14.
Vespucci, A. 1904. *The Letters of Amerigo Vespucci and Other Documents*

  *Illustrative of His Career.* The Hakluyt Society. New York: Burt Franklin.
Vogt, E., and R. Hyman. 1980. *Water Witching U. S. A.* Chicago: University of Chicago Press.
von Däniken, E. 1970. *Chariots of the Gods?* New York: Bantam Books.
_____. 1971. *Gods from Outer Space.* New York: Bantam Books.
_____. 1973. *Gold of the Gods.* New York: Bantam Books.
_____. 1975. *Miracles of the Gods.* New York: Bantam Books.
_____. 1982. *Pathways to the Gods.* New York: G. P. Putnam's Sons.
_____. 1989. *In Search of the Gods.* New York: Avenel.
_____. 1996. *The Eyes of the Sphinx: The Newest Evidence of Extraterrestrial Contact in Ancient Egypt.* New York: Berkley Books.
_____. 1997a. *Chariots of the Gods? The Mysteries Continue.* Stamford, Conn.: Capital Cities/ ABC Video.
_____. 1997b. *The Return of the Gods.* Boston: Element Books.
_____. 1998. *Arrival of the Gods: Revealing the Alien Landing Sites of Nazca.* Element Books.
_____. 2000. *Odyssey of the Gods: The Alien History of Ancient Greece.* Boston: Element Books.
_____. 2002. *The Gods Were Astronauts: Evidence of the True Identities of the Old Gods.* London: Vega Books.
Walker, A., and R. Leakey(eds.). 1993. *The Nariokotome Homo erectus Skeleton.* Cambridge, Mass.: Harvard University Press.
Wallace, B. 1982. Viking hoaxes. In *Viking in the West*, ed. E. Guralnick, pp. 51-76. Chicago: Archaeological Institute of America.
_____. 2000. The Viking settlement at L' Anse aux Meadows. In *Viking: The North Atlantic Saga*, ed. W. W. Fitzhugh and E. I. Ward, pp. 208-215. Washington, D. C.: Smithsonian Institution Press.
Walsh, J. E. 1996. *Unraveling Piltdown: The Science Fraud of the Century and Its Solution.* New York: Random House.
Warner, F. 1981. Stone structures at Gungywamp. *Bulletin of the Archaeological Society of Connecticut* 44:4-19.
Waterston, D. 1913. The Piltdown mandible. *Nature* 92:312.
Weaver, K. 1980. Science seeks to solve the mystery of the Shroud. *National Geographic* 157(4):730-751.
Webster, D. 2002. *The Fall of the Ancient Maya: Solving the Mystery of the*

  *Maya Collapse*. London: Thames and Hudson.
Weidenreich, F. 1943. Piltdown man. *Paleontologica Sinica* 129:273.
Weiner, J. S. 1955. *The Piltdown Forgery*. London: Oxford University Press.
Weir, S. K. 1996. Insight from geometry and physics into the construction of
  Egyptian Old Kingdom pyramids. *Cambridge Archaeological*
  *Journal* 6:150-163.
Wendorf, F., R. Schild, and A. Close. 1982. An ancient harvest on the Nile.
  *Science* 823(9):68-73.
Wernick, R., and the editors of Time-Life Books. 1973. *The Monument*
  *Builder*. New York: Time-Life Books.
Weymouth, J. W. 1986. Geophysical methods of archaeological site
  surveying. In *Advances in Archaeological Method and Theory*,
  Volume 9, ed. M. Schiffer, pp. 311-395. Orlando: Academic Press.
Whitcomb, J. C., and H. Morris. 1961. *The Genesis Flood*. Nutley, N. J.:
  Presbyterian and Reformed Publishing.
White, R. 1986. *Dark Caves, Bright Visions: Life in Ice Age Europe*. New
  York: Norton.
White, T. D., and G. Suwa. 1987. Hominid footprints at Laetoli: Facts and
  interpretations. *American Journal of Physical Anthropology*
  72:485-514.
Whittaker, J. C. 1997. Red Power finds creationism. *Skeptical Inquirer*
  21(1):47-50.
Wilford, J. N. 2004. The oldest Americans may prove even older. *New York*
  *Times*. June 29, Section F, p. 1.
Willey, G.., and J. Sabloff. 1993. *A History of American Archaeology*.
  London: Thames and Hudson.
Williams, S. 1991. *Fantastic Archaeology: The Wild Side of American*
  *Prehistory*. Philadelphia: University of Pennsylvania Press.
Wilson, D. 1988. Desert ground drawings in the lower Santa Valley, north
  coast of Peru. *American Antiquity* 53(4):794-803.
Wilson, I. 1979. *The Shroud of Turin: The Burial Cloth of Jesus Christ?* New
  York: Image Books.
Woodward, J. 1695. *An Essay Toward a Natural History of the Earth*.
  London.
Wynn, C. M., and A. W. Wiggins. 2001. *Quantum Leaps in the Wrong*
  *Direction*. Washington. D. C.: Joseph Henry Press.
Yokoyama, Y., K. Lambeck, P. De Deckker, P. Johnsston, and L. K. Fifield.

2000. Timing of the last glacial maximum from observed sea-level minima. *Nature* 406:713-716.

## 찾아보기 사기, 신화 그리고 불가사의

### ㄱ

고대우주비행사 23, 26
과학적 창조주의 (Scientific Creationism) 403~404
그래프톤 스미스(Grafton E. Smith) 342
그래이엄 핸콕(Graham Hancock) 345, 347
그리스 21
그린랜드(Greenland) 168~170, 173, 175, 183

### ㄴ

나즈카(Nazca) 310
나치(Nazi) 24
네안데르탈인(Neandertal) 105~106, 108, 113~114, 120
노르웨이인 176, 187, 188
노아의 방주(Noah's Ark) 407, 409~410
노아의 홍수 411

뉴포트 타워(Newport Tower) 181~182
닉 벨란토니(Nick Bellantoni) 95, 97~98

### ㄷ

더그 바우어(Doug Bower) 466
더크 스펜먼(Dirk Spennemann) 16
데이비드 위릭(David Wyrick) 240
데이비드 컬리(Dave Chorley) 466
데이비드 토마스(David Hurst Thomas) 391

### ㄹ

랑스 오 메도우(L'Anse aux Meadows) 176~178, 180, 188
러리 갇프레이(Laurie Godfrey) 422, 423
릭 로맨씨토(Rick Romancito) 438
루이스 애보트(Lewis Abbott) 133

· ㅁ ·

마법사들의 여명 18, 21~22
마쉬(Othniel C. Marsh) 88
마야 21~22, 67, 317~318, 345~346, 452~457
마운드빌더(Moundbuilder) 26, 221 226~227, 233, 249~250
마이클 셔머(Michael Shermer) 58, 66
마크 트웨인(Mark Twain) 92
마틴 힌튼(Martin Hinton) 131~132
만유인력 45~46, 63
메도우크로프트(Meadowcroft Rockshelter) 162, 164
멘지스(Gavin Menzies) 189~191, 193
모아이 325~326
몽크 마운드(Monks Mound) 223, 225
미스터리 힐(Mystery Hill) 206, 208~210, 214
미시건 레릭스(Michigan Relics) 244~245
미시시피안(Mississippian) 문화 256

· ㅂ ·

바넘(Barnum) 86, 91, 92
바이킹(Viking) 168, 170~171, 177, 179, 187, 199, 388
밥 밸러드(Bob Ballard) 415, 417
배리 펠(Barry Fell) 202
베린지아(Beringia) 153
보인튼(J. E. Boynton) 87, 88

복수 가설의 적용 (multiple working hypotheses) 58
본드(Bond) 383
분자고고학(Molecular Archaeology) 216
빈랜드 지도 184, 186
빈랜드(Vinland) 171~173

· ㅅ ·

사이러스 토머스(Cyrus Thomas) 237
산욕열 51~57
샤르댕 129
서덜랜드(Sutherland) 174~175, 188
세도나(Sedona) 435~437
솔라스(Sollas) 134
수전 리처드슨(Susan Richardson) 15, 16
스네프루(Sneferu) 351, 353~356
스미스 129~130, 343
스콰이어와 데이비스(Ephraim G. Squier & Edwin H. Davis) 234~238
스터브 뉴웰(Stub Newell) 80~81, 84, 86, 90, 94
스테판 오소위키(Stefan Ossowiecki) 383~384, 387, 388
스톤헨지(Stonehenge) 22, 457, 456~461, 463~465, 467~470
STURP 427
시니찌 후지무라(Shinichi Fujimura) 75
신들의 전차(Chariots of the Gods) 306~307, 336~337

• ㅇ •

아더 우드워드(Arthur Smith Woodward) 109~111, 113, 118, 121, 127~129, 132, 134
아더 키이스(Arthur Keith) 130~131
아데나(Adena) 251, 253~255
아이슬랜드(Iceland) 168
아즈텍 257
아테네(Athens) 269, 273, 274
아틀란티스(Atlantis) 14, 16, 26, 262, 263~265, 268~275, 277, 279~286, 289, 291, 294~300, 302, 344~345, 351, 356, 358, 388
아프리카민족주의(Afrocentrism) 197~198, 287
알렉스 그로브먼(Alex Grobman) 66
알버트 굳이어(Albert Goodyear) 162~163
얀클로비취 파트너(Yankelovich Partners) 13
에드거 케이시(Edgar Cayce) 296~297, 299, 388
에릭 본 데니컨(Erick Von Daniken) 29, 306~308, 310~313, 316, 318, 320~322, 325~328, 335~337, 344, 346~347, 351
에피스터몰로지(epistemology) 33
오검(Ogam) 205
오컴의 법칙(Occam's razor) 59, 60~62, 65, 312, 381
워보카(Wovoka) 439, 440
윌럼 오울럼(Walam Olum) 231~232
위릭(Wyrick) 242
유령 춤(Ghost Dance) 439, 440
UFO 21
이그나티우스 도넬리(Ignatius Donnelly) 283~287, 291, 294~295, 344
이반 서티마(Ivan Van Sertima) 194~197
이스터섬 19, 325
이집트 26, 203, 223, 257, 272, 287, 314, 316, 344~347, 353, 358, 361~362
이집트 문자 199
인류의 진화 22
잉크블럿 가설 (The Inkblot Hypothesis) 307~308, 312, 316, 318, 331

• ㅈ •

전기저항조사방법(electrical resistivity surveying) 391
전자기장 측정법(proton magnetometer) 390
전파주의 26, 343, 344
제럴드 허킨스(Gerald Hawkins) 467
제퍼슨 234
젬멀와이스(Ignaz Semmelweis) 53~56, 59, 65, 70
조 니켈(Joe Nickell) 427, 432
조지 잼멀(George Jammal) 418~420
조지 헐(George Hull) 84, 89~92, 94
존 우드워드(John Woodward) 412
증거의 수렴(convergence of evidence) 66

지오바니 스키아퍼렐(Giovanni Schiaparell) 329
지적 계획(ID; intelligent design) 406
지하투시레이다(GPR:ground penetrating radar) 395~396

• ㅊ •

찰스 도슨(Charles Dawson) 109~111, 118~119, 124~127, 129
찰스 다윈(Charles Darwin) 104, 114
찰스 라이엘(Charles Lyell) 47

• ㅋ •

카디프의 거인(Cardiff Giant) 26, 83, 85, 87, 91, 93~95
카호키아(Cahokia) 257, 258, 259
칼 세이건(Carl Sagan 1963) 306
커트 갇프리드(Kurt Gottfried) 43
케니스 윌슨(Kenneth Wilson) 43
케니위크 사람(Kennewick Man) 157~158, 160
케서린 디건(Kathleen Deagan) 166~167
케일럽 앳워터(Caleb Atwater) 232~233
켄싱톤의 돌(Kensington Stone) 183
코난 도일(Conan Doyle) 134~135
크럽서클(crop circle) 465, 467
크로마뇽(Cro-Magnon) 106
크리스토퍼 컬럼버스(Christopher Columbus) 143, 145~147, 166~168, 177, 187~189, 193~194, 199, 210
크리스티 터너(Christy Turner) 155
클로비스(Clovis) 162~163

• ㅌ •

토리노 수의(Shroud of Turin) 425, 427~429, 433~435
토리노 수의 조사단(Shroud of Turin Research Project: STURP) 425
토마스 쿤(Thomas Kuhn) 69
토머스 제퍼슨(Thomas Jefferson) 233, 238, 239
투탄카멘(Tutankhamun) 14, 346, 365~369

• ㅍ •

파우웰과 베링거(Louis Pauwels & Jacques Bergie) 20~21
펄럭시 강(Paluxy River) 421, 423
펠(Fell) 203, 205~206, 208~209, 211
푸상(Fusang) 188
프레드릭 본드(Frederick Bligh Bond) 382
플라톤(Plato) 265~268, 273~275, 277, 280~281, 283, 296, 298, 302
피라미드(Pyramid) 14, 19, 22, 223, 289, 291, 313, 317, 349, 351,

353, 356~364, 369~372, 374
필트다운 인골(Piltdown Man) 26, 103~104, 109, 113~114, 116, 118~122, 136, 137, 388

· ㅎ ·

해리스 폴(Harris Poll) 13
해체주의 43~44
호모 이렉터스(Homo erectus) 119~120
호세 아코스타(Jose de Acosta) 148~149, 151~152
호와드 카터(Howard Carter) 368~370, 374
호프웰(Hopewell) 문화 251, 253~255
화성(Mars) 329
화성의 얼굴(the Mars Face) 330~334
후지무라 76~78

● 지은이

Kenneth L. Feder _ 케니스 페이더
현재 커네티컷 주립대학(Central Connecticut State University)고고학 교수
1982년 커네티컷 대학(University of Connecticut)에서 인류학 박사학위 수여

● 옮긴이

박성우 _ 朴成雨
University of Wisconsin-Milwaukee(Ph.D)
인하대학교 박물관 선임연구원(고고학 박사)

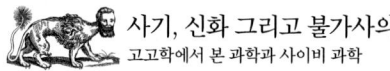

사기, 신화 그리고 불가사의
고고학에서 본 과학과 사이비 과학

초판인쇄일 : 2008년 8월 5일 / 초판발행일 : 2008년 8월 10일
지은이 : 케니스 페이더 _ Kenneth L. Feder / 옮긴이 : 박성우 _ 朴成雨
발행인 : 김선경 / 발행처 : 도서출판 서경문화사
등록번호 : 제 1 - 1664호 / 주소 : 서울 종로구 동숭동 199 - 15(105호)
전화 : 743 - 8203, 8205 / 팩스 : 743 - 8210 / 메일 : sk8203@chollian.net

ISBN 978-89-6062-031-5    93900

* 파본은 본사나 구입처에서 교환하여 드립니다.

정가  19,800원